U0857665

国家出版基金项目
NATIONAL PUBLICATION FOUNDATION

"十二五"
国家重点图书出版规划项目

人口老龄化社会法制建设

老年人权益保障法律制度研究

肖金明 主编

山东大学出版社

图书在版编目(CIP)数据

老年人权益保障法律制度研究/肖金明主编.—济南:山东大学出版社,2015.10
(人口老龄化社会法制建设)
ISBN 978-7-5607-5392-8

Ⅰ.①老…　Ⅱ.①肖…　Ⅲ.①老年人权益保障法—研究—中国
Ⅳ.①D923.84

中国版本图书馆 CIP 数据核字(2015)第 263414 号

责任策划　尹凤桐
责任编辑　尹凤桐
封面设计　牛　钧

出版发行:山东大学出版社
　　社　址　山东省济南市山大南路 20 号
　　邮　编　250100
　　电　话　市场部(0531)88364466
经　　销:山东省新华书店
印　　刷:山东新华印务有限责任公司
规　　格:720 毫米×1000 毫米　1/16
　　　　24.75 印张　428 千字
版　　次:2015 年 10 月第 1 版
印　　次:2015 年 10 月第 1 次印刷
定　　价:32.00 元

目　录

导 论

一、关于老年人家庭保护制度

长期以来,社会上存在着对老年人权益保障法的误解。不少人认为,老年人权益保障法是在其他法律已经为老年人给予的赡养权、人身权、财产权、人身自由以及婚姻自由等提供保护外,专门立法对老年人特殊权益进行保护的法律。因此,在老年人权益保障法修改论证过程中,有人主张将"家庭赡养与扶养"一章删除,以避免老年人权益保障法与婚姻法、继承法等法律出现重复规定。事实上,尽管家庭赡养与扶养问题已经由婚姻法、继承法等作出规定,但家庭养老是养老的起点和基础,家庭成员负有由老年人权益保障法规定的保护责任。家庭保护的方式包括积极作为的方式和消极不作为的方式,前者如对老年人的经济供养或劳务支持,对老年人的情感慰藉和心理支持;后者如不得干涉老年人离婚、再婚及婚后的生活,子女或者其他亲属不得干涉老年人依法处分个人的财产,不得骗取或者强行索取老年人的财物。上述内容中的相当一部分关涉家庭责任和义务,但不一定能为婚姻法、继承法等所涵括。实际上,"家庭赡养和扶养"不能涵盖家庭养老的所有问题,不如以"家庭保护"或"家庭保障"行之,以期完整地反映家庭保护与老年人权益保障的多重关联。

从某种意义上说，老年人是社会的弱势群体，需要集全社会之力给予特殊保护。人进入老年后，生理功能逐渐退化，心理上容易与社会脱节，社会地位、身份及相应的权利都会发生变化，容易遭受不合理的差别对待，成为社会弱势群体。家庭应当成为呵护老年人的港湾。对于老年人来说，家庭是与他们关系最密切的也是最重要的基本社会单位。家庭是社会的基本单元，它承担着教育、养老和稳定社会等若干功能。家庭保护的核心是血亲价值，即家庭成员自觉认同对老年人的保护责任。血亲关系具有自然性，同时，血亲关系一经法律调整，便在具有亲属关系的主体之间产生权利和义务，构成确认家庭保护主体权利和义务的基本依据。在老年人权益受到侵害时，家庭其他成员有保护老年人的责任，这是血亲价值的体现。老年人的权利非常广泛，既有一般性，也有特殊性。老年人享有人人皆有的权利，像人身权、财产权、婚姻自由权、继承权和遗产分配权等，还享有受赡养的权利、受养老金的权利、老年人优待权利等专有权利。老年人的前述权利尽管为法律所明确，但由于有些权利难以实现，如老年人的离婚、再婚比一般人的障碍要多；有些权利的侵害主体是老年人的子女或者其他家庭成员，排除权利侵害的难度也大。另外，老年人的自主能力不足也影响到权利实现的程度。正因为如此，所以需要通过修改老年人权益保障法，推动相关立法，完善老年人家庭保护制度，实现对老年人权益的有效保护。

完善老年人家庭保护制度应当遵循一定的原则。可以设想这样一些原则，比如，家庭成员共同但有区分的原则，物质赡养与精神赡养相结合的原则，法律、政策与道德合力的原则，家庭养老与社会养老协调的原则，等等。家庭中的每一个成员，都负有相应的义务和法律责任。但家庭成员的保护义务和责任并不是平均分配的，而存在顺序、轻重的区别。赡养人和扶养人承担着主要的养老责任，在承担物质赡养的同时，还要对老年人进行精神慰藉。老年人权益保障法中有大量政策性规定和道德性要求，其产生实效尤其需要政策配套和道德支持，通过法律、政策、道德多种措施的运用，能够动员、利用、分配与再分配各种社会资源，对老年人进行倾斜保护。家庭如果想更好地发挥养老作用就需要与国家支持和社会养老相互衔接、互相协调。

我国宪法和民法通则、婚姻法、继承法等民事法律以及行政法律制度甚至刑事法律制度，都有关于老年人家庭保护的内容。健全的规范体系是老年人权益保障的重要保障，宪法和基本法律奠定了家庭保护的法律基础。

1996年颁布施行的老年人权益保障法，在弘扬敬老、养老的传统美德和保障老年人合法权益方面发挥了重要的作用。然而，我国老年人权益家庭保护本身面临很多问题，如家庭保护规范原则化与配套措施不健全、家庭功能弱化、家庭成员保护观念淡薄与老人自我保护能力欠缺等，这都需要重塑、修正家庭保护制度，以更有效地保障老年人权益。完善和发展老年人家庭保护制度，一方面需要与婚姻法、继承法等相关法律相协调，另一方面需要具体制度的创新与完善，比如，完善精神赡养制度，创制老年监护制度，建立国家支持家庭养老制度，等等。

（一）修改老年人权益保障法，完善精神赡养制度

如果说在实现老年人经济方面的需求上政府应当更多作为、在满足老年人生活照料方面社会应当更有所作为的话，那么，在老年人精神需求方面，只能或者基本上要依靠家庭。而且，在由经济供养、生活照料和精神慰藉构成的老年人需求体系中，精神生活的需求越来越突出。因此，"常回家看看"就应当成为"家庭保护"的重要内容。尽管"常回家看看"入法引起了理论界、司法界和社会上的广泛争议，但多数人赞同通过立法强化道德在老年人权益保障方面的地位和作用。当然，对这类道德性条款的操作性问题产生疑义也很正常，在认同老年人享有精神赡养权利的同时，如何从立法上使子女履行精神赡养义务更具有可操作性应当成为讨论的重点。将精神赡养责任作为老年人权益保障法"家庭保护"的内容，不会消减法律的可操作性和权威性。一方面，法律的可操作性不能完全等同于可司法性或者说可诉性，能否依据"常回家看看"这样的条款进行诉讼可以讨论。实际上，老年人权益保障法中的很多政策性条款都难以成为诉讼的依据，但它们可以成为评判是非、行政问责、调处家庭纠纷的重要依据。另一方面，法律本身在某种程度上是道德底线的宣示，违反法律的行为很多时候也就是违背了道德。在体现鲜明制裁性质的法律中不具有可强制执行性的道德要求不应直接纳入其中，而在类似于老年人权益保障法这类具有鲜明社会法属性的法律中加入伦理道德的要求不会影响法律的可操作性，也无损法律的权威性，而更多地体现了法律的指引、教育作用。

（二）修改老年人权益保障法，创制老年人监护制度

通过修改老年人权益保障法确立老年人监护制度，对老年人权益保障具有重要意义。老年人监护制度侧重于通过不同形式设立监护人，对身体

功能衰竭或者精神衰退而不能全部或者部分处理自己事务(丧失意识认知或者支配能力)的老年人的人身、财产及其他合法权益进行管理和保护,强调对无行为能力和限制行为能力的老年人合法权益的监管。老年人监护制度的运作并不是由监护人接管老年人的财产、代替老年人作出决定,而是协助老年人作出决定,充分尊重老年人尚存的意思能力。因此,有必要补充"对自我决定权的尊重"的理念,明确"任意监护制度"优先原则,形成意定、法定、指定监护次序和体系,以有效保障老年人尤其是高龄老年人的合法权益。在目前民事立法无法形成完整的成年监护制度的情形下,老年人权益保障法通过"家庭保护"一章明确规定老年人监护制度,可以看作是一种制度上的突破。

(三)修改老年人权益保障法,建立国家支持家庭养老制度

建立国家支持家庭养老制度的初衷是要发挥家庭的养老功能。随着人口老龄化进程的加快、家庭结构的变化,养老模式将发生重构,国家和社会在养老问题上有着不可推卸的责任和义务。尽管如此,国家的责任也是有限的,国家责任实现的方式不是通过替代家庭养老,而是通过一定的政策措施支持家庭养老。比如,对于计划生育家庭的养老要给予扶持,对"失独"家庭的养老要由政府购买社会养老服务,政府应出台政策鼓励子女与老年人就近居住,政府应当对居家养老的家庭给予适当补贴,等等。

(四)修改老年人权益保障法应当对家庭养老作出重新定位

尽管"老年人养老主要依靠家庭"的规定已经不适应当前的形势,但完善立法不能淡化家庭的养老作用,相反应当进一步明确赡养人对患病和失能老年人给予医疗和照料的义务。针对现实中老年人住房等财产权益易受侵害以及老年再婚配偶法定继承权难以保障等问题,进一步加强对老年人财产权益的保护。针对老年人精神赡养需求增多的实际,充实精神慰藉的规定。为保障失能失智老年人的人身财产权益,在深入研究我国民法通则有关监护的规定,并借鉴国外经验的基础上,创设老年监护制度。增加有关组织应当对不履行义务的赡养人和扶养人予以督促的规定。原则规定国家建立健全家庭养老支持政策,以在新形势下巩固家庭养老的基础性地位。老年人权益保障法的"家庭保护"部分规定的内容应当充分结合中国传统文化和现代养老理念,凸显老年法制的中国特色。

二、关于老年人社会保险制度

老年人社会保险制度作为国家应对人口老龄化的一个有效策略，是社会保障体系不可或缺的组成部分。社会保险制度在为老年人提供基本的经济保障、维持老年人的基本生活和生存需要等方面发挥着非常重要的作用，其具体内容包括社会养老保险、社会医疗保险和老年护理保险。

（一）养老保险制度是最基本的社会保障制度

所谓养老保险（又称作“老年社会保险”或“年金保险”），是指在劳动者达到法定年龄并从事某种劳动达到法定年限后，由国家和社会依法给予一定的物质帮助，以维持其老年生活的一种社会保险法律制度。[①] 养老是老年人最基本也是最低层次的需求，其他需求如健康、精神或社会的需求都以养老需求的满足为基础。因此，养老保险一直是各国社会保障体系中最重要的内容，可以说，社会保障制度的成败在很大程度上取决于养老保险制度的成败。自 20 世纪 50 年代起，我国逐步建立起了适合我国国情的、多元化的社会养老保险制度，具体包括机关和事业单位工作人员基本养老金制度、城镇职工基本养老保险制度、农民基本养老保险制度。这三项制度在不同的层面为老年人提供着基本的生活保障，在提高老年人的生活质量、改善老年人的生活条件等方面发挥着积极作用。但毋庸讳言，目前的社会养老保险制度还远远不能满足经济发展和国民的养老保障需求，尤其是在人口老龄化加速发展的当下，整个社会养老保险体系内在的缺陷与不足日益暴露出来。具体而言，现行社会养老保险体系存在的问题主要表现在以下方面：第一，制度不统一，碎片化现象严重。城镇职工基本养老保险、机关和事业单位工作人员基本养老保险和农村社会养老保险三套制度同时运行，呈现出明显的碎片化现象。由于三套制度有不同的保障对象和保险待遇标准，影响了制度之间的兼容性，有违社会公平原则。社会养老保险制度的过度分割已经成为了实现“人人老有所养”目标的最大障碍。第二，保险层次单一，养老需求难以满足。由于受到各种因素的影响和制约，目前我国城镇职工社会养老保险的制度建设仍然只是侧重于基本养老保险这一块，企业补充养老保险发展十分有限，能够建立企业年金的单位大多集中在经济效益好

① 参见黎建飞主编：《社会保障法》，中国人民大学出版社 2008 年版，第 64 页。

的电力、通信、金融等垄断行业，商业养老也未获得应有的发展。第三，覆盖面小，保障水平低，不同制度之间待遇差别大。“他山之石，可以攻玉。”通过对域外发达国家养老保险制度的梳理分析，借鉴其有益经验，发展和完善我国养老保险制度，促进完整和多层次的社会养老保障体系的形成，以实现“人人老有所养”的战略目标。一方面，加快构建覆盖城乡居民的社会养老保险体系；另一方面，建立包括基本养老保险、企业年金和个人储蓄性养老保险在内的多层次养老保险体系。

（二）老年医疗保险制度是医疗社会保险制度的重要组成部分

老年医疗保险是指国家通过立法强制实施的为老年人因疾病产生的医疗费用进行补偿的保险制度。与社会养老保险制度一样，我国的老年医疗保险采取的也是城乡二元体制，即城镇职工医疗保险制度和新型农村合作医疗制度。目前，老年医疗保险制度存在诸多问题，比如，医疗保险立法滞后、层次低，医疗保险覆盖面小，医疗保险制度公平性不足；等等。老年人是医疗消费群体中的特殊群体，身体生理机能衰退、患病几率增加、慢性疾病患病率高、病程长等特点使老年人比年轻人有着更迫切的医疗保障需求。老年人的医疗保障问题受到了越来越多人的关注。有必要发展和完善老年医疗保险制度，推动 2020 年建立起覆盖城乡的基本医疗保险制度的战略目标的实现。改革和完善老年医疗保险制度，必须加强老年医疗保险立法，建立全国统一的国民健康保险制度，建立多元化医疗保险体系，扩大医疗保险覆盖面。

（三）老年护理保险制度是一种新型社会保险制度

老年护理保险制度是在人口老龄化进程加快，老年人、高龄老人和失能老人的数量急剧增加的社会背景下，为了应对老年人口的长期护理难题而首先在社会保障制度较为发达的西方国家建立起来的一种制度。它通过发挥保险的风险共担、资金互济的功能，对被保险人因接受长期护理服务而产生的费用进行分担补偿，以满足被保险人的长期护理需求。第六次全国人口普查结果的数据显示，我国不仅正处于人口老龄化的加速期，而且人口高龄化速度已超过了老龄化。老年人自理能力下降、失能老人数量剧增，需要长期接受护理的老人大量增加，但由于计划生育政策的推行导致家庭结构趋于小型化，核心家庭的比重不断增加，城市空巢家庭的比例逐年攀升。随着城市化进程的加快，农村青壮年劳动力大量涌向城市，农村老人无人照料的现象非常普遍。家庭照顾老人的功能正在迅速弱化，传统的家庭养老模式正在向社会养老模式转变，但是不断攀升的护理费用和疾病医疗费用给老年人及其家庭带来了沉重的经济负担。所以建立长期护理保险制度已成为完善我国老年人社会保险制度的必然趋势。目前，我国正处在建设覆盖城乡居民的“广覆盖，保基本，多层次，可持续”的社会保障体系的历史机遇期，医疗保险制度改革也在紧锣密鼓地进行。我们应当抓住这一良好时机，借鉴德国“护理保险因循医疗保险”的模式，建立起适合我国国情的长期护理保险制度。

在主体制度的设计方面：第一，明确建立长期护理保险制度的指导思想。借鉴日本长期护理保险制度的经验，结合我国的实际情况，我国的老年长期护理保险体系应当是一种多层次、多形式的护理保险模式。其指导思想主要包括“预防重于护理，护理重于医疗，家庭护理重于机构护理”。根据我国经济发展水平的现状，强调长期护理保险费用共担原则，即政府、企业、个人三方共同承担，增强护理保险体系的抗风险能力。第二，明确长期护理保险的对象。在设计长期护理保险覆盖对象时既要考虑老龄化背景下的资金维持问题，也要契合社会保障体制改革的整体思路，我国的长期护理保险应当与基本医疗保险相兼容，即“护理保险因循医疗保险”。鉴于此，长期护理保险的对象应当是 18 岁以上参加基本医疗保险的居民，到 65 岁即可获取长期护理保险补偿。第三，长期护理保险费的征缴与支付。长期护理保险费的征缴应当实行政府、企业和个人三方负担原则。第四，护理服务的形式和内容。依据我国国情，护理服务的形式可以采取“居家护理为主，社区护理为依托，机构护理为补充”的模式。护理机构能够提供的护理服务大致可以分为日常生活照顾服务、护理保健服务和医疗保健服务三大服务内容。

在配套措施方面：第一，加快护理保险法的立法工作。法制建设是制度建设中的重要内容，也是保证制度健康、持续运行的基础，长期护理保险制度也不例外。世界上已经推行长期护理保险制度的国家的做法也充分说明了这一点。第二，成立护理等级鉴定机构和护理服务机构，这是推行长期护理保险制度的基础条件。第三，建立长期护理从业人员的培训机构。目前，承担老年人居家服务的人员多是下岗职工或外来打工人员，大多没有经过专门的培训，服务质量难以保证。通过设立专门培训机构，将这些人力资源利用起来，经过专门培训成为懂得基本护理知识的护工，以应对护工严重短缺问题。第四,明确政府责任,加大政策支持力度。在长期护理保险制度建设中,政府主要承担制度供给与监督管理责任,同时还要承担部分保险费的支付责任。

老年是一个特殊的人生阶段,人人都会经历;老年风险是一种特殊的风险,人人都会遇到。生活水平的提高、医疗科技的进步,使得老年风险持续的时间越来越长,老年比任何一个人生阶段都需要获得更多、更长时间的照料和保障,建立老年人社会保险制度已经成为全世界的普遍共识。

三、关于老年人社会照料制度

中国高龄老人、失能老人、空巢老人规模庞大。中国人的平均寿命达到73.6岁,但健康寿命为61.5岁。据统计,2010年城乡空巢家庭约占50%,失能、半失能老年人口达3300多万。另据媒体统计,我国目前约有百万"失独"家庭,每年新增"失独"家庭约7.6万个,"失独"家庭的养老问题也渐渐浮出水面。毫无疑问,在所有老年社会问题中,老年人生活照料问题最为突出,面对人口老龄化产生的社会养老的强大需求,构建社会照料服务制度和照料服务体系,具有重大现实和战略意义。

受中国家庭文化和传统习惯的影响,家庭在养老方面的地位和作用仍然是基础性的。2006年的调查数据显示,配偶是老年人最主要的生活照料提供者,65.7%的城市男性老年人由配偶照料,城市女性中40.1%由配偶照料;农村的比例为男性71.3%、女性38.7%。中国社会老年人的生活照料主要还是由配偶、赡养人等家庭成员承担,这也是老年人的首选。在首选和穷尽家庭养老功效之后,老年人的养老问题进入社会范畴。社区养老成为老年人的次选,社区环境、条件、设施、服务网络建设对居家养老、就近养老意义重大。但社区养老服务的硬件、软件建设水平较低,不足以支撑社区履行社会养老功能的需要,在相当大的范围内,养老服务还没有在社区发展中获得应有的位置。在社会养老范畴中,机构养老存在的问题最多,公办养老机构低效且没有突出其公共福利性,民办养老机构生存困难且社会伦理性不足。目前,突出的问题是:养老设施建设规划程度不高,土地问题限制养老设施建设,小额资金难以进入养老行业,对养老机构管得过死和监管不到位并存,社会养老服务专业水平很低,社会养老服务从业人员待遇缺乏保障等。另外,养老机构功能实现的形式单一,养老机构与社区、家庭的关联度不够，协调联动机制没有形成，难以汇成养老合力。

居家养老是家庭养老的题中之意，是社会照料的基本形态，应当实现家庭养老与社会养老的衔接，让社会养老力量适度进入家庭。从某种意义上看，家庭养老是前提和基础，社会养老是延伸和补充。作为转型社会的新生形态，社区承载着诸多社会功能，其中包括社会养老服务功能，应当将老年人权益保障建立在社区上。一方面，社区要发挥作用，完善社区保障老年人权益的功能。对老年监护人的监督，对赡养协议执行的监督，甚至可以作为老年人的监护人，对老年人受虐待情况的监管，进行一般处理和报警；另一方面，社区要完善养老服务网络，搭建家庭与养老机构之间的桥梁。社区不仅可以提供日间照顾、初级护理、保健服务、餐饮服务，还可以增加老年人的社会交往，有助于预防老年人心理和精神问题。社会养老机构提供相对专业的服务，既是社会养老的一种形态，也是养老服务的输送者和提供者。纯粹的机构养老应当是不得已的选择，是大多数老年人的最后选择。社会养老机构的养老服务应当实现与家庭和社区的有效衔接，养老机构与社区的合作极为重要，社区养老在一定程度上需要社会养老机构专业人员和技术的支撑，并可以成为养老机构进入家庭的桥梁。另外，养老机构与医疗机构的衔接也是一个突出的问题。医疗护理与生活护理相关联但又明显不同，对罹患疾病老年人的照料可能在医疗机构进行，但承担照料责任的主要应是家庭成员或家庭临时聘用的护工。养老机构也应当面向在医疗机构内接受治疗的老年人提供专业照料服务。如果老年人不再必需医疗护理，就需要启动医疗机构与养老机构的对接机制，将老年人转移到养老机构或者社区进行照料，以防止老年人在医疗机构中与社会长期隔离的风险，又可避免不是必需医疗护理的老年人占用医疗资源。中国社会养老机构需要规模化建设以适应社会养老服务的巨大需求，但养老机构内的养老服务与社区养老、居家养老相比存在的难以克服的局限性是不容忽视的。20 世纪 50～60 年代，美国出现了争取“去机构化”的残疾人权利运动，并推动出台了 1963 年《社区精神健康中心法》，国家逐步取消大规模的福利机构，将残疾人融入社区中。在承认残疾人的尊严和发展潜力的同时，消除之前的社会建构对于残疾人权利所造成的不利影响。这是中国社会养老服务长期发展必须借鉴的经验。

尽管国家非常重视构建老年人社会照料制度，政府不断出台政策和加强立法以完善社会照料制度，但从我国老年人社会照料服务制度的总体现状看，还存在诸多问题。比如，社会养老政策有效性不足，社会养老法律体系性不够，相关法律责任不明确，实施机制不完善，等等。举例来说，社会养老机构的准入制度不够完善。2000 年，民政部制定《社会福利机构管理暂行办法》，对养老福利机构准入标准作了详细规定，涉及行政许可问题，一方面需要平衡规范监管和促进发展的关系；另一方面需要保持与行政许可法的协调，保持社会养老服务许可制度的合法性。再如，社会养老合同制度也需要完善。现行《合同法》《老年人权益保障法》等法律中都没有关于社会养老服务合同的内容，在实践中常有因养老合同发生的纠纷。立法规定的缺失以及当事人双方约定的养老服务合同不规范，给纠纷处理增加了难度。应明确与经济合同不同的社会合同的概念和理念，制定、修改相关法律规定，弥补社会养老合同制度的不足。

毫无疑问，政府在应对人口老龄化、促进老龄事业发展和完善社会照料制度、构建社会照料服务体系方面处于主导地位。社会照料服务制度的完善必须加强政府的主导作用，明确政府在制度设计、财政支持、政策扶持以及监管落实上的责任，并且要保证政府部门之间的协调一致。修改老年人权益保障法及加强相关立法，完善社会照料制度，应当将政府置于责任与义务的中心。这意味着政府应当出台政策、提供资金支持家庭承担养老责任，而不是直接接手老年人养老的责任；政府应当通过经费和政策推动社区养老服务网络建设，将宜居环境建设与社区养老环境和条件建设相结合，建立有效的社会养老依托平台；政府应当有统一的社会养老设施建设规划，像重视幼儿园、中小学的规划布局一样，将社会养老设施纳入城乡经济社会发展规划；政府应当统筹资金用以资助、补贴社会养老设施建设，鼓励和支持社会养老机构发展，建立公办公营、公办民营、民办私营的多元养老机构体系，并在一定程度上保证社会养老机构的公共福利性和社会伦理性；政府应当出台政策措施畅通养老机构向社区、家庭输送养老服务的渠道，建立和完善社会养老机构与社区、家庭合力养老的机制。面向特殊老年人，还有必要建立政府购买社会服务的机制；政府应当制定社会养老服务从业标准，加强社会养老服务职业培训和职业教育，提高社会养老专业水平；政府应当加强调查研究，逐步建立社会养老服务职业类别，建立和完善社会养老服务职业保障，提高社会养老服务职业化水平；政府应当加强对社会养老服务行业的规范管理，包括福利设施、从业人员以及服务标准与收费等监管；加快志愿服务立法，鼓励和支持志愿者、志愿服务组织面向老年人提供养老志愿服务，使志愿服务成为社会养老服务体系不可或缺的组成部分；在社会养老体系建设和运转上，政府部门之间的合作至为重要，包括民政部门、老龄部门、卫生行政部门、计划生育部门、规划部门、城建部门、土地部门、教育部门、人力资源与社会保障部门、财政部门等，应当在健全和完善社会养老体系问题上分工负责、通力合作，以确保老年人权益获得有效保障。

四、关于老年人社会救助制度

对生活窘迫的老年人给予救助，是社会人道的体现，也是国家的责任和政府的义务。一个良性发展的社会应尽量使弱势群体过上一般水准的生活。老年人社会救助制度是老年人中特定群体在其生活水平低于国家规定的最低生活保障水准时，有权通过法定程序获得国家和社会按照法定标准提供的现金、物质或是其他形式的救助以脱离生活困境的制度，它是社会福利保障制度中的“兜底”制度和“安全”防线。老年人社会救助是伴随着老龄化社会的到来而出现的一项社会保障事业，它是老年人的基本权利，对应于国家的积极保障责任。国家应当积极采取行动解决特定老年人的生活困境，满足其最低生活需求。毫无疑问，作为社会保障事业的重要组成部分，老年人社会救助制度在社会救助体系中居于重要地位，其作用体现在如下三方面：第一，保障弱势老年人基本生存条件。保障弱势老年人的基本生存条件是建立老年人社会救助制度的初衷所在，也是完善老年人社会救助制度的意义所在。老年人社会救助旨在“使受救济的老年人得到符合人的尊严的生活上的保障，保证失去自我生存能力而又不可能得到其他外界救助的人，或者是生活状况发生不利变化的人，有一个合乎人道的生活状况”[①]。第二，均衡社会利益关系和协调社会资源配置。老年人社会救助制度的目的，就在于对老年弱势群体展开全面的救助计划，切实满足他们在物质、医疗等各个方面的基本需求，逐步缩小贫富地区之间、城乡群体之间的巨大差异。只有科学合理地对社会资源进行分配，积极对社会利益主体关系进行

---

① 《德国联邦社会救济法》第1条。转引自史探径主编：《社会保障法研究》，法律出版社2000年版，第330页。

协调，才能在维护老年弱势群体利益的基础上，建立老年人社会救助制度和发展完善我国的社会保障体系。反过来讲，老年人社会救助制度的完善对于均衡社会利益关系和促进社会公平公正发挥着重要作用。第三，稳定社会秩序，促进经济进步和社会和谐发展。一方面，政府实施老年人社会救助的各个项目，可以帮助贫困老年群体维持最低生活的需要，保证他们对基本生存问题无后顾之忧，维护受助群体的尊严，从而稳定社会秩序；另一方面，老年人社会救助可以为促进社会经济发展提供良好的氛围。倡导积极的老龄化战略，采取多种手段大力鼓励老年人主动参与社会建设，同时重点发展老年产业、银色产业，为繁荣老年经济创造必要的条件，让国家、社会、个人都可以适应老龄化的趋势，促进经济发展与社会和谐。

回顾我国老年人社会救助制度的发展历程和现状对于深入了解和研究该制度具有重要意义。在古代，对老弱群体的救助很大程度上是依赖于道德和宗法，依赖于皇权的恩惠，但在一定程度上也为现代老年救助制度做了积极的尝试，对现代老年人社会救助制度更是产生了积极的影响。在近代，一方面因为受传统儒家思想的影响，另一方面又开始接受西方社会的福利思想，在中国逐渐形成了一种独特的应急型、补救型的救助模式。从新中国成立到现在，我国社会救助的发展目标、项目实施以及工作任务也伴随着经济和政治的改变而不断调整，与国家的发展和时代的演变紧密结合，在不同的社会发展阶段呈现出不同的时代特征。总体来看，对比最初的应急型社会救济模式到目前相对完善的老年人社会救助体系，我国老年人社会救助制度发展虽然过程曲折但取得的成就也非常显著。特别是自 1996 年我国老年人权益保障法实施以来，老年人社会救助制度也逐渐系统化、科学化、合理化。

但是，不可否认，我国现行老年人社会救助制度也存在不少问题。首先，相对于我国老年人社会救助的实践来看，我国老年人社会救助法制建设还比较落后。例如，老年人社会救助立法理念较为落后。目前的老年人社会救助立法主要是在“济贫”“施舍”观念的指导下进行，缺乏权利思想和福利理念。又如，老年人社会救助立法体系还不完整。老年人社会救助制度需要以宪法为统领，以社会救助法和老年人权益保障法为基础，同时需要相关配套制度措施。但是，我国目前的社会救助法尚未出台，老年人社会救助的配套制度建设也不完善，缺乏相应的实施细则，导致老年人社会救助立法的操作性不强。再如，老年人社会救助的内容还很单一。根据我国现行老年人权益保障法的规定，老年人社会救助的内容包括生活救助、医疗救助、住房救助等，没有关于较具现实意义的涉及赡养费、抚养费诉讼的法律救助，也没有关于弱势老年群体中的特殊群体，如流浪乞讨老年人的特殊救助，等等。其次，城乡二元差异救助。在城乡区别发展的大背景下，城乡居民社会二元分治的格局已经成为我国老年人社会救助制度发展的主要障碍。我国实行城市老年人和农村老年人不同的救助模式和机制，老年人社会救助项目差别大、标准不统一，违反社会公平公正的原则。最后，老年人社会救助的效益低下。因为受到制度割裂、政出多头以及缺乏有效监督等因素的影响，老年人社会救助工作要落到实处还存在很多困难，救助效益还比较低下。

随着我国人口老龄化程度逐渐加剧，现行老年人社会救助制度遭遇严峻的挑战。为了保证我国经济的平稳发展和社会的和谐安定，有效应对老龄化危机，必须采取适当的举措克服当前我国老年人社会救助制度存在的问题与不足，发展和完善我国老年人社会救助制度。老年人社会救助制度建设必须与社会转型过程中出现的新诉求和趋势相符合，从化解老年人生活"风险"的角度出发，关注老年弱势群体，满足他们基本的生活需求。从老年人社会救助原则方面来讲，老年人社会救助应当坚持平等原则、政府主导和社会化相结合的原则、最低生活水平保障原则、公民自愿原则。从老年人社会救助内容方面来讲，老年人社会救助的内容应该针对救助对象需求体现出不同形式的救助，包括生活救助、医疗救助、法律援助以及其他救助。从老年人社会救助的制度构建路径方面来讲，结合我国社会救助制度的发展现状，综合考量和借鉴国外的社会救助的普遍特征，明确我国老年人社会救助制度完善的侧重点，对于构建适合我国国情的老年人社会救助制度具有重要意义。

构建老年人社会救助制度，应当借鉴国外比较成熟的观念和做法。首先，救助行为法治化是保证老年人社会救助各项工作全面高效展开的前提。比如，韩国实施《国民基本生活保障法》以来，其社会救助开创了新的时代，并使韩国的社会福利水平有了很大程度的提升。其次，救助标准统一化是宪法上平等原则的逻辑要求和老年人社会救助制度获得普遍认同的有力保障。例如，法国就对老年人社会救助的条件和标准均作了详细、统一的规定。比利时，也在效仿法国社会救助的经验，严格老年人社会救助的条件，如将申请救助对象的子女财产情况纳入审查范围等。再次，救助项目多样化是老年人社会救助取得实效的重要措施。例如，英国即针对不同的救助对象设置不同标准和程度的救助，救助的内容也非常全面。最后，救助管理高效化是老年人社会救助发挥长效作用的必然选择。除制度本身的建设外，老年人社会救助制度还应该实施动态管理体制。例如，韩国《老年人福利法》的修改内容就包括扩大老年人就业机会，鼓励企业开发适合老年人的岗位，培养他们的上岗能力，实施短期培训，以便使其适应新岗位。通过"救助"力图让其寻求自我帮助，从而可以有能力、有条件退出救助机制，推动经济发展，这样也有利于社会和谐稳定的发展。毫不夸张地说，国外老年人社会救助在救助行为法治化、救助标准统一化、救助项目多样化和救助管理高效化等方面的举措应当成为我国老年人社会救助完善的重点和方向。

构建老年人社会救助制度，应该从资金筹措、管理、程序设计等几个不同角度对我国老年人社会救助制度进行完善。一是应明确社会救助正常运行的重要保障是有效的资金投入。二是应统筹城乡社会救助的法制建设，进一步加快推进城乡一体化的制度和管理体制，促进老年人社会救助的城乡统筹一体化进程，逐步实现老年人社会救助的城乡均衡发展。三是应规范老年人社会救助的申请程序和审核程序，健全动态监督程序和救助退出程序，构建程序保障制度。四是应搭建老年人社会救助网络信息管理网络，建立信息管理制度。五是应建立社会互助机制，完善老年人社会救助制度。只有社会互助的制度落到实处，才能体现我国老年人社会救助制度的层次化和立体性，以优化我国老年人社会救助制度的运行环境，提高救助效益，促进社会和谐发展。其实，综合起来看，制度化建设滞后是我国老年人社会救助制度面临的基本问题。从内部结构看，老年人社会救助制度在救助对象审查、救助标准划定和救助方式选择、救助管理设置等方面都有待进一步补充和完善。从外部建设看，老年人社会救助的资金来源的保障、社会救助发展规划的完善等都是老年人社会救助健全和完善不可或缺的部分。重要的是，我国老年人社会救助还应符合未来经济社会发展新趋势，尤其是应当面对当前和未来我国城乡经济格局的调整、人口老龄化速度的加快提出的新要求，以及经济发展方式转变等诸多客观现实带来的新挑战。

五、关于老年人社会优待制度

老年人社会优待是指国家和社会基于老年人自身特点，给予其广泛关怀照顾及物质优惠。目前，我国老年人社会优待相关制度建设粗疏零散，相关理论研究也尚不细致深入，严重制约着老年人权益保障体系的建设与完善。以老年人权益保障法的修订为契机，以经济社会文化发展为背景，以老龄事业法治建设为平台，以社会优待域外立法与地方立法经验为借鉴，重视并深入研究老年人的社会优待制度建设愈发具有现实意义。

一般来讲，老年人在精力、体力以及其他能力等诸多方面会有不同程度的减损，他们为家庭、社会、国家做出过重要的贡献，并拥有丰富的人生阅历和实践经验。从这个意义上讲，老年人是社会的财富，理应受到社会的尊重；同时他们又是社会中的弱势群体，其权益应当受到特别的保障。在法治建设背景下，老年人的社会优待应当成为一项基本的法律制度固定下来。国家和社会给予的广泛关怀照顾及物质优惠，主要体现为老年人在经济上享有的优惠、补贴、减免，同时也包括老年人在接受服务的过程中所享有的优先于一般人的权利以及在其他方面所享有的宽宥。就现有的老年人优待制度而言，主要是从尊老、敬老的伦理要求加以定位和论证的，这无疑具有深刻的社会基础。但随着社会经济文化发展水平的提升和老龄社会问题应对的严峻性增强，老年人获得社会优待不能仅从尊老、敬老的社会伦理角度认识，应当将其界定为一类法律权利。这可以从公民（实质）平等权和社会权两个方面得到解读和论证。

以联合国大会在1991年12月16日通过的《联合国老年人原则》中确立的独立、参与、照顾以及自我充实和尊重等四项原则为指导，结合现有的并不系统完备的优待政策法规，我们认为老年人享有的社会优待在内容上大致包括以下几个方面：一是经济优待。老年人在财富创造能力方面由于受制于体能、精力的逐步减损，所以优待老年人，就要逐步减轻老年人尤其是经济困难老年人的经济负担。二是医疗保健优待。根据疾病的发展规律，老年人在医疗保健方面的需求尤其迫切，这成为优待制度的一项重要内容。三是生活服务优待。采取多种措施，方便老年人衣食住用行等各方面。四是文体休闲优待。提供文体休闲优待，努力丰富老年人精神文化生活。五是维权服务优待。让老年人接受及时、便利、高效的维权服务。

我国现有的关于老年人社会优待的制度资源可以从全国和地方两个层面考察。在全国层面上看，老年人社会优待工作开展和制度建设主要是依据现行老年人权益保障法、全国老龄办于2005年会同二十余国家部委颁发的《关于加强老年人优待工作的意见》以及2011年国务院印发的《中国老龄事业发展“十二五”规划》推进的。在地方层面上看，以老年人权益保障法为依托，按照老龄办的意见要求，全国多数省份及其他层级的地方政府纷纷出台了有关老年人社会优待的政策措施。截至2011年3月，31个省（自治区、直辖市）相继出台了老年人优待政策措施，有的表现为“实施意见”，有的表现为“专项规定”，有的则在当地老年人权益保障法实施办法中就社会优待作出专门规定。总体而言，老年人社会优待制度表现出三个基本的特点：一是老年人社会优待制度表现形式多样，呈现出“政策＋法制”并主要以政策推进为特征的现象。二是老年人社会优待内容不一，地方性差异较大。三是老年人社会优待实现机制不够规范明确。法律效力的文件形式与笼统原则的责任规定有着天然的匹配性，但二者相结合，使得老年人社会优待各项规定的实际效力缺乏必要的约束和规范。四是城乡优待水平差异较大，制度公平性不足。在新的时代大背景下，积极地构建一种公平的、覆盖城乡的新的制度模式是非常必要的。

世界各国进入老龄社会的时间有所不同，对老年人相关的制度、法律、体系的研究进程也有差异。总体上来说，发达国家进入老龄社会的时间要比发展中国家普遍偏早，这些国家对老年人权益保障制度的研究也比发展中国家更加深入，法律规范、体系构建也相对完善。在涉及老年人社会优待制度方面，国外的立法有许多颇有助益的尝试，因此我们在构建中国老年人社会优待制度体系时，也应该积极学习国外的先进制度，借鉴国外先进的经验，寻求适合我国国情的、能够满足我国老年人需求的制度模式。瑞典作为北欧福利国家模式的典型，建立的是一种普适性的福利制度，而且瑞典跨入老龄社会的时间比较久远，在应对老龄化的进程中有其自己独特的制度和模式，值得我们探讨和研究。日本作为亚洲最早进入老龄社会的国家，其关于老年人的制度和体系也经历了一定的改革和发展，相关的政策、制度和法律都已经相对完善。而且日本和我国相邻，在文化、风俗和习惯上有一定的相似性，所以其经验对我国积极应对老龄化问题、构建老年优待制度体系有一定的借鉴意义。同样，美国在涉及老年人优待的内容上也启动了很多的项目，优待制度已经比较完善。巴西更是将老年优待作为其老年政策的主要指导原则之一。总之，不管是政策上、制度上还是法律上，这些国家在老年人优待方面都有一定的代表性，可以提供给我们不少可资借鉴的经验。

借鉴域外相关经验，完善老年人社会优待法律制度，应当从以下几个方面展开：第一，优化老年人社会优待政策，推动其法治化进程。将经过实践验证的成熟的老年人社会优待政策进行法治化建设，不仅符合该项立法规律，也有益于梳理、整合现有的优待政策，缩小不同地域之间老年人社会优待政策的差异，对于保障老年人社会优待权利具有现实意义。老年人社会优待政策法治化是在认同政策与立法产生制度合力的前提下实现优待政策在一定范围内和一定层面上向优待法制的转化；实现相关政策的规范化和体系化，保障老年人社会优待政策互相之间以及与其他领域的法律与政策之间协调一致，充分考虑不同地域之间差异性与老年人社会优待政策的衔接。第二，健全老年人社会优待制度体系。保障老年人获得社会优待是全社会的一项系统工程，不可能通过一部立法来完成，像其他制度一样，它需要来自各个方面的努力，调动多种制度资源和保障机制，其制度体系也呈现为一个至少包括老年人权益保障法中专章规定、其他法律中的相关内容、各省的行政规章、地方的具体规定、政策性文件以及相关国际性法律政策在内的开放式、多层次、结构复杂的体系。第三，充实老年人社会优待制度内容。以《关于加强老年人优待工作的意见》为基础，结合地方性实践经验和域外有意义的制度内容，在老年人权益保障法中应当设立专章规定老年人社会优待的项目和内容，具体内容涉及政策优待、政务优待、尊老优待、医疗服务优待、住房优待、教育优待、文体优待、游览和公交优待、农村筹资筹劳优待以及同等对待等。另外，法律实效的发挥很大程度上在于它关于法律责任的设定，因此老年人社会优待的责任机制以及老年人权益受到侵害的救济途径亦应当成为制度完善的要点。

六、关于老年人社会参与制度

老年人的参与活动历史悠久，领域广阔，从最基本的几个方面来看，也足以让我们认识到历史上老年人在人类活动中发挥的作用。工业文明使老年人在一定程度上失去了传统社会的尊崇地位，但是传统时代不会回来，老年人的尊崇不能仅仅依靠道德的教化来恢复，而我们也不能因为老年人的处境而否定工业文明。真实的历史是辩证的，工业文明虽然让大多数老年人退出了经济活动进而影响到其地位，却使一个人在整体的生命周期内有了更多的宽裕时间，从而使老年人既受生产力发展之害，也享生产率提升之福。而广阔的时代景象将会使老年人的参与状况趋向于更好，而且相对于传统时代是质的提升。近代以来的政治启蒙使代议制、民主选举逐渐深入人心，传统的飞鸽传书、击鼓临朝变成了日益广泛的接触式参与、网络化代言，老年人的政治参与深度与广度大大超过古代，老年人的政治自由和政治权利也逐渐普及；经济发展跨越了最初工业时代的藩篱，走向了分工细致化、信息化、知识化和全球化时代，第三产业的勃兴让老年人重新有机会站在就业的起跑线上与年轻人同台竞技，网络的普及让老年人的商业贸易不再是梦想，知识经济、全球时代的拓展使老年人在管理、专业咨询等领域广受欢迎；传统的善行走向了系统的社会公益活动，在国家和市场的空隙中，社会领域越发壮大，老年人也正借助于退休的闲暇而更广泛地参与家庭生活、社区生活甚至是特定社会领域更高层次的公共生活，老年人的公益参与在飞速发展；工业时代的副产物也许是工会的产生，但结社也因此不再限于传统的政党而扩展到各类的社会组织，在群体和个体、国家和个人、中央和基层之间的纵向体系中，社会组织的力量也酝酿发育，成为政治家倚之以治国、民众倚之以发声、社会倚之以活跃的重要力量，而老年人参与社会组织以及老年人建立自己的社会组织在条件允许的情况下自然会如雨后春笋般发展起来。

除在整体视野中洞悉老年人社会参与趋好的状况之外，我们还应基于区域分割的视野关注当前老年人社会参与中的几个非均衡性问题，这些问题包括区域发展的非共时性、国情特点、老龄化时代等。历史进程并非齐头并进，区域步调也难一致，老年人及其社会参与状况也是如此。首先，从经济发展的非共时性来说，当西方的福利国家已经面对养老金的沉重压力而希冀于通过延迟退休年龄、减少养老金、推动老年再就业以缓和财政困境时，很多经济上欠发达的国家还处在普及养老保障、推动老年人退休以促使年轻人充分就业的阶段，其较高的老年劳动参与率不是反映良好的劳动参与权保障，而是折射其老年人社会保障的欠缺。其次，从政治发展的非共时性来看，政治参与在政治民主已经比较充分的国家可能不是一个问题，只是在增量（如网络政治的推动）上进行考虑，甚至推行强制投票以确保民众的政治参与率，但对于威权甚至是专制国家老年人代议制政治参与以及政治自由还是一个大问题；因为结社自由保障较为充分，民主发达的国家老年人组织参与不会是一个大问题，但是在结社限制较多的国家却是一个难点，而且不是相对于其他年龄群体的老年人特殊问题，而是这些缺乏结社权保障的国家中所有人面临的共同问题。再次，从一般社会领域的非共时性来看，越是市场经济发展得好、政治民主化程度高，社会领域的发展才越好，老年人社会参与的机会也越多。同时老年人自身福利保障好也使其更有能力参与社会生活，而显然现实中全球各国之间的差距是异常明显的。除了从“单项”上来考量区域发展的非共时性，从总体来看，各国的政治、经济和社会发展之间也是不平衡的。例如，所谓政治民主的国家未必是老年人社会参与总体水平很高的国家，这还要与一国的经济发展水平相联系。

“老年人社会参与权”的概念阐释需要借助“老年人社会参与”概念，而论及“老年人社会参与”就必须首先对“社会参与”这个概念进行澄清。“社会参与”一词的含义在中文的语境中有两种基本理解思路：一种是社会作为主体，“社会参与”即是社会的参与。如《中国老龄事业发展“十二五”规划》表述“老年事业发展基本原则”时强调“政府引导与社会参与相结合”，其中的“社会参与”就是在这种意义上使用的。另一种是社会作为对象或者客体，“社会参与”即是特定的主体参与社会。“老年人社会参与”表达的基本意思是老年人参与社会，“老年人”是参与的主体，“社会”是参与的对象，“参与”则是表达动作或者状态的词。那么从语义的角度来阐释“老年人社会参与”这个概念，就必须明确“老年人”“参与”“社会”这三个词所指。

我们不过是能够客观描述老年人所需，在法律与政策上为老年人社会参与尽量提供相应的保障和促进。但是需要的保障不能持久，因为需要具有个体性、不稳定性和非约束性，老年人的社会参与将建立在不稳固的基础上而难以保证对其支持的有效性和持续性。因此，既能满足老年人社会参与需求，同时又使老年人社会参与的基础更加牢固正是实现老年人“社会参与需要”向“社会参与权利”转变的出发点。一种人权只有更充分地展现其对人类的价值，其存在及保护的必要性才更加充分。而就老年人的社会参与权而言，平等、独立、充实与尊严是其基本的价值维度。1991 年 12 月 16 日，联合国第 46 届大会通过的《联合国老年人原则》(第 46/91 号决议)中，将“独立”“参与”“照顾”“自我充实”和“尊严”列为老龄行动国际计划的五项基本原则。基于此，针对老年人社会参与领域的特定性，应当将平等、独立、充实与尊严列为老年人社会参与权的四个基本价值维度，而其中尤以平等居于核心地位。

老年人社会参与权是一个权利树或者权利的集合，这些权利聚之则可以“老年人社会参与权”统称，因为它们具有共性的特征、相衔接的领域和自洽的关联逻辑，而其散之则可以表现为具体的四类权利，主要包括政治参与权、经济参与权、公益参与权与组织参与权。这些权利在共性之外又同时具有个性，反映了它们不同的发展历程、权利理念、制度体系和目标追求。更进一步而言，这四大子权利也各自具有其明确可辨析的实际成分，在具体的领域内形成特定的权利主体、权利内容、子权利体系、义务主体等。由此，老年人社会参与权形成了一个倒金字塔形的体系，越在底部越抽象，越在顶层越具体而且多样。但无论如何，这些子权利甚至子子权利都根本地体现了老年人社会参与权的性质、地位与特性。

老年人社会参与权保障现状的梳理着重于两个方面：第一，老年人社会参与中面临的困境主要是老龄群体所面对的而不是泛泛的所有群体面对的问题，如就业领域的年龄歧视问题。第二，老年人社会参与中也面临着和其他群体一样的困境，但是却有“增量”（即基于年龄的累积效应）的特殊性，那么就有必要对此进行梳理。例如，民众政治参与途径不畅的问题是中国整个社会面临的问题，而不单单是老年人面对的问题。但是其中对老年人而言，新兴的网络政治就具有“增量”的特殊性。又如，志愿服务活动已经越来越成为我国社会的热点，而老年人在志愿服务中面临着老年参与保障等问题就具有老年人社会参与的特性。

老年人社会参与权的实现，不仅仅与老年人社会参与的意愿相关，而且与老年人社会参与的外部政策环境、制度环境和设施环境等密切关联。老年人采取什么样的态度应对老年生活，处于日渐发展的老龄社会中的人们以什么视角看待老年人，作为宏观的政策和法律制定者的国家如何理解老年人的处境并向他们提供满足其需要同时又能协调其他群体利益的政策和法律，这一系列的问题需要一个具有宏观框架意义的应对总纲，那么这个总纲正是积极老龄化策略。

七、关于老年人权益保障法律责任制度

责任贯穿于法的各个部门，属于法学的核心范畴。老年法制构建当然离不开法律责任制度这一基本组成部分的合理构建与完善。但老年法制中的主要法律制度多属社会法的范畴，有其自身的特殊性。老年法制保护对象为老年人，处于社会弱势又曾经为国家、社会做出贡献的老年人，其权益较之传统民法中的权益具有福利性。老年法制对老年人权益从物质到精神全方位的保护，决定了老年法制必然带有道德性。老年法制的福利性与道德性映射到责任制度层面，无论从责任主体、责任内容还是从责任实现方式上看，都呈现出不同于传统法律责任制度的别样色彩。与仅作为第二性义务存在并与惩罚难分表里的传统法律责任制度相比，老年法制中的法律责任制度为回应老年法制的特殊要求应当反映出其现实效力和时代特征。部分传统上的道德问题和政策问题应当纳入法律视野，并通过法律制度构建赋予其一定的责任形式，是老年法制对责任制度的内在要求。传统的法律责任制度已经难以适应老年法制的新发展，如果仅为保持概念上的一致性而牺牲责任制度在法律之中的实用效果，难免有因噎废食之嫌。而脱离传统法律责任藩篱的新型法律责任制度是否将因难以融入传统法律责任概念而需另立名目呢？实无此必要。

对于法律责任，迄今为止尚未达成普遍认同的定义。一个内涵和外延都不甚明确的概念，其模糊性的缺点背后是包容性的优点。当然，包容性不代表无所不包。在学者们各不相同的定义与解释之中，可以找到法律责任的共性成分。法定性、目的性、国家强制性和司法终局性是法律责任的独特内涵。从这些内涵可以看到，法律责任制度并不单纯指与违反一定义务相伴随的惩罚或强制机制，而是有其特定的运行逻辑和制度结构。单纯着眼于否定性的法律后果是难于窥法律责任之全豹的。在老年法制中，这种弊病体现得尤为明显。很多学者反对道德义务入法，即使是底线道德也不应当。理由很简单，如果入法，会因缺少罚则而使法律的权威受损。这种论证逻辑就是沿着传统的法律责任思维自然而然地推导出来的。立法的目的是强制要求行为主体为一定行为，当行为主体的行为不符合法律要求时就追究其法律责任以展现法之强制力。这种线性思维将法律责任问题简单化了，也将法律责任制度简单化了。通过对“责任”一词的语义分析，我们认

为,“责任”广义上讲是主体基于主观或客观强制而担负的为他人利益行为的负担,它是一个联系性概念。这种联系性主要体现在主体之间的联系、否定与肯定之间的联系、应然与实然之间的联系以及主观与客观之间的联系等多方面。法律责任作为责任的一个种概念,当然应当包含这几方面的联系,对法律责任制度的考察也不可避开联系性而将目光仅聚焦于法律的否定后果一个点。责任在类型上可以分为主观责任与客观责任、回溯责任与预期责任、个体责任与集体责任几种,而传统法律责任通常只关注客观责任、回溯责任和个体责任。老年法制对老年人福利与权益的综合性保护,必须以联系的眼光看待法律责任制度,兼顾主观责任、预期责任和集体责任的制度考量。但这种以老年人权益的全面保护为目的,从综合视角出发构建的责任制度,为了确保其规范效力,又必须以法律的形式表现出来,通过国家强制力保证实施,并具有司法终局性。因此,综合视野下的责任制度依然具备法律责任的主要特征,称其为“法律责任制度”并无不妥。

此一意义上的“法律责任制度”依然可以沿用传统法律责任的分类,分为民事法律责任制度、刑事法律责任制度、行政法律责任制度和宪法责任制度。老龄社会到来所引发的大量社会问题和法律问题,除了刑事法律责任十分刚性、制度比较稳固之外,其余法律责任类型都将受到老年法制革新的根本影响。比如,宪法作为国家的根本大法,除了是“一张写着人民权利的纸”以外,还应是一张“写着国家责任的纸”。这里的责任主要是积极意义上的责任。从消极意义上讲,我国宪法关于老年人权益保障的规定将转化为法律更具体的规定。比如,“禁止虐待老年人”的宪法规定就反映在若干相关法律法规中,违反宪法该条规定实际上首先违反了相关法律,这里就有消极法律责任问题,谈不上宪法责任。但如果政府和相关部门贯彻实施宪法上类似“公民年老有从国家和社会获得物质帮助权利”这样的条款不力,比如说立法不跟进、政府政策缺位等,应否承担和怎样承担宪法责任,恐怕在理论上很难说清楚,实践中也很难落实宪法责任。尽管可以将老年人权利保障上升到宪法高度来认识,甚至可以将老年人权益保障与积极应对人口老龄化上升为基本国策或者国家长期战略,但落实宪法责任却很难与老年人权益保障联系起来。除宪法责任、刑事责任外,与老年人权益保障关系更直接、更密切的法律责任当属民事法律责任和行政法律责任。从目前来看,民事、行政法律责任制度在制度构建和具体制度设计方面都存在很多问题,无力应对社会现实。

民事法律责任制度方面，与民事法律责任有关的产权、债权和侵权三大制度领域都存在不少缺陷。在产权制度领域，传统民法并未将老年人的产权作为一种需要特别保护的权利重点规范，非法干预老年人财产处分或者不当剥夺老年人劳动权的民事法律责任与侵犯健康成人毫无二致。但财产权对于基本丧失劳动能力、收入来源极为有限的老年人来说，关乎其生存权、健康权和人格尊严的有效实现，加之老年人来之不易的财产权又十分容易受到不法减损，因此，在民事法律责任领域应赋予非法干预老年人财产处分或歧视老年人、侵害其劳动权的行为更大的责任。在债权制度领域，随着养老社会化的逐步推进，老年人作为债权人享有公共养老服务机构提供的养老服务的机会会大量增加。但目前我国社会养老机构违约，侵犯老年人债权的情形屡见不鲜。老年人和社会养老服务机构之间的责任划分十分不明确，无论对老年人还是对社会养老机构都存在巨大的法律风险，亟须得到规制。在侵权责任制度领域，老年人的弱势地位决定了其财产权和人身权遭受侵害的机会增多，遭到权利侵害时的自力救济或请求公力救济的能力则相应降低。在财产权和一般人身权领域，我国民法并未对老年人此类权利侵害问题设置更加严厉的民事责任。在老年人身心健康权的积极维护、婚姻自由保护等方面，无论从权利的承认还是从民事责任的设置都存在不少欠缺。

行政法律责任制度方面，主要是行政机关及其公务人员的行政法律责任制度上的缺失。虽然公民和社会组织也可能会因不法侵害老年人合法权益的行为承担相应的行政法律责任，但究其根源，此类行政法律责任的设置和具体实现与行政机关及其公务人员的责任实现密不可分，仅选取行政机关及其公务员作为研究对象，目的性更加明确。老年法制领域行政机关的行政法律责任目前存在的突出问题是，预期责任与回溯责任脱节，制度衔接不畅。其原因首先在于，我国老年法制尚不健全，对政府预期责任缺乏系统、有效的规范，很多关于老年人社会权、福利权的保障责任仅以政府文件或政府领导人讲话的形式存在，缺乏法定性。其次是我国行政主体纷繁而预期责任细化不够，难于确定明确的预期责任主体。预期责任主体不明确，回溯责任就难以追究。而回溯责任制度本身，又因我国《行政诉讼法》和《国家赔偿法》等相关法律制度的不完善，缺乏应有的惩罚力度。在公务员责任制度领域,行政机关责任难以将公务员的职务责任个人化,行政法律责任制度难以落实到人,效果可想而知。而公务员的非职务行为原则上可以排除在行政法律责任制度的管辖范围之外,但与养老、敬老相关的非职务行为因与政府倡导之公共政策或法律制度紧密相关,应当以行政法律责任的形式出现,即应对公务员不养老、敬老的行为进行惩戒,但目前我国“公务员法”尚无可操作性规范。

毫无疑问,法律责任制度在老年法制体系中虽然应当占据重要地位,但因法学理论和制度实践两方面的问题,造成我国老年法制中的法律责任制度体系零散,效力有限,尚无力应对业已来临的老龄社会所引发的各种问题。法律责任制度作为法律的核心制度之一,应当贯穿于老年法制体系构建的全过程,而非仅着眼于否定后果之一隅。除了进一步完善民事、行政法律责任制度外,可否考虑以综合的视角审视老龄社会的矛盾和纠纷,在更宽的视野里看待法律责任,以体系化的思路构建老年法上的责任制度,换言之,就是能否考虑从社会法的角度重新审视老年法上的法律责任制度的构建。这样的角度一定不同于民事、行政法律责任制度的角度,这或许是像老年法这样的社会法创新法律责任制度的正途。

第一章

老年人家庭保护制度

家庭是以婚姻血缘关系为纽带的社会生活的组织形式。老年人由于健康状况恶化和占有社会资源的减少，需要家庭的保护。《老年人权益保障法》“家庭赡养和扶养”一章规定了老年人享有财产权、人格权、受赡养扶养权、婚姻自主权、继承权和遗产分配权等多项权利。然而，随着老年人口比重的不断增加，老年人权益受到侵害的现象变得更加突出和复杂，家庭养老功能的弱化使老年人权益保护面临很多新问题。从权利内容、法律责任和国家支持家庭养老等方面完善老年人家庭保护制度具有现实必要性。为此，应当立基于我国老龄化的特殊国情，借鉴国际社会老年人家庭保护制度的经验，加快老年人家庭保护的专项立法，完善相关实施细则，推动地方老年法规的修订，形成完整的老年人家庭保护的法制体系。

第一节　老年人家庭保护制度概述

保障老年人的合法权益需要家庭、社会、政府的共同努力。相对于社会保护和政府保护，家庭保护主体的身份是基于婚姻、血缘产生的社会关系，具有特定性和广泛性；家庭保护主体和老年人的利益密切相关，具有关联性和冲突性；家庭保护主体是养老的主要支持资源，具有长期性和全面性。家庭保护的内容既包括物质赡养也包括精神赡养,应当利用法律、政策和道德等多种措施强调家庭成员的养老责任。只有发挥家庭的基础养老功能,才能使老年人充分享受家庭成员给予的经济供养、生活照料和精神慰藉,切实保障老年人的权益。

一、老年人家庭保护的概念和特征

家庭是以婚姻和血缘关系为基础的社会单位,也是老年人生活的主要场所。在家庭中,老年人充分享受着家庭成员给予的关心和照料,感受着家庭的温暖和天伦之乐。家庭保护是保障老年人晚年幸福生活的重要条件,也是老年人权益保障的重要组成部分。

"老年人家庭保护"一般是指家庭成员对老年人所给予的保护,有狭义和广义之分。狭义的"家庭保护"主要指家庭成员承担赡养和扶养老人的义务,主要包括家庭赡养和家庭扶养,即赡养人或扶养人应履行对老年人的经济供养、生活照料和精神慰藉的义务。狭义的家庭保护主要着眼于老年人基本生活需要的满足。广义的"家庭保护"是指家庭成员以作为或不作为的方式保护老年人财产权、人身权和其他权益的行为。也就是说,赡养人和扶养人承担着主要的保护义务,但其他家庭成员也负有保护老年人的义务,包括协助赡养人、扶养人履行对老年人的赡养、扶养义务,不得干涉老年人婚姻自由、不得实施家庭暴力、不得侵犯老年人财产权益和其他人身权益等。广义地界定家庭保护的范围,对于保障老年人的财产权、人格权、受赡养和扶养权、婚姻自由权、继承权等具体权利有着积极的意义。

保障老年人的合法权益需要家庭、社会、政府的共同努力,相对于社会保护和政府保护,家庭保护具有以下特征:

(一)家庭保护主体身份的特定性和广泛性

家庭保护的主体是亲属,这体现了保护主体的特定性。亲属是一种特殊的社会关系,它是基于婚姻、血缘或法律拟制而产生的人与人之间的社会关系。婚姻为亲属之源,血亲为亲属之流,姻亲则是以婚姻为中介而发生。[①]法律上承认的亲属既包括自然形成的亲属,即生物学上的亲属,也包括法律所确认的亲属,即无血缘关系的亲属。亲属有固定的身份和称谓,除法律另

① 参见余延满:《亲属法原论》,法律出版社 2007 年版,第 93 页。

有规定外，不得任意解除或变更；亲属身份关系的存在具有稳定性，是一种长期的伦理的结合，而不是短暂的利益结合。同时，亲属这种社会关系一经法律调整，便在具有亲属身份的主体之间产生权利和义务，构成确认家庭保护主体权利和义务的基本依据。

亲属有保护老年人权益的责任，这体现了保护主体的广泛性。有亲属关系的人不一定是一个家庭的成员，他们可能分别属于不同的家庭。由于各亲属之间的亲系、辈分、亲等存在差别，亲属之间承担的权利和义务也存在区分。如法定继承中享有继承权的亲属主体是有限的，而且各主体之间的继承权存在顺序的差别。对老年人承担家庭保护义务的主体主要是配偶、子女、兄弟姐妹，但其他亲属基于人伦关系的存在也都存在一定的义务，只是义务的大小和顺序存在区别。

（二）家庭保护主体利益的相关性

利益是人类社会存在和发展的动因，是推动当事人行为选择的根本力量。基于亲属关系，家庭保护主体和老年人的利益不可避免地存在相关性，这种相关性包括两个方面：利益关联性和利益冲突性。

利益关联性使家庭保护主体对老年人权益的保护产生正面效应。家庭是多个利益相关者构成的联合体，包括老年人自身、配偶、子女、兄弟姐妹等。虽然各个利益相关者之间在财产和身份上具有相对的独立性，但他们相互之间基于亲属身份对家庭的财产利益和身份利益享有一定的权利，同时承担一定的风险。家庭的目标应该是促进所有利益相关者的利益最大化从而保证自身利益的实现。因此，在老年人权益受到侵害时，家庭其他成员有内在的主动性保护老年人，其实质也是对其自身物质利益和精神利益的维护。

利益冲突性使家庭保护主体对老年人权益的保护产生负面效应。如前所述，家庭由多个利益相关者构成，不可避免地存在不同利益主体在利益内容上的差别和对立，同时可能产生物质利益和精神利益、长期利益和短期利益的对抗。利益主体为获取自身的利益可能相互排斥和对抗。包括子女、配偶在内的亲属都有可能作出侵害老年人财产权、人格权、婚姻自由权等的行为，而这种基于身份关系产生的侵害相对于家庭外人员和社会组织造成的侵害更具有复杂性、隐蔽性和严重性。

（三）家庭保护的长期性和全面性

长期性是指家庭保护与其他老年人保护主体相比，对老年人保护的时间最长，尤其是在以居家养老为主的养老模式下，家庭保护可能会贯穿于老年人晚年的整个过程。家庭是居家养老的主要支持资源。虽然中国传统的联合大家庭正在解体，两代人在经济上基本自立，分居单过。但也不会像西方社会那样，代际关系变得“淡如水”，而仍能保持代际之间密切联系的传统模式。[①] 随着老年人年龄的逐渐增大，活动能力和范围越来越小，家庭保护将发挥越来越大的作用，所以家庭保护相对于社会保护、政府保护而言，具有长期性的特点。

全面性是指家庭保护主体要对老年人从多方面进行保护，履行监护职责和赡养、扶养义务。赡养人和扶养人不仅要从物质上关心老年人的需求，给予生活照料，还要从精神上满足老年人的需求，提供精神慰藉，照顾老年人的特殊需要。家庭成员应当关心老年人的精神需求，不能忽视、冷落老年人，与老年人分开居住的赡养人，应当经常看望或者问候老年人。另外，家庭保护还承担保护老年人财产权、人格的责任，以保障他们的财产权利和人身权利。家庭成员不得干涉老年人的婚姻自由，不得限制、剥夺老年人的继承权，不得侵犯老年人的遗嘱自由、遗赠自由等。

二、老年人家庭保护的原则

（一）家庭成员共同但有区分的原则

家庭保护是老年人保护的一个重要方面，家庭中的每一个成员，都负有相应的义务和法律责任。保障老年人合法权益、促进老年人的家庭保护必须贯彻家庭成员责任共担的原则。关于家庭成员的具体范围，各国受经济、习俗和文化的影响，差异很大。我国家庭成员的范围，包括夫妻、父母子女、祖父母外祖父母、孙子女外孙子女、兄弟姊妹等。另外，现实生活中，亲属的范围要比家庭成员的范围广泛的多，对老年人权益的保护，其他亲属也承担着一定的义务，如不得干涉老年人婚姻自由和剥夺老年人继承权的义务等，如果违反也要承担一定的法律责任，只是义务和责任的直接性和家庭成员存在差别。

家庭成员的保护义务和责任并不是平均分配完全一致的，而存在顺序、

① 参见张敏杰:《新中国60年人口老龄化与养老制度研究》，浙江工商大学出版社2009年版，第213页。

轻重的区别。在赡养法律关系中,赡养义务人的赡养义务是由法律规定的,不以赡养义务人意志的转移而转移。赡养关系属于亲属法范畴,根据亲属法的原理,赡养义务人的范围、内容和顺序由法律直接规定。一般而言,配偶、子女承担第一顺序的扶养、赡养责任。只有配偶、子女不存在或者失去扶养、赡养能力后,孙子女外孙子女、兄弟姊妹才承担主要的赡养或扶养义务。而且,有些家庭保护的义务是无法替代的,例如精神慰藉的义务,更多的需要赡养人满足老年人的精神需求。

(二)物质赡养与精神赡养相结合的原则

赡养老人,既是中华民族的传统美德,又有着严格的法律依据。根据老年人权益保障法的规定,家庭成员应当履行对老年人经济供养、生活照料、精神慰藉的义务,并满足老年人的特殊需求。总体而言,既包括物质赡养,又包括精神赡养。

物质赡养是指具有物质、经济内容体现的赡养义务,是老年人能够正常居住、生活和就医的保障,包括给老人安排住房、提供生活资料、提供生活费用、提供医疗费用,以增进老年人的物质财富,满足生活的需要。同时,物质赡养除具体的实物提供外,还不可避免地包括劳动的承担。老年人随着年龄的增加,健康状况逐渐降低,赡养人需在老年人行动不便或疾病时提供生活的照料,如在农村,赡养人应帮助老年人耕种承包经营的土地,而土地的收益应归老年人。

以往我国立法主要关注老年人的物质赡养,忽视了对老年人的精神赡养。在家庭生活中,赡养人应当理解、尊重老年人的精神需求,经常看望和问候老人,注重精神慰藉,满足老年人精神生活的需要。传统观点认为,精神赡养属于道德责任,应仅从道德的角度对子女不履行精神赡养的行为予以惩戒和约束。另外,要求不具备条件的子女看望老年人,对子女构成沉重的负担,反而不利于大家庭和睦。然而,作为调整社会关系的重要手段,道德并不是唯一手段。相对于道德而言,在强制性、权威性和公开性方面,法律具有道德所不具有的优点,而这些优点都是道德所不可取代的。法律是维护道德的有效手段,它在对道德的某些薄弱环节形成法律价值导向后,推动道德的社会作用得以实现。总体看来,重视情感和心理支持关乎老年人健康和生活质量,对于和睦家庭关系、融洽代际感情具有重要的意义。

（三）法律、政策与道德合力的原则

法律、政策、道德是不同的治理国家、管理社会的工具。老年人权益的保护需要遵循一定的程序，动员、利用、分配与再分配各种社会资源，才能解决存在的问题，实现社会的公平正义。

包含家庭保护内容的老年人权益保障法是一部牵头法，还需要与婚姻法、继承法、民法、刑法等基本法律以及保护老年人权益地方性的法规形成一体，相互协作，形成对老年人家庭保护的完整的法律保障。法律具有规范性、强制性的特征，以法律明确家庭保护的主体、内容和责任，能够更好地保障老年人的权益。

老年人权益保障法属于社会法的一种，政策性特征明显。一般而言，社会法本身带有很强的政策性，社会法所应对的是变化的社会风险，法律宜粗不宜细，具有灵活性特征。老年权益保障法本身包含了若干政策性的规定，如家庭保护部分中规定国家建立健全家庭养老支持政策的规定，其实施需要相应的政策配套。只有法律和政策形成合力，家庭保护的制度才能真正产生实效。

家庭保护的真正实现还需要道德支持，尤其需要尊老、爱老、养老、助老等家庭美德的助力。道德法律化有利于促进家庭保护责任的道德性和伦理性。涉及老年人赡养、扶养的义务性规定都渗透着中华民族的传统美德和精神，而类似于“常回家看看”的规定基本上属于道德要求。尽管老年人面对子女的冷漠可以据此诉诸法院，法院也可以作出适当的判决支持老年人的精神诉求，但与基于经济供养义务的赡养费纠纷不同，“常回家看看”这样的条款重在倡导一种融洽的代际关系与和睦的生活方式，法律规定的精神慰藉义务需要通过社会舆论和道德约束才能真正见效。

（四）尊老、敬老、爱老相结合的原则

家庭保护老年人权益是一个法律问题，还是一个政策和道德问题。形成良好的养老环境需要有贯穿其中的法律意识、社会理念和道德意识，需要尊老、敬老、爱老的人文精神。

所谓尊老，就是尊重老年人的自主决定，尊重老年人的意思自治。意思自治，也称为“私法自治”，是近代民法的根本原则和精神体现，是以自然人之间的权利平等和自我决定为基础的。在老年人有行为能力的状态下，应当尊重老年人的自主选择，包括老年人对财产的自由权、人身自由权、婚姻自由权和继承自由权，家庭成员和其他组织以及个人不得干涉、限制、剥夺老人的私法自治权利。

所谓敬老，就是要敬重老年人的权威，维护老年人的尊严。当前，婚姻家庭关系受到重大冲击，以祖先崇拜与祖孙一体的传统家庭伦理，以父子关系为主轴、以血缘为基础的亲属之爱以及传统的家庭代际关系遭到破坏，甚至沦丧。[①] 这是因为现代社会，子女在生命、婚姻、财产方面有了独立的权利并有法律的保障，而新的伦理道德体系的形成需要一个长期的过程，于是许多子女在获得了生命、经济等方面的独立之后，失去了对老年父母应有的敬重，漠视甚至损害老年人的权威。敬老蕴涵着敬重老年人的权威。维护老年人的尊严，是老年人权益保障法的基本精神，它要求尊重老年人的名誉、信仰和隐私，并尊重他们对自己生活品质的追求。维护老年人的尊严，能切实改善老年人群体在社会和家庭中的弱势地位、培育尊老文化氛围、健全保护老年人的法律体系。

所谓爱老，是指突破物质赡养的狭隘理解，注重精神赡养。物质赡养是必要的，但随着整个社会物质生活的改善，绝大多数老年人更注重精神上享受儿孙绕膝之乐，并在生活困难或生病时得到子女的帮助和护理。加强道德对老年人子女的约束作用，营造一种扬善抑恶的公正的道德环境，这有利于建立与当前社会发展相适应的且与中华民族传统美德相承接的思想道德体系。

三、老年人家庭保护的功能

（一）基础保护的功能

家庭保护制度以血缘关系为基础，由家庭成员承担责任，这是一个历史性范畴，它以家庭存在为必要社会历史条件。在当前和今后一个较长的时期，家庭保护必然是一个向老年人提供保障的主要方式。

我国已经进入老龄化社会，面对老年人基数与规模大和高龄老人、空巢老人、失能老人比例高以及家庭养老功能减弱等社会现实，正确界定和平衡家庭保护和社会保障的关系，对有效应对人口老龄化和缓解我国养老难题具有重要意义。在老年人权益保障法修改论证过程中，有人主张将“家庭赡

---

① 参见张伟：《转型期婚姻家庭法律问题研究》，法律出版社 2010 年版，第 8 页。

养与扶养”一章删除，理由是家庭赡养与扶养问题已经由婚姻法、继承法等作出规定，没有必要作重复性规定。更多的专家和学者认为，家庭养老是养老的逻辑起点和基础，尽管老年人权益保障法与婚姻法、继承法等有类似规定，但去掉“家庭赡养与扶养”会使得老年人权益保障法失去完整性。不仅如此，养老的起点和基础也可能被颠覆。当然，“家庭赡养与扶养”一章更名为“家庭保护”可能更恰当，这一章主要规定赡养人的义务，但家庭成员也负有由老年人权益保障法规定的保护老年人的义务，包括协助赡养人履行对老年人的赡养义务、不得干涉老年人婚姻自由、不得实施家庭暴力、不得侵犯老年人财产权益和其他人身权益等。

虽然目前家庭中的确存在功能弱化的现象，如存在子女数量减少、家庭核心小型化、子女外出等，但家庭保护的地位仍然是基础性的，发挥着主导作用。家庭保护奠定了亲情关系基础，血缘关系、地缘关系、社会关系构成了一个同心圆，标示出人际关系的由近及远。① 家庭保护赖以存在的血缘关系构成了圆心和情感关系的基础。家庭保护奠定了资源供给基础，家庭保护的资源供给是基本的长期的无条件的，而社会支持则是有限的和有条件的。面对人口老龄化的压力，家庭保护的作用是基础性的。设置针对性地面向家庭，针对家庭成员的法律制度，明确规定法律介入家庭关系，对于老年人权益维护有着重要的现实意义。

（二）权利保护的功能

权利与义务是一对有着多重含义的范畴，既有法律意义上的权利与义务，也有道德意义上的权利与义务、社会学意义上的权利与义务等。法律意义上的权利的特殊性在于：法律上的权利与义务是由法律规范所规定，并由国家确认和保护，权利人享受权利依赖于义务人义务的履行。② 老年人的权利包括法律上的、道德上的和社会意义上的权利，而家庭保护中所涉及的老年权利以法律上的权利为主，兼顾道德和社会意义上的权利。

以法律关系的主体为标准来划分，凡规定国家机关之间或国家机关与私人之间关系的法为公法，规定私人之间关系的法为私法。相应地，权利的类型也可划分为公法上的权利和私法上的权利。公法上的权利主要是防止

---

① 参见魏彦彦：《中国特色养老模式研究》，中国社会出版社 2010 年版，第 93 页。

② 参见江伟：《法理学教程》，吉林人民出版社 2008 年版，第 102 页。

公权力对私权利的侵犯，国家承担主要的责任。而家庭保护老年人的权利主要涉及对老年人私法上权利的保护。

私法是调整平等主体之间财产关系和人身关系的法律，其所涉及的权利类型主要是财产权和人身权。从我国私法权利的学理分类进行考察，结合老年人权利保障的现实问题，家庭保护老年人权利的类型可具体划分为保护老年人的财产权、人格权、受赡养和扶养权、婚姻自由权以及继承权。其中人格权、受赡养权和扶养权属于人身权的内容，而继承权兼有人身权和财产权的性质，属于一种特殊的财产权。我国老年人权益保障法中家庭保护以这些法律意义上的权利的保护为主要内容，并结合相关义务人道德意义上的义务和社会意义上的义务履行，如子女精神赡养的义务和国家对家庭养老支持的义务，从而实现对老年人权利的全面保护。

（三）弱势群体保护的功能

老年人属于社会的弱势群体，需要家庭的保护。所谓弱势群体，是受自身能力、自然或社会因素影响，其生存状态、生活质量和生存环境低于所在社会一般民众；或由于制度、法律、政策等排斥，其基本权利得不到所在社会体制保障，被边缘化、容易受到伤害的社会成员的概称。应该说，弱势群体存在是一切社会制度下不可避免的现象。① 老年人的健康水平和占有社会资源的数量低于社会的平均水平，属于公认的弱势群体。他们因年龄而发生生理上的衰老、心理上的变化、精神上的变化等。由强变弱，这是不以老人们主观意志为转移的规律。② 社会上的一些客观因素也是老年人变成弱者的重要原因。这些客观因素有：年龄歧视、自由权的限制和剥夺、老年人尊严和权威的忽视。这都需要家庭成员的保护，以维护老年人的利益。

家庭保护主体需要对老年群体进行倾斜性保护。倾斜性保护是社会法的基本原则。“由于社会弱势群体的特殊身份，决定了无法用‘意思自治’‘平等自由’的私法原则来调整；同时，也不能采用依法行政的公法原则来调整。社会法的基本原则只能是‘倾斜性保护’。倾斜性保护作为社会法的基本原则是由‘倾斜立法’和‘保护弱者’两个方面构成的。”③老年人权益保障

① 参见余少祥：《弱者的正义》，社会科学文献出版社 2011 年版，第 3 页。

② 参见曾庆敏：《老年人权益保障与社会发展》，社会科学文献出版社 2008 年版，第 19 页。

③ 董保华等：《社会法原论》，中国政法大学出版社 2001 年版，第 143 页。

法中的精神赡养制度、老年监护制度、国家支持家庭养老的制度等都是“倾斜立法”的典型体现，而“保护弱者”即保护老年人的责任则主要是由家庭保护主体来承担。只有家庭保护主体的积极主动地参与，而不仅仅是社会和政府的努力，老年人的权利才能得到真正的保护。

老年弱势群体保护功能的实现有利于整个和谐社会的构建。如果老年人的利益不能得到特殊保护，其弱势化的趋势不能得到改变，家庭的道德正当性会受到质疑，而社会的公平正义性也会受到质疑。家庭是社会的重要单元，家庭的道德性是社会和谐的基础，而公平正义也是和谐社会不可缺少的部分。

四、老年人家庭保护的方式

行为是相对于外部世界的任意举止。行为的概念首先以意志活动为先决条件。每一个任意行为都是意志活动，并且是法律上有重要意义的意志活动，即作为法律评价客体的意志活动，行为只能由人来实施。意志的实现表现是相对于外界而言，因此行为的概念要求在社会外界产生某种改变。简而言之，行为是由意志支配的人的态度，它在外界产生特定的后果。[①] 家庭成员对老年人负有不可推卸的保护的义务和责任，根据老年人权益保障法的规定，保护的方式可谓多种多样。具体而言，可分为两大类：

（一）积极作为的方式

积极作为的方式指行为人以积极的身体活动实施保护老年人权利的行为。积极作为是最常见的保护老年人权益的方式，它具有以下几个方面的特征：

第一，积极作为必须有积极的具体活动。赡养人履行赡养义务时必须从事积极的活动，物质赡养中应当提供赡养资金、生活资料、安排住房或者劳务承担，而精神赡养中应当常回家看看并与老年人进行沟通和交流，积极行为是赡养义务履行不可缺少的环节。

第二，积极作为必须是实施保护老年人权益的行为。监护人实施的监护行为是保护老年人权益的积极作为的一种重要形式。老年监护是监护制

---

① 参见[德]弗兰茨·冯·李斯特：《德国刑法教科书》，徐久生译，法律出版社2000年版，第176～180页。

度的一种，监护是民法所规定的为无民事行为能力和限制行为能力人设定监督保护人的一项制度。[①] 为保护因身体功能或精神官能衰退不能全部或部分处理自己事务的老年人的合法权益，而为其设立监护人，在尊重被监护人意志的基础上，监护人对其人身、财产及其他合法权益进行监督、保护和管理。

第三，积极作为一般由一系列的具体行为组成。在老年人权益受到他人侵犯时，家庭保护主体应协助老年人采取措施维护其具体权利。保护措施包括一系列的具体行为，如自力救助、协商、通过第三人进行调解、诉讼等。其中任何一种保护措施都需由一系列具体的行为组成，如诉讼即通过司法救济的方式维护权利，又包括代写诉状、起诉、代理出庭、协助申请执行等。

通过积极作为方式进行家庭保护的具体内容非常广泛，如协助赡养的行为、保护老年人财产安全的行为、保护老年人人格权的行为等，它是家庭保护方式中一种最基本的形式。

（二）消极不作为的方式

消极不作为的方式是指家庭保护主体有实施某种行为的可能而没有实施，从而事实上保护了老年人权利的行为。不作为的保护方式不像作为那样存在身体的外部动作，在单纯物理意义上可认定为一种"无"的状态。因此，很难从物理的意义上证明不作为的行为性，但事实上又起到对老年人权益的保护作用，所以可认定为消极不作为的保护方式。与积极作为保护相比，消极不作为保护除在表现形式上有区分外，在特征和所保护的权利上也存在不同。消极不作为的保护方式主要有以下特征：

第一，家庭保护主体负有某种消极义务。与家庭保护主体的消极义务相对应的是老年人绝对权，如老年人的财产权、自由权等。具体而言，包括不得阻碍赡养人履行赡养义务，尤其是不得干涉老年人婚姻自由、不得实施家庭暴力、不得侵犯老年人财产权益和其他人身权益等。

第二，家庭保护主体具有作为的可能性。由于家庭保护主体与老年人之间存在着基于婚姻、血缘或法律拟制而形成的人身关系。同时，基于亲属关系，家庭保护主体和老年人的利益存在着利益冲突性，因而就为家庭成员

---

① 参见王利明：《民法新论》上册，中国政法大学出版社 1998 年版，第 166 页。

侵犯老年人的财产权利和人身权利提供了行为的可能性，但这种可能性绝非法律上所认可的权利，事实上却是法律上所禁止的行为。

第三，家庭保护主体未作出行为即履行了消极义务，从而构成对权利人权利的保护。家庭保护中的消极义务显然主要不是针对社会，而是有针对性地面向家庭，针对家庭成员。明确家庭成员的消极义务，针对"啃老"与老年人财产安全、虐待与老年人人身权利、干涉婚姻与老年人婚姻自由等问题专门作出规定，对于保障老年人权益具有现实意义。

家庭保护主体的消极保护义务并非仅限于法律的明确规定，需结合老年人的权利内容进行分析，因而家庭保护中消极不作为内容也十分广泛，是家庭保护行为中的另一种基本方式。

第二节　老年人家庭保护的权利基础

《老年人权益保障法》第二章"家庭赡养和扶养"结合当前我国老年人权益保护的现实需要，对老年人的财产权、人格权、受赡养扶养权、婚姻自由权、继承权和遗产分配权等五个方面的权利进行了规定。财产权是老年人生存与安全的基础，是老年人自我价值实现的条件，具体包括物权、债权和知识产权等。人格权能够彰显老年人的人格平等、确保其人格自由和体现其人格尊严，具体权利类型包括生命健康权、人身自由权和名誉权等。受赡养扶养权是家庭成员权利义务关系的体现，具体包括受赡养权和受扶养权。婚姻自主权包括老年人的结婚自由和离婚自由两个方面。继承权和遗产分配权具体包括老年人的继承权和遗产分配权。

一、财产权

（一）财产权的内涵

民法是调整平等主体之间财产关系和人身关系的法律规范的总和，财产权构成了民法调整范围的重要组成部分。"财产权是指以财产利益为内容，直接体现某种物质利益的权利，它是与非财产权相对应的概念。财产权包含的内容较为广泛，凡是具有经济价值的权利都可纳入财产权的范畴。"[1]

---

① 王利明：《物权法论》，中国政法大学出版社 1998 年版，第 130 页。

财产是人类生存和生活的物质基础，由于社会的发展是建立在一定的经济基础之上的，因而财产对于个人而言是一种不可或缺的资源。财产权作为一种外在表现的对物的权利，实质上体现为一种人与人之间的关系，即排斥或要求他人为或不为某种行为的权利。

就财产权的概念而言，大陆法系和英美法系有着重要的区别。大陆法系所使用的“财产权”概念是相对于人身权而言的民事权利，包含了所有权、物权、债权、知识产权、股权等民商事权利。而英美法系中的“财产权”概念则将合同权利排除在外，财产权主要属于一种支配性的权利。此处的财产权是法定的财产所有者对其财产所享有的全部权利，包括占有、使用、收益、处分其财产而不受外部干涉的权利，它是包括财产多种权能在内的一个“权利束”。同时，它还是一个开放的不断发展的概念，随着社会经济的发展，财产权的内涵不断丰富和扩大。

（二）保障老年人财产权的法理价值

1. 老年人生存与安全的基础

生存权是国际社会所公认的基本人权，是个人一切权利的载体。生存与安全是独立和尊严的基石，“个人为了生存必须以某种方式获得使用供消费的最终必需品”[①]。人类要使自己的生存和安全获得更好的实现，就要通过自身的努力去占有和支配劳动成果，这是实现人类生存与安全的最基本的保障。人是目的而不能是手段，作为一项目的性人权，财产权获得保障是人类生存与安全的关键。

老年财产权利是实现老年人其他权益的基础。老年人的个人财产是其辛苦劳动创造的成果，保证其拥有个人财产权，也就有了个人行使权利的物质条件。老年阶段无论是肢体还是感官、脑力还是体力，都会出现不同程度的衰退，创造社会财富的能力大大降低，财产权益的保护更是保障其生存和安全的关键。只有有力地保护老年人的合法财产权，才能使其能够按照市场的规则将自己的财产与他人的财产进行交换而保障生存和安全，才能解除老年人的后顾之忧，减轻社会负担，保证社会和谐安定。

2. 老年人独立和自治的保障

相比较生存与安全，独立和自治是更高层次的权益。如果说生存和安

---

① [美]詹姆斯·布坎南：《财产与自由》，韩旭译，中国社会科学出版社 2002 年版，第 30 页。

全是具有生物意义上的权利，那么独立和自治则是具有社会性的权益。财产权确立了人与人之间的财产关系，保障了财产的排他性占有和使用，使人摆脱了丛林法则支配的自然而得以在社会中存在。“从自由的角度看，财产是自由的最初的定在，它本身是本质的目的。”[①]黑格尔认为财产权是人独立和自由的最初定在和人社会实践的终极目标。

老年人的财产权能使其获得基本的生活来源，不依赖于子女或亲属，也不依赖于政府而获得一定程度的独立和自治。财产权不仅可以保障老年人的生存和安全，也为他们提供了更多的“选择自由”，是老年人获得自治的空间和独立行使自己权利的条件。“个人自治的核心是个人对其财产的独立的排他的支配权，连治产的权利都没有，就不会有治身的权利。”[②]老年人在其青壮年期间为国家、社会、家庭做出了应有的贡献，所获得的财产是满足其晚年“老有所养，老有所医，老有所为，老有所教，老有所学，老有所乐”的重要来源，而老年人财产的独立和意思自治是实现“六老”目标的重要保障。

3.老年人自我价值的实现条件

“价值”属于关系范畴，体现了事物具有满足人的某种需要的属性和作用。“人的价值”体现了人对人的价值，是指客体的人的存在对社会的价值，从而实现人自身的价值和全面发展。人要实现自我的全面发展，需要能够对外在资源进行支配，财产权提供了实现此种支配的条件。

老年人也是社会中的人，老年人不可能脱离社会而存在，而实践性是人的生命本性。老年人在基本的衣、食、住、行需要得到满足后，渴望被社会认同，渴望有所建树和有所创造。在马斯洛的需求层次理论中称为“自我实现的需求”。老年人参与社会实践，实现自我价值，也必须是以财产权的保障为基础的。

(三)家庭保护中老年人财产权利类型

对财产权利分类的目的在于区分权利的不同性质从而明确主体享有的财产权利的范围。财产权是可以与权利人的人格、身份相分离并具有财产价值的权利。如物权、债权、知识产权等。[③] 财产权以财产利益为内容并直

---

① [德]黑格尔:《法哲学原理》，范扬、张企泰译，商务印书馆1991年版，第54页。
② 李曙光:《论宪法与私有财产权保护》，载《比较法研究》2002年第1期。
③ 参见梁慧星:《民法总论》，法律出版社1996年版，第64页。

接体现财产利益，是人身以外的有益性资源，具有可让与性，受到侵害时受到法律保护。老年人通过自己的劳动和其他方式取得财产，享有的财产权利是广泛的。

1.物权

物权是指权利主体在法律规定的范围内，直接支配一定的物，并排除他人干涉的民事权利。根据物权的客体不同，可将物权分为动产物权、不动产物权和权利物权。[①] 现实中，涉及老年人物权的主要是动产所有权、不动产所有权及用益物权等。

动产是可以移动而不损害其价值的物，如老年人的生活用品、家具等，这是老年人进行正常的生产、生活，进行买卖、借贷、赠与等民事活动的基础。根据《民法通则》的规定，财产所有权是指所有人依法对自己的财产享有占有、使用、收益和处分的权利。不动产是移动会损害其价值的物，如房屋、土地等。房屋对于老年人尤为重要，它是老年人最主要的生活环境，而居住环境直接影响老年人的晚年生活质量。土地对农村老人尤为重要，其对土地的用益物权，如承包经营权，关系其晚年收入来源，对其生存和生活都有着重要的影响。

2.债权

债权是得请求他人为一定行为(作为或不作为)的私法上的权利。根据债发生的原因主要可分为契约、无因管理、不当得利和侵权行为。与物权不同的是，债权是一种典型的相对权，只在债权人和债务人间发生效力。现实中，涉及老年人债权主要有退休金、银行储蓄、债权股票、损害赔偿等。

退休金、银行储蓄和债权股票等都是基于契约而产生债权债务关系。退休金是老年人的生活来源，工作单位或者社会保障机构应当按时发放，保障老年人的基本生活。银行储蓄和债券股票是老年人的合法财产，尤其是银行储蓄是老年人晚年生活的重要保证，金融机构应当注重保障老年人的合法权益。老年人在生活中因人身或财产受到侵权行为损害而产生的债权，侵权人应承担相应的责任。

3.知识产权

知识产权是权利人对其所创作的智力劳动成果所享有的专有权利。我

---

① 参见马俊驹:《民法原论》，法律出版社 2005 年版，第 288 页。

国《民法通则》第五章第三节罗列的知识产权包括著作权、专利权、商标权、发现权、发明权以及其他科技成果权。知识产权具有一定的人身性，但更主要的是一种无形财产权，具有专有性、时间性和地域性特点。现实中，涉及老年人知识产权事项主要有著作权、专利权和商标权。

著作权也称“版权”，是指作者对其创作的文学艺术和科学技术作品依法享有的权利。专利权是发明创造人或其权利受让人对特定的发明创造在一定期限内依法享有的独占性权利。商标权是商标所有人依法对其商标所享有的专有使用权。我国《商标法》第 4 条规定，允许自然人向商标局申请商品商标注册。老年群体是我国社会文化最直接、最有形的传承载体，是一个知识与经验的资源库。老年人在文化教育、科技创新和经济建设方面发挥余热的同时，还应以法律保护自己的权利。

二、人格权

（一）人格权的内涵

人格是一种抽象与平等的法律地位，具有重要的意义。在罗马法中，“人格”一词经常用“caput”指称。这个词原意为头颅，被罗马法学家和裁判官用来指人格，寓意是人格对于人来说，犹如头颅对于人一样重要。① 人格权是指以主体依法固有的人格利益为客体的，以维护和实现人格平等、人格尊严、人身自由为目标的权利，在民法中属于人身权的范畴。② 自然法理论中将生命、健康等作为一种自然权利对待，使人格权作为一种自然权利受到人们的认可。然而，人格权作为基本人权，在我国不仅由民法规定，还受到宪法保障，因而应当认定为一种法定的权利。

根据法律适用的不同，人格权分为一般人格权和具体人格权。一般人格权是指有关人格尊严、人格自由和人格平等的抽象的、一般的、概括的权利。具体人格权是指有关姓名、肖像、名誉等各种具体的人格权。一般人格权只是具体人格权的兜底条款，在法律法规中，有具体人格权的规定时，应当优先适用具体人格权。③ 另外，从性质上看，人格权原则上是非财产权，主

---

① 参见曲炜：《人格之谜》，中国人民大学出版社 1991 年版，第 7 页。

② 参见王利明：《人格权法》，中国人民大学出版社 2009 年版，第 5 页。

③ 参见王利明：《人格权法》，中国人民大学出版社 2009 年版，第 30 页。

要体现为人精神和道德上的利益。但也与财产有着密切联系，如对受到侵害的人格权提供救济时常采用财产手段。

（二）保障老年人人格权的法理价值

1.彰显老年人的人格平等

人格平等是指做人的资格在法律地位上的平等。它确认了这样一种理念：一个人，无论其性别、年龄、体力、智力、社会地位、财产状况如何，法律都给予其平等的保护。人格平等是资格平等和机会平等，而不是事实平等。它不意味着每个人在物质财富、精神文化、身体素质完全平等和相同，而是指同等对待不受歧视（如性别、年龄和民族的歧视等），是社会主体间的平等。

“年龄歧视”一词（ageism）最早是由美国学者罗伯特·巴特勒于1969年提出的，它同种族歧视（racism）和性别歧视（sexism）一样，是以“-ism”为后缀。与一般性的年龄歧视概念（age discrimination）不同，年龄歧视（ageism）专指对老年人或年长者的歧视。[①] 由于老年人身体素质的下降、相对贫困化以及社会价值观念的变化，老年人在社会上处于劣势地位，在家庭层面表现为对老年人的忽视、排挤等负面态度，这些都导致老年人被边缘化，无法得到公平的对待。而人格权可以彰显老年人的人格平等，使老年人获得平等对待。

2.确保老年人的人格自由

追求自由是人类固有的本性和价值目标。查士丁尼曾指出：“自由是每个人的，除了受制物质力量或法律阻碍外，可以任意作为的自然能力。”[②]作为法律权利，自由指权利主体的行动与法律规范的一致以及主体之间的权利和义务的界限。[③] 只有对人格自由的尊重，才会真正实现人成为权利主体。因此，人格自由体现了主体自由意志的要求，是人格权的基础。

人格自由是老年人的一项基本权利，它是老年人从事各种社会活动的先决条件。我国《宪法》规定了多项具体的自由权，如人身自由、居住自由权和宗教信仰自由等。宪法中规定自由权可有效防止公共权力对公民自由权的侵害。然而在现实中，个人之间尤其是家庭成员也可能出现侵害老年人

---

① 参见姜向群：《年龄歧视与老年人虐待问题研究》，中国人民大学出版社2010年版，第6页。

② ［古罗马］查士丁尼：《法学阶梯》第1卷，李士萍译，天津人民出版社2009年版，第12页。

③ 参见张文显主编：《法理学》，高等教育出版社2003年版，第401页。

自由权的情形，因而私法也承载着保护老年人人格自由的责任。只有对老年人的人格自由进行全方位的维护，才能使老年人可以自主的参与社会活动，维持和扩大老年群体的社会影响。

3.体现老年人的人格尊严

“尊严”是人类文明的符号，是人类文明发展到一定阶段的产物，是人之为人的内在规定性和主体性。民主社会结束了人身依附关系，完成了从“身份到契约”的飞跃，为获得尊严提供了条件。人格尊严是人对自身地位、自身价值的认识，体现了其他社会成员的评价。如果说人格平等体现了人的客观地位，人格自由体现了人的主观状态，那么人格尊严则是一种主观认识和客观评价的结合。①

在生命的任一阶段，人的最高需要都是尊严。尊严是一种精神层面的东西，体现了整个社会对老年人的关注和尊重。然而，在市场经济大潮中，由于婚姻家庭关系遭受巨大冲击，自由社会取代了伦理社会，经济理性进入家庭，所以老年人在家庭中的权威和地位受到巨大冲击，部分家庭成员不尊重老年人的主观感受，甚至侵害老年人的身体健康和毁损老年人的名誉。这都说明人的尊严在当前社会遭遇践踏，而它又是一种能够支撑老年人个人生存与发展、体现老年人人格的一项重要的权利，因此，我们必须对此予以保护。

（三）家庭保护老年人人格权的类型

具体人格权包括生命权、身体权、健康权、人身自由权、姓名权、名称权、肖像权、名誉权、隐私权和贞操权。家庭保护老年人人格权的主要内容是生命健康权和人身自由权，同时名誉、姓名、肖像、隐私权问题也是其重要内容。

1.生命健康权

生命是最高的人格利益，在民事主体享有的各项人格利益中，没有任何一种人格利益可以和生命相提并论，生命权在各项人格权中居于首要地位。健康权是自然人对自己的生理和心理所享有的健康利益，维持、保有并排斥他人侵害的权利。② 自然人的健康权也属于基本的人权，是个人从事社会活动的基本条件。

---

① 参见杨立新：《人身权法论》（修订版），人民法院出版社2002年版，第382～383页。

② 参见王利明：《人格权法》，中国人民大学出版社2009年版，第171页。

将生命健康权作为独立的人格权加以保护,体现了“以人为本”的价值理念,有利于对受侵害的老年人权利进行救济。不同国家及文化背景下的老年人受到虐待有着不同的特点,关于虐待的定义也有差别,但毫无疑问的都包含着身体虐待,即采取肢体暴力行为对老年人造成身体上的伤害或痛苦。生命健康的维护不仅有利于老年人保护自身生命、提高生活质量、追求体格和精神的完美,同时也具有避免虐待老人现象发生、维护家庭和社会利益、提高人类生存质量的意义。

2. 人身自由权

人身自由权是自由权的一种类型,是权利主体在法律范围内自主支配行动的权利。[①] 人身自由权的主要内容在于明确公民具有身体行动不受侵犯的自由,即禁止任何人对公民非法逮捕、拘禁,或采取其他非法手段限制他人人身自由。

老年人的人身自由是在法定的范围内不受家庭或社会因素控制或约束的状态,它和老年人的身体密切联系在一起。老年人享有人身自由的利益,有权在法定的范围内进行活动,维护自身的行动不受限制。我们所要建立的老有为学、老有所乐、老有所为的和谐社会,离不开老年人人身自由权的保障。如果老年人的自由受到侵害时,有权获得司法机关的救济排除妨碍自由权的行为;如果这种侵害造成了损害,老年人可以要求损害赔偿。

3. 名誉、姓名、肖像、隐私权等

名誉是一种客观的社会评价,它是社会公众对某个主体的评价。所谓名誉权是指公民和法人对其名誉所享有的不受他人侵害的权利。姓名权是自然人决定其姓名、使用其姓名、变更其姓名,并要求他人尊重自己姓名的一种权利。肖像权是以肖像所体现的人格利益及财产利益为内容的民事权利。隐私权是公民享有的私生活安宁与私人信息依法受到保护,不被他人非法侵扰、知悉、搜集、利用和公开等的一种人格权。[②]

在老年人家庭生活和参与社会活动的过程中,经常发生侮辱诽谤老年人侵犯其名誉权、盗用假冒老年人姓名侵犯其姓名权、未经同意使用老年人肖像侵犯其肖像权和公开老年人个人信息影响其私生活安宁侵犯其隐私权

---

① 参见江平:《民法学》,中国政法大学出版社 1999 年版,第 286 页。

② 参见王利明:《人格权法》,中国人民大学出版社 2009 年版,第 229、188、211、272 页。

的事件。老年人自身应有维权意识，同时，老年人的家庭成员在不侵害老年人具体人格权的同时，还应承担起帮助老年人追究其他侵权人的责任，保障老年人的人格权益。

三、受赡养、扶养权

（一）赡养、扶养的内涵

我国立法中对赡养的概念没有统一的界定，根据婚姻法和老年人权益保障法的内容，赡养可以理解为子女、孙子女、外孙子女等晚辈对父母、祖父母、外祖父母等长辈承担的经济供养、生活照料、精神慰藉的责任。赡养人是指老年人的子女以及其他依法负有赡养义务的人，赡养人的配偶也应当协助赡养人履行赡养义务。据此，对于赡养，不应仅理解为让老年人有饭吃、有衣穿等物质需求的满足，还应包括关注老年人的精神生活，使老年人的晚年生活健康快乐。

扶养，是指法定范围的亲属间相互供养和扶助的权利义务关系，它有广义与狭义之分。狭义的扶养是指夫妻和兄弟姐妹等平辈间相互供养和扶助的法律义务关系。[①] 广义的扶养除了包括赡养和狭义的扶养外，还包括了抚养，即长辈对晚辈的抚养。老年人权益保障法中的扶养仅指狭义的扶养。身份性是家庭亲属法的基本特征，赡养和扶养法律关系具有明显的身份性特征。赡养、扶养法律关系基于身份关系产生，同时也表现为一定的财产关系。

（二）保障老年人受赡养、扶养权的法理分析

1. 赡养和扶养是互负对等给付权利和义务的体现

在法律关系中，权利和义务是对等的，这样才能通过法律对人们的社会行为进行调整。法律权利的享有有助于法律义务的积极履行。在许多情况下，义务人不履行义务，就会产生法律责任。赡养、扶养法律关系中的权利义务也是一致的。老年人为晚辈亲属、为家庭付出了财力和感情，承担了抚养的义务；家庭中夫妻之间互负婚姻共同生活的义务，兄弟姐妹之间互负相互扶助共同生活的义务，这也会涉及物质和感情的付出。每个家庭成员都应该为其享有的权利而承担义务，他不可能仅享有权利，而在日后应该尽义务的时候逃避义务。家庭成员一方早期的付出形成其对未来的期待，即要

---

① 参见余延满：《亲属法原论》，法律出版社 2007 年版，第 510 页。

求相对人在未来承担一定的责任。就权利义务关系的双方而言，己方的权利就是对方的义务；相反，对方的权利也是己方的义务。

2. 赡养和扶养是家庭成员权利义务关系的体现

赡养、扶养是一种特殊的法律关系，因为受赡养、扶养权利不以是否尽了抚养、扶养义务为前提，赡养、扶养义务也不以是否享受过抚养、扶养权利为条件。赡养、扶养的权利义务，除了物质和感情的因素外，还是家庭成员权利义务关系的要求，即赡养、扶养义务的法定性。赡养、扶养关系属于亲属法的范畴，根据亲属法的原理，亲属身份关系是由婚姻、血缘和法律拟制而形成的，具有权利义务内容的特定主体之间的社会关系，在此基础上形成亲属身份权。亲属身份权是指基于亲属身份关系所产生的各种人身权，它具有专属性。[①] 法律可以赋予身份权的权利主体可以要求对方亲属为特定行为，如要求支付赡养、扶养费。我国的《婚姻法》规定亲属成员之间的权利与义务即为亲属身份权的体现。

3. 老年弱势群体倾斜保护的需要

由于年龄和身体原因，老年人的活动和认知能力大大下降，部分老年人实际上已处于无民事行为能力或者限制民事行为能力状态，即失能老人或半失能老人，属于典型的弱势群体。应秉持"维持本人生活正常化"和"尊重本人的自我决定权"的原则，根据老年人判断能力随着年龄增长而逐渐递减的特点进行针对性的保护。要注重保护行为能力有欠缺的老年人，在尊重老年人意愿的同时，兼顾社会秩序和交易安全，从而保障老年人的合法利益，这也是保障老年人受赡养、扶养权，完善赡养和扶养制度的需要。毕竟，政府作为公共利益的代表，必须承担起对弱势群体应有的责任，不是歧视与排斥，也不是出于怜悯，而是把它视为一种责任，并成为指定和执行社会政策的价值基础。[②]

（三）家庭确保老年人受赡养、扶养权的责任

经济供养是赡养、扶养的基本层次，是指赡养或扶养人为维持老年人衣食住行等基本生活需求而必须提供的最基本的经济支持。现代社会中，老年人经济供养主要承担者应是社会保障，但由于部分老年人尤其是农村老

① 参见官玉琴：《亲属身份法学》，厦门大学出版社 2010 年版，第 16 页。

② 参见王思斌：《改革中弱势群体的政策支持》，载《北京大学学报》2003 年第 6 期。

人不能通过社会保障获得收入满足基本的生活需求，在丧失劳动能力之后赡养人或扶养人应承担经济资助的责任。当然，即使老年人的收入能够满足基本生活需求，也可以向赡养人提出经济供养的要求，除非老年人主动放弃。家庭作为赡养、扶养老人的主体，既是道德规范的要求，也是我国未富先老现实国情的要求。

生活照料是赡养、扶养的中间层次，是指赡养人或扶养人为失去部分自理能力或全部自理能力的老年人付出的照顾时间、提供的照料资源。随着年龄的增大，老年人生理机能降低，对生活照料的需求越大，对照顾者的依赖程度越高。生活照料的提供者包括家庭成员和家庭外部人员。家庭成员是生活照料的主体，包括赡养人即子女、孙子女和扶养人即老年人的配偶和兄弟姐妹。我国以家庭为主体的养老模式在道德和法律规范内是良性发展的，家庭养老仍然是我国养老的主要方式。因此，赡养人和扶养人应承担生活照料的主要责任。

精神慰藉是赡养、扶养的最高层次，它是指在家庭生活中，赡养人和扶养人对被赡养人、被扶养人在感情、心理等方面给予关心和帮助从而使被赡养人获得家庭的温暖。赡养人和扶养人应当关心老年人的精神需求，不能忽视冷落被扶养人。精神慰藉主要是对赡养人提出的要求，赡养人提供物质赡养的同时还应提供精神赡养，以提高老年人晚年生活的幸福指数。精神慰藉缺失问题的出现与我国的社会转型有着密切的联系，在转型过程中，家庭的结构在发生变化，产生了所谓的“空巢家庭”，空巢家庭中的老年人普遍感到孤独寂寞。社会转型的同时，传统的伦理道德规范逐步退却，伦理道德规范属于精神文明范畴，而现代伦理道德规范的形成远远滞后于物质文明的发展，出现道德失范现象，“空巢家庭”中相应出现精神慰藉缺失的问题。老年人的精神需求包括三个方面，即自尊的需求、期待的需求和亲情的需求。[①] “精神赡养”的实质就是要求赡养人满足老年人的精神需求。

四、婚姻自由权

（一）婚姻自由的内涵

婚姻自由是指自然人有权在法律规定的范围内，完全自愿、自主地决定

① 参见穆光宗：《老龄人口的精神赡养问题》，载《中国人民大学学报》2004 年第 4 期。

本人的婚姻,不受任何人的强制或干涉。[①] 婚姻自由是社会发展到一定阶段的产物,是法律赋予人们的一项权利。婚姻自由是一项人身权利,专属于一人所有,无法转让或继承,是与人身密不可分的一项权利。贯彻婚姻自由原则,一方面不允许非法干涉他人(包括近亲属)的婚姻,禁止包办、买卖婚姻;另一方面也不允许当事人滥用婚姻自由的权利,无视婚姻的重要性,置法律义务和社会责任于不顾。

婚姻自由包括结婚自由和离婚自由两个方面,即当事人依法缔结婚姻和依法解除婚姻的自由。二者是相互联系的,共同构成婚姻自由原则的完整内容。

(二)保障老年人婚姻自由权的法理分析

1.私法自治原则的内在要求

私法自治原则赋予并且确保每个人能够在法律规定的范围内,通过法律行为来调整相互之间关系。私法自治基本上适用于一切私法关系和私法领域,对于保障私有权利的自由处分,维护个人自由和尊严,有着重要的意义。

老年人有权选择自己理想的配偶,老年人在建立婚姻方面有完全自主的权利。同时,老年人对婚姻的理解、需要和价值等会随着时间的变化而发生变化,在离婚方面也要求尊重老年人私法自治的权利。法律的任务在于要求老年人具备婚姻行为能力,在出于完全自愿的情况下缔结婚姻,并追究限制、胁迫、不正当影响老年人婚姻自由权利的家庭成员的法律责任。

2.“人本位”价值理念的体现

“人本位”的价值理念源自人本思想,在西方最早可追溯至古希腊普罗泰格拉提出的“人是万物的尺度”的命题,它体现了朴素的人本主义的倾向。“人本位”体现了这样一种价值取向:肯定人的主体作用和目的地位,尊重人、依靠人、为了人,人是至高无上的存在。

保障老年人的婚姻自由权是“人本位”原则的重要体现。从现实的角度来看,老年人不论从生理上还是心理上,都更需要伴侣。人到老年,体弱多病,在生活上需要共同伴侣之间的扶持,在物质上、精神上也需要共同伴侣的支持。[②] 老年人的再婚能使其获得生活上的照料和精神上的慰藉,有利于

---

① 参见余延满:《亲属法原论》,法律出版社 2007 年版,第 52 页。

② 参见李志一:《老年人权益的法律保障》,复旦大学出版社 1997 年版,第 140 页。

实现幸福的晚年生活，而不应受到消极的传统道德规范、社会环境和家庭等因素的制约和影响。

3. 公序良俗原则的要求

公序良俗原则是指民事主体进行民事活动时不得违反社会的公共秩序和善良风俗。公序良俗包含两个独立的概念。首先是以“规则”为核心的公共秩序，社会成员须认同秩序的存在，这是一个社会最基本的价值所在。其次是以“伦理”为核心的善良风俗，是一个社会要求人们普遍接受的道德规范，善良风俗随着时代的发展而发展。

保护老年人的婚姻自由也是公序良俗原则的要求。一方面，婚姻自由是我国宪法赋予老年人的一项基本权利，是一项公法上的权利；同时我国的《民法通则》和《婚姻法》也规定了婚姻自由原则，这又是一项私法的权利。因此，这是社会共同认同的一项规则，任何人的干涉和阻碍都是对社会公共秩序的违背。另一方面，离婚、丧偶老人的再婚能使其获得生活上的照料和精神上的慰藉，有利于老年人的身心健康，符合我国当前伦理规范；老年人离婚也是重视婚姻质量，追求精神和感情上满足的表现，也并不违背社会的道德观念。因此，老年人的再婚和离婚都符合社会的善良风俗，干涉老年人结婚、离婚的行为是对善良风俗的破坏。

（三）老年人享有婚姻自由权利的表现

1. 结婚自由

老年人的结婚自由是指老年当事人在建立婚姻关系问题上有完全自主的权利，包括子女在内的家庭成员无权干涉。老年人有结婚的自主权，有选择结婚伴侣的主动权，这样可以使老年人能够按照自己的意愿选择共同生活的伴侣，相互支持、相互照料、相互慰藉，共度晚年。同时，老年人也有不结婚的自主权，出于对财产、继承、再婚稳定性等现实问题的考虑，许多老年人选择非婚同居的生活方式。这也是老年人结婚自由的一种体现。

相对于年轻人而言，老年人在处理自己婚姻问题上是弱者，老年人再婚阻力较大，阻力主要来自子女。干涉老年人结婚自由，是一个社会共同关注的问题。

2. 离婚自由

老年人离婚自由是指老年当事人夫妻感情已经完全破裂，原来的婚姻关系无法维系时，一方提出解除婚姻关系的权利。离婚自由是结婚自由的必要补充。部分老年人婚姻关系确已破裂,允许他们提出离婚,可以使他们从痛苦的婚姻束缚中解脱出来,并重新建立家庭,从而实现幸福的晚年生活。

当然,老年人的婚姻不仅仅是当事人的私事,也关系到他人、社会的利益。无论是老年人的结婚还是离婚,法律都规定了一定的条件和程序,即婚姻自由乃是法律规定下的自由,离开法律规定的婚姻自由是不存在的。

五、继承权和遗产分配权

(一)继承权和遗产分配权的含义

继承权指自然人依照法律的规定或被继承人生前立下的合法有效的遗嘱承受被继承人遗产的权利。[①] 继承分为法定继承和遗嘱继承。所谓法定继承,又称"无遗嘱继承",是指由法律直接规定继承人的范围、继承顺序、遗产分配原则等的一种继承方式。法定继承以亲属身份为依据。遗嘱继承是指按照被继承人所立的合法有效遗嘱继承被继承人遗产的继承制度。老年人根据法律规定或遗嘱指定对父母、配偶、子女等其他近亲属的财产享有继承权。

遗产分配权是被继承人在生前有权依法用遗嘱、遗赠等方式处分个人合法财产的权利。继承权的权利主体仅限于有权继承被继承人遗产的自然人,不包括被继承人。遗嘱继承和遗赠中的被继承人或遗赠人享有遗产分配权而不享有继承权。任何人不得干涉、剥夺老年人依法享有的处置个人遗产的合法权利。

(二)保障老年人继承权和遗产分配权的法理分析

1.亲属身份权与亲属权利义务相结合的体现

家庭成员可以根据父母子女、配偶或者兄弟姐妹关系继承亲属的遗产,这是亲属身份权的体现。血缘关系、婚姻关系和扶养关系是继承人资格取得的主要依据,由此形成法律所认可的父母子女关系、养父母子女关系、夫妻关系、直系姻亲关系(儿媳对公婆、女婿对岳父母)等。

然而,在继承问题上还应遵循权利义务一致的原则。继承法所体现的权利义务一致原则与民法中的权利义务一致原则是有区别的,主要体现在权利义务的相对性、顺延性和伦理道德性。继承权可能因为继承人未履行赡养义务而丧失,也可能因为承担赡养责任而取得。继承法中的权利义务

---

① 参见马俊驹:《民法原论》,法律出版社2005年版,第901页。

一致原则有利于确保老年人获得经济供养、生活照料和精神慰藉。

2. 私法自治原则的体现

私法自治基本上适用于一切私法关系和私法领域，同样适用于老年人的继承权与遗产分配权。一方面，老年人有权对父母、配偶、子女等其他近亲属的财产享有继承权，同时也有权放弃继承，关键在于任何人不得干涉和剥夺其意思自治的权利。另一方面，私法自治原则更主要地体现为老年人订立遗嘱、设定遗赠的自主决定。

老年人具备遗嘱、遗赠的自由，原因在于：一个道德伦理意义上的人，也就是具有道德伦理意义上的主体性的人，必须自己能够主宰自己的行为。①也就是说，老年人订立遗嘱、设立遗赠时的"自由意志"以及与之相伴随的"自由选择"，被认为是人具有道德伦理主体性的基本根据。正如康德所言："他由于觉得自己应行某事，就能够进行某事，并且亲身体会自己原是自由的。"②老年人具有独立于家庭成员干涉的自由选择权利。

3. 维持秩序实现和谐的需要

秩序是继承制度的价值之一，不仅在于继承法律本身的秩序作用，还在于其具有满足社会及其成员安全感的需要的功能。继承制度有利于保持财产转移过程中的稳定。国家保障老年人的合法继承权，并禁止一切侵犯遗嘱、遗嘱自由权利的行为，可使老年人的财产转移在一个合乎自然秩序和人性的空间以及确定的对象中进行，可以最大限度地保持财产转移过程中社会财产体系的稳定性。尤其对于结构复杂、矛盾较深的家庭，能够有效减少和预防家庭纠纷，形成养老敬老的家庭环境，有利于实现家庭与社会的和谐。

（三）家庭保护老年人享有继承权和遗产分配权的内容

1. 继承权的保护

老年人可以依法继承父母、配偶、子女和其他亲属的遗产，并有接受遗赠的权利。在保护老年人继承权时，主要表现在以下几个方面：第一，在法律没有特殊规定时，法定继承人的范围与顺序长幼平等、男女平等。同一顺序中的法定继承人应当按照人数平均分配财产，老年人与同一顺序的其他继承人享有同等的继承权。而且，在亲等相同的情况下，适用于男性老年人

---

① 参见李宏：《遗嘱继承的法理研究》，中国法制出版社2010年版，第65页。

② [德]康德：《实践理性批判》，关文运译，商务印书馆1990年版，第30页。

的继承顺序，同样适用于女性老年人。第二，保护老年人继承子女遗产的权利。老年人曾为家庭生活和抚养子女付出劳动，晚年有权利获得子女的赡养和照料。如果子女先于父母死亡，其他家庭成员应重视老年人的继承权，并优先考虑老年人的利益。第三，如果继承人中有缺乏劳动能力又没有生活来源的老年人，应重点照顾。法定继承中进行遗产分配时，对生活有特殊困难的缺乏劳动力的老年继承人，应当予以照顾；遗嘱继承中应对缺乏劳动能力又没有生活来源的老年人保留必要的遗产份额；如果继承人中有缺乏劳动能力又没有生活来源的老年人，即使遗产不足清偿债务，也应为其保留适当遗产。

2.遗产分配权的保护

根据遗嘱、遗赠自由的原则，法律允许老年人用遗嘱、遗赠的方式处理自己的遗产，老年人可以通过自书遗嘱、代书遗嘱、口头遗嘱、录音遗嘱和公证遗嘱的方式确定继承人的继承份额和继承顺序，甚至可以取消法定继承人的继承权，或将遗产遗赠给法定继承人以外的其他公民、国家或集体组织。家庭成员应当尊重老年人的遗产分配权，不能通过非法的方式干涉老年人的遗嘱、遗赠自由，也不能通过私分、欺骗的方式侵犯老年人的钱款、房屋，剥夺老年人的遗产分配权。

第三节　我国老年人家庭保护的现状分析

自1996年老年人权益保障法颁布实施以来，我国老年人权益保障立法取得了重大进步，形成了比较完善的老年人权益保障法律体系。然而，面对新的社会养老情势，老年人权益受到侵害的现象会变得更加突出和复杂，老年人权益家庭保护本身面临养老观念淡薄、养老功能弱化等诸多新问题，亟须进一步完善家庭养老的制度规范。

一、我国老年人家庭保护的规范渊源

在我国宪法、民法通则、婚姻法、继承法、刑法以及其相关的法律法规中，都对有关老年人家庭保护的内容作了相应规定。全面的法律保护是老年人权益保障的重要保障。

(一)宪法和基本法律的规定

宪法和基本法律奠定了家庭保护的法律基础,其中,既有关于权利的基础性规定,也有关于老年人权利家庭保护的针对性内容。

基础性规定为保护老年人的权利提供了根本的法律依据。(1)财产权方面。《宪法》第 13 条第 1 款规定:“公民的合法的私有财产不受侵犯。”《物权法》第 39 条规定:“所有权人对自己的不动产或者动产,依法享有占有、使用、收益和处分的权利。”(2)人身权方面。《宪法》第 38 条规定:“中华人民共和国公民的人格尊严不受侵犯。禁止用任何方法对公民进行侮辱、诽谤和诬告陷害。”《民法通则》第 101 条规定:“公民、法人享有名誉权,公民的人格尊严受法律保护,禁止用侮辱、诽谤等方式损害公民、法人的名誉。”(3)受赡养和扶养权方面。《宪法》第 49 条规定:“父母有抚养教育未成年子女的义务,成年子女有赡养扶助父母的义务。”《婚姻法》第 20 条规定:“夫妻有互相扶养的义务。”(4)婚姻权方面。《宪法》第 49 条第 4 款规定:“禁止破坏婚姻自由。”《婚姻法》第 5 条规定:“结婚必须男女双方完全自愿,不许任何一方对他方加以强迫或任何第三者加以干涉。”(5)继承权方面。《宪法》第 13 条第 2 款规定:“国家依照法律规定保护公民的私有财产权和继承权。”《继承法》第 16 条第 2 款规定:“公民可以立遗嘱将个人财产指定由法定继承人的一人或者数人继承。”

家庭保护老年人权利的具体内容主要由保障老年人权益的专门法律进行规定,而宪法和基本法律中关于老年人权益家庭保护的规定主要作出原则性的规定。如《宪法》第 49 条第 4 款规定:“禁止虐待老人、妇女和儿童。”《民法通则》第 4 条第 1 款规定:“婚姻、家庭、老人、妇女和儿童受法律保护。”《婚姻法》第 4 条规定:“家庭成员间应当敬老爱幼,互相帮助,维护平等、和睦、文明的婚姻家庭关系。”第 21 条第 3 款规定:“子女不履行赡养义务时,无劳动能力的或生活困难的父母,有要求子女付给赡养费的权利。”《继承法》第 10 条规定在遗产继承时,将父母、配偶和子女一起列为第一顺序继承人。《继承法》第 7 条规定,遗弃和虐待被继承人情节严重者丧失继承权。

(二)专门法律的规定

作为保护老年人权益的专门法律,老年人权益保障法自 1996 年颁布施行以来,在保障老年人合法权益,弘扬敬老、养老、助老精神等方面发挥了重要作用。随着我国经济社会的发展、人口与家庭结构的变迁,老年人权益保护出现了一些新的变化,需要在法律制度上进一步完善。尤其是在家庭保护方面，随着家庭功能弱化与失能老人数量的急剧增加，修订老年人权益保障法的必要性凸显。根据全国人大常委会发布的《关于〈中华人民共和国老年人权益保障法(修订草案一审稿)〉的说明》，“空巢”老人的精神慰藉问题是立法中深入研究的重点问题和着力解决的突出问题，而草案中有关家庭养老支持、老年监护属于适度超前的规定，增强了法律的前瞻性。“对这些重要问题，尽早从立法层面做好顶层设计和前瞻性的制度安排，将为我国未来从容应对人口老龄化赢得战略先机和更多主动权。”①

修订老年人权益保障法应在努力协调老年人权益保障法与其他相关法律关系的同时，明确家庭养老的基础性地位，确立国家支持家庭养老的制度设计，并积极发展养老社会保障和社会服务对家庭养老的支持体系。

(三)地方性法规的规定

目前，各省都已经出台了保护老年人权益的地方性法规，如1992年《新疆维吾尔自治区保护老年人合法权益条例》、1998年《陕西省实施〈中华人民共和国老年人权益保障法〉办法》、2010年《上海市老年人权益保障条例》、2010年《河南省老年人保护条例》。各地的条例和实施办法确立的老年人权益保障法规框架体系基本相同。总体看来，框架体系主要包括“总则一家庭保护一社会保障一参与社会发展一法律责任一附则”等内容。

各地的老年人权益保障立法，都把家庭保护作为不可或缺的内容进行规定，只是名称略有不同。在北京、云南、江苏的老年立法中称为“家庭保障”，在黑龙江、陕西、青海的老年立法中称为“家庭赡养和扶养”，在福建、河南的老年立法中称为“家庭保护”。内容方面，家庭保护部分也能做到自成体系，基本包括两部分内容：一是积极意义上的义务，即需要家庭成员积极履行经济供养、生活照料和精神慰藉等方面的义务。二是消极意义上的义务，即不得干预、侵害老年人的人身自由、婚姻自由、财产权利等。

考察各地的老年人权益保障立法，细化实施、修补充实和生成创新的作用非常明显。在细化实施方面，如《云南老年人权益保障条例》第11条规定：“老年人的婚生子女、非婚生子女、养子女、形成抚养关系的继子女以及其他依法负有赡养扶助义务的公民，应当履行赡养扶助义务；老年人子女已

① 第十一届全国人大常委会第二十七次会议公布的《关于〈中华人民共和国老年人权益保障法(修订草案一审稿)〉的说明》，2012年7月6日。

经死亡的,其有负担能力的孙子女、外孙子女应当履行赡养义务。"该条详细规定了赡养人的具体范围,细化了赡养主体的规定。在修补充实方面,《山东省老年人权益保障条例》第10条规定:"保障老年人的生活水平高于家庭其他成员的平均生活水平。"《安徽省实施〈中华人民共和国老年人权益保障法〉办法》第15条规定:"保障老年人的生活水平不低于家庭成员的平均水平。"这些都对赡养人的赡养责任作出了恰当的补充。在生成创新方面,《内蒙古自治区〈中华人民共和国老年人权益保障法〉办法》第11条规定:"赡养人应当在精神上慰藉老年人。老年人和赡养人分开居住的,赡养人应当经常看望和问候老年人。"另外,截至2011年底,全国至少12个省份[①]的老年人权益保障立法中都包含了"常回家看看"的内容。这相对于1996年《老年人权益保障法》是一种创新,为修订老年人权益保障法提供了参考。

二、老年人家庭保护制度存在的问题

(一)家庭保护具体规定原则化与配套法规不健全

从操作层面上看,家庭保护的法律条款规定得比较笼统,缺乏可操作性,使得家庭保护的规定在实际工作中无法有效落实。如对于精神赡养问题,1996年《老年人权益保障法》第11条规定:"赡养人应当履行对老年人经济上供养、生活上照料和精神上慰藉的义务,照顾老年人的特殊需要。"该条明确了赡养人的精神慰藉的义务,但仅仅是一句原则性的规定,没有相关的具体规范支持。基于这样的原因,我国多个地方法院收到老年人要求子女精神赡养的诉讼请求,但大多由于没有获得法院的支持而败诉,少数以调解胜诉,只有个别精神赡养的案件获得法院支持(见表1-1)。

表1-1　　精神赡养案件获得法院支持情况

诉讼结果	时间	主审法院	诉讼请求	原因与依据	来源报刊
判决驳回	2005年	山东济南天桥区法院	儿女不来看望他、感到十分孤独、精神难以得到慰藉	要求儿女定期探视于法无据	2005年7月4日《齐鲁晚报》

① 具体包括甘肃、海南、湖南、江苏、江西、辽宁、内蒙古、青海、山西、陕西、浙江、重庆等。

续表

诉讼结果	时间	主审法院	诉讼请求	原因与依据	来源报刊
不予立案	2008 年	山东青岛李沧区法院	要求子女轮流给其做饭	该项要求无法立案	2008 年 3 月 5 日《半岛都市报》
调解后撤诉	2007 年	北京海淀区法院	希望 6 个孩子能够经常来看望她	子女年龄较大，身体不好	2007 年 12 月 6 日《北京晚报》
调解后胜诉	2009 年	北京东城区法院	要求儿子定期探望，承担精神赡养义务	儿子主动表示有时间会常去看望母亲	2009 年 1 月 4 日《北京青年报》
判决支持	2007 年	江苏南通海安县法院	请求法院判令儿子定期探视，且对每次探视时间进行规定	《婚姻法》第 21 条，《老年人权益保障法》第 11 条	2007 年 8 月 24 日《法制日报》

《老年人权益保障法(修订草案一审稿)》第 17 条完善了精神赡养的内容，增加了“常回家看看”的规定及用人单位的责任，相对于 1996 年的规定是一个可喜的进步。然而，对于精神赡养这种道德法律化的问题，如果仅仅作出规定，而没有落实的方法以及相关的罚则，依然无法在实际生活中真正发挥其价值。另外，如老年监护制度、国家支持养老制度、家庭保护的责任追究制度等更多的是作了原则性的规定，缺乏相关的配套制度和罚则，操作性不强。

(二)家庭功能弱化与家庭问题的特殊性

家庭是社会共同体一种最古老的形式，是一个非常重要而且独特的社会化机制。所谓“家庭功能”就是指家庭在人类社会的存在和发展过程中所起到的作用，或产生作用于人类社会的能力和效果。[①] 一般而言，家庭的功能主要包括生育功能、情感功能、经济功能和教育功能。[②] 家庭功能弱化的表现主要有：第一，“四二一”家庭格局渐成主流。子女无论是时间还是精力都难以满足照顾老年人的需求。第二，家庭居住方式的改变。由传统上几代同居变为家庭结构的小型化、核心化。第三，经济上相对独立。子女一旦

① 参见刘宝驹：《社会变迁中的家庭——当代中国城市家庭研究》，巴蜀书社 2006 年版，第 129 页。

② 参见邓伟志、徐榕：《家庭社会学》，中国社会科学出版社 2001 年版，第 67 页。

成家，生活上、经济上实现独立，同时面临住房、抚养下一代等生活压力，对老人的经济供养能力较弱。第四，情感交流的减少。随着物质条件的改善，老年人精神生活需求日益强烈，而由于多方面的原因，子女与老年人的情感交流越来越少。

诸多证据显示，不论是在东方还是西方，老年人容易受到来自照顾者的身体上和心理上的虐待，虐待老年人的现象已经成为一个全球性的社会问题。2002 年 2 月 26 日，联合国前任秘书长安南在联合国总部发表了题为《虐待老人现象大都逃避追究》的报告。该报告指出：虐待老人问题在发达国家和发展中国家都非常普遍。[①] 虐待形式包含对老年人实施暴力、侮辱老人以及拒绝向老人提供经济支持等。除严重案件外，虐待行为大都没有向司法部门报告或没得到处理。出于“家丑不可外扬”等考虑，老年人受打骂、恫吓、遗弃等，很少求助法律。[②] 即使老年人向司法机关提出申诉请求，也往往由于家庭成员之间存在着婚姻或血缘关系，致使政府和社会力量干预能力有限，政府对家庭虐待或暴力的干预往往采取谨慎的态度，最终老年人的合法权益得不到有效保障。

（三）家庭成员保护观念的淡薄与老年人自我保护能力的欠缺

家庭成员侵犯老年人的合法权益问题并不是某一时代的特殊产物，而是随着代际矛盾的产生而出现，并伴随着人类社会的进程不断发展。在古代，由于老年人在家庭中拥有的资源支配权及家长权威的地位，他们受到家族内及社会的尊重，加上孝文化的影响，家庭成员侵犯老年人权益的问题虽有发生，但相对较少。而随着社会经济的发展，传统的伦理道德观念不断受到冲击，价值观的碰撞加剧了代际矛盾的激化。[③] 同时，家庭成员对于老年人的权利内容把握不清。例如，关于“老年虐待”问题，一般认为身体虐待构成虐待老人，但是精神虐待是否构成虐待并不清楚，而经济剥夺或供养忽视是否构成虐待老人更是所知甚少。

部分老年人的合法权益遭受家庭成员的侵犯后，由于自身能力有限，很难意识到或者即使在意识到后，也难以通过自己的力量来加以维护。部分

① 参见姜向群：《年龄歧视与老年人虐待问题研究》，中国人民大学出版社 2010 年版，第 86 页。

② 参见李超：《老年维权之利剑——老年人法律保障制度研究》，上海人民出版社 2007 年版，第 68 页。

③ 参见姜向群：《年龄歧视与老年人虐待问题研究》，中国人民大学出版社 2010 年版，第 106 页。

老年人文化水平较低，法治意识淡薄，不了解自身的权利内容，缺乏自我保护意识。而当前更多的是部分失能和完全失能老人的权益保护问题。据统计，2010 年末全国城乡部分失能和完全失能老年人约 3300 万，占总体老年人口的 19.0%。其中完全失能老年人 1080 万，占总体老年人口 6.23%。①《老年人权益保障法(修订草案一审稿)》第 24 条突破了《民法通则》关于监护的规定，创设了老年监护制度。但是，对于 3300 万失能老人的特殊保护问题，老年监护制度只能被看作是一个开始。

第四节　我国家庭保护的制度构建

完善家庭保护的制度规范，应当立基于中国当前的老龄化国情，借鉴国外老年人家庭保护制度立法经验，加快老年人家庭保护的立法，完善相关的实施细则，，形成完善的家庭养老的规范体系。

一、《老年人权益保障法(修订草案一审稿)》中家庭保护部分对老年人权利的丰富

《老年人权益保障法(修订草案一审稿)》增加了许多家庭成员义务的条款，创设了许多家庭保护的新制度，对于应对老龄化问题、保护老年人权益有着深远的意义。以下就《老年人权益保障法(修订草案一审稿)》关于家庭保护的规定与 1996 年《老年人权益保障法》的有关规定进行对比分析(见表 1-2)。

表 1-2　《老年人权益保障法(修订草案一审稿)》与 1996 年《老年人权益保障法》有关家庭保护条款的比较

权利类型	《老年权益保障法(修订草案一审稿)》	1996 年《老年人权益保障法》
财产权	第 21 条第 1 款：老年人对个人的财产，依法享有占有、使用、收益和处分的权利，子女或者其他亲属不得干涉，不得以骗取、盗取、强行索取等方式侵犯老年人的财产权益。	第 19 条：老年人有权依法处分个人的财产，子女或者其他亲属不得干涉，不得强行索取老年人的财物。

① 参见中国老龄科学研究中心课题组等：《全国城乡失能老年人状况研究》，载《残疾人研究》2011 年第 2 期。

续表

权利类型	《老年权益保障法(修订草案一审稿)》	1996年《老年人权益保障法》
人格权	第12条:老年人养老以居家为基础,家庭成员应当关心和照料老年人。禁止对老年人实施家庭暴力。	第10条:老年人养老主要依靠家庭,家庭成员应当关心和照料老年人。
受赡养、扶养权	第14条:赡养人应当使患病的老年人及时得到治疗和护理;对经济困难的老年人,应当提供医疗费用。对生活不能自理的老年人,赡养人应当承担照料责任;不能亲自照料的,可以按照老年人的意愿,委托他人或者养老机构照料。	第12条:赡养人对患病的老年人应当提供医疗费用和护理。
	第15条:赡养人应当妥善安排老年人的住房,不得强迫老年人居住或者迁居条件低劣的房屋。	第13条:赡养人应当妥善安排老年人的住房,不得强迫老年人迁居条件低劣的房屋。
	第17条:家庭成员应当关心老年人的精神需求,不得忽视、冷落老年人。与老年人分开居住的赡养人,应当经常看望或者问候老年人。用人单位应当按照有关规定保障赡养人探亲休假的权利。	没有关于精神赡养的规定。
	第19条:赡养人之间可以就履行赡养义务签订协议,并征得老年人同意。赡养协议的内容不得违反法律有关赡养义务的规定。基层群众性自治组织、老年人组织或者赡养人所在单位监督协议的履行。	第17条:赡养人之间可以就履行赡养义务签订协议,并征得老年人同意。居民委员会、村民委员会或者赡养人所在组织监督协议的履行。
	第23条:赡养人、扶养人不履行赡养、扶养义务的,基层群众性自治组织、老年人组织或者赡养人所在单位应当督促其履行。	没有关于社会组织督促履行赡养义务的规定。
	第24条:具备完全民事行为能力的老年人,可以在近亲属或者其他与自己关系密切、愿意承担监护责任的个人、组织中协商确定自己的监护人和监护监督人。无民事行为能力或者限制民事行为能力的老年人没有监护人的,参照有关法律的规定为其确定监护人。监护人自老年人丧失或者部分丧失民事行为能力时,依法承担监护责任。监护人不履行监护职责或者侵害老年人权益的,监护监督人有权要求有关部门处理,或者依法向人民法院提起诉讼。	没有关于老年监护制度的规定。

续表

权利类型	《老年权益保障法(修订草案一审稿)》	1996 年《老年人权益保障法》
婚姻自由权	第 20 条:老年人的婚姻自由受法律保护。子女或者其他亲属不得干涉老年人离婚、再婚及婚后的生活。赡养人的赡养义务不因老年人的婚姻关系变化而消除。	第 18 条:老年人的婚姻自由受法律保护。子女或者其他亲属不得干涉老年人离婚、再婚及婚后的生活。赡养人的赡养义务不因老年人的婚姻关系变化而消除。
继承权与遗产分配权	第 21 条第 2 款:老年人有依法继承父母、配偶、子女或者其他亲属遗产的权利,有接受赠与的权利。子女或者其他亲属不得侵占、抢夺、转移、隐匿或者损毁应当由老年人继承或者接受赠与的财产。 第 21 条第 3 款:老年人以遗嘱处分财产,应当为生活困难的老年配偶保留必要的份额。	第 19 条第 2 款:老年人有依法继承父母、配偶、子女或者其他亲属遗产的权利,有接受赠予的权利。
社会法意义上的相关规定	第 15 条:国家建立健全家庭养老支持政策,鼓励家庭成员与老年人共同生活或者就近居住,为老年人随配偶或者赡养人迁徙提供条件,为家庭成员照料老年人提供帮助。	没有国家支持家庭养老的规定。
法律责任	第 76 条:老年人与家庭成员因赡养、扶养或者住房、财产等发生纠纷,可以要求人民调解委员会或者其他有关组织进行调解,也可以直接向人民法院提起诉讼。人民调解委员会或者其他有关组织调解前款纠纷时,应当通过说服、疏导等方式化解矛盾和纠纷;对有过错的家庭成员,应当给予批评教育。人民法院对老年人追索赡养费或者扶养费的申请,可以依法裁定先予执行。	第 45 条:老年人与家庭成员因赡养、扶养或者住房、财产发生纠纷,可以要求家庭成员所在组织或者居民委员会、村民委员会调解,也可以直接向人民法院提起诉讼。调解前款纠纷时,对有过错的家庭成员,应当给予批评教育,责令改正。人民法院对老年人追索赡养费或者扶养费的申请,可以依法裁定先予执行。

续表

权利类型	《老年权益保障法(修订草案一审稿)》	1996 年《老年人权益保障法》
法律责任	第 77 条:干涉老年人婚姻自由或者对老年人负有赡养义务、扶养义务而拒绝赡养、扶养的,由有关组织给予批评教育;构成违反治安管理行为的,依法给予行政处罚;构成犯罪的,依法追究刑事责任。	第 47 条:暴力干涉老年人婚姻自由或者对老年人负有赡养义务、扶养义务而拒绝赡养、扶养,情节严重构成犯罪的,依法追究刑事责任。
	第 78 条:家庭成员对老年人实施家庭暴力或者盗窃、诈骗、抢夺、侵占、勒索、故意损毁老年人财物,造成损害的,依法承担民事责任;构成违反治安管理行为的,依法给予行政处罚;构成犯罪的,依法追究刑事责任。	第 48 条:家庭成员盗窃、诈骗、抢夺、勒索、故意毁坏老年人财物,情节较轻的,依照治安管理处罚法的有关规定处罚;构成犯罪的,依法追究刑事责任。
	第 79 条:侮辱、诽谤或者虐待老年人,造成损害的,依法承担民事责任;构成违反治安管理行为的,依法给予行政处罚;构成犯罪的,依法追究刑事责任。	第 46 条:以暴力或者其他方法公然侮辱老年人、捏造事实诽谤老年人或者虐待老年人,情节较轻的,依照治安管理处罚法的有关规定处罚;构成犯罪的,依法追究刑事责任。

二、家庭保护老年人权利的推进与深化

(一)加强立法,完善老年人权利保护的法律框架体系

就老年人家庭保护的立法而言,以老年人权益保障法中“家庭赡养和扶养”部分为核心的家庭保护的规定,立法条文较少,权利义务的界定有待完善,相关制度设计全面性整体性功能有限,赡养义务人之间的责任界定难以明确。在老年人家庭保护的专项立法方面,新加坡制定了专门的赡养父母法,这对于弘扬传统的家庭养老起到了积极的作用。韩国在老年人福利法之外,2007 年政府的保健福利家庭部先后制定了关于奖励和支持孝行的法

律和关于促进家庭亲和型社会环境营造的法律，目的在于从国家层面奖励孝道这一高尚的传统文化遗产的同时，通过孝行，不仅是为了解决老龄社会所面临的问题，也可以从中获得国家发展的原动力，同时提高国民的生活质量和促进社会的发展。相对而言，我国关于老年人保护的单项立法只有《老年人权益保障法》，缺乏老年家庭保护的专项立法，法律体系的构建还需要一个过程。家庭保护的专项立法有其重要作用，是道德法律化的重要体现。作为调整社会关系的重要手段，道德并不是唯一手段。相对于道德而言，在国家的强制性、权威性和公开性方面，法律具有道德所不具有的优点，而这些优点都是道德所不可取代的。法律是维护道德的有效手段，它在对道德的某些薄弱环节形成法律价值导向后，推动道德社会作用得以实现。在当代许多国家立法中，将婚姻家庭道德中一些基本内容纳入法律体系中是一个普遍存在的现象，也即所称的“道德法律化现象”。“所谓道德法律化，是指国家的立法机关借助于一定的立法程序将那些全体公民都应该而且必须做到的基本道德要求上升为法律的活动。”[①]就我国目前而言，道德法律化能够营造一种扬善抑恶的公正的道德环境，有利于建立与当前社会发展相适应的且与中华民族传统美德相承接的思想道德体系。

《老年人权益保障法(修订草案一审稿)》第二章“家庭赡养和扶养”和第八章“法律责任”部分关于家庭保护的规范不足20条，而且部分条文属于原则性的规定，应当尽快推出实施细则。应以老年人权益保障法为依据，针对家庭保护老年人最关心、最直接、最现实的利益问题入手，深入实际开展调查研究，对老年人权益保障法家庭保护内容作出充实、调整和补充。也可采取借鉴《妇女权益保障法》的立法模式，即由各地方人民代表大会颁布实施《妇女权益保障法》实施办法或者实施细则的方式，由各省市立法机构颁布老年人权益保障法的实施细则，在实施细则中出台本地老年人家庭保护的具体制度，体现各地方家庭保护的立法特色。完善老年人权益的家庭保护，仅有老年人权益保障法的规定是不够的，还需要相关法律尤其是基本法律规范如《民法》《行政法》《刑法》的协调，另外如《婚姻法》《继承法》《税法》等的修订和补充也是不可或缺的内容。

---

① 刘云林:《道德法律化的学理基础及其限度》，载《南京师范大学学报》2001年第6期。

(二)老年人家庭保护制度域外经验的比较与借鉴

1.联合国老年人家庭保护的法律与政策措施

2000～2050年,全球老龄人口(指年龄超过60岁的老年人)预计将翻倍,从现在的10%上升到22%——差不多等于儿童人口(指14岁以下小孩)所占比例。联合国已经认识到:应当把全球老龄化的进程与全球整体的发展结合起来,重视和关注老龄化问题。关于老龄化问题的政策制定应该被当成全球化过程中的必修课,并赋予社会视野。联合国会议已经通过国际会议提出了一系列的全球倡议和指导原则。第一次老龄问题世界大会(维也纳,1982)批准了《国际老龄问题行动计划》,就老年人的健康、住房等问题提出了行动建议。第二次老龄问题世界大会(马德里,2002)为21世纪的老龄问题谱写了新篇,会议发起了有关老龄问题的新的国际行动计划,要求各成员国务必在以下三个领域努力实现:老年人与发展;关注老人健康与福利;为老人创造良好环境。另外,1991年,联合国大会确立了老年人地位方面的五个普遍性标准:自立、参与、照料、自我实现、尊严;1999年,在国际老年人年庆祝活动中又对包括老年人的处境、代与代之间的关系等在内的四个议题展开讨论。这些都为老年人的家庭保护确立坚实的政策和法律基础。

第一次老龄问题世界大会由于是最初创办,在针对老年人的具体问题方面提出的原则和建议较为宏观,更类似于一种宣言,而所涉及老年人的具体问题较少。尽管如此,在家庭保护方面也提出了非常有实质意义的政策措施。如本次计划第三部分"行动方面的建议"中"A.目标和政策建议"中提出:"对一般年长者来说,而且特别是对于超过了某一年龄的高龄人(老人中之老人)来说,必须根据他们的特定需要和限性条件来考虑相应的政策和执行相应的方案。"1982～2002年的二十年间,联合国在各项重大政策和倡议不断演变的过程中一直主导关于老龄问题的思考和行动方向,在马德里召开的第二次老龄问题世界大会上其建议更加具有务实性。在第二部分"行动建议"的"优先行动"中涉及了老年人家庭保护的相关内容。在第一个"优先行动"的"问题五"中就规定"考虑审查现有的政策,确保这些政策能够促进世代之间的团结,从而促进社会融合"和"通过便利所有年龄层次的聚会,避免世代之间隔离,尽量创造机会,在当地社区维持并改善世代之间的关系"。在第三个"优先行动"中重点涉及了家庭的内容。在"确保建立有利的支助性环境”中，其“问题一：住房和生活环境”部分提出：“充分考虑老年人的个人喜好和负担得起的住房选择，促进在社区内就地养老。”这就要求“协调多部门工作，支持老年人继续融入其家庭和社区”和“通过适当设计住房和公用空间，满足共用住房和多代同堂居住的需要”。“问题二：照顾和对照顾者的支助”部分提出：“采取措施以提供社区照顾和支持家庭照顾”和“建立正规和非正规的社会支助制度，以期加强家庭成员在家庭内照顾老年人的能力，尤其是向人数日益增多的年老体弱的人提供长期支助和服务”。“问题三：忽略、虐待和暴力”部分提出：“废除危害妇女健康和福祉的守寡习俗；颁布法律，加强司法工作，消除虐待老年人的行为；尽可能减少老年妇女可能受到的一切形式的忽略、虐待和暴力。”同时提出：“鼓励保健和社会服务专业人员以及公众报告可疑的虐待老年人行为；鼓励保健和社会服务专业人员让可能受虐待的老年人了解，他们可以得到的保护和支持。”“问题四：老年人的形象”部分提出：“鼓励媒体及私营和公共部门在工作场所避免对老年人的歧视并介绍老年人的正面形象；塑造老年妇女作出贡献的积极形象，以增加她们的自尊。”

2. 亚洲国家和地区老年人家庭保护的法律与政策措施

尽管诸多亚洲国家分属不同的法系，但大多受到中国传统文化的影响，而婚姻家庭规则方面受到的影响最大，因而在婚姻家庭法律具有较大的近似性，各个国家的法律对我国更有借鉴意义。

日本在1962年颁布了被誉为“老年人宪章”的《老年人福利法》，这是日本老年人福利制度正式确立的标志性法律，第一次明确了老年人的权利义务，确立了日本现行老年福利制度的基础框架，并且随着经济的发展在1986年、1989年、1990年先后三次进行了修订。日本法律倡导亲情养老，规定子女的住处应该和老人的住处离得不太远，在“一碗粥距离”之内。所谓“一碗粥距离”就是指子女从自己家中给老人的住处送去一碗粥，到达老人家时，热粥仍然不会变凉。为了推行家庭养老模式，日本政府制定了一系列措施：如果子女照顾70岁以上收入低的老人，可以享受减税；如果照顾老人的子女要修建房子，使老人有自己的活动空间，他们可以得到贷款。[①] 这有利于子女承担赡养老年人的义务。日本于2000年通过新的成年监护法律，废除

① 参见陈洁君：《国内外养老模式的比较与借鉴》，载《经济与社会发展》2006年第4期。

了原有的“禁治产、准禁治产制度”，根据成年人精神状况不同将法定监护分为辅助、保佐和监护，同时设置意定监护制度和监护登记制度。新的成年监护制度对防止监护权的滥用、保护老年人的利益有着明显的效果。另外，为减少虐待老年人事件，2005 年 11 月，日本通过了《防止虐待高龄者及养护者支援法》，对虐待老年人的行为进行了详细分类，包括身体虐待、放弃护理、心理虐待、性虐待和经济上的虐待，并提供了相应的法律保障措施。

新加坡于 1995 年颁布了世界上第一部专门规定赡养义务的《赡养父母法》。该法确定了如果年迈的父母无法照顾自己时，子女应承担此责任。该法规定成年子女对老年的父母赡养义务，如果 60 岁以上老人无法提供足够生活来源，子女拒绝提供帮助的可以向法院请求签发“赡养令”。如果发现被告子女确实没有遵守法律，法院将判决子女向父母提供生活费用，赡养费用可以一次性支付或按月定期支付。

3. 欧洲国家老年人家庭保护的法律与政策措施

欧洲许多国家较早进入了老龄化阶段，在老年人权益的特殊保护方面有许多可资借鉴的经验。

德国于 2011 年 10 月通过了《护理法（修正案）》，在家庭保护老年人的利益方面就由于护理老年人而影响工作的问题以法律形式作出规定，有人称其为《护理时间法》，为既要工作又要护理家属的人员提供了方便。根据护理时间法，需要为家人提供护理的在职工作人员，在最长两年时间内，每周工作时间可缩短至 15 小时，而工资收入可得到部分补偿。其中关于工作减少的时间与补偿的比例作出了规定。德国法律重视精神赡养，采用列举方式，明确规定子女必须利用国家法定假期三分之一的时间到父母居所陪同，当遇到父母生日、结婚纪念日等关乎老人心情与情绪的时刻，都要在第一时间来到父母的居所祝贺。根据《德国民法典》第 1603 条的规定，父母对成年的子女不负有承担生活费的义务，除非是“成年的未婚子女在年满二十一周岁之前，在其父母或父母一方的家庭生活并且正在接受普通的学校教育的期间”。第 1758 条规定了对收养关系的保密，“非经收养人和子女同意，不得公开或探听能够暴露收养及其具体情况的实施”[①]。第 1786 条中规定，已年满 60 周岁的人，可以拒绝担任监护人。另外，《德国民法典》第 1896

① 郑冲：《德国民法典》，法律出版社 1998 年版，第 401 页。

～1908 条关于成年监护的规定对于保护老年人的利益也有着非常重要的意义。

《法国民法典》第 206 条规定:“女婿与儿媳也应当并且在相当的情形下对公、婆或岳父、母负相同义务,但是,在产生姻亲关系的夫妻一方及其与另一方配偶的婚姻所生子女均已死亡时,此种义务即告停止。”第 210 条规定:“如应当给予赡养费的人证明其不能支付的,家事法官得在查明情形后,命令该人将其应负担抚养的人接至家中,给予衣食、心灵感应。”这些规定保证了成年子女为父母提供生活资助,在很大程度上保证了老人们食有粮、居有所,解决了老人们最基本的生存问题。如果子女拒绝履行义务,将会面临罚款甚至坐牢。1994 年《法国刑法典》规定:“常人抛弃因年龄、健康状况或精神状态无自救力之人于任何场合者,分别处五年监禁和七年监禁。”[①]法国政府最近重新修订了法律,要求青年人给予父母更多的精神关爱。新修订的法律规定,若父母不与子女居住在一起,则子女必须随时让父母了解自己的行踪,还必须随时掌握父母的身体状况,否则即为违法。

瑞典、芬兰在法律中以列举的方式量化规定了子女与父母的居住距离,每年、每月、每周甚至每日应当与父母接触的时间和次数。[②] 这属于精神赡养的规定。《荷兰民法典》第一章“人和家庭法”第 62 条规定:“离婚的情形下,只要配偶一方结婚后、离婚前建立了养老金请求权,配偶一方可以根据《离婚后支付养老金的法律》享有养老金请求权,除非该配偶按照该法的规定排除其适用。”这项规定有利于保证老年人离婚后的收入来源,是夫妻间扶养义务的体现。《荷兰民法典》第 402 条第 1 款规定:“法院裁判或者确定的抚养费数额,每年按照司法部长确定的百分比依法自动变更,该百分比为当年 9 月 30 日工资指数和上一年的差额。”这项规定有利于使老年人的赡养、抚养费随着经济的发展而逐年提高,保证其基本生活维持在适当水准。

(三)老年人权利保障的突出问题与法律推进

1. 财产权保障的突出问题与法律推进

根据我国《婚姻法》规定,父母对子女有抚养教育的义务,父母不履行抚养义务时,未成年的或不能独立生活的子女,有要求父母付给抚养费的权

---

① 范忠信:《亲亲尊尊与亲属相犯:中外刑法的暗合》,载《法学研究》1997 年第 3 期。

② 参见王宇琳:《空巢老人精神赡养的法律保护》,载《当代经济》2011 年第 13 期。

利。而根据《婚姻法》第21条、《婚姻法解释(一)》第20条的规定,"不能独立生活的子女",是指尚在校接受高中及其以下学历教育,或者丧失或未完全丧失劳动能力等非因主观原因而无法维持正常生活的成年子女。据此,父母对有独立生活能力的成年子女,不再承担经济资助的义务。

然而,由于我国没有老年父母和成年子女之间财产关系的明确法律规定,这在一定程度上造成了"啃老族"的存在。针对社会上存在的"啃老"现象,应在修订老年人权益保障法时明确父母的供养界限,以维护老年人的财产权。"啃老族"通常是指已经成年而且不再进行全日制学校的学习,本身具备劳动能力却既不主动求职也不受培训,完全依靠父母提供经济支援以维持自身生存的青年人群体。根据《物权法》的规定,所有权人对自己的财产依法享有占有、使用、收益和处分的权利。老年人享有其财产的支配权,具有完全民事行为能力且有独立生活能力的子女如果强行居住父母房屋、索取父母钱财或者依靠父母维持生活,这些行为都已经涉嫌侵犯父母的财产权。对此,可以借鉴《江苏省老年人权益保障条例》第15条的规定:"老年人对本人的合法收入以及其他合法财产,依法享有占有、使用、收益、处分的权利,子女或者其他亲属不得干涉。有独立生活能力的成年子女要求老年人经济资助的,老年人有权拒绝。子女或者其他亲属不得以无业或者其他理由,骗取、克扣或者强行索取老年人的财物。"该项规定针对的是出于就业、婚姻、经济利益等方面的消极、恶意的"啃老"现象,而非老人自愿给子女财物上的帮助。将家庭道德上升到法律层面加以规定,赋予老年人拒绝"啃老"的权利,是缘于现实的迫切需要。

2. 人格权保障的突出问题与法律推进

联合国第二届老龄问题世界大会通过的《老龄问题国际行动计划》中指出:"随着年龄的变老、痊愈能力下降,因此受到虐待的老年人可能永远不能完全从身体或心理所受创伤中恢复过来。羞耻和恐惧使老年人不愿寻求帮助,因此创伤的影响可能更加严重。"我国相关的研究中对老年人虐待没有一个公认的权威的定义,也没有相关法律或规章对此进行说明。《老年人权益保障法》禁止虐待或遗弃老人,在"法律责任"中也对虐待老年人等侵犯老年人合法权益的行为制定了相关罚则,但对虐待老人具体包含的内容和方式,却没有统一的界定。通常所指的"老年人虐待"主要指用残暴的行为造成老年人身体的伤害,而根据联合国经济及社会理事会在2002年文件(E/

CN. 5/2002/PC/2)中的观点，虐待老人应包括四种不同的类型：身体虐待、精神虐待或心理虐待、经济剥削或物质虐待、疏于照料。

修订老年人权益保障法，应当借鉴联合国、日本等对老年人虐待内容的规定，对虐待老人的行为作出清晰的界定，明确其内涵与外延，以使家庭成员或其他老年人照料者了解自身的行为是否构成虐待，减少故意或非故意虐待者的不当行为。针对家庭暴力问题隐蔽性，而施虐者又具有以家庭成员为主的特点，应当在法律中规定减轻受虐老人民事案件的举证责任。对于老年虐待民事案件，我国民事诉讼采用“谁主张，谁举证”的原则，即民事诉讼法要求老年人自己搜集和提出证据，而对于缺乏证据又不撤诉的老年虐待案件，人民法院可以裁定驳回。现实中，受虐老人普遍处于弱势地位，他们能做的往往除了可以进行伤情鉴定外，很难提出其他充足的证据。因此，应当在老年人权益保障法中规定减轻老年人的举证责任，从而在有关老年虐待的民事诉讼过程中，其证据就会更有证明力，就更能够确实保护老年人的权益。

3.受赡养和扶养权保障的突出问题与法律推进

满足老年人感情上的需求和实现精神上的安慰不可能离开子女时间成本的付出，尤其在生活水平普遍提高后，相对于物质赡养，老年人对子女精神赡养的需求更为突出。《老年人权益保障法(修订草案一审稿)》对精神赡养只是作出了一个原则性的规定，如果赡养人不履行精神赡养的义务，应承担何种法律责任并没有明确规定。唯物主义的观点认为，人的精神世界不可能独立存在，它需要依托一定的客观存在而产生并需要通过某种客观的方式予以表现。这一观点为精神赡养法律制度的完善提供了最基本的理论依据。从之前我国法院中关于精神赡养的判例来看，已有不少法院采用了量化指标的方法保障老年人精神赡养的权利。[①] 量化指标的判决可以为老年人获得精神赡养提供客观条件，强制子女付出一定的时间照顾老年人，在一定程度上能够减少老人的孤独感，使老人能够获得一定的照顾。因而，在立法中增加法院量化精神赡养的相关规定，可以有效保障子女对老年人的

---

① 据 2007 年 11 月 22 日《人民法院报》报道，2007 年 8 月，天津和平区法院在审理 79 岁的老年人吕某的赡养纠纷时，在判决中除要求 5 名子女每月给付原告赡养费、医药费外，还在判决主文第 2 条中要求由 5 名被告轮流到原告处对原告进行照顾护理，由老大开始，依次排列，每人 7 天。

精神慰藉。

立法中还可以借鉴婚姻法中的探望权规定使老人的精神赡养得到法律保障。《婚姻法解释(一)》中第32条、《婚姻法》第48条关于对拒不执行有关探望子女等判决和裁定的，由人民法院依法强制执行的规定，是指对拒不履行协助另一方行使探望权的有关个人和单位采取拘留、罚款等强制措施。探望权是属于身份性质的权利，我国已在婚姻法中确立了可以采取拘留或罚款的方式保障这种身份权利的实现，那么也可在老年人权益保障法中作出类似规定，对拒不执行法院判决履行精神赡养义务的子女进行拘留或者罚款。德国关于精神赡养的法律中就规定对于子女长期不关注和不关心老人精神赡养的行为，只要老人和社区举报和揭露，警察将会对子女的行为给予警告和经济上的处罚，直至拘留等。子女应时常探望老人，这与大多数公民最基本的道德理念较为接近，确立老年人获得子女探望的权利对于社会道德的形成和普及有着重要的价值。

修改老年人权益保障法应尽快确立老年监护制度。老年人的心智、身体状况不同于其他年龄层次，设置同样的监护制度不利于老年人权益的保护。我国可以参考日本的成年监护制度设置辅助、保佐、监护等不同的类型，也可以根据老年人的不同精神状态区分为监护和照护，那些因精神或智力原因而无法全部或部分处理自己事务的老年人，对其可以设置监护；对那些非因精神或智力原因而无法全部或部分处理自己事务的老年人，则应该设立照护制度。①

另外，在赡养的标准上，我国《老年人权益保障法》的规定倾向于满足老年人的基本需要，而没有考虑与其他家庭成员的比较，对于子女家庭较好的情况未作充分考虑。对此，可以借鉴地方立法的相关规定。如安徽、北京等多地的老年人权益保障立法中规定："应保障老年人的生活水平不低于家庭成员的平均水平。"而山东、河北、河南等地的老年人权益保障立法中规定："应保证老年人的生活高于家庭成员的平均生活水平。"考虑不同家庭经济状况的差异，赡养人向老年人提供的生活费用的标准应当符合子女的一般生活水平，应避免子女生活相当富裕而老年父母仅能维持基本生活现象的发生。

---

① 参见康娜：《我国老年监护制度探究》，载《法商研究》2006年第4期。

4.婚姻自由权保障的突出问题和法律推进

老年人非婚同居是当前比较流行的老年人家庭模式。据天津社科院调查，全国大城市丧偶老人再婚选择“不婚同居”的占50%。所谓“老年人同居”，是指无配偶的老年人不以生育为目的，只为共度晚年、摆脱孤独寂寞，在生活上相互照顾，在情感上互相慰藉，由同居组成的家庭。[①] 曾有学者总结出老年人选择非婚同居方式的原因：第一，想再婚的老人难过子女关；第二，再婚稳定性差致使老年人在婚姻面前退缩；第三，为规避尴尬而选择不婚而居；第四，某些制度滞后使老人不得不实行同居；第五，避繁就简宁愿同居；第六，害怕勾起失败婚姻的痛苦回忆；第七，追求年轻式新潮浪漫。[②]

多数老人选择未婚同居是在权衡多方面因素后作出的选择，从某种意义上说不失为一种理性的选择。但是，无论基于何种原因老年人选择非婚同居方式生活，这都是老年人婚姻自由权的一种体现，即老年人有结婚的自由，也有选择不结婚的自由。实际上，老年人未婚同居是一把“双刃剑”。同居者之间没有相互赡养的权利和义务，但有相互照顾的责任。双方虽不确定财产继承关系，各自财产分别由各自的子女后代继承，但是毕竟未婚同居是不受法律保护的。然而，老年婚姻有其特殊性，老年人与中青年人在身心等客观问题上存在较大差异，这决定了老年婚姻与中青年婚姻在家庭、伦理和生活关系上产生差别，因此，现行《婚姻法》婚姻缔结的规定对老年婚姻而言不免脱离实际。对此，有学者提出：再婚双方可以以“三不变”（婚前财产所有权不变、婚前财产继承权不变、亲子关系不变）为基础，制定双方的婚前协议。[③] 其主要包括子女对各自老人的赡养关系不变，护理义务不变，子女只为自己的老人送终，对再婚后家庭的共同财产夫妻双方拥有法定继承权。老年人协议婚姻方式可作为一种保护老年人权益的特殊方式进行规定，使老年人同居向老年人结婚过渡。

5.继承权与遗产分配权保障的突出问题和法律推进

我国法律对保障女性权益作了明确的规定，即法律充分保障女性的合法权益。然而老年女性的继承权问题具有特殊性：传统文化和世俗观念方

---

① 参见张仙桥：《中国老年社会学》，社会科学文献出版社2010年版，第285页。

② 参见范明林：《老年社会工作》，上海大学出版社2005年版，第43～44页。

③ 参见陈明立：《我国老年同居的照护需求与法律援助问题研究》，载《四川行政学院学报》2006年第4期。

面通常认为女性不再是娘家人,无权对亲生父母的遗产进行继承。男高女低、男尊女卑等传统的价值判断体系使女性在家庭财产分配中处于劣势地位。尤其是老年女性,很多农村女性老年人出于维系家庭和睦考虑,即便自己的继承权遭到限制甚至剥夺也不愿意选择法律途径来维护权利。另外,非婚同居中老年女性的利益也易于受到损害。如上文所述,非婚同居当事人之间不存在亲属间身份关系,因而,老年人双方无相互继承遗产的权利。然而,非婚同居的老年女性在长期共同生活中也付出了劳动和贡献。在老年男性去世后,虽可依《继承法》作为主要扶养义务人身份获得适当遗产,但十分有限。老年女性不仅要承受失去同伴的痛苦,在经济上还无法得到对等的补偿,实在有欠公平。因此,老年人权益保障法在保护老年女性继承权方面有必要进行特殊的保护,以实现实质的公平。

引入"以房养老"模式,保证老年人的财产权益,是保障老年人晚年生活的有效模式。"以房养老",也称为"倒按揭""住房反向抵押贷款",是指没有固定收入但拥有自有产权房屋的老年人,以房屋作为担保向金融机构贷款,金融机构对担保房屋的价值、将来增值及折损情况进行综合评估,签订"以房养老"合同,老年人定期或不定期从金融机构获得贷款用于个人生活及其他费用,金融机构可在老年人死亡之后,以设定担保的房屋受偿债权。[①] "以房养老"的法律依据首先是遗赠扶养协议。所谓"遗赠扶养协议",是指遗赠人和扶养人之间订立的关于遗赠人享有受扶养的权利,遗赠人的财产在死后转归扶养人所有的协议。从实践来看,"以房养老"是一种创新型的养老方式,有利于老年人享受高质量生活,改善生活环境。2011 年北京政府公布的《北京市"十二五"时期老龄事业发展规划》,鼓励商业保险企业、商业银行或住房公积金管理部门,建立公益性中介机构以开展"以房养老"试点业务。[②] 而我国老年人权益保障法仅规定"老年人可以与集体经济组织、基层群众性自治组织、养老机构等组织或者个人签订遗赠扶养协议或者其他扶助协议",未包含商业保险企业和银行等金融机构,因此,立法中应对"以房养老"模式进行规制,以拓宽遗赠扶养的方式,同时保障老年人的利益。

---

① 参见许芳:《我国"以房养老"模式的法律分析》,载《行政与法》2006 年第 12 期。

② 参见张弛:《从法律角度论我国实行"以房养老"模式的可行性》,载《商品与质量理论研究》2011 年第 7 期。

6.国家支持家庭养老的制度推进

出台鼓励子女与老年人共同生活的具体经济措施，通过财税激励机制完善以家庭为主体的老年照料服务体系。日本、美国以及我国香港地区等都有赡养老人或与老年父母居住减免征税，或者提供一定的物质奖励的规定，如在购买房屋时的优惠等。应当完善我国的税收制度，实现以家庭为单位的征税方式，做好家庭人口的统计工作，在有条件地区率先开展建立以家庭为单位计征的所得税制度试点，允许抵扣部分供养成本。可以通过财政补贴，为照顾老人的子女购买房屋提供优惠或者减少与老年人共同生活的照料人的房租支出等。

各级人民政府和有关部门应当采取措施，鼓励、支持专业服务机构及其他组织和个人，为居住在家中的老年人提供生活照料、紧急救援、医疗护理、精神慰藉、心理咨询等多种形式的服务，同时为老年人的照料者提供培训服务。国家支持家庭保护的措施需要综合家庭养老与机构养老两种模式的优点，这样既能发挥亲情优势、符合传统文化，又能考虑到现实情况。另外，增加社会支持，还可以减少家庭虐待问题的出现。通过对相关老年服务人员的培训，使他们能够对家庭中可能存在的虐老现象产生注意，并进行适当的识别和评估。提供预防虐待老年人的措施及家庭介入服务，能够为虐老案件提供及时有效的帮助和适宜的处理技巧。

总之，老年人家庭保护涉及多方面的内容，需要社会各个层面的互动与协调。国家提出以居家为基础的养老模式，需要从法律和政策两个方面为家庭保护老年人权益提供便利。

结　语

家庭作为“社会细胞”，在任何社会中都是一种基本的社会设置，大多数家庭的存在通常是稳定的，这既为个人提供了私人生活的中心，也成为社会稳定的基础。但是，随着我国人口老龄化不断加剧和家庭结构与功能的变化，老年人家庭保护问题也日益凸显。本章选取了“家庭”这一特定场域，立足我国老龄化的特殊国情，在借鉴国际社会老年人家庭保护制度经验的基础上，从“老年人家庭保护制度概述”“老年人家庭保护的权利基础”“我国老年人家庭保护的现状分析”以及“我国家庭保护制度的构建”四个方面对我国老年人家庭保护制度进行了具体研究。

本章的讨论表明:家庭保护是保障老年人晚年幸福生活的基础性条件,也是老年人权益保障的重要组成部分。但是,家庭保护又不同于社会保护和政府保护,有其自身鲜明的特征:家庭保护主体身份的特定性和广泛性、家庭保护主体利益的相关性以及家庭保护的长期性和全面性。正是基于家庭保护的这种特定属性,我们在设计家庭保护制度时应该遵循一些基本原则:(1)如家庭成员共同但有区分的原则。家庭中每一个成员都负有相应的义务和法律责任,但成员间的保护任务和责任并不是平均分配完全一致的,而是存在顺序、轻重的区别。(2)物质赡养与精神赡养相结合的原则。对家庭老人进行经济供养、生活照料的同时还要注重他们的精神慰藉,满足老年人精神生活的需要。(3)法律、政策与道德合理的原则。通过法律、政策和道德多种措施的综合运用,能够对社会资源进行更加有效的配置,实现对老年人适度倾斜性保护。(4)家庭养老与社会养老相协调的原则。家庭要更好地发挥养老作用还需要国家支持和社会养老保障相互协调。家庭保护虽然是老年人保护制度的起点和基础,但这种保护制度也有限度,需要与社会保护制度和政府保护制度相衔接形成制度合力,从而才能更好地保障我国老年人合法权益。

我国老年人权益保障立法取得了重大进步,并形成了较为完善的老年人权益保障法律体系。但是,通过对我国老年人家庭保护现状的实证分析,我们发现随着我国家庭结构的变化,老年人权益家庭保护本身面临养老观念淡薄、养老功能弱化、老年人权益受到侵害等诸多问题。鉴于此,我们不仅主张在整个社会营造尊老、爱老、敬老的良好文化氛围,而且更强调建立健全相关制度,确保老年人的家庭保护。譬如,本章中我们积极倡导以修改老年人权益保障法为契机,完善人格保障制度、财产保障制度、精神赡养制度、创制老年监护制度、建立国家支持家庭养老制度等,进而形成更加完善的老年人家庭保护的规范体系。换言之,老年人家庭保护涉及诸多内容与要素,需要多方协同与互动,我们需要在“传统”与“现代”“理想”与“现实”“伦理”与“法律”中探寻更具中国特色的法治化老年人家庭保护制度。

从更加微观层面而言,中国城乡家庭老年人保护制度的类型学研究,家庭养老与社区养老的制度衔接与比较分析,老人家庭保护制度与社会保障的关系探讨,也是老年人家庭保护制度应该关注的内容,这将成为我们日后深入研究所在。

第二章

老年人社会保险制度

奥地利国际应用系统分析学会研究员卢兹曾说过:“如果说 20 世纪是人口增长的世纪,那么 21 世纪将会是人口老龄化的世纪。”尽管各国进入老龄化的时间与老龄化程度存在较大差异,但在今后相当长的时期内普遍而迅速的人口老龄化趋势将成为世界各国面临的不可回避的共性问题。人口老龄化问题不仅成为制约未来经济和社会发展的重要因素,更是对世界各国的老年社会保障制度提出了严峻挑战,并由此引发了国际社会改革和完善老年社会保障制度的热潮。

根据联合国的标准,我国早已于 2000 年迈进了老龄化国家的行列,并且呈现出不同于其他国家和地区的老龄化特征。如老年人口数量庞大;老龄化进程快;“未富先老”特征明显等。人口老龄化、高龄化的迅速发展给我国的老年社会保障制度带来了巨大的压力。“老有所养,老有所医”不仅成为老年人最迫切的需求,也是我国建设覆盖城乡居民社会保障体系的战略目标。经过近三十年的改革与发展,我国基本建成了以养老保险和医疗保险为主体的老年社会保险体系。但毋庸讳言,目前的社会保险制度还远远不能满足经济发展和国民的社会保障需求,尤其是老年社会护理保险制度的缺失使得失能老年人权益保护陷入困境。建设与完善我国的社会保障制度,尤其是老年社会保障制度,使老年人能够有一个安定、幸福的晚年生活,应当成为我国发展老龄事业的重要战略目标和任务。

第一节 老年人社会保险制度概述

老年人社会保险制度是一种专门为丧失劳动能力的老年人提供基本生活保障的制度安排。作为国家应对老龄化问题的一个有效策略，老年人社会保障制度已成为整个社会保障体系不可或缺的组成部分。本章的老年人社会保障定位于为保障退出劳动领域或丧失劳动能力的老年人的基本生活的社会保险措施，具体内容包括社会养老保险、社会医疗保险和老年护理保险。老年人社会保险作为社会保障体系的主要组成部分，在为老年人提供基本的经济保护，维持他们的基本生活和生存需要，维护老年人的合法权益等方面发挥着非常重要的作用。正如同世界上没有完全相同的两片树叶一样，世界各国的老年人社会保险形式也各不相同。老年人社会保险模式的选择，不仅受到政治、经济、社会文化背景等因素的影响，各国所秉承的社会保险理念的不同，也导致各国选择了不尽相同的老年人社会保险模式，主要包括福利型、保险型和储蓄型老年人社会保险。

一、老年人社会保险概念的界定

老年人社会保险制度作为国家应对老龄化问题的一个有效策略，已成为整个社会保障体系不可或缺的组成部分。老年人社会保险是一种专门为丧失劳动能力的老年人提供基本生活保障的制度安排，有着不同于其他社会保障制度的特性。在展开研究之前，有必要对其概念予以界定。

(一)社会保障

“社会保障”一词是由英语“Social Security”翻译而来，又可称为“社会安全”。“社会保障”作为正式的官方用语始于1935年的美国《社会保障法》。此后，被许多的国家和国际组织所采用，用于描述为社会成员提供物质帮助的法律制度。各国对社会保障的具体描述因其历史文化传统的不同而各有差异，国际劳工组织将社会保障概括为：社会通过采取一系列公共措施，来向其成员提供保护，以便与由于疾病、生育、工伤、失业、伤残、年老和死亡等原因造成的停薪或大幅度减少工资而引起的经济和社会贫困进行斗争，并提供医疗和对有子女的家庭实行补贴的方法。[①] 社会保障制度具有以下特性：首先，社会保障作为国家的一种制度安排和规则系统，是由国家通过立法强制推行的。其次，国家和社会是社会保障制度的供给主体，不同于私人的慈善行为。再次，社会保障制度的对象是全体社会成员，具有普遍性。最后，社会保障是以对国民收入的再分配为实施手段，具有公平性。因此，从功能角度讲，社会保障制度在调节收入分配、整合社会资源、减缓经济波动和稳定社会秩序等方面发挥着极其重要的作用。

"社会保障"这一概念可以有广义和狭义两种理解。广义的"社会保障"，即通常意义上理解的社会保障，是国家为符合条件的社会成员提供的各种权益保障制度的总称，具体包括养老保险、医疗保险、社会救助、社会照料和社会福利等内容。狭义的"社会保障"，可以理解为社会保险，仅指养老保险、医疗保险和护理保险。社会保险是社会保障的基础部分和核心内容。德国是世界上社会保障制度较为成熟、完善的国家，其第一部社会保障立法就是1883年的社会保险法——《疾病社会保险法》，并与其后的《老年、伤残、死亡保险法》《老年年金保险法》和《护理保险法》共同构成社会保障法律体系的重要组成部分；英国的社会保障制度也是通过《国民健康保险法》《国民保险法》《失业保险法》《养老金法案》等一系列法案逐步建立起来的，其主要内容是社会保险制度；美国的社会保障制度由养老保险、医疗保险、失业保险、伤残保险和儿童救助制度组成，其主干部分也是社会保险制度，而我国的《社会保险法》也是我国社会保障法律体系的主要组成部分。

（二）老年人社会保障

老年人作为一个特殊的社会群体，是指达到或超过一定年龄的人。目前，老年人年龄界限的国际通用标准为60岁或65岁。也就是说，60岁或65岁及以上的人即为老年人。人在进入老年期以后，由于健康状况恶化、丧失劳动能力甚至日常生活能力，极容易陷入焦虑、沮丧、恐惧等心理困境。步入老年，同时也意味着退出社会劳动领域、收入大幅减少、社会参与度大大降低、社会地位逐渐下降，这些变化容易使老年人产生一种被社会遗忘或抛弃的不良感觉。经济收入锐减及身体机能的退化，往往使得老年人无法保障正常的生活状态，必须从国家和社会获得帮助以保障和改善其基本生活。

---

① 参见陈朝先：《社会保障与保险研究》，西南财经大学出版社1997年版，第4～5页。

关于“老年人社会保障”的概念，国外鲜有学者对其进行专门解释，国内也只有个别学者专门进行过描述。如有学者认为，“老年人社会保障”是社会保障系统中的一项重要内容，它是指对退出劳动领域或无劳动能力的老年人实行的社会保护和社会救助措施，包括经济、医疗以及社会服务等方面的社会保护和社会救助。① 有学者认为，“老年人社会保障”包含于社会保障概念之中，是社会保障的一项主体内容。它是指社会保障中国家和社会为社会成员年老而导致的收入丧失或大大降低、遭受经济和社会困境时所提供的保护。② 也有学者认为，“老年人社会保障”指的是人类社会区别于传统家庭养老的正式的养老保障制度，其主要内容包括公共养老金、老年人社会救济、老年医疗保障与服务、老年人社会福利制度。③

类似于对社会保障概念的解读，“老年人社会保障”也可以从广义和狭义两个角度理解。广义的“老年人社会保障”可以理解为对退出劳动领域或丧失劳动能力的老年人提供的社会保护和社会救助措施的总称，在内容上应该包括涉及老年人生活的各个方面，比如经济保障（养老金）、医疗保障、文化保障、老年救助等。狭义的“老年人社会保障”可以理解为保障退出劳动领域或丧失劳动能力的老年人的基本生活的社会保险措施，具体内容包括社会养老保险、社会医疗保险和老年护理保险。本章所指的“老年人社会保障”是取其狭义的理解，即主要针对老年人社会保险（养老保险、老年医疗保险和老年护理保险）部分进行研究和探讨。

二、老年人社会保险制度的特点

（一）老年人社会保险以互助互济的方式促进公平、正义

公平、正义是社会保障制度的核心价值理念，也是老年人社会保险制度的核心理念。作为工业化大生产产物之一的老年人社会保险制度，由国家通过税收、保险金等形式实现社会资源的二次分配，从而纠正初次分配中效率有余、公平不足的缺陷，弥补完全市场模式下的分配不均造成的老年群体与其他社会成员间的贫富差距。互助互济意味着老年群体从制度中获得的

---

① 参见孙光德、董克用：《社会保障概论》，中国人民大学出版社 2000 年版，第 119～120 页。

② 参见刘书鹤、刘广新：《农村老年保障体系的理论与实践》，中国社会科学出版社 2005 年版，第 15 页。

③ 参见姜向群：《建立和发展老年人社会保障的必要性》，载《中国社会工作》2012 年第 5 期。

利益不能以其对保险制度的贡献作为唯一的衡量标准,获利与付出不能完全对等。公平的理念要求所有国民的老年权益都能得以维护,从而实现起点公平,毕竟老年是每个人必经的人生阶段;同时,不同区域老年人的保障待遇差距应当控制在合理的范围内,实现代际之间责任的公平分配,以促进结果公平。正义理念要求老年人社会保险制度发挥收入再分配功能,以实现分配正义。老年人社会保险制度通过收入补偿、互助互济,使老年人的基本生活得以保障,不致因年老退出劳动力市场、丧失经济收入而陷入生存困境。

(二)老年人社会保险制度具有立法强制性

"立法先行"是世界各国实施社会保险制度的基本路径,老年人社会保险制度公平、正义理念的实现在很大程度上也同样需要借助于国家立法的强制推行。老年人社会保险制度的强制性主要体现在:一是老年人社会保险的项目、内容、缴费模式、享受待遇的条件及标准及相关的配套制度措施等应由立法明确规定。二是符合条件的社会成员必须参加相关的保险项目,依法缴纳社会保险费(税)并依法享受规定的保险待遇,个人不得自由选择。老年人社会保险的强制性特征,既可以有效地防止或减少逆向选择,使不同收入和不同健康状况的社会成员在同等条件下参加社会保险,又可以保证社会保险基金充分发挥社会统筹能力,实现互助共济。

(三)老年人社会保险制度以保障基本生活为标准

老年人社会保险给予老年人的物质帮助,限于收入损失的补偿,而不等同于工资,如果与工资相等就不是社会保险了。因此,社会保险为老年人提供的物质保障带有明显的补偿性,其保障标准一般以维持老年人的基本生活水准为限,如法国养老金的工资替代率为50%,美国养老金的工资替代率为40%,德国养老金的工资替代率为40%。由此可见,国家确立的老年人社会保险制度所提供的保障水平仅限于老年人的基本生活需求,既不保证原有生活水平不变,更不会满足老年人全面的生活需求。这一保障标准的确立,与我国目前的经济发展水平和所处的经济发展阶段有着直接的关系。老年人社会保险面向广大社会成员,包括企业职工、城镇居民、农村人口等,其基本生活需求的内容存在差异,国家通过建立多层次的社会保险体系,保障不同地区不同需求老年人的基本生活。老年人社会保险制度保障的不是参保人已经发生的生存危机,而是在将来退出劳动力市场、丧失经济收入后所面临的生存困境。因此，对于参保人而言，一般是履行义务在前，享受待遇在后，二者可能间隔很长时间。保障标准的确定不仅需要考虑被保险人当前的生活水平，还应兼顾在将来丧失劳动能力后的生活状况，通过收入补偿，解决社会成员在将来可能遭遇的生活风险，以减少贫困、促进社会和谐进步。

三、老年人社会保险制度的功能

老年人社会保险作为社会保障体系的主要组成部分，在为老年人提供基本的经济保护，维持他们的基本生活和生存需要，维护老年人的合法权益等方面发挥着非常重要的作用。

（一）经济补偿功能

老年人社会保险制度最基本的功能就是在老年人失去劳动能力、退出劳动力市场从而造成收入中断或减少时，使其获得一定程度的、必要的收入损失补偿，保障其本人和家属仍能维持基本的生活水平，从而减少贫困的可能或程度，对老年人形成基本的保障。

（二）稳定功能

现代社会保险制度就是在社会矛盾突出的不安定时期，作为稳定社会秩序的工具而建立起来的。老年人社会保险是国家为老年人提供必要的生活保障和安全，使其摆脱生存危机，分享经济发展成果的一种社会政策。通过老年人社会保险制度的实施，协调社会关系中的矛盾与冲突，减少社会不安定因素，增强社会的凝聚力和向心力，促进社会的长治久安。国际劳工组织在总结各国社会保障制度的作用时指出：没有社会的安定，就没有社会的发展；没有社会保障，就没有社会安定。秉承“从摇篮到坟墓”的高福利理念的西欧国家，也曾一度出现较高的失业率，但其社会秩序却比较稳定，这在很大程度上得益于社会保险所具有的社会稳定“安全网”的功能。

（三）调节功能

作为一种社会政策，老年人社会保险制度通过征收社会保险费（税）和社会保险金，实现国民收入的再分配，从而弥补老年人在收入分配上的过大差距，增强老年人的经济安全感和抵御风险的能力，保障其基本生活。社会保险基金的社会统筹，可以在一定程度上缩小老年人之间的经济差别，分散社会负担，从而促进社会公平，保证社会再生产的顺利进行。

四、老年人社会保险制度的主要模式

正如同世界上没有完全相同的两片树叶一样，世界各国的老年人社会保险形式也各不相同。老年人社会保险模式的选择，不仅受到政治、经济、社会文化背景等因素的影响，各国所秉承的社会保险理念的不同，也导致了各国选择了不尽相同的老年人社会保险模式。从保险基金来源的角度，世界各国主要形成了如下三种老年人社会保险模式。

（一）福利型老年人社会保险

该模式以英国、瑞典为代表，是一种以提供各种生活需要为目标的社会保障模式。该模式按照统一标准缴费、统一标准支付社会保险金，其基金来源主要通过国家高税收来解决，体现的是“收入均等化、就业充分化、福利普遍化、福利设施体系化”的社会保障理念。这种“从摇篮到坟墓”式的社会保障在为老年人提供了宽范围、高水平的生活保障的同时，也给政府带来了沉重的财政负担，高福利和高税收都不利于激发和调动社会成员的工作积极性。[①]

（二）保险型老年人社会保险

该模式起源于德国，后为美国、日本、西欧等国家所仿效。这种自助自保式的保障模式以为老年人提供基本生活保障，维持老年人基本生活需要为保障目标。社会保险基金一般由个人、单位缴纳，政府予以一定的财政补贴。保险项目齐全，保险待遇与收入及缴费相联系，强调个人在社会保障方面应当承担的责任。我国现行的老年人社会保险制度也基本上这种模式。

（三）储蓄型老年人社会保险

该模式又称为“强制储蓄型老年人社会保险”，以新加坡、马来西亚为代表。国家通常通过法律强制推行社会保险，强制要求雇主和雇员共同缴纳保险费，以雇员个人名义存入中央公积金局，雇员退休后，账户内的本金及利息如数返还雇员，政府通常不提供任何财政补贴。这种社会保险制度带有极强的强制性和个人储蓄特征，从一定意义上说，政府推卸了其社会保障责任。

---

① 参见姜守明、耿亮：《西方社会保障制度概论》，科学出版社 2002 年版，第 22 页。

第二节 老年人社会保险制度的历史发展与现状分析

我国老年人社会保险制度具体包括养老保险制度和老年医疗保险制度。20 世纪 50 年代起,我国逐步建立起了适合我国国情的、多元化的社会养老保险制度,具体包括城镇职工基本养老保险制度、机关和事业单位工作人员养老保险制度和农村社会养老保险制度。与社会养老保险制度一样,老年医疗保险采取的也是城乡二元体制,具体包括城镇职工医疗保险制度、机关和事业单位工作人员医疗保险制度和新型农村合作医疗制度。我国在老年人社会保险制度建设方面取得的巨大成就是有目共睹的,但在人口老龄化加速发展的当下,老年人社会保险体系内在的缺陷与不足日益暴露出来。具体表现在:制度不统一,碎片化现象严重;立法滞后、层次低;保险层次单一,养老、医疗需求难以满足;覆盖面小,保障水平低,不同制度之间待遇差别大等诸多问题。

一、老年人社会保险制度的历史发展

(一)社会养老保险制度的形成和发展

养老是老年人最基本也是最低层次的需求,其他需求如健康、精神或社会的需求都以养老需求的满足为基础。因此,养老保险一直是各国社会保障体系中最重要的内容。可以说,社会保障制度的成败在很大程度上取决于养老保险制度的成败。

社会经济的发展和生活方式的改变,使传统的家庭养老模式受到极大的冲击。在自然经济时代,土地将一家几代人紧紧联系在一起,共同劳作、共同生活,“养儿防老”是人们心目中天经地义的养老方式。而在现代市场经济条件下,越来越多的人离开土地,通过参与社会劳动获取的劳动报酬则成为大多数社会成员主要的生活来源。问题是,因年老而丧失劳动能力的社会成员将如何维系退出社会劳动领域后的老年生活?因此,必须人为地建立一种社会制度,以满足人们因年老而丧失经济来源后的养老需求,安度晚年。养老保险作为现代社会解决老年人基本生活问题的一种社会方案,正是适应这种普遍的社会需要而产生的。从 20 世纪 50 年代起,我国逐步建立起了适合我国国情的、多元化的社会养老保险制度。

1.城镇职工基本养老保险制度

(1)初建阶段:我国城镇职工基本养老保险制度始建于20世纪50年代初期。1951年首次颁布、1953年修改完善的《中华人民共和国劳动保险条例》的颁布实施,标志着我国社会保险制度的正式确立。《条例》规定:凡工人、职员在100人以上的国营、公私合营、私营及合作社经营的工厂、矿场及其附属单位,铁路、航运、邮电、工、矿、交通事业的基本建设单位及国营建筑公司等都要参加劳动保险。资金来源主要由企业按职工工资总额的3%缴费,职工个人不需要缴纳任何费用。凡符合《条例》规定的职员,在退休后都可以领取养老金,养老金的领取标准取决于职工工龄的长短。如工龄满10年的,可以领取退休时标准工资的60%的养老金;满15年的领取70%,满20年的领取75%。养老金来源于国家财政预算,采取的是现收现付的模式。

(2)改革试点阶段:改革开放以后,伴随着经济体制改革的不断深化,不同所有制形式的企业大量涌现,劳动者在不同性质企业间的就业机会也逐渐增多,使得原来仅针对国有企业职工的养老保险制度的缺陷日益显露出来。破产企业的退休职工无法及时足额获得养老金、新旧企业养老金衔接制度不顺畅等不仅成为养老保险制度发展的障碍,同时也制约着经济发展。

从1984年开始,国家进入了对传统养老保险制度进行改革的试点阶段。改革的重点为养老金筹资模式的改变,由原来劳动者不需要缴纳任何保险费用转变为企业、个人和政府三方负担。1991年,国务院专门出台了《关于企业职工养老保险改革的决定》,进一步明确了企业职工基本养老保险社会统筹原则,指出养老基金按照“以支出定收入、略微有点结余、保留部分积累的方式”统一筹集,企业和职工都必须缴纳养老保险费。该《决定》的颁行被看作是我国养老保险制度改革的第一个重要里程碑。从此,养老保险统筹体制在全国范围内普遍实施。

(3)全面创新阶段:1993年,党的十四届三中全会通过了《中共中央关于建立社会主义市场经济体制若干问题的决定》,针对社会保障制度改革提出了三个方面的原则:第一,建立多层次的社会保障体系,具体包括社会保险、社会救济、社会福利、优抚安置和社会互助、个人储蓄积累保障。第二,城镇职工的保险金实行社会统筹与个人账户相结合,即“统账结合”的部分预筹积累模式。[①] 第三，建立统一的社会保障管理机构，社会保障的行政管理机构和保险基金的经营机构分离，各司其职。该《决定》提出的改革原则，为以后社会保障制度改革指出了明确的方向，特别是该《决定》首次提出了"个人账户"概念，标志着我国社会养老保险制度改革进入了全面创新阶段。

在 1995 年 3 月，国务院进一步颁布了《关于深化企业养老保险制度改革的通知》，更加明确提出我国要全面实行社会统筹和个人账户相结合的基本养老保险制度，并以企业补充养老保险、个人储蓄保险来补充，形成多层次的养老保险制度。[②] 该《通知》被称为我国养老保险制度改革的第二个重要里程碑。在城镇各类企业一体化的养老保险制度下，企业和职工都要按照一定比例缴纳养老保险费，所缴纳的养老保险费分别计入社会保险经办机构的统筹基金账户和职工个人所有的账户。社会统筹账户的基金采用现收现付的方式，用来支付已经离、退休职工的养老金和改革时期已经有了较长工龄的职工退休以后的部分养老金；职工个人的账户基金则实行完全积累的方式，职工退休后领取的养老保险金是个人账户内的积累与社会统筹部分养老金之和。根据该《通知》建立多层次养老保险制度的精神，劳动部于同年颁布了《关于建立企业补充养老保险制度的意见》，鼓励企业建立补充养老保险制度。但是，社会统筹和个人账户相结合的改革模式在实施过程中也出现了很多问题，如由于统筹范围小导致的地区间、行业间养老保险待遇的差距较大、养老保险金管理比较混乱等，亟待政府继续深化企业职工养老保险制度改革。

1997 年，国务院又颁布了被誉为我国养老保险制度改革第三个重要里程碑的《关于建立统一的企业职工基本养老保险制度的决定》，确定了社会统筹与个人账户相结合的城镇职工基本养老保险制度的统一模式，职工按照工资的 11%建立个人账户，从 1998 年期每两年提高一个百分点，最终达到个人工资的 8%；企业则负责个人账户剩余部分的缴费。职工退休后领取的养老金由两部分组成：一是基础养老金，按当地职工上年度平均工资的 20%计算；二是个人账户的养老金，标准为个人账户积累额除以 120。个人

---

① 参见国务院发展研究中心社会保障课题组：《分离体制转轨成本，建立可持续发展制度——世纪之交的中国养老保障制度改革研究报告》，载《经济社会体制比较》2000 年第 5 期。

② 参见张举刚、刘云：《完善我国养老保险体制　迎接"银色浪潮"冲击》，载《地质技术经济管理》1998 年第 12 期。

缴费的最低年限为15年,不满15年的退休后不享受基本养老金待遇,其个人账户积累额一次性支付给本人。老职工的养老金则主要由企业缴费形成的社会统筹基金来解决,即目前实行的是"老人老办法、中人中办法、新人新办法"的养老金支付方式。这种带有中国特色的筹资模式,充分发挥了社会统筹与个人储蓄的互补功能,大大缓解了人口老龄化带来的资金压力。

为了更加完善我国的养老保险制度,提高企业职工自愿参保的积极性,《中共中央关于制定国民经济和社会发展第十个五年计划的建议》进一步明确提出要加快形成独立于企事业单位以外、资金来源多样化、保障制度和模式规范化、管理和服务社会化的社会保障体系,并对养老保险制度进行了调整和优化。主要内容有:第一,将职工个人的缴费比例由5%调整为8%,全部纳入职工个人账户。企业仍然按照职工工资总额的20%的标准缴费,但不再纳入职工的个人账户,而是全部用于形成社会统筹基金。第二,职工个人账户实现完全积累模式。个人账户内的保险基金统一由省级社会保险经办机构集中管理和运营,并尽力实现保值及增值。不允许通过透支职工个人账户的基金来弥补社会统筹基金的缺口,造成个人账户的"空账"运行。第三,进一步提高基础养老保险水平。基础养老保险金的标准由原来职工平均工资的20%提高到28%,基本实现了职工个人账户基金完全由个人缴费构成。

2005年12月,国务院颁布《关于完善企业职工基本养老保险制度的决定》,继续深化我国基本养老保险制度改革。这次改革的一个重要举措就是对养老金计发办法的改革,计发办法是养老保险制度中涉及广大参保人员切身利益的关键环节。改革前的计发办法未能体现社会保险权利与义务对等原则,多缴费的参保人员也不可能多领取养老金,极大地挫伤了参保人员缴费的积极性。而且老的计发办法也没有充分考虑到目前我国退休人员平均余命的实际情况,退休人员的平均余命在25年以上,而个人账户内的基本养老金积累额则在10年后就领取完了。针对老的计发办法存在的问题与不足,这次改革将养老金的计发办法调整为以职工参保缴费年限为计发基础,以确立参保缴费的激励约束机制为出发点,以进一步保障参保人员的养老保险权益为最终目标。参加工作及缴费年限合计满15年的职工,退休后就可以按月领取养老金,其中基础养老金每月的发放标准以其所属地区上年度在岗职工月平均工资和职工个人指数化的月平均缴费工资的平均值作为基数，而且职工每多缴费满一年，则增发一个百分点的养老金，上不封顶；职工个人账户的养老金每月的发放标准为职工个人账户的储存额除以合计发的月数，而养老金的计发月数则是根据职工退休的时候当地城镇人口的平均预期寿命的年龄、职工个人的退休年龄和银行存款利息等一系列因素确定。[①] 改革后的养老金的计发办法，不仅不会增加职工的缴费负担，而且有利于形成“多工作、多缴费、多得养老金”的激励约束机制，也更加符合我国退休人员平均余命的实际情况。[②]

经过十多年的不懈努力，多层次的养老保险制度已经初步建成，其中第一层次的养老保险即基本养老保险的覆盖范围已经扩大到包括各种所有制企业、机关事业单位人员，覆盖面接近总人口的12%；第二层次的补充养老保险也呈现出良好的发展势头。截至2002年底，全国建立企业年金的企业已达到1.7万个，参加人数达到650多万人，资产积累总额260多亿元。[③]

2.农村社会养老保险制度

我国长期的“二元”社会、经济体制造就了“二元化”的社会保障制度，20世纪80年代中期以前的社会养老保险制度从未将农民包括在内。在19世纪50年代农业合作化时期，农村老年人的养老需求主要依靠集体经济组织来满足，但随着农村经济体制改革和家庭联产承包责任制的推广实施，集体经济组织的保障功能逐渐弱化，养老保障的重心逐渐转移到家庭。然而，伴随着经济的迅猛发展和城镇化进程的加快，家庭保障模式正经受着前所未有的严峻考验。一些经济发达地区的富裕农村开始尝试通过建立社区型的退休养老保险或补贴制度来寻求农村居民养老危机的解决之道，也正是这种自发的行为为政府着手推行农村社会养老保险提供了动力。

(1)初步探索阶段(1986～1991年)：1986年10月，民政部和国务院有关部委在江苏省沙洲市(现张家港市)召开了“全国农村基层社会保障工作座谈会”，提出在农村经济较为发达地区开展以社区(即乡镇、村)为单位的农村养老保险，逐步进行农村社会保障体系的探索。当时乡镇经济较为发达的上海、江苏等地成为了首批试点地区。1986年12月24日，民政部向国

① 参见《关于完善企业职工基本养老保险制度的决定》，载“新华网”：www.xinhuanet.com，2005年12月14日。

② 参见《创业者》编辑部：《解读“养老保险”新政》，载《创业者(职场版)》2006年第1期。

③ 参见焦艳芳：《中国社会保障制度概论》，南京大学出版社2009年版，第72页。

务院递交了在沙洲市座谈会基础上形成的《关于探索建立农村基层社会保障制度的报告》，就农村基层社会保障制度的主要问题提出了粗略的构想，从而启动了农村社会养老保险制度的建设工作。1987年3月14日，《关于探索建立农村基层社会保障制度的报告》由民政部下发各地，各地农村尤其是经济富裕地区的农村加快了建立农村社会养老保险制度的步伐。据不完全统计，截至1989年6月，全国共有19个省、市、自治区开展了农村养老保险的试点工作，参保农民近百万人，资金积累总数超过4000万，有约22万农村老年人开始领取养老金。1991年，国务院颁布了《关于企业职工养老保险制度改革的决定》，民政部开始全面负责农村的养老保险制度。与此同时，县级农村社会养老保险制度的试点工作进行得如火如荼。山东省牟平县等5个县（市）在一个多月的时间里，有30个乡镇、281个村、38家乡镇企业的近8万劳动者参加了养老保险，缴纳保险费达500万元。到1991年底，牟平县所有的乡镇、村普遍开展了农村社会养老保险工作，近20万农村人口参加了养老保险，积累基金达1000多万元，成为全国第一个普遍建立农村社会养老保险制度的县。①

（2）全面推广阶段（1992～1998年）：1992年，民政部出台了《县级农村社会养老保险基本方案（试行）》，确定了农村养老保险应当遵循的保障老年人基本生活、养老金的缴纳采取个人缴纳为主、集体补助为辅、国家政策予以扶持的方式、社会保险与家庭养老保险相结合等五大基本原则，并且对农村养老保险的实施范围、参加保险的形式、养老金的领取以及基金的筹集、管理等具体作了详细规定。《基本方案》的颁行为农村养老保险制度的建设提供了规范依据，同时农村社会养老保险工作也从试点阶段转入了全面推广阶段。

经过八年的努力，到1998年底，全国30个省、自治区、直辖市已有2123个县（市）和65%的乡（镇）开展农村社会养老保险，参加社会养老保险的农村人口有8025万人。1998年，农村社会养老保险基金收入31.4亿元，支出5.4亿元，当期结余26亿元，期末滚动结余166.2亿元。②

---

① 参见吴英英：《建立我国新型农村社会养老保险制度的研究》，天津师范大学硕士学位论文，2008年。

② 参见吴英英：《建立我国新型农村社会养老保险制度的研究》，天津师范大学硕士学位论文，2008年。

(3)清理整顿阶段(1998～2002年):1998年以后,由于受到多种因素的影响,各地的农村社会养老保险工作出现了参保人数下降、基金运行困难等一系列问题。1999～2001年,郑功成教授等调查了安徽、浙江、云南、山西、山东、江苏、上海等省市的农村养老保险状况,发现"除上海与山东烟台市的农村社会养老计划仍比较稳定外,其他地区的农村社会养老保险工作几乎陷入停顿状态"①。1999年,国务院通知要求对各地的农村养老保险工作进行清理整顿,农村养老保险工作也由新成立的"劳动和社会保障部"接手。关乎数以亿万计农民切身利益的农村养老保险工作陷入了长达四年的停滞期。

(4)恢复发展阶段(2003年～):2003年,农村社会养老保险工作重新启动,各地开始了新型农村社会养老保险制度的试点工作。原劳动和社会保障部接连印发了关于做好当前农村养老保险工作的两个通知,提出各地可以根据自身实际情况制定适合的养老保险办法。从2004年开始,全国多个地方根据自身的实际情况颁布了相应的农村养老保险实施意见和实施办法,积极尝试和探索农村养老保险制度,甚至有个别地区尝试着将农村养老保险和城市养老保险进行衔接。我国农村养老保险制度建设又进入了一个新的发展时期。

2008年10月,党的第十七届三中全会通过了《中共中央关于推进农村改革发展若干重大问的决定》,明确提出了"按照个人缴费、集体补助、政府补贴相结合的方式建立新农保制度"的精神。在《决定》精神指导下,国务院于2009年9月颁布了《关于开展新型农村社会养老保险试点的指导意见》,就新农保的基本原则、任务目标、参保范围、基金筹集、养老金待遇与领取条件、基金管理与监督以及相关制度衔接等问题作出了明确规定。由于新农保采取"个人缴费、集体补助、政府补贴相结合"的筹资方式,大大减轻了农民的缴费负担,而且支付结构中的基础养老金是由国家财政予以保证的,这在一定程度上刺激了农民的投保积极性。

(二)老年人医疗保险制度的形成与发展

人进入老年阶段后,会面临着比年轻人更多的疾病风险,患病的概率会大大增加。因此,健全完善的医疗保险体系对老人安度晚年具有重要的意义。与社会养老保险制度一样,老年人医疗保险采取的也是城乡二元体制。

① 郑功成等:《中国社会保障制度变迁与评估》,中国人民大学出版社2002年版,第256页。

1.城镇职工医疗保险制度

我国医疗保险制度是20世纪50年代初建立起来的,是整个社会保障体系的重要组成部分。

(1)计划经济体制下的医疗保险制度。国务院于1951年制定的我国第一部社会保险法规——《劳动保险条例》是劳保医疗制度直接的法律依据。《条例》具体规定了职工在疾病、伤残、死亡、生育及年老时所能获得的帮助,以及职工直系家属所能享受的保险待遇等。由于经济发展水平所限,当时劳保医疗制度的实施范围很小,仅限于"100人以上的国营企业、公私合营、合作社营工厂、矿场及附属单位;铁路、航空、邮电的各企业单位与附属单位;工、矿、交通事业的基本建设单位和国有建筑公司"。《劳动保险条例》经过1953年和1956年两次修订,其劳保医疗制度的范围已经覆盖到国营企业的全体职工,医疗待遇也进一步提高。但当时没有独立的医疗保险费,医疗保险费与养老保险金都由企业缴纳,缴费额为企业工资总额的3%,职工个人不需要缴纳医疗保险费。与此同时,国家机关、事业单位工作人员的公费医疗保险制度也逐步建立起来。

这种传统的劳保医疗和公费医疗保险制度在保障老年人身体健康、提高老年人生活质量、延长人口寿命等方面发挥了积极作用。但传统的医疗保险制度是建立在计划经济体制的基础上,既缺乏对社会主义初级阶段及其经济发展水平的客观估计,又深受前苏联供给制的影响,制度设计严重脱离了中国实际。

(2)初步改革阶段(1988～1993年)。针对传统医疗保险制度存在的问题和弊端,国家开始在一些地方进行医疗保险制度改革的试点工作。1988年3月,经国务院批准,卫生部牵头成立了国家医疗体制改革领导小组,提出了"逐步建立起适合中国国情,费用由国家、单位、个人合理负担,社会化程度较高的多形式、多层次的职工医疗保险制度"的改革方向。1989年决定将丹东、四平、黄石、株洲作为医疗保险制度改革的试点城市。这一阶段的改革重点主要集中在以下三个方面:

第一,职工个人适当分担医疗费用。医疗费用与个人挂钩的做法一般是采取医疗费定额包干或者个人自付一定比例的门诊、住院费,个人负担比例一般为医疗费用的10%～20%,同时还规定了自付限额。随着这一做法在全国的推广实施,到1993年底,全国公费医疗单位和80%以上的企业劳保医疗普遍实行了医疗费用和职工个人挂钩的办法。

第二,离退休人员医疗费用社会统筹。1989 年以后随着国有企业改革的不断深化,一些省市开始实行离退休人员医疗费用的社会统筹。但由于统筹范围较窄、基金收缴率低,社会统筹模式的互助共济、共担风险的优势并没有得到充分的发挥。

第三,职工大病医疗社会统筹。大病医疗社会统筹首先从丹东、四平、黄石、株洲 4 个试点城市开始实行,后逐步推广。截至 1993 年末,全国有 225 个市县、2.33 万个企业、262 万职工参加了大病统筹。

(3)"统账结合"试点阶段(1994～1997 年)。职工医疗保险制度的初步改革取得了一定成效,同时也遇到了很多困难,改革进展十分缓慢。国家开始尝试探索建立一种将基本医疗基金和个人医疗账户统筹结合的医疗保险制度,简称"统账结合"。1994 年国务院选择在江苏的镇江市和江西的九江市两个中等城市进行"统账结合"的试点工作,1996 年试点城市扩大到 50 多个。所谓"统账结合",是指职工医疗保险费用由单位和职工共同缴纳,单位缴费比例一般不超过职工工资的 10%,所缴费用分别计入职工个人医疗账户和社会统筹医疗基金;职工个人缴费一般从本人工资的 1%起步,所缴费用全部计入个人账户。个人医疗账户和社会统筹医疗基金共同组成社会医疗保险基金。在医疗保险基金的支付方式上各地探索了多种模式,如镇江市、九江市和多数试点扩大城市采取的是"三段通道式",海南省和深圳市采取的"板块结合式",青岛、塘沽采取的"三金管理式"等。

(4)统一的城镇职工医疗保险制度。随着人口结构的快速老龄化,国家和政府越来越重视老年人的医疗保障问题。在 1998 年国务院颁布的《关于建立城镇职工基本医疗保险制度的决定》中,专门针对退休人员的医疗保险问题作了规定:"退休人员参加基本医疗保险,个人不缴纳基本医疗保险费,对退休人员个人账户的计入金额和个人负担医疗费的比例给予适当照顾。"我国的医疗保险制度改革进入了全面推进阶段。城镇居民基本医疗保险基金按照个人缴费与财政补助相结合的办法统一筹集,基本医疗保险基金由两部分组成:社会统筹基金和个人账户。单位所缴费用,一部分计入个人账户,其余用于建立社会统筹基金;个人缴费部分全部计入个人账户。个人账户的基金用于支付小病或小额医疗费用;统筹基金用于支付大病或大额的医疗费用。统筹基金的具体支付还要受起付线、统筹支付比例和最高支付限额的限制。超过起付线的医疗费用，就进入了共付保险阶段，医疗费用由社会统筹和职工个人分别支付一定比例，直到医疗费用额达到社会统筹基金的最高支付限额。国务院又于2007年7月颁布了《关于开展城镇居民基本医疗保险试点的指导意见》，保障对象主要针对城镇的老年人、未成年人和低收入者，也包括老年人在内的2亿多城镇非从业居民从中受益。

上述改革措施在保障老年人的基本医疗需求方面取得了一定的成就，但从总体来看，被基本医疗保险制度覆盖的老年人口的比例仍然很低。目前，我国也仅有北京、上海、杭州、镇江、苏州等城市制定了专门针对老年人的医疗保障制度，多数地区的老年人的医疗保障问题只能通过退休职工基本医疗保险和城镇居民基本医疗保险制度予以解决。

2.新型农村合作医疗制度

中国是一个农业大国，农村人口为674149546人，占人口总数的50.32%。[①] 能否解决好广大农村人口的医疗保障问题，将直接影响农村地区的经济发展和社会稳定。20世纪80年代后，随着改革开放和农村家庭联产承包责任制的推行，集体经济组织的保障功能日渐衰弱，并最终导致传统农村合作医疗制度[②]大面积解体。面对日益严峻的农村医疗保障形势，国家提出在农村地区逐步建立起新型农村合作医疗制度。

2003年1月，国务院转发了卫生部、财政部和农业部等部门制定的《关于建立新型农村合作医疗制度的意见》，提出要建立一个由政府组织、引导、支持，农民自愿参加，个人、集体和政府三方筹资的新型农村合作医疗制度，并要求“从2003年起，各省、自治区直辖市至少要选择2～3个县(市)先行试点，取得经验后再逐步推开”。同时树立了到2010年在全国实现新型农村合作医疗制度基本覆盖农村农民，以减轻农民负担，提高农民的健康水平的目标。该《意见》的出台，拉开了我国新型农村合作医疗制度试点工作的序幕。

2004年1月，为了进一步推进新型农村合作医疗制度的发展，国务院转发了卫生部等部门下发的《关于进一步做好新型农村合作医疗试点工作的

① 参见《2010年第六次全国人口普查主要数据公报》(第1号)，载“人民网”，2011年4月28日。

② 传统农村合作医疗制度是相对于新型农村合作医疗制度而言的，具体是指2002年中央提出建立新型农村合作医疗制度以前在我国广大农村地区实行的合作医疗制度。它与当时城镇地区实行的劳保医疗制度和公费医疗制度共同构成计划经济时代我国居民的医疗保障体系。

指导意见》,在切实加强组织管理、进一步完善资金收缴方式、合理确定筹资标准、合理设置统筹基金与家庭账户、提高服务质量、加强农村质量和购销监管等十六个方面作出了具体指导[①],并要求各地政府总结试点经验、完善试点方案、加强指导工作。

2006年,卫生部、民政部、财政部等联合下发了《关于加快建立推进新型农村合作医疗试点工作的通知》,对扩大试点工作的目标和具体要求作了明确部署,提出2006年试点县的数量要达到全国县总数的40%,2007年达到60%,到2008年全国实现基本覆盖的具体目标。时隔一年,新型农村合作医疗的试点县(市、区)已经扩大到1451个,占全国总数的50.7%,覆盖4.1亿农民;中央财政支出达42.7亿元,地方财政支出也相应增加,较大幅度提高了参加合作医疗农民的补助标准。[②]

2008年,卫生部、财政部下发《关于做好2008年新型农村合作医疗工作的通知》,要求从2008年开始,各级财政对参合农民的补助标准提高到每人每年80元,其中中央财政对中西部地区参合农民人均补助40元。

为了进一步巩固新型农村合作医疗制度的试点成果,2009年,卫生部、财政部、民政部等多部门联合下发《关于巩固和发展新型农村合作医疗制度的意见》,提出在2010年新型农村合作医疗的筹资水平由每人每年100元提高到每人每年150元,其中各级财政对参合农民的补助标准由每人每年80元提高到120元,农民个人缴费标准由每人每年20元提高到30元;中央财政对中西部地区参合农民的补助标准由人均40元提高到60元。《意见》不仅对新型农村合作医疗的筹资方案做了详细部署,而且积极探索外出务工农民参加新型农村合作医疗制度的可行性方案,鼓励、引导外出务工农民积极参加新型农村合作医疗制度,尽量扩大新型农村合作医疗制度的覆盖面。

从2003年起,在各级政府的高度重视和财政资金的大力支持下,新型农村合作医疗制度试点工作进展顺利,成效显著,这为新型农村合作医疗制度的全面推广奠定了坚实基础。截至2008年底,全国有2729个县参加了新型农村合作医疗制度的试点工作,参合率在91.5%,政府财政累计支出总

---

① 参见高则一:《解读新型农村合作医疗制度:发展历程、困境和对策》,载《前沿》2010年第1期。

② 参见温家宝:《政府工作报告》,载2006年3月16日《人民日报》。

额为 429 亿元，累计受益 3.7 亿人次[①]，有效地减轻了农民的医疗负担，农民"因病致贫、因病返贫"问题有所缓解。

二、我国老年人社会保险制度存在的问题

（一）社会养老保险制度存在的问题

经过近三十多年的改革与发展，我国的养老保障制度建设取得了很大成就，形成了目前城镇职工养老保险制度、机关和事业单位工作人员养老保险制度和农村社会养老保险制度并存的社会养老保险体系。三种制度在各自的领域为各自的保障对象提供着基本的老年生活保障，在提高老年人的生活质量、改善老年人的生活条件和建设和谐社会等方面发挥着积极作用。但毋庸讳言，目前的社会养老保险制度还远远不能满足经济发展和国民的养老保障需求，尤其是在人口老龄化加速发展的当下，整个社会养老保险体系内在的缺陷与不足日益暴露出来。具体而言，现行社会养老保险体系存在的问题主要表现在以下方面：

1. 制度不统一，碎片化现象严重

迄今为止，我国还没有建立起一个覆盖全体城乡居民的统一的社会养老保险制度。城镇职工基本养老保险、机关、事业单位工作人员基本养老保险和农村社会养老保险三套制度同时运行，呈现出明显的碎片化现象。由于三套制度有各自的保障对象和不同的保险待遇标准，导致了制度之间的兼容性很差，这不仅有违社会公平原则，而且给不同制度间劳动者的合理流动设置了很大的障碍。失地农民和农民工大多处于社会养老保险体系之外就与现行社会养老保险制度不统一有着直接的关系。社会养老保险制度的过度分割已经成为了实现"人人老有所养"目标的最大障碍。

2. 保险层次单一，养老需求难以满足

建立多层次的社会养老保险体系是当今世界各国社会养老保险制度改革的总趋势。我国也在 1991 年的《关于企业职工养老保险制度改革的决定》中提出，逐步建立职工基本养老保险、企业补充养老保险和职工个人储蓄性养老保险相结合的"三支柱"型社会养老保险体系。但由于受到各种因素的影响和制约，目前我国城镇职工社会养老保险的制度建设仍然只是侧

---

① 参见《2008 年国民经济和社会发展统计公报》，载 2009 年 2 月 26 日《人民日报》。

重于基本养老保险这一块，企业补充养老保险发展十分有限，能够建立企业年金的单位大多集中在经济效益好的电力、通信、金融等垄断行业，商业养老也未获得应有的发展。多层次的社会养老保险体系尚未形成，基本养老保险制度的替代率不足50%①，单一层次的基本养老保险难以满足老年人的生活需求，部分老年人的生活质量明显下降。

3. 覆盖面小，保障水平低，不同制度之间待遇差别大

社会保险的基本特点是具有广泛的社会性。从这个意义上说，社会养老保险应当覆盖全体劳动者，一方面能够充分体现社会公平原则；另一方面也符合保险的“大树法则”，有利于分散社会风险。在所有的参保人群中，城镇职工的参保情况应该是最好的，但城镇职工的参保率仍然不理想。截至2008年底，我国城镇参保职工为1.66亿人，而城镇就业人员有3.02亿人，参保职工仅占当期城镇就业人员总量的54.9%。应保未保人员主要涉及非公有制经济组织从业人员、自我雇佣人员和进城务工人员等。例如，到2008年底，全国农民工总量为2.25亿人，其中参加城镇职工基本养老保险的只有2416万人，占当期农民工总量的11%。农村社会养老保险覆盖面的缺损情况更为严重。到2008年底，全国参加农村养老保险的人数为5595万人，大约只占16～59岁农村人口总数的11%。②

同时，社会养老保险制度不仅保障水平总体偏低，而且不同制度之间保险待遇差别较大。在城市，企业退休职工与机关事业单位退休人员的养老保险待遇之间的差距在持续加大。其中，机关事业单位退休人员的养老金与在职工作人员的工资增长直接挂钩，保持了较高的增长速度，而企业退休职工的养老金却缺乏合理的增长机制，导致二者之间的差距越来越大。在农村，享受原来农村养老保险制度的老年人领取的养老金与实行新型农村养老保险试点后的老年人领取的养老金也有较大的差距。执行原标准的农村老年人领取的养老金非常少，甚至于只有象征意义，根据审计署2008年向全国人大常委会提交的审计报告，2006年，在全国1947个县中，有1484个县的参保农民人均领取的养老金低于当地农村最低生活保障标准；在领

① 据人力资源和社会保障部统计，2009年底，月人均基本养老金为1225元，月人均工资为2728元，基本养老金替代率为44.9%。

② 参见邹东涛、李欣欣等：《社会保障：体系完善与制度创新》，社会科学文献出版社2011年版，第125页。

取养老金的 331 万农民中，领取额低于当地农村最低生活保障标准的占 88%，有 120 万人月领取额在 10 元以下，占 36%。执行新型农村养老保险试点标准的农村老年人月领取基础养老金 55 元。[①] 养老金待遇水平的悬殊不仅会成为社会矛盾的主要来源，引发严重的社会危机，而且极易引发对我国整个社会养老保险制度公平性的质疑，严重损害社会养老保险的制度建设。

(二)老年人医疗保险制度存在的问题

1. 医疗保险立法滞后、层次低

立法先行是世界各国建立社会保险制度的普遍路径，医疗保险是社会保险体系的重要组成部分，也是社会保险体系中最早立法的项目，世界上第一部社会保险法就是德国在 1883 年颁布的《疾病社会保险法》。随后，世界各国纷纷仿效德国的做法，通过各种形式的立法建立起了本国的社会医疗保险制度。我国从建立社会保障制度以来，一直存在着立法滞后的现象。除了 2011 年开始实施的《社会保险法》，我国还没有一部专门的医疗保险法律，医疗保险制度构建所依据的多是“规定”“条例”“办法”等形式的行政法规，立法层次相对较低。医疗保险立法缺失直接导致了医疗保险制度执行缺乏强制性，以至于其公平性和普遍性也会大大削弱。这也是目前医疗保险覆盖率低、政府重视程度不够的重要原因之一。

2. 医疗保险覆盖面小

医疗保险也应遵循“大树法则”，尽可能扩大保险覆盖面，以有效缓解被保险者的医疗负担，分散保险风险。由于目前我国的新型农村合作医疗制度和城镇居民基本医疗保险制度都是采取的自愿参保、大病统筹的方式，这就使得风险较小的年轻人的参保意愿较弱，而经济基础脆弱的贫困家庭却无力参保，造成了医疗保险的覆盖面小的现状。到 2008 年底，我国有 11 亿多人口进入基本医疗保险体系，约占总人口的 83%。其中参加城镇职工医疗保险的近 2 亿人，参加城镇居民医疗保险的有 1.2 亿人，参加新型农村合作医疗保险的有 8.2 亿人。[②] 即使这样，在 13.3 亿总人口中，仍有约 2 亿人没有被任何形式的医疗保险所覆盖。

---

① 参见郑功成等:《中国社会保障改革与发展战略》(养老保险卷)，人民出版社 2011 年版，第 6 页。

② 参见邹东涛、李欣欣等:《社会保障:体系完善与制度创新》，社会科学文献出版社 2011 年版，第 125 页。

3. 医疗保险制度公平性不足

医疗保险制度的公平性不足主要体现在两个方面：一是医疗保险制度设计方面的不公平。我国现行的医疗保险制度是城乡分割的二元体制，城镇居民医疗保险制度和新型农村合作医疗保险制度各自封闭运行，兼容性较差。城镇退休职工基本医疗保险明显高于农村合作医疗保险制度中的老年人，而且由于制度分割造成一部分老年人没有被任何形式的医疗保险制度所覆盖，其医疗保障需求根本无法得到满足。二是医疗资源分配不公平。目前，大部分高质量的医疗资源和医疗服务集中在经济发达的东部城市，而经济落后的中西部偏远地区和农村地区普遍存在医疗资源贫乏、医疗服务水平差等问题，难以满足这些地区老年人基本的医疗需求。即使是同在城市，不同级别的医院所拥有的医疗设备和医护人员的素质也存在较大差别，这些都导致了患者在接受医疗服务时的不公平。

第三节　老年人社会保险制度的域外经验

“他山之石，可以攻玉。”通过对德国、美国、日本和瑞典等国家的老年人社会保险制度进行梳理分析，可以帮助我们从其历史经验和教训中获取养分，为我国老年人社会保险制度的建设和完善提供有益的借鉴和启示。首先，通过立法推动老年人社会保险制度的建立和完善，是世界各国建立社会保障制度的普遍路径和宝贵经验；其次，老年人社会保险制度的模式选择与本国的历史文化传统、经济发展状况、公平与效率的权衡等基本国情密切相关，构建一个适合我国国情的老年人社会保险制度是当前最现实也是最可行的思路；最后，随着人口老龄化的加速发展，各国政府在老年人社会保险费用的支出方面面临着巨大的财政压力，构建多层次的老年人社会保险体系是老年人社会保险制度良性、可持续发展的必然选择。

一、德国的老年人社会保险制度

德国是世界上最早建立社会保险制度的国家，1883 年颁布了世界上第一部社会保险立法——《疾病社会保险法》。1994 年，为了应对人口老龄化浪潮带来的老年人日益迫切的护理需求，德国又颁布了其社会保险制度建设过程中至关重要的《护理保险法》，专门保障老年人出现需要护理情况后的受护理权利。老年人社会保险是德国社会保障制度最基本、最重要的内容,包括养老保险、医疗保险和护理保险。

(一)养老保险

养老保险是德国社会保险制度的支柱之一,建立于1889年,属于一种强制性的保险形式。养老保险的目的在于保障被保险人在年老、失去劳动能力、收入减少等风险出现时,能够有一个没有经济顾虑的晚年生活。

德国养老保险是一个由法定养老保险、企业补充养老保险和私人养老保险组成的多层次养老保险体系。法定养老保险是德国养老保险体系中最重要的一个项目。从1889年养老保险实行以来,保险对象的范围已经由最初生活困难的老工人扩大到了包括农民在内的全体劳动者,其中公务员适用《联邦公务员社会保险法》。养老保险金来源于投保人、企业缴纳的保险费和政府补贴,其中,投保人和企业缴纳的保险费约占80%,财政补贴约占20%。由于老龄化问题日益严重,养老金入不敷出,政府不得不通过提高就业人员保险金的缴纳比例来解决。在德国,约有1/3的企业为其雇员提供了企业补充养老保险,与其他国家相比,德国的补充养老保险的覆盖率比较低。企业补充养老保险金由雇主承担,通过双方签订就业合同或者集体就业协议或者企业对员工的承诺协议来进行。一些高收入群体,如个体高收入者、医生、律师等,在参加法定养老保险之余,还可以申请加入法定的义务养老保险公司,以保证将来能获得更多的养老金。

通常情况下,被保险人需要达到法定退休年龄(男性65岁、女性60岁),并且已缴纳60~180个月的保险费才能领取养老金。未到法定退休年龄,如果已满35年投保期的被保险人,可从63岁起开始领取保险金;未到法定退休年龄,如果已满15年投保期、失业至少1年,且过去10年内至少有8年从事受保职业的失业者,可从60岁起开始领取养老金。养老金的多少由投保时间和劳动报酬决定,并且随全体职工平均工资的增加而增加。

(二)医疗保险

德国的医疗保险体系迄今已有上百年的历史,从1883年俾斯麦时期的《疾病保险法》起,医疗保险一直作为德国社会保险体系的重要分支,发挥着保持、恢复及改善老年人健康状况的重要作用。德国的医疗保险分为法定医疗保险和私人医疗保险两种,几乎覆盖了所有的居民,其中88.5%的居民参加了法定医疗保险,9%的居民参加了私人医疗保险。

1. 法定医疗保险

法定医疗保险遵循“一人参保保全家”的原则。① 所谓“一人参保保全家”，是指除了法定的义务保险人外，没有工作的男子、妇女及子女没有参加医疗保险的义务，但是他们可以家庭成员的身份参加家庭共同保险。这与私人医疗保险中的一人投保一人受益、多子女的职员投保就要多付费用的保障方式有着本质的区别。所有的有工资收入者、就业的残疾人、大专院校的学生、领取养老金者、农业工人及家庭成员、失业保险的受益者、收入在法定保险标准以下的职员及独立开业者等，都必须参加法定医疗保险。② 法定医疗保险资金主要来源于投保人和雇主缴纳的保险费，每一个投保人按照自己的收入缴纳相同比例的保险费，而不受其身体状况、性别、年龄和免缴保险费的家庭成员人数的影响。德国的医疗卫生政策不是全国统一，各州有权根据宪法确定本州的医疗卫生政策；德国也没有统一的医疗保险组织，各医疗保险机构自我管理、自负盈亏，并根据自己情况制定医疗保险费率。领取养老金的老年人的医疗保险费由养老保险机构承担。

2. 私人医疗保险

德国有 9%的居民参加了私人保险机构，投保人主要是官员、收入水平较高的职员、自由职业者及其家庭成员。他们自愿选择私人医疗保险，一方面是为了避免通货膨胀造成的财富缩水；另一方面是可以在出现保险风险时获得更多的医疗保险金，为自己及其家人提供一份更可靠的医疗保障。

（三）护理保险

为了应对人口老龄化浪潮带来的日益旺盛的护理需求，德国于 1994 年颁布了《护理保险法》，1995 年 1 月 1 日正式实施。护理保险成为继养老保险、医疗保险、工伤保险、失业保险四大险种之后的第五大支柱险种，因填补了社会保险体系的最后一块空白而被誉为“社会保险宏伟建筑物上的拱顶石”。社会护理保险的确立在德国社会保障发展史上具有重要的里程碑意义，其目的是为护理需要者按照互助互济的社会保险原则提供护理救济。

根据“护理保险因循医疗保险”这一原则，护理保险的被保险人也就是参加法定医疗保险的人。需要护理者是指对于每天的日常事务至少连续 6

---

① 参见刘翠霄：《德国社会保障制度》，载《环球法律评论》2001 年冬季号。

② 参见姜守明、耿亮：《西方社会保障制度概论》，科学出版社 2002 年版，第 120 页。

周需要提供帮助的人。按照其护理需求的程度不同,一般分为三个护理等级,不同护理等级享受不同的护理保险待遇。一级护理是指个人日常事务每天至少需要1次帮助和家庭事务每周需要几次帮助的受保险人;二级护理是指个人日常事务每天至少需要3次和家庭事务每周需要多次帮助的受保险人;三级护理是指个人事务每天24小时需要帮助和家务每周需要多次帮助的受保险人。受保险人可以选择在家护理或者在老人院或其他机构进行住院护理。

二、日本的老年人社会保险制度

(一)养老保险制度

日本养老保险制度又称为“年金制度”,经过战后不断发展和完善,已经形成了一个内容庞杂的具有强制性的全民保险体系。养老保险制度可分为具有强制性的公共养老保险制度和不具有强制性的非公共养老金制度两种。

1.公共养老保险制度

公共养老保险制度又称为“公共年金制度”。根据参保对象不同,具体可分为“国民年金”“厚生年金”和“共济组合年金”三类。

(1)国民年金。日本通过1959年制定的《国民年金法》确立了国民年金制度,并借助于1985年的重新修订扩大了参保人的范围。目前,国民年金的参保人主要有三类:第一类参保人是个体户、农民和学生;第二类参保人是各类企业雇员;第三类参保人是私营企业雇员的配偶。凡是参保范围内的人员都必须加入国民年金,这样,国民年金最终发展成为政府强制、覆盖全民的养老保险制度,因此又被称为“基础养老金”。截至2006年3月末,国民年金的被保险者为3280.5万人,其中第一类被保险者为2190.3万人,第二类被保险者为1092.2万人,领取国民年金者为2395.4万人。[①]

国民年金的保险资金来源于保险费和政府财政补贴。根据《国民年金法》规定,参保人员必须缴纳保险费。其中,第一类参保人每月固定缴纳保险费133000日元;第二类参保人不必单独缴纳保险费,而是雇主从其每月工资中定期扣除年金保险费的一部分用于国民年金的保险费;第三类参保

① 参见[日]厚生劳动省:《公共年金制度一览》,2007年8月公布。

人则不必缴纳保险费。目前,参保人缴纳的保险金占国民年金基金总额的2/3,政府财政补贴1/3,并承担国民年金制度的行政管理费用。

(2)厚生年金。厚生年金主要面向正式员工在5人以上企事业单位的雇员,包括私营企业的雇员及其配偶,是一种政府强制、受益与收入挂钩的养老储蓄。厚生年金主要来源于雇主和雇员的缴费以及基金运营收益。雇主和雇员各负担一半的缴费,雇员负担部分直接从工资中扣除,征收额为职工缴费基数的13.58%。2007年9月,厚生年金的一般被保险者费率为14.996%,对加入厚生年金基金者可给予2.4%~5.0%共计27个等级的减免费率;月标准工资从9.8万日元到62万日元设有30个不同等级,以此作为征收保险费和计算养老金的依据。① 截至2006年3月末,厚生年金保险的被保险者为3302万人,其中领取年金者为1152万人。② 只要达到法定退休年龄就可以领取厚生年金,而没有最低参保年限的限制,但是领取金额与退休前的工资水平和参保年数成正比。

(3)共济组合年金。共济组合年金主要是为政府公务员、私立学校教师和农林渔业团体职员提供养老保障。

2.非公共养老金制度

非公共养老金作为公共年金的必要补充,在一定程度上起到养老保障的作用。企业年金是非公共养老金制度的重要组成部分,是企业对职工劳动的补偿,是一种企业福利,由企业根据自己的实际需要和经济承受能力实施,一般在大企业中比较普遍。目前,大部分企业把企业年金分为两部分:一部分仍然是一次性支付;另一部分以年金方式支付。一次性支付的数额原则上与职工在本企业的工作年限和退休时的基本工资挂钩,职工退休时企业经营状况好时,可以多支付;如果退休时企业的经营状况不好,则可以少支付。

(二)老年人医疗保险制度

日本的医疗保险起步早于养老保险,这是日本不同于其他发达国家的一个特点。随着全民医疗普及和老人平均寿命延长,老年人的医疗保障问题对日本的医疗保险制度提出了严峻挑战,自1982年,政府开始着手对老

---

① 参见杨文俊:《美德日社会保险制度比较研究》,吉林大学博士学位论文,2007年。

② 参见[日]厚生劳动省:《公共年金制度一览》,2007年8月公布。

年人的医疗保险政策进行改革。目前,日本的老年健康保障制度可以分为三部分:一是国民健康保险制度;二是老人保健制度;三是老年护理制度。由此可见,日本在改革老年医疗保险制度时,充分考虑到了人口老龄化带来的一系列问题,对老年人采取了特殊的医疗保险制度。

1. 国民健康保险

国民健康保险主要面向农民、个体经营者和无业人员等,由参保者所居住的市町村政府提供保险服务,属于地域型健康保险。从1973年起,对70岁以上的老人实行免费医疗。

2. 老人保健制度

老年人医疗与其他国民医疗相比具有高患病率、病程长、易反复等特点,随着人口老龄化的到来,老年医疗费用支出将会越来越大,为此,日本于1982年出台了《老人保健法》。这是为了迎接老龄化而制订的第一部法规,其目的是将老人医疗和保健从一般人的健康保险体系中剥离出来,形成相对独立的体系。根据《老人保健法》的规定,加入医疗保险制度的65岁以上或70岁以上患有重病卧床不起的老人,是老年人福利法免费医疗的对象。向其提供的医疗保险服务是:住院不超过2个月者,每天可获得300日元补贴;门诊治疗不超过1个月者,每天可获得400日元补贴。[①]

其他的老年人或老人将不再实行免费医疗制度,老人医疗费分别由个人、国家和保险机构负担,老人支付定额费用,但其负担的比例不超过全部费用的10%,其他部分由政府和保险承担,其中医疗保险机构负担53%,政府负担47%。同时,老人的医疗和保健相对分离,对健康老人和患病老人采取不同的保险政策,纠正了过去重治疗、轻保健的错误理念。

3. 老年护理制度

随着人口老龄化的加速发展,老年人的护理需求急剧膨胀,单一的家庭护理已经远远不能实现老年人的被护理权利,而需要由社会来提供必要的保健及医疗等护理服务。1997年,日本制定了《护理保险法》,经过3年充分的讨论,2000年正式实施护理保险制度。对那些由于年龄增长而身陷疾病困扰、产生护理需求的老年人提供接受日常生活看护、身体机能训练等护理服务所需支付的费用。

---

① 参见崔万有:《日本社会保障研究》,北京师范大学出版社2009年版,第73页。

护理保险制度主要由市町村来实施，原则上40岁以上的人都必须加入护理保险，并缴纳一定的保险费。其中65岁以上的人为第1号被保险人，40～64岁的人为第2号被保险人。当被保险人出现护理需求时，可以通过申请、审查等程序获得相应的护理服务。护理保险的保险费支付根据是否在家接受护理以及护理级别有所区别。但无论接受哪种护理服务，被保险人都需要在可利用金额限度内支付护理费的10%，其余90%的护理费一部分来自于保险费，一部分来自于公费筹措，国家负担公费筹措的25%，都道府县和市町村各负担12.5%。

三、美国的老年人社会保险制度

在西方发达国家中，美国是建立社会保障制度较晚的国家，1935年《社会保障法》的出台拉开了美国社会保障制度形成、发展的序幕。

(一)养老保险

美国没有像德国、日本、瑞典等发达国家一样实行普遍养老金制度，而是采取选择性政策，只对劳动者实施老年社会保险，其他老年人则由各种形式的公共帮助和社会服务来保障其基本权益。美国的养老保险制度呈现出鲜明的针对性。

美国社会保障法案经过多次修订、完善，其养老保险的覆盖范围逐渐扩大，1935年仅涵盖工资劳动者，即工商业雇员和雇工本人，1939年开始涵盖到他们的家属，1950年则进一步扩大到军人、农场工人、个体工商业者，以及部分地方公务员和国家公务员。现在，除农业和家庭临时佣工、年净收入400美元以下的独立劳动者外，其他所有从事有收益工作的人都被纳入到养老保险中。[①]

被保险人只有在投保达到一定年限之后才能领取养老金。根据美国社会保障管理局编制的《关于退休》的小册子规定，当你工作并缴纳社会保险税时，你即可挣得社会保障工分，大部分人每工作一年可挣得4分。根据出生时间不同，对每个退休者的工分要求也不同。1929年及以后出生者，要求有40分(即满10年工龄)；1929年以前出生者，则按年递减1分。只有达到相应的工分数，才能享受养老金；达不到规定的工分数者，则不能享受退休

---

① 参见姜守明、耿亮：《西方社会保障制度概论》，科学出版社2002年版，第150页。

养老金。养老金的标准取决于工作时的收入和退休年龄两个因素。因此，即使超过额定的工分数也不会多领取养老金。2006年，美国法定退休年龄男女都是65岁(1936年以后出生的法定退休年龄是67岁)。如果确因健康原因而无法继续工作，不得不提前退休者，可考虑申请残疾津贴，津贴不打折，相当于全额养老金。对于推迟退休者，国家予以政策鼓励：一是增加高所得社会保障记录，高所得必然带来高额养老金；二是另加一个额外的百分数到退休金中，这样就会提高推迟退休的养老金总额。

(二)老年人医疗保险

美国没有全国统一的社会医疗保险制度，医疗保险只是针对65岁以上的老年人和残疾人，其他公民则主要通过自愿购买商业性的私人医疗保险来解决医疗保障问题，政府只给予税收方面的优惠。

1.社会安全保险

这种保险主要是针对60岁左右、已经没有社会收入的老年人，只要社会保障工分累计满40分(或工作时间满十年)，就可以获得由政府提供的600～800美元的医疗保障。

2.医疗照顾保险

这种保险包括所有缴纳社会安全保险税和老人医疗保险税的工作人员，凡年满65岁符合领取社会安全保险金资格的老年退休者，可自动获得老人医疗保险服务保障。医疗照顾保险包含住院保险(又称“Part A”)和看医生保险(也称作“Part B”)两部分。Part A是一个典型的社会保险计划，包括短时间住院照顾、有限的出院后护理照顾和家庭健康服务。Part B则涉及门诊、急救服务、其他由医生开处方提供的医疗和健康服务等。对享受医疗照顾保险的老人来说，Part A是免费的，个人仅支付Part B的20%，其余的80%由保险支付。参加保险者还可以根据需要购买私人补充医疗保险，以弥补医疗照顾保险在服务范围上的不足。①

四、瑞典的老年人社会保险制度

瑞典是一个典型的“高福利”型国家，为全体国民构筑了一个被誉为“从摇篮到坟墓”式的无所不包的社会保障体系。

---

① 参见姜守明、耿亮：《西方社会保障制度概论》，科学出版社2002年版，第155页。

(一)养老保险

瑞典的养老保险立法始于1913年的《国民普遍年金保险法》,之后历经了五次修改补充,至今仍是瑞典养老保险制度最基本的法律依据。瑞典的养老金有三种形式:

1.普遍养老金(基本养老金)

根据"全民养老"原则,基本养老金面对瑞典全体居民。不论是瑞典公民还是外国侨民,只要在瑞典居住满3年以上,从65岁起,即可无条件享受普遍养老金。普遍养老金以"基数"的96%给付,为了避免普遍养老金受到通货膨胀的影响,"基数"随着物价的波动进行相应的调整。瑞典以65岁为正常退休年龄,达到法定正常退休年龄的老人,可以领取全额普遍养老金;如果在60～64岁退休,每提前一个月,减发0.5%养老金;如果推迟至66～70岁退休,每推迟一个月,将增加0.7%的养老金。普遍养老金能够保证在瑞典的最低生活水平,是老年人基本的生活保障。根据规定,普遍养老金由雇主缴纳的保险金和政府财政补贴组成,雇员不需要缴纳保险金,其中雇主按工资总额的7.45%缴纳,约占普遍养老金的57%,政府财政负担43%。独立劳动者则需缴纳收入的7.45%。[①]

2.雇员(补充)退休金

雇员(补充)退休金,又称为"收入关联年金",是对普遍养老金的补充,从1960年开始实施。雇员退休金完全来自于雇主为雇员建立的年金基金,凡收入在"基数"以上的雇员都有资格享受雇员退休金,但只有退休前雇主已为其交足30年的工资社会保险金的雇员,才能领取全额雇员退休金;独立劳动者必须投保,并且在退休前要到当地社会保险机构登记才能享受全额雇员退休金;投保不足者,每少投保1年,减发1/30的退休金。一般来说,普遍养老金和雇员养老金之和,大体相当于雇员退休前平均工资的2/3左右。

3.附加退休金

大多数享受普遍养老金的人,还可以享受根据集体协议规定的附加退休金。凡收入超过"基数"达3年以上的雇员,可以领取附加退休金,数额相当于退休前最后一个月工资的10%～15%。因此,附加退休金是与雇员收入密切相关的养老金形式。

---

① 参见姜守明、耿亮:《西方社会保障制度概论》,科学出版社2002年版,第128页。

（二）医疗保险

瑞典的医疗保险实行的是现金补助和医疗服务相结合的强制性社会保险制度。瑞典为老年人提供的医疗保障非常全面，不仅包括药费、诊断治疗费、健康咨询费、住院费等，甚至还包括围绕看病所发生的交通费，而个人只需要交纳少量的挂号费和其他费用。

五、域外老年人社会保险制度对我国的启示

通过梳理德国、日本、美国、瑞典等四个国家的老年人社会保障制度，可以得到以下三个方面的启示：

第一，通过立法推动老年人社会保险制度的建立和完善。建立完备的社会保障法律制度，是世界各国发展社会保障事业的宝贵经验。立法先行已经成为各国建立社会保障制度的普遍路径，可以说，现代社会保障制度的发展史就是社会保障法的立法史。德国最早的社会保险立法是在 1883 年，美国针对老年人医疗保险的立法是在 1960 年，瑞典养老保险立法始于 1913 年等。实践证明，世界各国社会保障制度建设均始于社会保障法的制定。老年人社会保险制度的建立和发展也遵循了这一基本规律，各国无论采取什么样的老年人社会保险模式，都是先立法后实施。以立法推动实施，在实施过程中不断完善修订相关法律，为老年人社会保险的制度化、规范性起到了重要的保证作用，也为日益庞大的老年群体的合法权益的维护提供了坚实的法律依据。因此，我国老年人社会保险制度在完善过程中，也应当将立法放在首要位置，做到“有法可依”，以保证老年人社会保险制度得以顺利推行。

第二，老年人社会保险制度的模式选择与本国的历史文化传统、社会经济发展水平、公平与效率关系的认知以及已有的社会保障体系有着密切联系。无论各国政府构建老年人社会保险制度的原则和目标如何，适合本国国情是老年人社会保险制度构建必须考虑的关键要素，也可以说，国情是一国老年人社会保险制度模式选择的制约因素。瑞典、英国的高福利型社会保险模式、德美日的保险型社会保险模式、新加坡储蓄型社会保险模式以及非洲等发展中国家的救助型社会保险模式的选择与确立，毋庸置疑，都与本国的历史文化传统、经济发展状况、公平与效率的权衡等基本国情密切相关。因此，各国无论选择什么模式的老年人社会保险制度，都是本国政治经

济体制、历史文化传统、社会主流思想等共同作用的结果。我国还是一个发展中国家，经济发展水平总体不高，构建一个适合我国国情的老年人社会保险制度是当前最现实也是最可行的思路。

第三，各国都构建了多层次的老年人社会保险体系。人口老龄化的加速发展，势必大大增加老年人社会保险费用的支出，这将给各国政府造成极其沉重的财政负担，甚至会阻碍老年人社会保险制度的良性、可持续发展。鉴于此，各国在老年人社会保险制度改革中纷纷选择构建多层次的老年人社会保险体系，取代传统单一的公共保障制度。1994 年，世界银行在《防止老龄化危机》的研究报告中，第一次提出用多支柱制度取代公共养老保障制度。目前，瑞典、美国、日本等老年人社会保险制度比较发达、成熟的国家都建立起了包括法律强制、政府财政支持在内的具有再分配性质的基本保险；具有强制性的、私营化管理的、缴费制的补充保险；为收入水平较高、保险需求较高的人群设计的自愿参加的商业保险在内的多支柱型老年人社会保险体系。我国老年人社会保险制度的构建应当借鉴各国经验，设计多层次老年人社会保险体系，既能为老年人提供最基本的生活保障，又能适应不同收入水平的老年人的保障需求，切实保障老年人的合法权益。

第四节　老年人社会保险制度的改革和完善

根据党和国家明确提出的实现老年人“老有所养、病有所医”的目标，建设适合我国国情的老年人社会保险制度，已经成为我国社会保障体系建设中的一项急迫任务。我国老年人社会保险制度体系应当包括养老保险制度、医疗保险制度和长期护理保险制度。养老保险制度改革与完善的具体措施主要包括：加快构建覆盖城乡居民的社会养老保险体系；建立包括基本养老保险、企业年金和个人储蓄性养老保险在内的多层次养老保险体系；逐步扩大养老保险覆盖面等。医疗保险制度改革与完善的具体措施包括：健全老年医疗保险立法；建立多元化医疗保险体系，扩大医疗保险覆盖面；建立全国统一的国民健康保险制度。随着人口老龄化进程的加快，老年人、高龄老人和失能老人的数量急剧增加，长期护理保险制度逐渐成为老年人社会保险制度体系的支柱之一。长期护理保险制度的构建应当从主体制度和配套措施两方面着手。

一、养老保险制度的改革与完善

(一)加快构建覆盖城乡居民的社会养老保险体系

新中国成立以来,城乡二元结构的体制使得农村社会保障在相当长时间内没有被纳入社会保障体系中来,社会保障制度中的大部分内容将整个农村人口排除在保障制度之外,这极大地制约了我国社会保障制度体系的建立。从城乡老龄化发展趋势看,2010年,我国60岁以上老年人口已超过1.78亿人,占人口总数的13.26%,并且老龄化水平呈现城乡倒置局面。《中国人口老龄化发展趋势预测研究报告》指出:2000年,农村老年人口为8557万人,占老年人口总数的65.82%,农村老龄化程度比城镇高1.24个百分点。农村绝大部分地区尚未建立社会养老保险制度,农村居民的养老保障面临严峻考验。因此,构建覆盖城乡居民的社会养老保险体系,不仅是应对人口老龄化、提高老年生活水平的有效途径,也是实现人人老有所养战略目标的必然要求。

实现覆盖城乡居民的社会养老保险制度体系的最终目标是一个浩大的系统工程,不可能一蹴而就,而是需要分阶段、分步骤地进行。在《中国社会保障改革与发展战略》(养老保险卷)中,郑功成教授提出了“三步走”战略:第一步,时间跨度为2008～2012年,其阶段目标为建立有序组合的多元养老保障制度体系,实现制度层面的全覆盖;第二步,时间跨度为2013～2020年,其阶段目标为完善适度集中、有序组合、没有漏洞的多元制度安排,实现人人较公平地享有养老金及相关服务;第三步,时间跨度为2021～2049年,其阶段目标为在进一步整合制度基础上,实现人人享有体面的老年生活。①

(二)建立多层次养老保险体系

要实现人人“老有所养”的既定目标,就应当针对不同人群建立起一个适度集中且多层次的养老保险体系,以提高养老保障水平。基于目前我国养老保险体系的现状,党和国家应当把改革的重点放在纠正养老保险制度碎片化、分散化的现象,设计一套层次合理、衔接紧密的多元化养老保险体系,以覆盖全体城乡居民。理想的养老保险体系可以划分为以下三个层次:

① 参见郑功成等:《中国社会保障改革与发展战略》(养老保险卷),人民出版社2011年版,第16、19、21页。

1. 基本养老保险

基本养老保险应通过国家立法确定，包括城镇职工基本养老保险、机关事业单位工作人员基本养老保险、农民基本养老保险等形式。[①] 基本养老保险应当是强制性保险，所有符合条件的单位和个人都必须参加，以保证基本养老保险的广覆盖率。基本养老金由基础养老金和个人账户基金共同组成。基础养老金由企业、个人和政府三方共同负担；个人账户养老金完全由个人缴费形成。基本养老保险的社会统筹部分采取现收现付制，基金在社会统筹范围内可以统一调剂使用，以体现其公益性。基本养老保险待遇应随着经济增长而适当增长，让全体居民分享经济社会发展成果。国家作为基本养老保险制度的创办者对其改革与发展有着义不容辞的责任，中央政府在这一制度中主要承担政策的制定与指导和相应的公共财政责任。[②] 基本养老保险是我国养老保险体系中最基础的一层，也是目前需要重点建设的一层，对于实现人人"老有所养"的既定目标、保障老年人的基本养老需求起着至关重要的作用。

2. 企业年金

企业年金是企业在参加基本养老保险的基础上，根据自身经济实力，自愿为员工建立的一种补充养老保险形式。它属于我国确立的多层次养老保险体系中的第二层次，是员工福利的重要组成部分。在基本养老保险替代率逐年下降的情况下，建立企业年金可以提高职工退休后的收入水平，增强企业的凝聚力和竞争力，成为企业吸引和留住优秀人才的重要手段。

国务院在1991年发布的《关于企业职工养老保险制度改革的决定》中，第一次明确提出建立企业补充养老保险的问题。2000年国务院颁布的《关于完善城镇社会保障体系的试点方案》，将企业补充养老保险正式更名为"企业年金"，并提出："有条件的企业可以为职工建立企业年金，并实行市场化运营和管理，企业年金实行基金完全积累，采用个人账户方式进行管理，费用由企业和职工个人缴纳，企业缴费在工资总额4%以内的部分，可从成本列支。"这是我国第一次在国家文件中提出企业年金的概念，并对其相关

---

① 参见郑功成：《中国社会保障改革与发展战略——理念、目标与行动方案》，人民出版社2008年版，第117、124、128页。

② 参见林治芬：《中央与地方养老保险责任划分模式设计》，载《财贸经济》2006年第6期。

制度和政策予以明确。

在目前我国的养老保险体系中,企业年金占据的比重仍然偏小、覆盖面窄。企业年金实行的是企业和员工共同缴费的原则,企业的经济实力和缴费能力成为制约企业年金发展的重要因素。从地区看,企业年金发展主要集中在东南沿海经济较为发达的地区,参保企业、参保人数以及基金积累量都比较大,企业年金发展相对成熟。从行业看,电力、电信、石化等大型垄断国有企业的企业年金发展较好,这些企业依托强大的经济实力,通过企业年金为其员工建立起了良好的养老福利待遇。相反,中小型企业特别是民营企业,受企业规模和发展水平的限制,建立企业年金的积极性不高,或者是"心有余而力不足"。企业年金计划在地区、行业间发展不平衡。

企业年金健康持续发展,主要应当做好以下方面的工作:(1)完善多层次养老保险体系结构。目前在我国多层次养老保险体系中,基本养老保险所占比重过大,替代率较高,导致其他层次养老保险的发展空间狭窄。因此,在完善多层次养老保险制度过程中,应逐步降低基本养老保险替代率。(2)完善企业年金的治理模式和风险控制。我国企业年金的治理模式采取的是信托模式,市场化的运行必然存在市场风险,因此在企业年金治理过程中不仅应当加强内部控制,防止因资产管理不善造成的风险,而且应当建立企业年金信息披露和报告制度,发挥外部专业机构的监督作用,防止基金管理机构之间的合谋行为。[①] (3)完善税收优惠政策。企业建立企业年金计划的最大动力来自于政府的税收优惠,现行企业年金的税收优惠只是针对企业缴费给予免税政策,对个人缴费部分则没有任何税收方面的优惠,这无疑降低了员工的缴费积极性,不利于加快个人账户的基金积累。因此,可以考虑除了对企业缴费给予税收优惠外,对员工个人缴费部分也给予免税待遇;企业年金的投资收益也考虑免税。

3.个人储蓄性养老保险

个人储蓄性养老保险属于私人商业保险,由个人自愿在市场中购买,其养老储蓄金完全属于个人财产。这是我国多层次养老保险体系中的最高层次,充分体现了自愿性、私益性和独享性。[②] 尽管这一层次的养老保险强调

---

① 参见郑功成等:《中国生活保障改革与发展战略》(养老保险卷),人民出版社2011年版,第251页。

② 参见郑功成等:《中国生活保障改革与发展战略》(养老保险卷),人民出版社2011年版,第107页。

的是自我保障，但仍需要政府通过一定的具体措施如税收优惠等来培育商业保险市场的发展，提高个人购买商业保险的积极性。

（三）逐步扩大养老保险覆盖面

目前养老保险的覆盖范围主要包括城镇国有企业、集体企业的职工、机关事业单位的工作人员，而城镇私营企业和个体工商户中的就业者以及广大农民中还有很大一部分游离在基本养老保险制度之外。以我国现有的经济发展水平和国家财力，建立一个覆盖城乡全体居民的基本养老保险体系还是能够实现的。因此，扩大养老保险覆盖面，尤其是加大对城镇私企、个体就业者及数量庞大的农民工的基本养老保险力度是当下改革与完善我国养老保险制度的工作重点。扩大养老保险的覆盖面与切实贯彻养老保险的强制性特点有密切关系。目前，刚开始试点工作的新型农村养老保险采取的是农民自愿参与原则，受经济贫困、传统观念等因素的影响，势必造成相当一部分农民参保积极性不高。从保护农民的长远利益和制度设计的根本目标来看，在适当的时机，新型农村养老保险制度还是应坚持强制参与原则，使养老保险覆盖面扩大到城乡全体居民，实现应保尽保。

二、老年医疗保险制度的改革与完善

老年人是医疗消费群体中的特殊群体，身体生理机能衰退、患病几率增加、慢性疾病患病率高、病程长等特点使老年人比年轻人有着更迫切的医疗保障需求。老龄化、高龄化趋势的加速发展，失能老人的数量越来越多，更使得老年人的医疗、护理服务需求难以通过自我保障和家庭保障获得满足。《老年人权益保障法》规定："国家和社会应当采取措施，健全对老年人的社会保障制度，逐步改善保障老年人生活、健康以及参与社会发展的条件，建立多种形式的医疗保险制度，保障老年人的基本医疗需求，实现老有所养、老有所医、老有所为、老有所学、老有所乐。"老年人的医疗保障问题受到了越来越多人的关注，党和国家更是提出了到2020年建立起覆盖城乡的基本医疗保险制度的战略目标。

（一）健全老年医疗保险立法

健全的法律是制度良好运行的保证。从世界各国社会保障制度的历史发展中可以总结出一些基本规律，其中之一就是以立法确立并推动社会保障制度的发展和完善。如日本的《健康保险法》(1922)、《国民健康保险法》

《老年人医疗保健法》(1982)等一系列医疗保险方面的法律法规，为日本医疗保险制度的发展提供了坚实的法律基础。我国的医疗保险制度依据的多是国务院或者国务院有关部委的行政“决定”“通知”或“意见”等，立法层次低，稳定性差。我们应当借鉴先进国家的有益经验，尽快制定专门针对老年人医疗保险方面的法律，为老年医疗保险制度的发展提供高位阶的法律依据，尽快实现老年医疗保险的制度化、规范化。

(二)建立多元化医疗保险体系，扩大医疗保险覆盖面

目前，我国基本医疗保险制度主要包括机关事业单位的公费医疗、城镇职工基本医疗保险、城镇居民基本医疗保险、新型农村合作医疗等。这种多元分割的医疗保险体制带来了各种医疗保障制度的覆盖对象标准模糊、统筹层次不一致、管理体制不统一、保障待遇有差别①等种种弊端，进而导致整个医疗保障制度欠缺基本的公平性，覆盖面小，制度运行成本高，效率低下。因此，当前医疗保险制度改革的重点应放在扩大医疗保险覆盖面，尽可能整合城镇居民基本医疗保险和新型农村合作医疗保险，同时完善监管制度和财务机制，从根本上缓解“看病难、看病贵”现象，免除老年人疾病医疗的后顾之忧。具体可以采取以下措施：

1.统一制度体系，扩大覆盖范围

以城镇职工基本医疗保险为基础，通过制度整合，形成城乡统一的职工基本医疗保险制度。具体做法是：取消机关事业单位公费医疗制度后并入城镇职工基本医疗保险；将符合条件的中小企业职工和灵活就业人员纳入城镇职工基本医疗保险，扩大其覆盖面；打破户籍标准的约束，将农村城镇化过程中的农村第二、三产业的劳动者和第一产业中的农业产业工人也纳入城镇职工基本医疗保险，最终建立面向城乡从业人员的统一的职工基本医疗保险制度。②

2.提高统筹层次，扩大风险分散范围

将城镇居民基本医疗保险的统筹层次提高至地市级，实现医疗保险基金在统筹层次内统一调剂使用，体现医疗保险的互助共济的特点。

---

① 参见郑功成等：《中国社会保障改革与发展战略》(医疗保障卷)，人民出版社2011年版，第12页。

② 参见郑功成等：《中国社会保障改革与发展战略》(医疗保障卷)，人民出版社2011年版，第13页。

3.取消个人账户

最初建立个人账户的目的，一是为了抑制个人账户所有人过度消费医疗服务资源；二是为应对人口老龄化而预先筹集医疗资金。但实践证明，这两个目的都没有达到，反而容易导致医疗服务机构对消费者作出诱导需求行为。取消个人账户，职工缴费不再纳入个人账户而是进入统筹基金，原有账户内的剩余资金，可以继续用于普通门诊和住院治疗费用中需要个人支付的部分；新参加医疗保险的个人，不再建立医疗保险个人账户，所有缴费全部进入统筹基金。

(三)建立全国统一的国民健康保险制度

目前，我国的医疗保险体系是由城镇职工基本医疗保险、城镇居民基本医疗保险和农村新型合作医疗保险构成的三元并存的制度体系，这种制度多元分割与碎片化现象，不仅不利于通过社会互济分散风险，而且造成了城乡之间、区域之间医疗卫生资源配置的不公平。在“人人享有健康”的医疗保障理念的指导下，逐步建立全国统一的国民健康保险制度是我国全民医疗保险制度建设的终极目标。要实现这一终极目标，郑功成教授提出了“三步走”战略。其中，第一步(2008～2012年)：扩大现行医疗保险制度的覆盖面，尽可能推进城镇居民基本医疗保险与农村新型合作医疗保险的并轨，实现人人享有不同程度的疾病医疗保障。第二步(2013～2020年)：在一定区域范围内实现多元医疗保障制度的全面整合，构建一元化的国民医疗保险制度。第三步(2021～2040年)：推动区域性的国民医疗保险制度向全国统一的国民健康保险制度发展，建立公平、普惠的国民健康保险制度。①

三、构建适合我国国情的老年护理保险制度

(一)长期护理保险的概念

在人口老龄化趋势背景下，长期护理逐渐为人们所熟知。所谓长期护理，根据美国健康保险学会(HIAA)的定义，是指“在一个比较长的时期内，持续地为患有慢性疾病，例如早老性痴呆等认知障碍或处于伤残状态下，即为功能性损伤的人提供的护理。它包括医疗服务、社会服务、居家服务、运

① 参见郑功成等：《中国社会保障改革与发展战略》(医疗保障卷)，人民出版社2011年版，第13～15页。

送服务或其他支持性的服务”。从定义中可以看出，长期护理的对象可以是任何年龄阶段的人，但从目前国内外对长期护理的研究现状来看，主要是指“老年人长期护理”。长期护理的目的在于为那些不具备完全自我照料能力的老年人提供必要的护理服务，以提高生活质量，使其体面地安度晚年生活。

随着人口老龄化进程的加快，老年人、高龄老人和失能老人的数量急剧增加。为了应对老年人口的长期护理难题，美国、以色列、德国、法国、日本等国家先后确立了长期护理保险制度（Long-Term Care Insurance，国际上简称为“LTCI”）。长期护理保险是指通过发挥保险的风险共担、资金互济的功能，对被保险人因接受长期护理服务而产生的费用进行分担补偿的一种制度。①

长期护理保险有社会保险和商业保险两种形式。长期护理商业保险与其他商业保险险种一样，都是由投保人自愿选择商业保险机构缴费参保，在发生长期护理风险时由商业保险机构支付长期护理服务费用。投保人的权利义务对等，遵循“多保多付、少保少付、不保不付”的基本规则，投保人与商业保险机构通过签订保险合同来明确双方的权利义务，其中没有政府干预的空间，属于完全的私人范畴。而长期护理社会保险则是由政府或社会通过法律强制规范，对参保人产生的长期护理服务费用进行补偿的一种保险形式，属于社会保障的范畴。与长期护理商业保险相比，长期护理社会保险具有鲜明的强制性，只要符合条件，必须参保。

（二）日本长期护理保险制度与实践②

为了适应本国人口老龄化的发展趋势，解决“老年护理”危机，社会保障制度较为发达的国家先后推行了长期护理保险制度。美国是开展长期护理保险制度较早的国家，出现在 20 世纪 70 年代，是长期护理商业保险的典型代表。1986 年，以色列颁布了《长期护理保险法》，首开长期护理社会保险立法的先河，是社会化长期护理保险的代表国家。随后，其他国家纷纷效仿，奥地利于 1994 年、德国于 1995 年、日本于 1997 年、荷兰于 1998 年、韩国于

---

① 参见郑功成等：《中国社会保障改革与发展战略》（医疗保障卷），人民出版社 2011 年版，第 256 页。

② 参见郑功成等：《中国社会保障改革与发展战略》（医疗保障卷），人民出版社 2011 年版，第 259～263 页；崔万有：《日本社会保障研究》，北京师范大学出版社 2009 年版，第 102～105 页。

2008年也通过了长期护理社会保险立法。目前，我国台湾地区也启动了制定长期护理社会保险制度的计划，已组建筹备小组展开前期的研究和论证工作。考虑我国商业保险起步较晚、商业保险市场还很不成熟以及人们收入水平普遍偏低的现实，我国的长期护理保险定位于社会保险较为适宜。日本的长期护理社会保险较为成熟完善；我国和日本都属于人口老龄化发展速度快、老龄化状况严重的国家；我国和日本同属亚洲国家，都深受儒家思想文化的影响，具有相似的家庭观念。因此，本章选择对日本的长期护理社会保险作一具体介绍，在借鉴其成功经验和做法的基础上，构建我国的长期护理保险制度。

1. 长期护理保险对象

日本的长期护理保险制度确立于2000年4月1日开始实施的《护理保险法》。根据规定，市町村和特别区40岁以上的全体国民都是长期护理保险的对象，其中65岁及以上的人为第一号保险者，40～64岁加入医疗保险的人为第二号保险者。第一号保险者只要有护理需求，保险权自然产生；第二号保险者的护理需求则有限制，如患有痴呆、脑血管疾病等需要护理的。[①]

2. 护理保险费的筹集办法

护理保险费的征收方式分第1号保险者和第2号保险者。

其一，第一号被保险者保险费的征收方式。65岁以上的第一号被保险者的缴费方式因收入层次而不同，每月养老金在1.5万日元以上的第一号被保险者的护理保险费，可以直接从其年金中扣除，对于每月养老金不满1.5万日元的第一号被保险者，则可以根据市町村发出的缴费通知以转账方式缴至有关部门。第一号被保险者缴纳护理保险费的标准根据收入等级不同，被保险者的收入共分5个等级：第1～3等级为被保险者本人或其家庭不需要缴纳住民税的被保险者，其护理保险费的缴纳标准为基准额乘以0.5～1.0的系数；第4等级为本人缴纳住民税且年收入不满250万日元的被保险者，其护理费的缴费标准为基准额乘以1.25的系数；第5等级为本人缴纳住民税且年收入在250万日元以上的被保险者，其护理费的缴纳标准为基准额乘以1.5的系数。

其二，第2号被保险者保险费的征收方式。40～64岁的第2号被保险

① 参见郑功成等：《中国社会保障改革与发展战略》(医疗保障卷)，人民出版社2011年版，第257页。

者，根据其加入的医疗保险，在该医疗保险费的基础上加收护理保险费。

被保险者所缴纳的保险费占保险费用总额的50%，剩余的50%由公费负担，其中，中央财政负担25%，都道府县和市町村各负担12.5%；被保险者缴纳的保险费中，17%来自65岁以上的第1号被保险者，剩下的33%来自于第2号被保险者。低收入者可以减免。

3.长期护理保险的服务范围

日本长期护理保险服务分为两种类型：居家护理和设施护理（专门机构护理）。“居家护理”是指老人主要在家里接受护理服务，偶尔到老人护理设施（专门护理机构）接受护理服务的一种护理类型；“设施护理（专门机构护理）”是指老人需要住进护理设施里接受护理服务的护理类型，这样的老人一般需要时刻接受护理服务。

居家护理的服务内容可以细化为十三类：(1)入户护理，由家庭护理员直接进入家里提供做饭、换衣等生活护理以及家政服务；(2)入户洗澡服务，利用巡回洗澡车，入户为老人提供洗澡服务；(3)入户医疗看护，由家庭护理员入户帮助护理；(4)入户康复训练，由专业人士在家里帮助老人进行身心机能的恢复训练；(5)护理中心的护理，白天在护理服务中心进行娱乐活动、接受洗澡服务等；(6)护理中心康复训练，在老人护理设施接受康复训练；(7)护理设备的借贷与购置，借贷或帮助老人购买特制床和轮椅等必须用品；(8)短期住院生活护理，家人暂时无法照顾老人时，老人可以在护理设施里短期居住并得到服务；(9)短期住院疗养护理；(10)痴呆老人的生活护理服务；(11)入户疗养指导，由医生、牙医、药剂师等入户进行疗养方面的指导；(12)住宅改装费，在家里安装扶手以及改造家中台阶等小规模的住宅改造；(13)特定设施中的生活护理。被保险者利用上述服务时只负担护理费用的10%，低收入老人还可以享受特别减免。

设施护理的服务内容包括三类：(1)老人护理设施的全面护理，主要面向身体和精神状况都不理想、很难在家里生活的老人，由护理人员提供时刻护理和医疗照顾；(2)老人保健设施，主要面向病情稳定、无须住院但需要以机能恢复为目的的医疗照顾和护理；(3)疗养型医疗设施护理，主要面向需要长期疗养的患者，由护理中心提供长期疗养的护理服务。

4.长期护理服务的申请

在日本，护理保险服务的提供有着严格规定。首先，第一号被保险者只要出现护理需要，经过一定程序认定后即可获得相应的护理服务；第二号被保险者只有在因衰老或患有严重疾病而引发护理需要时才有资格接受护理服务。其次，被保险者必须履行一定的手续才可能获得护理服务。(1)提出申请。被保险者本人或其家属向所居住的市町村政府提出护理申请。(2)调查和初步认定。市町村接到申请后，派认定调查员访问申请护理的老年人，对申请人就85个调查项目进行一小时左右的调查访问，填写统一的调查表，认定调查员根据调查结果作出初步认定。(3)再次认定。在初步认定的基础上，由“护理认定审查委员会”作出第二次认定。“护理认定审查委员会”由5人左右的保健、医疗、福利等方面的专家组成，主治医生对申请人进行健康审查，提出审查意见，“护理认定审查委员会”根据两次调查结果作出二次认定。认定结果有：重新调查、有自立能力(不能接受护理服务)、要支援(只能接受居家护理服务)和要护理(更根据轻重程度分等级)。(4)申诉。申请人如果对认定结果有异议，可以向都道府县的“护理保险审查委员会”提出申诉。

根据规定，对老年人的护理认定，原则上每六个月为一个周期。

（三）构建长期护理保险制度的意义

按照国际通行标准，我国已于2000年步入老龄化国家的行列。第六次全国人口普查结果的数据显示，60岁及以上人口占总人口的13.26%，其中65岁及以上人口占8.87%，同2000年第五次全国人口普查相比，60岁及以上人口的比重上升2.93个百分点，65岁及以上人口的比重上升1.91个百分点。据有关专家测算，80岁以上的高龄老年人平均以5.4%左右的速度增长，高龄老人已经从1990年的800万增加到2000年的1199万，到2010年达到2077万，以每年100万的速度增加，到2030年将增加到4031万人。[①]以上数据表明，我国不仅正处于人口老龄化的加速期，而且人口高龄化速度已超过了老龄化。老年人自理能力下降、失能老人数量剧增，需要长期接受护理的老人大量增加，但由于计划生育政策的推行导致家庭结构趋于小型化，核心家庭的比重不断增加，城市空巢家庭的比例逐年攀升。随着城市化进程的加快，农村青壮年劳动力大量涌向城市，农村老人无人照料的现象非常普遍。家庭照顾老人的功能正在迅速弱化，传统的家庭养老模式正在向

---

① 参见王金营：《我国老年人人口形势与老龄产业发展》，载程永主编：《21世纪的朝阳产业——老龄产业》，华龄出版社2001年版，第209页。

社会养老模式转变，但是不断攀升的护理费用和疾病医疗费用给老年人自己及其家庭带来了沉重的经济负担。建立一种长期护理保险制度已成为完善我国老年人社会保险制度的必然趋势。

人口老龄化背景下，老年人的权益保障问题日益受到党和政府的高度关注。1996 年，我国颁布了《老年人权益保障法》，明确了老年人权益保障的目标、内容以及发展方向。2000 年，中共中央、国务院颁布了《关于加强老龄工作的决定》，将老龄问题提升到关系国计民生和国家长治久安的重大社会问题的高度，提出完善社会保障制度，切实保障老年人的合法权益。2006 年，国务院又转发了全国老龄办公室、国家发改委等 10 个部门联合下发的《关于加快发展养老服务业的意见》，提出了建立公开、公平、规范的养老服务业的指导意见，我国老年人权益保障逐渐步入了正轨。长期护理作为老年人权益保障的一个重要组成部分，在提高老年人的生活质量、增进老年人的福利以及保障老年人享受有尊严的晚年生活等方面必将发挥积极作用。可以说，构建我国长期护理保险制度是老年人权益保障制度建设过程中一个重要的里程碑。

（四）长期护理保险制度设计

我国正处在建设覆盖城乡居民的“广覆盖，保基本，多层次，可持续”的社会保障体系的历史机遇期，医疗保险制度改革也紧锣密鼓地进行，我们应当抓住这一良好时机，借鉴德国“护理保险因循医疗保险”的模式，建立起我国的长期护理社会保险制度。

1. 主体制度

(1)构建长期护理保险制度的指导思想。借鉴日本长期护理保险制度的经验，结合我国的实际情况，我国的老年长期护理保险体系应当是一种多层次、多形式的护理保险模式，其指导思想主要体现在：首先，根据我国人口老龄化速度、老年人的健康状况和经济承受能力，应当明确“预防重于护理、护理重于医疗、家庭护理重于机构护理”的指导思想。其次，考虑各地经济发展水平的差异、老年人护理需求的差异等，应强调建立多层次、多形式的长期护理保险体系。最后，根据我国经济发展水平的现状，强调长期护理保险费用共担原则，即政府、企业、个人三方共同承担，增强护理保险体系的抗风险能力。强调个人的缴费责任，是减少不必要护理行为的重要措施。

(2)长期护理保险的对象。在设计长期护理保险的覆盖对象时既要考虑老龄化背景下的资金维持问题，也要契合社会保障体制改革的整体思路，我国的长期护理保险应当与基本医疗保险相兼容，即“护理保险因循医疗保险”。鉴于此，长期护理保险的对象应当是18岁以上参加基本医疗保险的居民，到65岁即可获取长期护理保险补偿。对符合条件的低收入者可以减免。65岁以下的参保人只有在患有严重疾病或者重度残疾产生护理需要时才能够获取长期护理保险补偿。

(3)长期护理保险费的征缴与支付。长期护理保险费的征缴应当实行政府、企业和个人三方负担原则。社会保险本质上属于分散社会风险的一种社会互助行为，主要应当由参保人通过个人缴费、采取互助互济的方式来解决。因此，个人也应当承担保险费的缴费义务。在长期护理保险制度实行初期，政府应承担财政兜底责任，在保险费出现赤字时，由地方政府予以财政补贴。但随着护理保险制度的深入开展，政府财政投入比例不应超过20%。在护理服务费用的支付比例上，护理保险机构占60%，政府财政补贴占30%(中央财政、地方财政各占15%)，接受护理服务者支付10%。

(4)护理服务的形式和内容。依据我国国情，护理服务的形式可以采取“居家护理为主，社区护理为依托、机构护理为补充”的模式。第一，居家护理。中国人深受儒家文化的影响，居家护理方式最容易被老年人所接受。居家护理一般比住院和机构护理的费用低廉，更重要的是老年人不需要离开自己熟悉的生活环境，不需要与子女分离，这些因素不仅有助于老年人的康复，也在很大程度上满足了老年人的精神需求。第二，社区护理。我国的长期护理保险服务必须依托社区，充分发挥社区的资源优势。社区护理既可以让老人继续生活在自己熟悉的环境里，又能够大大减轻子女照顾年迈父母的繁重负担。现代年轻人在外要面对激烈残酷的社会竞争，在家需要付出相当多的精力和时间照顾老年父母，很多时候甚至需要牺牲自己的发展前途来照料护理家里的老人。为此，有些地方的社区已经开始尝试建立“日托中心”。白天把老人送到中心，接受护理服务，晚上接回家与子女团聚，既解决了白天子女无暇照顾老人的难题，又满足了老人享受天伦的精神需求。社区还可以设立护理服务站，与社区医院一起开展对社区老人的护理服务。第三，机构护理。机构护理是居家护理和社区护理的补充形式，主要面向经济实力较强、护理需求较高的老年人。国家应当鼓励、引导商业保险公司开展长期护理保险业务。鼓励保险公司开发适合消费者需求的、丰富的长期护理保险产品，特别是应重视对那些可以作为员工福利的团体长期护理保险产品的开发，并拓展营销渠道，提高市场占有率。

依据我国国情，护理机构能够提供的护理服务大致可以分为日常生活照顾服务、护理保健服务和医疗保健服务三大服务内容。“日常生活帮助服务”主要是帮助丧失某些生活功能的老人进行一些生活辅助活动，使其能够正常地生活。这类服务内容主要包括做饭、洗衣、代购生活必需品、交通接送服务、读书读报、聊天等。护理保健服务的内容主要包括协助高龄或生活自理能力较差的低龄老人换衣服、洗澡、翻身、服药、进食、上下床以及使用日常生活辅助器具等。医疗保健服务主要面向出院后需要继续护理的病人和患慢性疾病需要长期护理的病人，其主要的服务内容包括开设家庭病床、注射、伤口护理、抽血、测血压、灌肠、导尿等医疗护理服务。

2.配套措施

(1)加快护理保险法的立法工作。法制建设是制度建设中的重要内容，也是保证制度健康、持续运行的基础，长期护理保险制度也不例外。世界上已经推行长期护理保险制度的国家的做法也充分说明了这一点。德国有世界上最为完善的社会保险立法体系。1994 年德国颁布了《护理保险法》，并于 1995 年 1 月 1 日起开始实施，从此确立了规范化的长期护理保险制度，作为继养老保险、医疗保险、工伤保险和失业保险四大险种之后的第五大支柱险种，长期护理保险填补了社会保险体系的最后一块空白。《护理保险法》的颁行实现了护理保险各项具体内容的明确化和规范化，为以后护理保险制度的良好运行奠定了坚实基础。继德国之后，日本也于 1995 年提出了“关于创设护理保险制度”的议案，经过近三年的讨论酝酿，终于达成了各派政治势力的共识，该议案于 1997 年 5 月和 12 月分别在众议院和参议院表决通过，1998 年日本政府颁布了《护理保险法》，1999 年国会也通过了《护理保险法》，并于 2000 年 4 月 1 日起正式实施。《护理保险法》的颁布实施是日本社会保障法制建设进程中的重要里程碑。这些应当成为我国建设长期护理保险制度的有益借鉴，在长期护理保险制度定型后，制定符合我国实际情况的《长期护理保险法》，实现长期护理保险制度的法制化。

(2)成立护理等级鉴定机构和护理服务机构。这是推行长期护理保险制度的基础条件，如果这些基础条件不具备或者设计不科学，将会给长期护理保险制度的实施增加很多困难，制度执行效果也会大打折扣。

在日本,"护理等级鉴定机构"指的是护理认定审查委员会,它由5人左右的医疗、保健与福利专家组成。我国的护理等级鉴定机构应当设在街道(乡镇)管辖的区域内,由医疗、保健、康复方面的专家组成,人数为3人以上的单数。

日本有多种类型的护理服务机构,其提供服务的侧重点不同,有侧重医疗、疗养的,也有侧重保健的等等,可以为不同护理需求的老年人提供针对性的护理服务。我国的老年福利服务机构建设还很不完善,在加强护理服务机构建设的同时,可以充分利用现有护理服务资源,加强社区医院与养老院、敬老院、老年福利院以及临终关怀医院等机构的合作。同时,允许民间组织以营利或非营利方式介入老年福利机构的建设和管理,减轻政府在社会保障方面的财政压力,壮大老年护理服务行业。

(3)建立长期护理从业人员的培训机制。长期护理服务需要大量的从业人员,从目前情况看,我国长期护理从业人员的数量存在较大的缺口,我国所有机构的护理人员仅有20余万人,而拿到护理证的仅有2万多人。[①]这表明:一方面护理人员的数量远远不能满足长期护理服务的需求;另一方面,现有的护理人员护理水平较低,很难满足长期护理保险制度的专业性要求。长期护理服务不仅需要拥有专业知识的护士,也需要具有基本护理水平的护工。为此,对长期护理从业人员的培训将成为长期护理保险制度实施的一项重要的基础性工作,从业人员素质的高低将直接影响长期护理服务的质量,甚至可能出现损害老年人合法权益的情况。目前承担老年人居家服务的人员多是下岗职工或外来打工人员,大多没有经过专门的培训,服务质量难以保证。现在,我们可以着手设立专门培训机构,将这些人力资源利用起来,经过专门培训成为懂得基本护理知识的护工,以应对护工严重短缺问题。而且目前护校毕业的护士的就业现状并不乐观,长期护理服务所需要的具有专业知识的护士岗位可以解决很多护校毕业生的就业问题,她们经历过专业护理知识的系统学习和训练,稍加培训,应该很快能适应长期护理服务的要求。

(4)明确政府责任,加大政策支持力度。在长期护理保险制度建设中,政府主要承担制度供给与监督管理责任,同时还要承担部分保险费的支付

① 参见郑功成等:《中国社会保障改革与发展战略》(医疗保障卷),人民出版社2011年版,第291页。

责任。在人口老龄化背景下，老年长期护理保险已经日益凸显为一个重大的社会问题，国家应当承担更多的责任，加大政策支持力度，促进这一制度的健康发展。首先，政府应当尽快建立长期护理保险的相关制度，并承担相应的监督责任。其次，在长期护理保险制度实行的初期阶段，政府主要承担财政兜底责任，当保险费出现赤字时，由地方财政予以财政补贴；政府应当切实承担保险费的支付责任，同时建立对低收入群体的资助制度，设定保险费的减免条件。最后，通过产业政策和税收政策给予经营长期护理服务的机构以及从事相关护理服务产业的经营者一定的政策支持。一方面，支持保险业的发展，鼓励保险公司开发多样化的长期护理服务项目；支持护理设备和技术的研发工作；支持护理服务产业的发展，使需要护理服务的老年人享受到高质量的护理服务。另一方面，给予经营长期护理保险的机构以及从事相关护理服务产业的经营者在所得税方面的税收减免优惠；给予企业和职工投保长期护理保险方面的税收优惠，提高国民参保长期护理保险的意识，鼓励国民为未来长期护理风险早做资金积累。

“没有社会的安定，就没有社会的发展；而没有社会保障，就没有社会的安定。”这是国际劳工组织关于社会保障在当代社会发展进程中的作用的描述。现代社会的发展需要动力机制和稳定机制，市场经济强调优胜劣汰，自发实现资源优化配置，一方面为社会发展带来了无限的机遇和动力，另一方面则造成“效率有余，公平不足”。市场经济蕴含的种种其本身难以化解的社会风险，需要另一种机制来消除风险、稳定社会，这就是被誉为“安全网”“减震器”和“调节器”的社会保障。二者相互配合、取长补短、缺一不可。

老年是一个特殊的人生阶段，人人都会经历；老年风险是一种特殊的风险，人人都会遇到。生活水平的提高、医疗科技的进步，使得老年风险持续的时间越来越长，老年比任何一个人生阶段都需要获得更多、更长时间的照料和保障，社会化的老年生活保障已经成为全世界的普遍共识。在人口老龄化、高龄化快速发展的今天，老年社会保障已经凸显为一个重大的社会问题。世界各国正积极探索老年社会保障改革的路径，以期为老年人构筑一个全方位、立体化的社会保障体系，实现安享有尊严的晚年生活的美好愿望。

结 语

老年人社会保险是养老保障体系的重要内容，在为老年人提供基本的经济保护、维持他们基本的生活生存需要和维护老年人的合法权益等方面发挥着重要作用。本章以“老年人社会保险制度”为核心，从中西比较和历史发展的维度对社会养老保险制度、社会医疗保险制度和老年护理保险制度进行了详细的阐述与分析，以期通过制度规范和法治推进，更好地实现“老有所安、病有所医”，进而构建起老年人安定、幸福生活的“安全阀”“稳定器”。

就世界范围而言，各国的老年人社会保险形式各有不同。或者说，老年人社会保险制度的选择不仅受到经济、政治、社会文化等因素影响，也会受到不同社会保险理念的影响。依据保险基金的不同来源，可以将当前世界老年人社会保险模式划分三种基本类型：福利型老年人社会保险，是一种以提供各种生活需要为目标的社会保障模式。该模式按照统一标准缴费、统一标准支付社会保险金，其基金来源主要是国家高税收来解决。这种老年人社会保险模式体现的是收入均等化、就业充分化、福利普遍化、设置体系化的社保理念，主要以英国、瑞典等高福利型国家为代表。保险型老年人社会保险，是通过自助自保方式为老年人提供基本生活保障，以维持老年人基本生活需要为保障目标，保险基金一般由个人、单位缴纳，政府给予一定的财政补贴。该模式起源于德国，后为美国、日本以及西欧等诸多国家所效仿。储蓄型老年人社会保险，又称为“强制储蓄型老年人社会保险”，是政府通过法律强制推行社会保险，强制要求雇主与雇员共同缴纳保险费，以雇员名义存入中央公积金局，待雇员退休后，账户内的本金和利息悉数返还雇员，政府一般不提供任何财政补贴。毋庸置疑，不同类型的老年人社会保险模式，均在老年人经济补偿、社会调节等方面产生了积极作用。

我国从 20 世纪 50 年代起就已开始逐步探索并建立了适合我国国情的、多元化的社会养老保险制度和医疗保险制度。实践证明，无论是养老保险制度还是老年医疗保险制度，均在不同层面为提高老年人生活质量、改善老年人的生活条件等社会保障事业发挥了积极作用。但是，随着我国经济社会的快速发展，特别是人口老龄化加速发展的当下，建立在传统的城乡二元基础上的养老保险制度和老年医疗保险制度的内在缺陷与不足也日益凸显。如养老保险制度存在的问题主要表现为以下几个方面：其一，养老保险制度碎片化、缺乏系统性。机关、事业单位工作人员基本养老保险、城镇职工养老保险和农村社会养老保险呈现“三足鼎立”之势，没有真正建立起覆盖城乡、城乡一体的社会养老保险制度。其二，保险层次单一，难以满足老年人保险需求。基本养老保险、企业补充养老保险和个人储蓄型养老保险的多层次社会保险体系尚未完全建立，致使老年保险系数弱化，一定程度上难以满足老年人的生活需求。其三，覆盖面小，差异性大，保障水平较低。机关、事业单位工作人员基本养老保险、城镇职工养老保险和农村社会养老保险三种养老保险制度各自的保障对象和保险待遇差别较大，弱化了养老保险制度的社会公平性和保障水平。老年医疗保险制度的突出问题则表现为医疗保险立法水平不高且相对滞后、医疗保障覆盖面小、医疗保险制度公平性有待提升等。

面对新形势，党和国家提出了“老有所养、病有所医、老有所安”的明确目标。为了实现这一目标，构建更加完善的老年人社会保险制度已成为当代我国社会保障改革与发展的紧迫任务。就具体的措施而言，在养老保险制度领域我们可以加快构建覆盖城乡居民的社会养老保险体系，建立包括基本养老金、企业年金和个人储蓄性养老保险在内的多层次养老保险体系，逐步打破企事业单位、城乡二元壁垒进而扩大养老保险覆盖面等。老年医疗保险制度可以着重考虑在健全老年医疗保险立法、建立多元化医疗保险体系、扩大医疗覆盖面、建立全国统一的国民健康保险制度等方面进行深入改革，同时也可在借鉴域外经验的基础上，尝试建立老年护理保险制度。

老年风险是一种特殊的风险，建立老年人社会保险制度积极应对老年风险已成为世界各国的普遍共识。就我国而言，一方面需要国家层面的“顶层设计”，加强老年人社会保险制度与社会救济制度、社会福利制度和社会互助制度的衔接与互融；另一方面也需要激发市场活力，设计开发适合我国不同老年群体的多类型的商业险种，从而构建起更具规范性和全面性的老年人社会保险制度，为老年人安度晚年提供有效的制度保障。

第三章

老年人社会照料制度

随着老龄社会进程的逐步加深，家庭的养老功能逐渐式微，社会照料的意义日渐凸显。社会照料是以居家照料为基础、社区照料为依托、机构照料为补充的新型照料模式。居家照料是社会照料的基础，老人仍然在家居住，但享有政府、社会、社区提供的照料资源和照料服务；社区照料是指以社区为依托，调动各种社会力量参与照料服务的模式；机构照料是最典型的社会照料模式，由照料服务机构为老年人提供日常生活照料服务。以立法方式保障老年人权益，尤其是老年人享受社会照料服务的权利，是社会文明进步和应对人口老龄化趋势的必然要求。然而，我国社会照料服务尚处于起步阶段，关于社会照料的理论研究尚不细致深入，缺乏对于老年人法律保障制度系统的、比较的以及动态的研究，严重制约着老年人权利的保障与实现。因此，从理论、实践、制度、规范等方面入手探析我国社会照料，明确其存在的问题，并寻求解决对策，对于保障老年人权益、应对老龄社会危机具有重要的理论和现实意义。

第一节　老年人社会照料服务概述

社会照料服务是一种复合型、全方位的照料服务。从老年人社会照料服务的功能视角来看，社会照料具有提供主体的多元化、照料功能的全方位、照料功能的差异化等特征。鉴于西方福利国家发展中的困境以及我国“未富先老”的老龄化格局，我国老年人社会照料服务必须遵循与经济社会发展水平相适应、政府主导、公平与效率兼顾、家庭照料为基础等原则。

一、老年人社会照料服务的含义

（一）社会照料服务的含义

根据我国社会照料政策的走向，社会照料服务是一种复合型、全方位的照料服务模式，可以把社会照料服务界定为以居家照料为基础、社区照料为依托、机构照料为补充的新型照料模式。

社会照料服务的理念起源于英国的“社区照顾”。社区照顾发端于20世纪50年代的英国，现在已经成为当代发达国家社会服务的范例。“社区照顾有两种含义：一是不使老年人脱离他所生活、所熟悉的社区，在本社区内进行服务；二是动员社区资源，运用社区支持体系开展服务。”[①]近年来，社区照顾开始向居家照料转型。居家照料最初是英国政府为使老年人留在社区和家庭所采取的政策措施。虽然老年人在家庭居住，但照料服务却是由社会提供，也就是说，居家照料是以社会服务为依托的社会化养老模式。

社会照料包含居家照料、社区照料、机构照料三个组成部分。居家照料是社会照料的基础。一般而言，居家照料是与机构照料相对应的形式，与机构照料同属于社会化的照料模式，只是在空间上不同。居家照料以社区照料服务为依托，具体包括社区日间照料中心、家政保洁、医疗保健等照料服务。居家照料与家庭照料的不同表现：虽然居家照料模式下老人仍然在家居住，但享有政府、社会、社区提供的照料资源和照料服务；而家庭照料则是依靠子女承担提供照料资源和照料的责任。社区照料是指以社区为依托，调动各种社会力量参与照料服务的模式。社会照料的核心是社区照料服务。机构照料是最典型的社会照料模式，由照料服务机构为老年人提供日常生活照料服务，包括饮食起居、生活护理、医疗保健、文化娱乐等服务内容。照料机构包括政府兴办的公益类照料院、市场投资举办的营利性养老院、非营利组织成立的照料托管机构等多种形式。

① 夏学銮：《社区照顾的理论、政策与实践》，北京大学出版社1996年版，第168页。

(二)相关概念分析

1. 社会照料服务与福利社会化

伴随着“福利国家”出现的种种弊端,社会福利领域萌发了“社会福利社会化”的理念。社会福利社会化主张由政府、市场、非营利组织、家庭共同提供福利服务。社会福利社会化旨在构建复合型、多元化的福利体系,力求达到“福利内容丰富化、服务对象公众化、供给主体多元化、筹资渠道多元化、管理机制间接化、运行机制市场化、供给模式融合化、福利服务多元化”。[①]照料服务已经成为老年福利的重要内容,也面临着社会化的转型。社会福利首先是政府的职能,由政府发挥主导作用向公民提供公共产品。而社会福利的社会化,对政府而言就是减少干预,充分发挥市场、社会组织的作用。

2. 家庭照料、社会照料服务以及照料社会化的关系

目前,对于家庭照料、社会照料服务以及照料社会化的关系众说纷纭,三者的界定也常常陷入模糊和混淆中。这里我们不妨借助照料资源的最终提供者这个核心来界定三者的关系。家庭照料,毋庸置疑,其照料资源的最终提供者就是子女。社会照料服务的核心就是由社会提供照料资源。照料社会化,则是侧重于照料责任的分担,实质上指的是照料责任由家庭单独承担向政府、社会、家庭共同承担的转型。[②] 由此来看,不能把居家照料、机构照料、社区照料等同于家庭照料,如果依然由家庭承担照料资源的最终责任,仍旧属于家庭照料的变形。如果由政府、社会、家庭共同承担照料责任,则形成照料社会化。

二、老年人社会照料服务的功能

(一)功能提供主体的多元化

社会照料服务提供主体包括政府、照料服务机构、非营利性的社会组织等,并且其形式也十分多样,包括政府购买的照料服务,市场提供的有偿照料,社区日间照料中心、照料机构从事的专业照料服务,也包括慈善组织提供的志愿照料服务。在社会照料服务的建设过程中,政府必须明确责任、制定规则、出台并落实政策。针对具有公共服务属性的照料需求,必须承担起

---

① 参见刘静林:《西方国家福利制度及我国的思考》,载《求索》2005年第5期。

② 参见穆光宗:《中国传统养老方式的变革与展望》,载《中国人民大学学报》2000年第5期。

责任，针对有偿的照料服务需求必须充分发挥市场机制的作用，调动社会力量参与照料服务事业。构建照料服务体系的关键在于社区照料服务，社区照料服务要为居家照料提供有力支撑。建立社区日间照料中心支撑居家照料，满足老年人的生活照料、医疗保健等服务需求。

(二)照料服务功能的全方位

社会照料服务体系可以满足需求者全方位的需要，提供从生活照料、家政服务、紧急援助到康复护理、精神慰藉等多种形式的照料服务。社区日间照料中心的建立可以形成对居家照料的有力支撑。地方各级人民政府和有关部门、城乡基层群众性自治组织，应当积极发展社区服务，健全老年人日间照料机构，完善适应老年人需要的生活服务、文化体育活动、疾病护理与康复等服务设施和网点。同时，鼓励社区居民发扬邻里互助的传统，提倡邻里间关心、帮助有困难的老年人。理想的社会照料服务体系既能满足老年人的基本照料服务需求，又能促进老年人参与社会发展，实现老有所养、老有所为的目标。

(三)照料服务功能的差异化

针对不同老年人的需求，提供相应的差异化照料服务。在满足贫困老人照料需求的基础上，进一步解决社会老人的照料服务需求是实践中的发展趋势。(1)生存型需求。针对孤寡老人、五保户、特困老人等弱势老龄群体提供无偿服务，采取政府购买服务的方式提供上门照料服务或送到专门机构供养。(2)普遍型需求。针对普通社会老年人，可由护理员上门服务，老人承担费用，同时可享受政府补贴或社会照料保险，可从照料保险账户中直接支付。此种普通护理，具有市场化、产业化的属性。随着人口老龄化的加剧以及“四二一”家庭结构导致的家庭照料功能的弱化，具备一定经济基础的老人有着照料服务的迫切需求。(3)享受型需求。老年人中的富裕阶层有享受较高质量照料服务的需求，诸多高端疗养机构的出现也一定程度上满足了他们的需求。此类需求属于纯粹的照料服务产业化领域，对于促进照料服务机构的发展、完善照料服务机构设施、拓宽照料服务的功能具有重要意义。

三、老年人社会照料服务的原则

(一)与经济社会发展水平相适应原则

鉴于西方福利国家发展中的困境以及我国“未富先老”的老龄化格局，老年人社会照料服务制度必须要与我国现阶段经济社会发展水平相适应。

老年人的权益保障和社会福利水平直接受制于政府财政、社会财富的状况。虽然我国经济总量巨大，但人均国民生产总值仍很低，城乡之间、区域之间发展不平衡，这就决定了我国的社会福利水平仍处于较低水平。因此，在社会照料的法律制度设计中，必须从我国现阶段的国情出发。

同时，要注意国家统一性与地方多样性的统一。在充分认识社会照料迫切性的前提下，根据我国的总体经济社会发展水平制定出统一的社会照料服务制度，还要根据各地的发展状况制定相应的地方法规政策，从而保障老年人社会照料的法律与政策之间协调配合。同时充分考虑不同地域之间的差异性，更加完善地促进社会照料事业的发展。

（二）政府主导作用原则

社会照料既是对公民照料权的制度性保护，也是老年人社会福利制度的重要内容。从当今世界范围内老年人福利制度发展的实践来看，政府是社会福利的实施主体和保障主体，社会组织的参与也依赖于政府的培育扶持。美国政府的《平衡预算法案》为老年人提供了长期照顾的制度保障。洛克在《政府论》中就提出：政府就是一种职责任务，它的主要任务就是给老百姓提供“公共福利”，满足老百姓的需求。社会照料服务本身具有公共福利的属性，公共服务提供的基本主体就是政府。

如果没有制度性的财政投入保障，社会化照料服务体系的建设只能是空中楼阁。我国目前的社会照料服务中大多以民办公助的方式开展，政府对社会照料服务建设的投入并未纳入财政预算，这导致我国社会照料服务水平在硬件和软件上都处于较低水平。因此，社会照料服务制度的完善必须加强政府的主导作用，明确政府在制度设计、财政支持、政策扶持以及监管落实上的责任，从而有力地促进社会照料事业的发展。

（三）公平与效率兼顾原则

发展社会照料服务必须坚持公平与效率兼顾的原则。在坚持基本照料服务公益性的基础上，要充分发挥市场机制的作用，引导社会资本投资照料服务业。公平体现在政府提供购买的照料服务，只宜用来满足“无支付能力的需求”和“公共服务需求”方面。政府提供的是作为公务服务中的基本照料保障，这是照料服务的基础。强调照料服务的效率问题，一方面由现阶段我国财力不足的国情决定，另一方面也是“社会福利社会化”的要求。通过立法保障和政策引导，实行政府、社会和个人相结合，将责任和义务分散到整个社会。社会照料服务的发展离不开政府与市场的共同担当与有效分工。针对贫困群体的扶助型照料服务需求,政府必须承担基本的公共服务职能,确保贫困老人享受公平的照料服务;针对普通大众的基本需求,政府要出台有效的政策规章,确保照料服务的有效供给;针对享受型的高端照料服务需求,要充分发挥市场机制的作用。照料服务需求多层次需要社会资本提供多样化、多层次的照料服务。

(四)家庭照料的基础作用原则

家庭照料的基础作用是必须坚持的。日本的照料制度就高度重视家庭的作用,通过充实家庭的基础作用,强化了家庭的照料功能。社会照料改变的是照料服务的提供者,养老责任由家庭单轨承担变为国家、社会、家庭共同承担。要积极应对家庭结构变化带来的照料弱化问题,在家庭照料的基础上重新安排政府、社会、家庭的责任义务,对三者的责任作出准确的分工。

第二节　我国老年人社会照料服务制度现状

由于老龄化的历史并不长,我国社会照料服务制度也不完善。从规范层面来看,我国社会照料服务制度呈现出政策主导、法律缺失、法律责任不明确、实施机制不完善等问题。从制度体系层面来看,居家照料服务处于探索阶段,社区照料发展滞后,机构照料发展面临瓶颈。

一、社会照料服务规范分析

(一)国家层面的规定

自老年人权益保障法颁布以来,国务院及相关部委制定了诸多涉及老龄事业的行政法规、规章和政策文件。“全国 31 个省、自治区、直辖市以及部分较大的市出台了老年人权益保障法实施条例或办法。目前,以宪法为核心、以老年人权益保障法为主体,包括相关法律、行政法规、地方性法规、部门规章和有关政策在内的老龄法律法规政策体系已经形成并逐步完善,为发展老龄事业,维护老年人权益提供了制度保障。”[①]有关老年人社会养老

① 于呐洋:《老龄法律法规政策体系逐步完善》,载“中国人大网”:http://www.npc.gov.cn/npc/xinwen/jdgz/zfjc/2011—08/26/content_1667889.htm。

服务的相关规定散落于各层次的法律法规和政策当中，现梳理如下：

1. 法律层面

我国现行《宪法》第 44 条规定："国家依照法律规定实行企业事业组织的职工和国家机关工作人员的退休制度。退休人员的生活受到国家和社会的保障。"第 45 条规定："中华人民共和国的公民在年老、疾病或者丧失劳动能力的情况下，有从国家和社会获得物质帮助的权利。国家发展为公民享受这些权利所需要的社会保险、社会救济和医疗卫生事业。"

现行《老年人权益保障法》在保障老年人合法权益、发展老年事业上发挥了积极作用，第 10 条明确规定"老年人的养老主要依靠家庭"，缺乏对社会养老服务制度化设计。社会养老服务制度在《老年人权益保障法》中没有明确规定，只是在第 4 条规定："老年人有从国家或社会获得物质帮助的权利，有享受社会发展的权利。"显而易见，这样的法律缺位不足以应对人口老龄化加剧、家庭养老功能弱化、社会化养老服务建设的重任。

从第 4 条的规定来看，首先，只是抽象地说老年人有从国家或社会获得物质帮助的权利，有享受社会发展的权利，没有明确老年人获得社会养老服务的责任主体，是国家还是地方政府不得而知。(此规定)这种抽象规定可以说是在立法上回避了全国统一的老年人社会养老服务制度的建设问题。其次，没有明确老年人享有的社会物质帮助权的内容，应该列举出主要领域。

目前老年人权益保障法中规定，只要一个人年满 60 周岁就能享有相应的老年人权益，此规定只是简单地界定了保护对象的范围。"这种做法背后的逻辑是老年群体具有共性的特殊权益。但实际并非完全如此，老年群体是异质性很强的群体，不同群体的老年人的'需要'与'问题'也各自不同。"① 由此，可以看出现行老年人权益保障法并不能有效保障不同群体老年人的权益。

2. 政策层面

(1)2006 年 2 月，国务院办公厅发布了《关于加快发展养老服务业的意见》。

(2)2008 年 11，全国老龄办与国家发改委、民政部等十余部门出台了《关于全面推进居家养老服务工作的意见》。

---

① 李志宏：《〈老年法〉修订研究》，载《前沿》2010 年第 22 期。

(3)2011年9月23日,国务院办公厅印发了《中国老龄事业发展“十二五”规划》。

(4)2011年12月16日,国务院办公厅印发了《社会养老服务建设“十二五”规划》。党的十七届五中全会提出了“优先发展社会养老服务”的方针。国家“十二五”规划纲要确立了“建立以居家为基础、社区为依托、机构为支撑的养老服务体系”的目标。《中国老龄事业发展“十二五”规划》强调要“发展适度普惠型的老年福利事业”。

国务院办公厅于2006年2月发布的《关于加快发展养老服务业的意见》是我国老年人社会养老服务领域全国性的专项文件。《意见》提出了老年人养老服务业的基本原则和重点工作,要求各省市抓紧制定和完善促进养老服务业发展的具体措施。发展养老服务业要按照政策引导、政府扶持、社会兴办、市场推动的原则,逐步建立和完善以居家养老为基础、社区服务为依托、机构养老为补充的服务体系。要建立公开、平等、规范的养老服务业准入制度,积极支持民办公助、政府补贴、购买服务等多种方式兴办养老服务业,鼓励社会资金以独资、合资、合作、联营、参股等方式兴办养老服务业。

《意见》提出了发展老年人养老服务业的具体措施,即要发展老年社会福利事业、建立社会养老服务机构、发展居家养老服务业、支持发展老年护理、提高养老服务人员素质。该《意见》具有较强的操作性、可行性,既作出了国家层面的政策引导,又为地方留出了实施空间。

2011年9月,国务院发布《中国老龄事业发展“十二五”规划》,对社会养老服务体系建设作出了积极探索,明确了社会养老服务的实施模式。“十二五”时期,我国出现了第一个老年人口增长高峰,60岁以上老年人由1.78亿增加到2.21亿,老年人口比重由13.3%增加到16%。人口老龄化进程将加快,社会养老保障和养老服务需求将大量增加。所以,要立足于我国基本国情,坚持政府主导、政策扶持、统筹规划的原则,基本建立与人口老龄化进程相适应、与经济社会发展水平相协调,以居家为基础、社区为依托、机构为支撑的社会养老服务体系,让老年人安享晚年,共享经济社会发展成果。

《规划》重点提出了大力发展老龄服务,完善居家养老服务建设的具体措施。推进供养型、养护型、医护型养老机构建设。开展多种形式的老年社区照料服务,尤其提出了要加强老龄法制建设和法律服务,加强养老服务行业监管，维护老年人合法权益。

国务院办公厅 2011 年 12 月印发了《社会养老服务体系建设规划》。《规划》将发展社会养老服务提升到影响国家经济社会发展全局的高度，全面规划了“十二五”时期我国社会养老服务体系建设的指导思想、基本原则、基本内涵、功能定位、具体建设任务和保障措施，是指导“十二五”时期我国社会养老服务发展的纲领性文件。《规划》指出：我国社会养老服务体系建设仍然处于起步阶段，还存在着与新形势、新任务、新需求不相适应的问题。加强社会养老服务体系建设，是适应传统养老模式转变、满足人民群众养老服务需求的必由之路。《规则》明确了社会养老服务的内涵与功能定位，提出了基本原则和指导思想以及详细的建设目标。到 2015 年，基本形成制度完善、组织健全、规模适度、运营良好、服务优良、监管到位、可持续发展的社会养老服务体系。每千名老年人拥有养老床位数达到 30 张，居家养老和社区养老服务网络基本健全，并相应细化具体保障措施。该《规划》明确了社会养老服务体系建设的责任目标，提出了切实可行的措施，在组织领导与制度建设上为社会养老服务体系建设提供了强有力的保障。

（二）地方层面的规定

以《老年人权益保障法》为依据，全国各省、市、区纷纷出台了有关老年人社会养老服务的政策措施，截至 2011 年，31 个省、市、区相继出台了老年人养老服务政策措施。[①] 就初步的资料收集情况来看，关于老年人社会养老服务的地方性制度大致分为两类：

一是地方实施办法中的专门规定。《吉林省实施〈老年人权益保障法〉若干规定》第 32 条明确规定，县级以上地方人民政府应当制定基本养老服务体系建设规划，将老年服务设施建设纳入城乡规划，加强老年服务设施建设；建立居家养老、社区服务、机构养老相结合的基本养老服务体系；制定引导和支持养老服务业发展的政策，扶持老年服务产业发展。

二是出台专项规定或实施意见。截至 2011 年 12 月，共有河南省等 10 个省份出台了社会养老服务的专项意见或办法。如河北省人民政府《关于加快推进养老服务体系建设的意见》、广州人民政府关于《广州市社区居家

---

① 参见卫敏丽：《31 个省区市相继出台老年人优待政策措施》，载“新浪网”：http://news.sina.com.cn/c/2011－03－01/155822033269.shtml。

养老服务实施办法》等。

（三）现有规范的特点

1. 政策主导，法律缺失

政策主导表现为"法律的宏观规定＋政策的细化"制度模式，现阶段突出地表现为政策推进特征，主要依靠政策推进，法治化程度不高。这点从现有的法律数量与政策数量的对比中更为显性。据不完全统计，我国现有专门老年法律1部、涉及老年人权益保障的法律23部。行政法规、规章及规范性文件约394件，其中法规和规章12件，其余全部是国务院及其部委关于老龄问题的指导意见、通知、复函、批复等带有明显政策性特点的规范性文件[①]。现行《老年人权益保障法》规定养老主要以家庭为基础，对于社会养老服务基本没有涉及。而《社会养老服务体系建设规划》明确了社会养老服务发展方向，注重养老社会化的发展。"这些政策往往不采用'行为模式＋法律后果'的规范形式，主要通过确立指导思想、明确方针路线、确认原则或者规定实施措施等方式引导社会主体的行为；这些政策主要依靠公共生活中的行政力量推行，较少设定社会关系紧张时的解决方案，更少有司法资源的介入。"[②]我们可以看到政府对社会养老事业的重视，但《规划》《意见》的实施效果尚有待验证。

虽然国家要求地方政府制定社会照料服务的具体规定，但并未明确具体规定的制定主体和形式。由此产生的后果是，有关文件制定主体分别有省级人民政府、省老龄委（办公室）、省委办公厅、省府办公厅等多样化形式，文件的具体形式也包括了"意见""规定""办法"等多种类别。这些差别不应只理解为形式上的差异，政策形式差异性的背后必然关系到法规政策文件的法律效力和落实力度。

总体而言，社会照料服务制度建设主要是依靠政策推进，这也正是当下我国社会事业发展路径的真实写照。从法理上讲，政策文件不具有法律约束力，也缺乏足够的权威性。在实践中常常会出现政策执行不力、实际效果不明显的弊端。

---

① 参见崔卓兰、赵静波：《我国老龄社会的法律制度及其法律对策》，载《吉林大学社会科学学报》2011年第3期。

② 冯威：《老年人社会优待政策法治化》，载《浙江学刊》2012年第5期。

2.法律责任不明确,实施机制不完善

现行老年人权益保障法对社会照料服务几乎没有涉及,只是笼统地规定老年人享有从国家、社会获得物质帮助权,在立法中没有具体的量化规定。关于社会照料的法律责任规定过于宏观、原则,缺乏操作性和针对性。比照理想法治社会中的人权保障标准,我国对老年人等特殊群体的保障尚存在较大差距。

国家及地方政府新出台的社会照料政策较好地回应了实践需求,但其实施力度尚待检验。在选取的十个省份的样本中,大多数省份笼统规定了社会照料服务体系建设的保障措施,只是强调"加强领导、加大投入、强化督察、营造氛围",只有江苏省出台了《江苏省政府关于加快构建社会照料服务体系实施意见责任分解方案的通知》。

《贵州省人民政府办公厅关于加快推进社会照料服务体系建设的意见》规定:"各级财政部门要将社会照料服务体系建设资金纳入财政预算,多渠道筹集资金,努力完成我省'十二五'期间社会照料服务体系建设任务。"而江苏省则明确了加大投入的经费来源,《江苏省政府关于加快构建社会照料服务体系的实施意见》中规定,各级人民政府要加大对养老服务事业的投入,建立养老服务事业经费增长机制。省财政在现有基础上,进一步加大对各类养老机构、社区居家养老服务中心(站)等养老服务体系建设的投入,2012年用于社会照料服务体系建设的资金增加到4亿元。同时增加福利彩票公益金、体育彩票公益金对社会照料服务的投入,积极鼓励用社会资金、慈善捐赠来支持社会照料服务体系建设,形成多元化的投入机制。

由此可见,社会照料体系的建设地方差异较大,整个体系的建设具有较强的政策推动性和不确定性。诚然,各地经济、社会发展程度不同、财政收入不同,但对于社会照料服务建设还是应该秉持一定程度上的基础标准,在标准之上允许根据地方实际进行创新发展。

二、社会照料服务现状分析

(一)发展状况

我国的社会养老服务体系依照"政策引导,政府扶持,社会兴办,市场推动"的原则,提出了以"居家养老为基础,社区养老为依托,机构养老为补充"的新型养老模式,强化了养老保障方面的政府责任,积极引导和鼓励社会力量兴办养老机构、开展养老服务。“截至 2010 年底，全国各类收养性养老机构已达 4 万个，养老床位达 314.9 万张。社区养老服务设施进一步改善，社区日间照料服务逐步拓展，已建成含日间照料功能的综合性社区服务中心 1.2 万个，留宿照料床位 1.2 万张，日间照料床位 4.7 万张。以保障‘三无’‘五保’‘高龄’、独居、空巢、失能和低收入老人为重点，借助专业化养老服务组织，提供生活照料、家政服务、康复护理、医疗保健等服务的居家养老服务网络初步形成。养老服务的运作模式、服务内容、操作规范等也不断探索创新，积累了有益的经验。”①

上海市是我国第一批进入老龄化的城市，老龄事业面临着总量大、速度快、高龄化的特点。“上海市政府坚持‘政府主导，社会参与’方针，对外统筹协调、强化资源整合，对内规范管理、强化能力建设，在满足老年人基本照料服务需求方面做了一些积极的探索与实践，在提升老年人生活质量、推进养老服务社会化发展，构建和谐社会中发挥了积极的作用。”②上海市养老服务已经由针对经济困难老人的“补缺型福利”向“适度普惠型”转变，形成了政府、社会的多元化投入机制，由单一的住养服务向关照生活照料、精神慰藉、文化娱乐转变，探索出了以“六助”——助洁、助餐、助急、助行、助医、助浴为代表的社区居家服务项目。

上海市通过完善政策法规出台了养老服务的具体扶持措施，如先后制定了《上海市养老机构管理办法》《上海市老年人日间服务机构管理办法》等政策法规。从加强财力保障、强化居家养老组织建设、推进居家养老项目发展等方面予以扶持，养老政策不断取得新的突破，基本形成了鼓励、规范、引导养老福利事业发展的政策框架，形成了良好的政策氛围。

从我国提供社会养老服务的主体上看，政府在政策推进及服务体系建设上发挥着主导作用。社会力量对养老事业的参与尚处于探索阶段，产业化、专业化程度较低。社区养老服务也因社区建设的滞后而未能对居家养老老人提供充足的养老服务。从养老服务的需求者来看，既有城乡低收入老人群体，也有有养老需求的普通老人，不同群体可选择无偿、有偿、低偿的养老服务。从养老服务的实现方式上看，既有传统养老的养老院、敬老院、

① 国务院办公厅:《社会养老服务体系建设规划(2011～2015 年)》,2011 年 12 月。

② 上海市民政局:《上海市养老服务社会化——求真务实开拓创新》,载《社会福利》2008 年第 12 期。

老年公寓，又有新兴的社区照料、居家养老、机构养老等形式，呈现出多样化的趋势。从养老服务的内容上看，呈现出由单纯的生活照料向生活照料、医疗保健、心理需求等服务一体化发展的趋势。[①]

（二）问题分析

1.居家照料服务尚处于探索阶段

居家养老模式在实践中以“社会养老家庭化，家庭养老社会化”的模式开展。可以通过政府购买服务、有偿服务等形式开展居家养老服务。例如，郑州市金水区通过政府购买服务的形式，建立了专门的养老服务队伍，对居家的老人，定时上门提供服务。据统计，截至2011年，河南省共建立社区老年服务站（中心）220个，日均服务老年人1821人次，缓解了养老床位不足和老年人养老服务需求日益高涨的矛盾。但此种模式尚处于起步阶段，没有被广泛推广。

2.社区照料发展滞后

整个社会还缺乏参与老年服务的意识，对养老事业的重要性也缺少认知。在实践中，普遍存在社区内养老服务设施数量少、规模小、标准低的问题，社会养老服务大多也只停留在了生活照料层面，医疗服务、康复保健等由于医疗资源和专业服务队伍的缺乏，供给有限。老年人学习场所、康复医疗、文化体育设施尚不能满足实际需求。政府在社区养老服务中存在职能缺位的问题，政策实施力度不够，主要表现为对非政府组织的培育不到位。社会自发的志愿服务专业化程度不高，流于形式，不能有效满足需求。

3.机构照料发展面临瓶颈

各地对民办养老机构的扶持力度显著不足，在土地供应、资金支持、税费减免和水电气费用优惠等方面的扶持措施落实不到位。由于对民办养老服务机构日常水、电、暖等费用没有具体优惠规定，实践中经常出现既有按照民用标准交费，也有按照商用标准交费的混乱现象。民办养老机构生存环境恶劣，无法与公办养老机构实现公平竞争。目前社会养老政策的宣示意义远大于实际效果，政策落实的力度既不符合养老服务社会化的改革方向，也不利于老龄事业的长远发展。

---

① 参见王静：《养老服务社会化供给中政府角色研究——以青岛市为例》，中国海洋大学硕士学位论文，2010年。

目前，我国养老服务机构数量少，城乡之间发展不平衡。少数作为样板式的养老服务机构并不能有效满足大多数老年人的养老服务需求。以兰州市为例，国家政策要求“九五”末集中供养老年人的床位数要达到每千人10张以上，而该市至“十一五”末每千人仅5张。养老机构的规划和建设、市场准入和分类管理等问题都缺乏相应的规范，导致政府开办的养老机构人满为患，甚至要排上几年才能等到床位。而一些民办的养老机构由于没有相应的优惠政策，收费较高，多数老年人的退休金无力承担。一些地方养老服务设施数量少、规模小、标准低，老年人学习场所、文化体育设施、生活居住条件、环境均不能满足实际需求。

第三节　完善老年人社会照料服务制度的必要性

从世界范围内来看，21世纪将是老龄化的世纪，在我国更是如此。面对庞大的老年人口，传统的家庭养老模式已经不堪重负，长期的低生育水平更导致家庭空巢化、家庭小型化，使得老年人能够得到的家庭照料资源日益减少，家庭的养老功能在不断弱化。同时老年人的日常照料周期也延长，需要长期照料服务的老年人明显增多，迫切需要专业照料、机构照料等社会养老服务。从理论层面讲，社会照料的基本权利属性构成老年人享受社会照料的逻辑前提，服务政府、福利主义等理念的持续影响和相关理论的不断完善也为老年人享受社会照料服务提供了充足的正当性依据。

一、完善老年人社会照料服务制度的现实依据

(一)人口老龄化的必然要求

根据国际通行标准，老龄化社会是指60岁以上老人占社会总人口的10%以上或65岁以上老年人占社会总人口的7%以上的社会。[①]

我国自1999年开始步入老龄化社会。进入21世纪后，我国60岁以上老年人口以每年3.2%的速度迅速增长。第六次全国人口普查显示，我国60岁及以上老年人口已达1.78亿，占总人口的13.26%，加强社会养老服务体系建设的任务十分繁重。“十二五”时期，我国出现了第一个老年人口增

① 参见董文勇：《我国老年人社会养老服务立法》，载《今日中国论坛》2009年第2期。

长高峰,60 岁以上老年人由 1.78 亿增加到 2.21 亿,老年人口比重由 13.3%增加到 16%。我国将进入人口老龄化的严峻时期。目前,我国人口老龄化呈现老年人基数大、增长速度快、未富先老的特点。而未富先老的格局,更增加了中国应对人口老龄化挑战的严峻性。面对庞大的老年人口,传统的家庭养老模式已经不堪重负,长期的低生育水平更导致家庭空巢化,家庭结构的变化使得老年人能够得到的照料资源日益减少,家庭的养老功能在不断弱化。

(二)家庭照料功能的弱化

计划生育基本国策的实施,一方面有效地转变了生育观念,控制了人口数量的快速增长;另一方面也改变了传统大家庭的家庭结构,"四二一"的家庭结构日趋增多,家庭规模小型化成为趋势。家庭居住方式由代际共居向分居转变,空巢家庭大量出现。现代生活的节奏快,子女承受的工作压力大、时间及精力少,传统的家庭养老模式和以家庭成员为主要资源的照料模式正面临前所未有的挑战。

相比传统社会,当今社会的道德约束力大大降低。法律作为最低道德准则的载体也难以对社会成员生活的干预细致入微,因而照顾老人蜕变为一种颇具弹性的道德义务或者很容易被架空和规避的法律义务。在社会转型的过程中,家庭养老功能的弱化客观上要求一种社会机制来保障公民的养老需求。因此,养老社会化服务成为一种必需的保障。加强社会养老服务体系建设,完善家庭养老为主、机构养老为辅的养老模式已成为现实。依托社会养老服务机构,提供多种形式的专业化养老服务,满足老年人的养老服务需求,解决部分老年人的生活照料问题也就成为一种现实需要,更是促进社会和谐、加强社会管理的迫切要求。

我国自 1999 年开始进入老龄化社会以来,失能老年人的数量在不断增加。2010 年末,全国城乡部分失能和完全失能老年人约有 3300 万,占总体老年人口的 19.0%,到 2015 年,部分失能和完全失能老年人达到了 4000 万人,比 2010 年增加 700 万人,占总体老年人口的 19.5%。[①] 如此庞大规模的失能、半失能人口对照料服务的需求十分迫切,子女承担的老年人赡养负担也

① 参见张恺悌:《全国城乡失能老年人状况研究》,载"全国老龄工作委员会办公室网":http://www.cncaprc.gov.cn/info/13085.html。

日益增加。民政部《2010 年社会服务发展统计报告》显示，截至 2010 年底，全国各类老年福利机构 39904 个，床位 314.9 万张，年末收养老年人 242.6 万人，不足失能老年人的 10%，仅占全部老年人口的 2%。可以明显看出，现行机构养老未能有效满足老年人的照料服务需求。同时随着人口高龄化的趋势，老年人的日常照料周期延长，需求长期照料服务的老年人明显增多，迫切需要专业照料、机构照料等社会养老服务。

二、完善老年人社会照料服务制度的理论依据

（一）社会照料服务的权利属性

1. 作为法定权利的社会照料权

毫无疑问，养老权是一种法定权利，作为养老权内容之一的社会照料权也具有法定权利属性。公民养老权是指 60 周岁以上的公民有权享受家庭成员的赡养与扶养，获得经济上的扶养、生活上的照料与精神上的慰藉，同时享有国家或社会提供的物质帮助的权利。社会照料权以公民享有养老权为逻辑起点，国家建立老年人社会照料服务制度是基于新形势下公民养老权的实现。社会照料服务权的正当性来源于其道德基础和制度化保障。宪法对公民养老权的确认和保护使得社会照料服务权利成为一种法定权利。权利有三种存在状态，即应有权利、法定权利和实有权利。国际社会早已通过国际公约的形式确定了包括养老权在内的社会保障权。我国《宪法》和《老年人权益保障法》也规定公民享有养老保障权，即将养老权这种“应有权利”转化为了“法定权利”。[①]

我国《宪法》第 44 条规定：“国家依照法律规定实行企业事业组织的职工和国家机关工作人员的退休制度。退休人员的生活受到国家和社会的保障。”第 45 条规定：“中华人民共和国的公民在年老、疾病或者丧失劳动能力的情况下，有从国家和社会获得物质帮助的权利。国家发展为公民提供享受这些权利所需要的社会保险、社会救济和医疗卫生事业。”现行《老年人权益保障法》第 4 条规定：“老年人有从国家或社会获得物质帮助的权利，有享受社会发展的权利。”以宪法为依据，我国老年人权益保障法、民法通则、劳动法、婚姻法都有关于保障老年人合法权益的规定，同时还有相应的行政法

① 参见侯东德：《养老权的法律保护》，载 2011 年 6 月 5 日《光明日报》第 3 版。

规与地方性法规。[①] 我国已经形成了包括宪法、法律、行政法规、地方性法规在内的老年人权益保障体系,老年人(老年公民)从社会获得基本生活条件的权利得到法律的确认与保护。因此,养老权是属于公民的法定权利。社会养老服务是公民实现养老权的方式,从法理上说,社会照料服务权利应该成为一种法定权利。

2.作为社会权的社会照料权

养老权本身是一种社会权,社会照料服务属于社会权的范畴。“中国公民养老权是公民年老时享有的生存权,是宪法赋予公民的一项社会权利。”[②] 老年人获得社会养老权是一类复合型社会权利,属于积极权利的范畴,兼具福利权、(实质)平等权与获得物质帮助权的多重特性,兼具人身权与财产权的双重属性,它区别于以避免来自国家或他人的侵犯为要旨的传统权利,更多地注重权利主体的发展性——至少是保障一定的生活水平和社会待遇。

养老权的实现需要社会各方面的支持参与,需要政府发挥主导作用,需要社会组织参与,更需要充分发挥市场机制的作用,建立完善“以居家为基础、社区为依托、机构为支撑”的社会化养老服务体系,满足多层次、多样化的养老服务需求,最终才能确保公民享受到社会养老服务。

3.作为人权的社会照料权

我国《宪法》第 33 条规定:“国家尊重和保障人权。”1991 年发布的《中国的人权状况》白皮书强调生存权是中国人民的首要人权。养老权则是生存权的重要体现,是对基本生活条件的获取,公民在年老时享有社会养老服务权利是实现养老权的有效形式,也应属于人权的范畴。因年老体弱处于弱势地位的老年人同样具有生存权、发展权的渴望,保护老年人养老权的实现是保障人权的体现。“近年来,‘积极老龄化’的理念逐渐流行,它以承认老年人的人权为基础,承认人们在增龄过程中,在生活的各个方面都享有机会均等的权利,即老年人不仅是社会发展的受益者,应当享有社会发展带来的物质成果、政治成果和精神成果,也应是未来社会发展的参与者,作为建设性力量,实现自身价值。”[③]

---

① 参见刘灵芝:《论基本权利谱系中的公民养老权》,载《人民论坛》2010 年第 26 期。

② 刘灵芝:《中国公民养老权研究》,辽宁大学出版社 2010 年版,第 205 页。

③ 全国人大内务司法委员会赴河南调研组:《老年人权益保障法执法调研报告》,2012 年。

随着对老龄化问题应对的不断深入，老年人获得社会养老不能仅从公共政策的角度理解，而且应当将其界定为一种权利，要在立法中明确国家保障老年人享有社会养老服务的权利。老年人的社会养老权本质上不是赋予老年人特权，而是对公民生存权、受赡养权的保护。“老年人社会照料权”的实现是无法自给自足的，需要社会的积极作为。从权利的视角审视，老年人的社会养老应当在立法上得到回应，社会照料权的实现依赖于国家和社会的积极作为。“由于公民在实现这一权利时不仅需要及时排除非法侵害，而且有权要求国家提供其实现的条件，这就否定了在公民权利实现过程中的国家绝对不干涉主义，它表明，对于公民的某些权利，唯有国家积极参与，它们才能顺利实现。”①

（二）服务型政府理论

服务型政府建设的主要目标是为社会提供公共服务产品，以满足公民的需求为出发点，树立“权为民所系，利为民所谋”的理念，通过履行政府职能提供公共服务。因此，服务型政府就是为民、便民的政府。面对人口老龄化的严峻形势，服务型政府的打造必须关注社会养老服务，从而有效满足公众的养老服务需求，进而推动服务型政府的建设，践行“以民为本”的服务型政府理念。关注公民的养老权，发展社会养老服务应该是服务型政府建设的必要内容。

在社会经济快速发展和长期推行计划生育政策的双重作用下，我国已经进入低生育率阶段。政府有责任对计划生育家庭、空巢老人家庭提供养老支持。政府必须承担起发展社会养老服务方面的责任，应将社会养老支出纳入各级政府的财政预算，同时形成社会养老支出增长机制。如果没有制度性的财政投入保障，社会化照料服务体系的建设只能是空中楼阁。我国目前的社会照料服务大多以民办公助的方式开展，政府对社会照料服务建设的投入并未纳入财政预算，这导致我国社会照料服务水平在硬件和软件上都处于较低水平。因此，社会照料服务的法治化构建必须加强政府的主导作用，明确政府在制度设计、财政支持、政策扶持以及监管落实上的责任，从而有力地促进社会照料事业的发展。

---

① 林喆：《社会权——要求国家积极作为的权利》，载“中国网”：http://www.china.com.cn/xxsb/txt/2004－06/21/c ontent_5591185.htm。

（三）福利主义理论

福利是指能使人们生活幸福的各种条件。它包括人们物质生活的安全富裕、身体健康得到良好保障以及人的精神生活的自由发展。社会福利就是要求社会对人们的生活幸福作出制度化的安排。广义的社会福利是指政府依法为所有公民普遍提供旨在保证一定生活水平和尽可能提高生活质量的资金和服务的社会保障制度。从狭义上说，社会福利主要是对社会生活中儿童、老年人、残疾人等弱势人群提社会照顾和社会服务。社会福利的目的就是通过制度安排为公民提供生活保障。“社会福利的特点表现为保障对象的普遍性、待遇标准的一致性、权利义务的单向性、待遇内容的高层次性。”[①]

从内涵上来看，社会照料服务在一定程度上是符合社会福利定义的。通常社会福利具有普遍性，不要求被服务者交纳费用，只要被服务者在法律政策划定的范围之内。与基本社会保障相比，社会福利是一种较高层次的社会保障制度，它的实施取决于国家财政状况和社会的发展水平。构建社会养老服务制度，更是推动我国建立适度普惠型福利制度的契机。

在银发浪潮席卷全球的背景下，加强老年人生活保障，提供老年福利，成为全世界共同关注的问题。老年人问题不再仅仅是家庭问题，而成为严峻的社会问题。家庭养老功能的弱化，使老年人的社会福利问题日趋紧迫，老年人福利在整个社会福利体系中占有重要地位。老年人的社会福利是根据老年人的特殊需要，由国家、社会提供给老年人的物质帮助和社会养老服务。[②] 我国自古就有尊老爱幼的良好传统，先秦时期就有“矜寡孤独废疾者，皆有所养”“老吾老以及人之老”等思想主张，可以看作中国社会福利思想的萌芽。我国现行社会保障体系包含社会福利、社会保险、社会救济、优抚安置、社会互助。从老年人自身需求来看，社会养老就是实现老年福利的载体，由社会向老年人提供物质帮助和照料服务。

虽然社会化是福利主义的发展方向，但在社会建设滞后的中国，政府仍然是向公民提供包括社会照料服务在内的社会福利的主体，处于养老模式转型期的中国，政府还应发挥主导作用。

---

① 韩君玲：《劳动与社会保障法简明教程》，商务印书馆 2005 年版，第 266 页。

② 参见陈银娥：《社会福利》，中国人民大学出版社 2004 年版，第 178 页。

第四节　老年人社会照料服务法律问题分析

我国社会养老服务领域中的相关法律问题值得重新检视和思考。首先,关于养老服务许可的法律依据与《行政许可法》的规定是矛盾的,这有违法制统一原则。其次,从控制法律风险的角度上讲,必须构建养老机构与需求者之间的法律纠纷应对机制。再次,在社会照料服务过程中,必须重视公平与效率问题,即政府保障公民享受权利与养老服务产业化之间的关系。政府的主要作用是整合社会资源发展养老服务,履行好政策引导、市场培育和监督管理等方面的责任。同时,要避免养老事业过分市场化,偏离社会养老服务应有的公共属性。

一、政府与照料服务机构——对照料服务行政许可制度的评析

2000 年,民政部制定《社会福利机构管理暂行办法》,对养老福利机构准入标准作了详细规定,实质上设置了养老服务机构的行政许可制度。《社会福利机构管理暂行办法》是我国养老机构设置的法律依据,也是养老服务领域的最高位阶法律,但以部门规章形式设立行政许可制度明显与现行《行政许可法》相抵触。根据《行政许可法》第 14、15 条的规定,法律、行政法规、地方性法规有权设定经常性行政许可,国务院的决定和省级政府有权设定临时性许可。

由此可见,我国关于养老服务许可的法律依据与行政许可法的规定是矛盾的,这有违法制统一原则,违反了法律保留原则。鉴于《福利管理办法》(2000)早于《行政许可法》(2003)颁布的现实,养老服务机构的行政许可必须由国务院制定行政法规或发布决定予以确认。我们必须提高养老服务许可的立法层次,由国务院制定养老服务机构管理办法,设定符合行政许可法的准入制度,加强对养老服务行业的扶持和监管,促进养老服务业的发展。行政许可法的出台旨在规范政府行政行为,促进法治政府、服务政府的建设。但在实践中,诸如养老服务机构设立审批的出现使得行政许可被异化,甚至成为谋求部门利益的工具。为适应社会养老服务的发展要求,减少政府对养老服务市场的不当干预,必须改变现行的养老服务机构审批制度,按照行政许可法的要求设立养老服务机构行政许可制度,促进养老服务行业自律,推动养老服务业更好更快发展。

二、照料服务机构与需求者——纠纷的法律应对

近年来，养老服务机构涉法纠纷呈快速增长趋势。从案件纠纷的事由来看，既有因服务不到位引起的纠纷，也有由服务内容和方式约定不明引起的纠纷，且后者占到很大比例。

现行合同法、老年人权益保障法等法律中都没有关于养老服务合同的内容，而在实践中又常有因养老合同发生的纠纷。立法的缺失以及当事人双方约定的养老服务合同不规范，给纠纷处理增加了难度。这种实践需求与立法的空白，“必然导致对社会养老服务相互关系实际调整的乏力，也不利于充分保护老年人的合法权益，不利于养老机构的健康发展”①。

根据民法规定，具有不同民事行为能力的人所承担的民事责任是不同的。对于超出其民事行为能力的行为由监护人承担责任。在养老服务的对象上就包括缺乏生活自理能力和认知能力诸多失能老人，他们不是完全民事行为能力人。如果对被服务者的行为能力没有准确的评估，在养老服务合同中也未进行相应的责任划分，养老服务机构无疑具有较大的法律风险。

正是由于服务对象的特殊性，从法律风险的角度上讲，养老服务事业可以看做高风险行业。从业人员应该严格依照法律规定开展服务，主动化解潜在的法律风险，依法处理存在的纠纷。国内也有学者呼吁制定意定监护制度②，以维护行为能力欠缺老年人的合法权益，规范养老服务机构与老年人之间的权利义务关系。

三、社会照料服务中的政府与公民——公平与效率

发展社会养老服务必须坚持公平与效率兼顾的原则。在坚持基本养老服务公益性的基础上，要充分发挥市场机制的作用，引导社会资本投资养老服务业。基于社会养老服务的公共属性，政府财政投入是建立社会养老服务制度的关键因素。政府要加快财政体制改革，加大对社会养老服务的投入。以政府购买养老服务的形式，如通过“服务券”的形式为老年人提供养

---

① 吕梁思、秦咏梅：《析养老机构服务合同的法律特征和主要内容》，载《社会福利》2002年第2期。

② 意定监护制度指成年人意思能力健全时可以预先选定监护人并与之缔结委托监护合同，由当事人自我决定合同的内容，并且由公力机关予以监督的制度。

老服务补贴。同时，要推动政府购买养老服务从针对贫困群体的保基本层次向服务大众的适度普惠型转变。

从维护公民养老权的视角来看，社会养老服务必须坚持公益性，必须做到公平公正。公平体现在政府提供购买的养老服务，只宜用来满足"无支付能力的需求"和"公共服务需求"。政府提供的是作为公务服务中的基本养老保障，这是社会养老服务的基础。同时，面对日益严峻的老龄化趋势以及家庭养老功能的弱化，政府的社会养老要实现从针对贫困老人的救济向针对普通公民的普惠型养老服务的转变。

强调养老服务的效率问题。一方面由现阶段我国财力不足的国情决定，另一方面也是"社会福利社会化"的要求。"通过立法保障和政策引导，实行政府、社会和个人相结合，将责任和义务分散到整个社会。"[①]社会化养老服务的发展离不开政府与市场的共同担当与有效分工。针对贫困群体的扶助型养老服务需求，政府必须承担保基本的公共服务职能，确保贫困老年人享受公平的养老服务；针对普通大众的基本需求，政府要出台有效的政策规章，确保养老服务的有效供给；针对享受型的高端养老服务需求，要充分发挥市场机制的作用。[②] 养老服务需求多层次需要社会资本提供多样化、多层次的养老服务。

政府要在社会养老服务事业中发挥主导作用。但强调政府主导作用不等于要求政府直接参与到社会养老服务中去，而是要整合社会资源发展养老服务，履行好政策引导、资金支持、市场培育和监督管理等方面的责任。同时，必须警惕的是要避免政府置身事外，把养老事业过分市场化，偏离社会养老服务应有的公共属性。政府责任在于加强制度建设，规范养老服务市场行为，确保养老服务行业的规范运营。

(一)政策扶持

科学规范的养老机构设立标准是养老服务行业健康发展的前提条件。养老服务机构必须设置一定的资金门槛，细化规定床位数量、服务人员与老年人的比例等，确保养老服务机构的服务规模。养老服务的硬件设施要符

---

① 李嫦宏：《我国社区养老服务法律保障研究》，兰州大学硕士学位论文，2008 年。

② 参见付诚、王一：《政府与社会的双向增权——社会化养老服务的合作逻辑》，载《吉林大学社会科学学报》2010 年第 5 期。

合老年人的生活习惯；养老服务的从业人员上岗必须要经过专业培训，取得相应的资格认证。

引导养老服务机构的健康有序发展。评估机制包含"评估标准、评估要素、评估程序"等环节，通过定期评估与抽查暗访，考核养老服务机构的硬件实施、服务质量，并将评估结果作为政府补助的依据，清除严重不符合标准的养老机构。

各级政府要将社会养老服务经费列入财政预算。中央财政要对社会养老服务建设设立专项补助资金，积极支持地方养老服务建设。由政府负担公办养老机构的运营开支，加大对民办养老服务机构的资金支持力度，采取财政补贴的方式，支持社会资本投资建设的社会养老服务行业。继续推进"全国社区老年服务星光计划"，加强福利彩票收益支持养老服务建设的力度。

(二)市场培育

在英国，养老服务市场呈现出政府、企业、非营利组织、志愿者共同参与的多元化格局。据相关数据统计，英国政府创办的养老机构比重在不断下降，社会组织举办的比重居中，而民间资本开设的养老服务机构的比重占到了绝大多数。

除了组织培养外，政府还需大力培养社会养老服务人才，培养更多的具有专业技术和服务资格的人进入到社会养老服务队伍中。我国面临着养老服务专业人员严重不足的困境，只有建立起一支专业化的养老服务队伍才能保证社会养老服务的有效开展。我国必须抓紧确定养老服务行业的人才培养机制、从业资格标准、提升养老服务人员的职业化水平。

(三)监督管理

在社会养老服务中，政府基本退出了直接服务市场舞台，重点是为社会养老服务发展提供政策扶持、财政支持和监督管理。建立分类管理制度，合理分配养老服务资源。对公益性养老机构、社区养老服务机构以及高端康复休闲养老服务机构要进行分类管理，既要普通公民享有养老服务的权利，又要在尊重市场机制的基础上发展老龄服务产业。政府对养老机构的监管要贯穿养老服务的全过程。例如，在政府购买养老服务中，要通过事前的资质审查、事中定期考核以及事后绩效评定的方式进行监管，同时要引导养老服务机构的自律建设。

四、社会照料服务中的子女与老年人——家庭责任

家庭养老是养老保障的基石，发挥着基础作用，这是必须坚持的。家庭养老的责任为我国宪法、法律所确认，也受到数千年来孝道传统的约束。养老的社会化并不意味着对家庭养老责任的抛弃，只是责任机制发生了转变，由原来家庭单轨承担变为国家、社会、家庭共同承担。要积极应对家庭结构变化带来的养老弱化问题，在家庭养老的基础上重新安排政府、社会、家庭的责任义务，对三者的责任作出准确的分工。从日本的经验来看，其养老制度高度重视家庭的作用，通过充实家庭的基础作用，强化了家庭的养老功能。

第五节　东亚地区老年人社会照料制度参照

东亚地区社会照料制度的有益经验，对完善我国老年人社会照料制度具有重要参照作用。日本老龄法制呈现出的立法动态性与全面性、强调政府责任、多元化老龄服务体系、法律与政策有效互动、老龄服务专业化、职业化等有益经验值得我国借鉴。韩国《老年人福利法》《老年人长期看护保险法》两部法律中的社会养老服务条款也值得我国吸收。我国台湾地区长期护理服务领域中居家照料、社区照料和护理产业发展等多方面做法也同样具有较强的参照作用。

一、日本老年人社会照料制度参照

（一）立法的动态性与全面性

国外老龄立法过程中最为突出的特点就是涉老法律的时代性特征明显，人口老龄化的特征及其表现与该国的老龄法制发展一致，在老龄法制建设方面，稳定的立法被频繁的立法所取代，各国根据不同时期人口老龄化的程度及其程度预测对法律进行及时的修改来发挥立法的保障作用。[①] 日本的老龄立法较典型地体现出了动态性的时代特征，根据不同阶段的老龄状

① 参见崔卓兰、赵静波：《我国老龄社会的法律制度及其法律对策》，载《吉林大学社会科学学报》2011年第3期。

况及时制定完善相关法规。“概括地讲，面对日本社会老龄化的现实需求，日本老年人福利立法在不断地作出回应，即通过满足老年人福利需求的各项法律制度的设计与完善，来巩固、肯定与引领老年福利事业社会化进程所必将出现的结构变化。”[①]日本的老年立法工作开始于20世纪50年代，根据不同阶段的老龄人口状况及老年福利事业的发展需求，先后颁布了《国民年金法》(1958)、《老人福利法》(1963)、《老人保健法》(1982)三部支柱性法律，2000年又开始实施了《护理保险法》。以上四部法律构成了日本老年人社会福利的制度框架，分别从经济保障、社会福利、医疗卫生、护理服务等方面建构起了日本老年人法律保障制度，也构建起了动态性、全方位、多元化的制度保障机制。

（二）对政府责任的强调

1963年颁布的老人福利法，强调了老年人社会福利的政府责任，确立了以全体老年人为对象的国家福利制度，规定了政府负有提高老年人福利的责任，首开世界各国为老年人福利立法之先河。老人福利法与老人保健法都明确了政府承担老年福利的主要责任。从责任到措施，对各级政府部门和福利组织作出了约束性的规定，特别是对老人的护理费用标准进行了细致规定，同时明确了违反法律的制裁措施。[②]

日本以政府为主导的混合经济体制对日本老年社会保障制度的形成产生了重要的影响，充分体现了“政府主导”的基本特征。政府作为社会保障制度的主体，尊重多数国民的意愿，加强执政党内部和各政党间的协调，通过立法机构和行政机关制定或修改相关法律，保证了老年社会保障各个项目的贯彻和实施。

（三）多元化老年福利服务体系

日本的老年人福利服务项目分为两个方面：一是居家福利服务；二是设施福利服务。居家福利服务包括家庭服务员派遣、向低收入老人发放生活用具、老人家庭护理、日间服务等。设施福利服务包括养护老人之家、老年福利中心、老人福利院、老人休养所等。居家服务有两个层面：一方面是专

---

① 贾小雷：《日本老年人社会福利事业的结构与法律变迁——兼评中国老年人福利与保障法的定位》，载《日本问题研究》2011年第2期。

② 参见王国忠：《老年人权益保障的福利思考》，载《大连大学学报》2008年第5期。

业护理人员的上门服务，对生活不能自理的老人提供照料服务；另一方面是医疗人员的诊疗服务，对患慢性病老年人进行定期的诊疗，提供康复保健咨询。

随着老龄化的加剧，社会福利事业多样化的发展，老年人福利法中确立的老年福利费用由中央和地方政府支出面临财政困境，从 20 世纪 70 年代开始，日本政府逐步将国家福利的政府主导责任向地方政府、社会组织转移。“目的是根据地方自治的特点，使市町村等基层组织能因地制宜的发展老年人社会福利事业。”①

日本于 1990 年对《老人福利法》《老人保健法》两部法律同时作了修改，使得老年福利完成了由中央政府主导向国家、政府、社会组织、个人参与的多元化机制的转变，并搭建了老年福利与老年保健的协调机制。

（四）法律与政策的有效互动

福利社会化的背景下，法律与政策的一致性是构建社会养老服务体系的制度基础。为深化落实老人福利法、老人保健法，在 20 世纪 90 年代，日本政府制定了《老年人健康福利推进战略》《高龄社会对策基本法》《老龄社会对策大纲》等重要政策文件。“立法先行是各项社会保障政策、措施赖以存在的根基和前提，也是西方国家推行老年社会保障制度的一条重要经验。以老龄法律完备的日本为例，日本老年社会保障以严密的法律体系做后盾，每个社会保障的子项目都表现为一系列法律和法规性条文，其严密性保证了法律制度的严肃性和稳定性。”②

（五）老年福利服务的专业化、职业化

针对老年服务中专业人才不足的问题，日本政府先后制定了《社会福利及介护福利法》(1987)、《福利人才确保法》(1992)，建立健全了福利事业从业者的从业资格制度，从法律上保障了福利从业者的培养机制和社会经济权益。

二、韩国老年人社会照料制度参照

据统计，2000 年韩国 65 岁以上老年人口比重达到 7.1%，已经进入人

---

① 贾小雷：《日本老年人社会福利事业的结构与法律变迁——兼评中国老年人福利与保障法的定位》，载《日本问题研究》2011 年第 2 期。

② 崔卓兰、赵静波：《我国老龄社会的法律制度及其法律对策》，载《吉林大学社会科学学报》2011 年第 3 期。

口老龄化社会。我国于1999年进入老龄社会,在老龄化进程上韩国与我国基本同步。中韩两国在社会经济水平、文化背景等方面有许多相同之处。因此,分析韩国养老服务立法情况,对于完善中国社会养老服务法律制度具有较强的借鉴意义。为此,重点选取老年人福利法、老年人长期看护保险法两部涉及社会养老服务的法律进行分析参照。

(一)《老年人福利法》分析

韩国于1981年制定《老年人福利法》,后根据国内老年福利发展形势,先后在1989年、1993年、1997年进行了修改。韩国老年人福利法坚持了家庭在赡养老人中的基础作用,也明确了政府对于老年福利的责任,明确制定了民间资本参与养老服务的规定。

韩国老年人福利法中的社会照料服务在1993年修改时,建立了日间护理和短期护理制度。1997年又将日间护理和短期护理进行了细化,构建起了多元化的养老服务,有"免费养老院、低收费养老院、自费养老院、低收费老人福利院和全自费老人福利院"①。

为了落实老年人福利法中的家庭帮助服务制度,韩国政府向居家养老的老年人提供各种服务。韩国政府2000年开始实施家庭护理员派遣计划、完善了日间护理和短期护理设施。为了强化家庭养老的功能,韩国政府制定了针对扶养老年人家庭的各种优惠税制。在遗产继承税、所得税上均规定了减税政策。"比如,扶养老人5年以上的三代同居家庭,在继承财产时对其追加扣除额90%,对每一老人扣除3千万韩元。在计算所得税时,如果家里有60岁(女55岁)以上直系亲属扶养者,每年扣除48万韩元。"②

(二)《老人长期看护保险法》分析

对于老龄化带来的老年人看护问题,韩国2007年通过了《老人长期看护保险法》,以立法的形式确立了老年人看护保险制度。看护保险制度的设立标志着韩国开始逐步由家庭养老向社会养老转变。为此,同样面临老年人照料问题的中国,应该加强对护理保险制度的研究,借鉴韩国的有益经验。在老人长期看护保险法立法过程中,韩国实施了"试点作业",以试点的方式检验制度设计的可行性与操作性。以前期针对基本保障老人的试点结

---

① 李超:《老年维权之利剑——老年人法律保障制度研究》,上海人民出版社2007年版,第119页。

② 李超:《老年维权之利剑——老年人法律保障制度研究》,上海人民出版社2007年版,第121页。

果为基础，逐步扩大看护保险的适用范围和给付对象，并逐步在全国统一实行看护保险制度。

老年人长期看护保险由韩国国民健康保险公团负责实施。该机构作为保险人承担着收取看护保险费、提供看护服务、管理保险费等职责。在韩国，参加国民健康保险者同时参加看护保险，看护保险费与国民健康保险费一起缴纳。“在原健康保险费的基础上加收一定比例的看护保险费，目前加收的比例是4.05%（看护保险费＝国民健康保险费×4.05%）。”同时，残疾人及重症老人可申请减免30%的保险费。

目前，韩国老年人长期看护保险给付的对象并非针对全部老年人，而是限定为65岁以上的病患及未满65岁但患有老年性疾病者。申请看护保险需要经过健康保险公团的“需看护认定”。看护保险有“在宅看护给付”“入住看护设施给付”和“特别现金给付”等多种形式。“在宅看护”就是提供上门的生活照料、医疗保健服务。“入住看护”是指老年人入住专门的养老服务机构，但不包括老人专门医院。“特别现金给付”是指向居住在偏僻之地的老年人支付看护费，主要由于偏僻之地看护养老服务设施不完善、政府也无法及时提供“在宅看护”。[①]

三、我国台湾地区老年人长期护理制度参照

自1993年进入老龄社会以来，我国台湾地区面临着老年慢性病盛行、家庭照料负担过重等问题。为了解决老年人的长期护理问题，台湾地区先后制定了一系列长期护理服务政策，政策内容关涉到了居家照料、社区照料和护理产业等多方面。台湾地区早在1980年就制定了《老人福利法》，该法在1997年、2007年先后进行了两次重大修改，确立了政府是老年人养老责任的首要承担者的原则。台湾地区于1998年起陆续推动了“建构长期照护先导计划”“新世代健康领航计划”“加强老人赡养服务方案”“照顾服务福利及产业发展方案”及“建构长期照顾体系十年计划”等多项方案，积极应对日益加深的老龄问题。检视目前的相关制度规定，可以说台湾地区尚未形成完善的老年人长期照料制度。现行照料服务系统主要是由其政府部门以法案的形式推动，长期照料体系建设面临诸多困难。

---

① 参见陶建国：《韩国老人长期看护保险法评介》，载《保险研究》2009年第2期。

（一）居家护理

由于家庭结构和子女工作等原因，台湾地区的居家护理由过去的子女亲自护理转变为购买护理服务。台湾地区通过发放家庭护理津贴的方式支持老年人在家获得护理照料。“对于低收入家庭，台湾从社会公平的角度出发，在家庭经济收入审查的条件下，给老年人提供免费长期护理服务。”[①]但在实践中，台湾地区的免费护理服务的覆盖范围非常狭小。1997 年《老年人福利法》修改条款中规定：“鼓励三代同堂，增列政府直接兴建居民住宅，提供符合居民住宅承租条件且与老人同住的三代同堂家庭优先承租。”

（二）社区护理

社区护理政策可以看作是台湾地区应对老年人长期护理需求的核心对策。台湾地区的社区护理政策致力于整合社区和家庭护理资源以实现老年人的长期护理目标，也被称为“在地老化”。“在台湾，社区护理服务包括日间护理、餐饮服务、居家护理以及短期服务等。”[②]社区服务中心是实施社区护理服务的载体，对居家护理照料起到了支撑作用。2003 年，台湾地区政府制定了“提升社区照顾质量计划”，该方案有三方面的目标：(1)增进社区关怀意识，关心社区弱势群体；(2)建构社区自主的社区照顾支持系统，通过整合各社区不同的资源与特色，促进社区照顾的多元化发展；(3)扩大社区照顾供给，提升社区照顾品质。该政策注重发挥社区的自主性，同时强调政府的经费保障责任。[③]

（三）护理产业化

2002 年，台湾地区制定了《照顾服务福利及产业发展方案》。从实际效果来看，该方案促进了台湾地区各地“照顾管理中心”的成立，引进民间参与机制，充实多元化照顾，提升了养老服务机构的照料质量，健全了照顾服务人力培训与认证制度。

台湾地区的老年护理产业化致力于打造一个多元化的老年照料服务体系，包括家庭、社区、非营利机构以及营利机构共同参与。政府向贫困老年群体提供免费护理服务。社区整合营利机构与公益组织承担老年人的长期

---

① 戴卫东：《台湾地区人口老龄化下长期护理政策及走向》，载《人口学刊》2011 年第 4 期。

② 戴卫东：《台湾地区人口老龄化下长期护理政策及走向》，载《人口学刊》2011 年第 4 期。

③ 参见相焕伟：《台湾地区老年人福利法制及其借鉴》，载《老龄社会法律应对与老年人权益保障立法学术研讨会论文集》，山东大学，2011 年 11 月 5 日。

照料护理服务，在整个体系中处于主导地位。中等收入家庭向机构购买自身需求的照料服务。[①] 然而，部分台湾民众认为产业化的护理政策偏离了政府护理政策的福利性，担忧产业化的政策会挤占福利目标实现的可能性。

第六节　老年人社会照料服务制度的完善

从我国现有制度来看，老年人社会养老服务的规定分散于各个层次的法律法规中，基于法制统一与立法稳定性的考虑，老年人社会养老政策法治化建设应该采取修订老年人权益保障法的方式。在修订中，设专章规定社会养老服务制度，改变主要依靠家庭养老的思想，明确国家和社会的责任义务。要从老年人社会照料服务立法的内涵、政策入法的标准、法律要为政策留出空间三方面构建法律与政策良性互动的有效机制。要加强配套制度建设，制定地方性法规，制定《养老机构管理办法》，增设护理保险，制定养老服务合同并完善相关保障机制。

一、老年人社会照料服务的立法模式选择

现行《老年人权益保障法》制定于 1996 年。一般而言，法律在实施十五年左右就有修改的必要性。基于家庭养老的老年人权益保障法已经明显不适应老龄化的发展现状。从发达国家的立法经验来看，老年人权益保障的立法大致有两种模式：一是不制定专门的单独立法，而是把老年人权益保护的条款分散在许多相关法律中。二是专门的立法模式。针对老年人群体的特殊性，直接规定老年人应享有的各种权利，如《日本老年人福利法》(1963)、《韩国老年人福利法》(1981)等。经济较发达国家都出台了各自的老年人福利法。那么，是通过修订老年人权益保障法解决老年人养老问题，还是制定专门的社会照料服务法，是值得我们慎重探讨论证的。

现行老年人权益保障法规定“老年人养老主要依靠家庭”，“赡养人应当履行对老年人经济上供养、生活上照料、精神上慰藉的义务，照顾老年人的特殊需要”。这一规定是符合当时我国人口、经济和社会保障发展水平以及我国广大老年人养老的实际情况的。但是，伴随着近年来人口老龄化的快

① 参见戴卫东：《台湾地区人口老龄化下长期护理政策及走向》，载《人口学刊》2011 年第 4 期。

速发展，工业化、城镇化过程中的人口迁移，以及计划生育家庭夫妇相继进入老年阶段等情况的出现城乡老年人家庭小型化、空巢化趋势日益明显。生活自理有困难的老年人口数量也随着高龄化的发展在不断增长，单一依靠家庭养老面临诸多问题，特别是生活照料、精神慰藉等问题越来越突出。但在社会保障体系尚未完全建立的情况下，家庭仍然是养老责任的主要承担者。因此，在修订法律时，应对政府、社会、家庭和个人在养老保障体系中的功能、所应承担的责任以及如何对家庭给予切实的支持等方面进行认真研究，以巩固和完善家庭养老方式。

就我国的立法实践来看，我国已经形成了比较成熟的保障特殊社会群体权益的立法模式，例如《妇女权益保障法》《残疾人权益保障法》《老年人权益保障法》等。“老年人权益保障法修改无须将法律名称变动为老年人福利法，但以‘老年人社会权利或福利权——政府、社会与家庭责任’为逻辑主线构建老年人权益保障制度，应当成为老年人权益保障法修改的基本方针。”① 从我国现有制度来看，老年人社会养老服务的规定分散于各个层次的法律法规中，基于法制统一与立法稳定性的考虑，老年人社会养老政策法治化建设还是应该采取通过修订《老年人权益保障法》的方式，专章规定社会养老服务制度，改变主要依靠家庭养老的思想，明确国家与社会的责任。

二、法律与政策良性互动机制

（一）明确法律与政策的差异性

法律与政策是两种不同的社会规范，在调整社会方面都发挥着重要作用。然而，两者在意志属性、表现形式、实施机制等方面都存在诸多差异。法律具有稳定性、统一性、可操作性等特性，政策具有灵活性、多元性、区域性等特征。在我国的法治实践中，将社会效果良好、具备实践基础的政策用立法形式进行吸纳已经成为一项重要的立法规律。

毋庸置疑，社会养老服务政策对于引领社会养老事业发挥着重要作用，有效破解了某些制约因素，在全社会弘扬了尊老敬老的优良风气，推进了老龄事业的发展，促进了和谐社会的建设。然而，面对社会养老政策在实践中实施的

① 肖金明：《完善我国老年人权益保障立法的思考》，载《老龄社会法律应对与老年人权益保障立法学术研讨会论文集》，山东大学，2011 年 11 月 5 日。

困境，我们必须加强社会养老立法工作，必须认识到社会养老服务建设仅仅依赖政策是不充分的，必须建立起刚性法律与灵活性政策相结合的协调机制。

法律的稳定性可以保障老年人享有社会养老权的确定性。法律具有连续性与稳定性，通过立法将社会养老的各项制度以法律的形式确立下来，可以保证制度本身的持续性。“政策的灵活性只能建立在法律的大原则之下，其只能起到一种对立法不足的补充性作用，而不能代替法律。”[①]法律稳定性可以确保老年人的社会养老权在立法上得以明确。将经过实践验证成熟的老年人社会养老服务政策进行立法吸纳，不仅符合立法规律，也有益于梳理、整合现有的社会养老服务政策，保证社会养老服务的公正，进而缩小城乡、区域之间社会养老服务建设的巨大差异，从而促进养老权的公平保障。

随着我国法律体系的基本建立，法治建设基本实现了有法可依，要想继续推进法治建设就必须在治国手段上从“政策本位”向“法律本位”转向。因而，在社会养老服务领域如果依然采取政策主导推进的方式，必然影响老龄事业的发展，社会养老服务发展的连续性、稳定性也必然受到挑战。一般而言，“政策治国的方式是靠会议，靠文件，靠讲话。这对高度同质化的社会来说不失其效果，但是它不能适应市场条件下的利益多元化这一现实，它会阻滞深层面的制度创新”[②]。如果继续忽视法律的基础作用，必将影响我国老龄事业的发展，阻碍社会养老服务事业的进程。

（二）构建法律与政策的协调机制

1. 老年人社会照料服务立法的内涵

法治化的目的不是否定现行社会照料服务政策作出的制度安排，而是通过立法将在实践中得到广泛认可的、运行成熟的政策转化为法律，对公民的社会养老权予以明确的立法宣示，从而增强社会照料服务的规范性、操作性，体现出“政府主导，社会参与，全民关怀”的老龄工作方针。规范“居家照料为基础，社区照料为依托，机构照料为补充”的模式，强化养老保障方面的国家责任，进一步明确引导和鼓励社会力量兴办养老机构、开展养老服务的措施。

---

① 李超：《老年维权之利剑：老年人法律保障制度研究》，上海人民出版社 2007 年版，第 48 页。

② 徐显明：《走向大国的中国法治》，载 2012 年 3 月 7 日《法制日报》第 9 版。

2. 政策入法的标准

只有成熟、稳定、具有普遍意义的政策才能转化为法律。具体表现在：只有经过实践检验证明是成熟的社会养老服务政策才能吸纳入法；只有长期稳定的社会养老服务政策才具备转化为法律的条件；只有影响大局的、具有普遍意义的社会照料服务政策才能吸纳入法。同时，政策入法要严格依照立法法的规定，社会照料服务法律规定的出台必须遵循民主立法、科学立法的原则，面向社会公开征求意见，特别是要听取老龄部门、老龄服务业、老年人的建议。

3. 法律要为政策留出空间

立法规定与相关政策性文件都是老年人社会照料服务的制度形式，二者在功能取向上具有共性。立法规范性与政策灵活性的有效配合更有利于保障老年人社会养老的实现与发展。老年人权益保障法本身包含大量的政策性规定，可以说老年人权益保障法具有强烈的政策法风格。因此，国家应将各地已经成熟运行的社会照料政策法律化，并对居家照料、社区照料服务等社会照料形式在法律中作出明确的倡导性规定。

我们应该预见这种法律政策的互动模式本身就要求法律与政策的有效配合。即使老年人权益保障法修订完善后，也面临着政策层面的落实执行问题。社会照料制度的法治化应当注重法律保护与政策调节的结合。法律保障是基本的，但政策调节也是必不可少的。社会养老事业的建设、老龄产业的发展仅靠法律是不够的，必须为政策留出空间，从而有效促进老龄事业的发展。

三、老年人社会照料服务法律保障制度的具体构建

（一）完善老年人社会照料服务制度法律体系

1. 修改现行老年人权益保障法

通过修改现行老年人权益保障法，将社会照料服务权利法定化，明确规定国家保障老年人享有社会照料服务的权利，在老年人权益保障法中专章规定社会照料服务制度，明确社会照料服务体系的具体制度。社会照料服务专章规定的基本框架和具体内容如下：(1)第 1 条为社会照料服务体系的主要内容，明确老年人享有社会照料服务权利。将“十二五”规划中确立的“建立以居家为基础、社区为依托、机构为支撑的老年人社会照料服务体系”

写入法律，确保社会照料服务体系建设的法律约束力。(2)第2、3、4、5条为具体内容，分别规定居家照料服务制度、社区照料服务制度、机构照料服务制度、城乡一体化的照料服务制度。(3)第6、7、8条为保障机制，分别规定政府责任、照料标准、志愿服务、专业队伍建设。

社会照料服务权利作为社会权利通常具有不确定性和较大的弹性，社会权利的实现受制于社会经济的发展状况。作为适用于全国范围的老年人权益专项立法，老年人权益保障法中的社会照料服务内容应当坚持法制统一与协调发展的原则，既要规定具有普适性的基准，又要为制度实施留有弹性空间。

按照法律规范的结构，要明确老年人社会照料服务法律责任，科学设定保障机制，将零散的福利转化为法定权利。体现在社会照料服务制度的规定中，要注意吸纳目前具有可行性且效果良好的政策内容。同时，相关规定在内容设定上要为地方规定提供制度框架和法律依据，在制度设计上要为地方留有政策余地，在照料服务水平上要符合各地经济社会发展的实际。

2. 完善相关配套立法

首先，制定照料服务机构管理办法。鉴于现行《社会福利机构管理暂行办法》和《老年人社会福利机构基本规范》已经不能适应照料服务社会化的发展趋势，有必要由国务院制定照料服务机构管理办法来规范全国照料服务行业的发展，设置照料服务行业的准入标准，制定照料服务机构评定标准，推进照料服务的规范化和标准化建设，加大对照料服务机构的监管力度，从而有效促进老年人社会照料服务权利的实现。照料服务机构管理办法要在照料服务机构的准入、退出、监管制度上进行细化，重点推行照料服务机构分类管理制度，建立专业化照料服务从业人员队伍。

其次，在合同法中增设照料服务合同。照料服务合同应包含照料服务的全过程，如当事人的名称与住所、当事人的权利与义务、收费标准、履约方式、违约责任、争议解决方式及其他约定等基本内容。实践中，河南省制定了《河南省照料服务机构入住老人合同书》，规范了全省老年人入住照料服务机构的合同格式和项目，帮助养老机构规避服务风险。

再次，修订社会保险法，建立护理保险制度。德国、日本等国都通过立法的形式建立了护理保险制度，形成了护理费用的社会分担机制。针对老年人照料需求的增多，日本在2000年开始实施了《护理保险法》。"《护理保险法》规定，以市町村及都道府县和医疗保险机构作为保险人，以40岁以上的人作为被保险人，被保险人为了今后得到护理服务，需要缴纳一定的护理保险费附加在医疗保险金内，然后由医疗保险者按照国家的统一规定转付给市町村自治体。被保险人需要护理时，可以提出申请，经护理认定审查会确认后，即可享受不同等级的护理服务。利用护理保险时，利用者负担10%，剩下的90%由保险费和公费负担。其中，国家负担25%，都道府县和市町村负担25%。"[①]建立了护理保险制度，建立了社会参与的居家养老机制。根据护理保险法的规定，该制度的建立解决了护理经费的来源，有效弥补了财政投入的不足，形成了护理经费的社会承担机制，建立起了多元化老年福利服务体系。日本护理保险制度是通过派遣护理员为老年人提供护理服务的，使家庭的养老功能社会化。

在我国人口老龄化日益加重，家庭照料功能减弱的情况下，国家有必要通过修改社会保险法建立护理保险制度。单纯依靠现行的养老保险、医疗保险机制难以应对日益庞大的老年人护理需求，特别是现行医疗保险中并未包含护理费用。可采取修订社会保险法的方式增设护理保险，规定凡年满40周岁以上公民必须缴纳护理保险费。护理保险必须作为社会保险去推行，同时可以发展适当的商业保险作为补充。

3.完善地方立法

各地应以老年人权益保障法中的老年人社会照料服务的专章规定为基准，根据经济社会发展水平，制定本地区的实施细则，使得国家层面的规定更加具体、易于操作，同时注意突出地方特色以避免对国家立法规定的简单重复。地方各级人民政府应当根据老年福利对象的服务需求和照料服务培训、示范的需要，加快公共养老设施建设，可以采取公办民营、合作经营、委托管理、服务外包等运行模式。地方各级人民政府作为公办养老机构的投资主体和国有资产的监管人，负有保障机构正常运行的职责。

目前各地关于老年人社会服务的文件形式门类繁多，老年人权益保障法的修订同时也是各地方重新梳理和完善老年人社会照料服务制度的契机。与老年人权益保障法的专章规定相协调，各省适宜由省级政府以行政规章的方式确认、发展适应本行政区的各种优待并辅以相应的法律保障措

---

① 田香兰:《日本护理保险法与老年人护理保障》,载《现代预防医学》2009年第13期。

施。在社会照料服务的范围和水平上，应当不低于老年人权益保障法的规定，提倡地方根据社会发展水平提升社会照料服务水平。

为使老年人社会照料服务领域中的国家立法与地方立法形成有机统一的法律体系，必须关照到以下几个方面：(1)地方立法与国家立法要遵循相同的制度功能取向，不可偏离社会照料服务制度设计的初衷。(2)涉及老年人基本权利义务的内容必须坚持法律保留原则，地方层面的立法必须遵循合法性原则，不得与上位法相抵触。(3)地方层面的老年人社会照料服务法律规范的制定，应当坚持科学立法、民主立法的原则，充分征求和吸纳各个方面尤其是老年人的意见。

(二)具体制度构建

制度法学使法律的应然与实然有机会完美结合。仅仅依靠在老年人权益保障法中将社会照料服务权利法定化是无法实现应然与实然的有效结合的，老年人社会照料服务权利的有效实现还需要诸多具体制度的构建。社会照料服务制度建设应包含如下内容：

1.建立居家照料制度

国务院和地方各级人民政府应当采取措施，建立和完善居家老年人服务制度，提高老年人生活质量。鼓励社会照料服务机构、社会工作者和志愿者为居家老年人提供生活照料、家政服务、紧急援助、康复护理和心理咨询等多种形式的照料服务，为老年人的赡养义务人、扶养人普及照料服务常识。居家养老具有成本低、覆盖面广、服务方式灵活等诸多优势。通过居家照料服务，可以让一部分家庭经济有困难但又有照料服务需求的老年人得到精心照料，从而对稳固家庭、稳定社会起到良好的支撑作用。

2.建立社区照料制度

地方各级人民政府和有关部门、城乡基层群众性自治组织应当积参与社区服务，健全老年人日间照料机构，完善适应老年人需要的生活服务、文化体育活动、疾病护理与康复等服务设施和网点。鼓励社区居民发扬邻里互助的传统，提倡邻里间关心、帮助有困难的老年人。

3.建立机构照料制度

各级人民政府应当培育和发展为老年人提供照料服务的社会组织。政府和社会采取多种形式，培训和发展专职、兼职和志愿者相结合的照料服务人员。国务院和地方各级人民政府有关部门应当制定社会照料服务标准、社会照料服务收费标准、社会照料服务从业人员资格标准等，规范社会照料服务工作。制定和完善照料服务机构星级评定标准，坚持抓规范化和标准化建设，加大对照料服务机构的监管力度，形成层次不同、内容多样、水平相异的社会照料服务体系。

4.建立城乡一体化的照料服务制度

推进城市社会照料服务与农村养老制度的并轨。根据宪法规定，凡是达到退休年龄的公民，都应该享有国家给予的养老保障。从公平的角度讲，无论城乡，老年人享受到的社会照料服务应该是均等的，大致处于同一水平。目前，农村养老保障体系刚刚建立，覆盖面较窄，标准较低。大部分农村老年人还只能依靠家庭供养或通过劳动实现自我供养。农村劳动人口流动性大、老年人服务设施建设滞后等诸多因素，导致农村老年人生活艰困，精神慰藉缺乏，社会参与度低。因此，在今后的老龄工作中应当将农村老年人的权益保障作为一项重点工作来做。同时，在修改老年人权益保障法时，也应着重研究农村老年人的权益保障问题。

建立新型的以居家照料为主、以社区照料为依托、以机构照料为补充的社会照料服务体系，由社会与家庭共同分担养老费用，是符合我国经济社会发展水平的养老模式。

（三）保障监督机制

1.建立多元化的老龄工作体系

修改老年人权益保障法，应明确老龄委与老龄工作相关部门在社会照料服务事业发展中的职责。国外老龄法制工作体系普遍形成了一个覆盖面广、渗透性强，从联邦到各州、从立法到执法、从政府部门到非政府部门、从专业人员到志愿者、从养老保障机构到社区的庞大体系和网络，每个涉老组织都在不同网络的交叉点上发挥着各自的作用。

2.明确政府责任，完善扶持政策

修改老年人权益保障法，应强化政府发展老龄事业的责任，各级政府应当根据老年人的需求和照料服务行业发展的需要，加快公共养老设施建设。政府可以采取公办民营、合作经营、委托管理、服务外包等运行模式。地方各级人民政府作为公办养老机构的投资主体和国有资产的监管人，负有保障机构正常运行的职责。

3. 加强财政支持保障

修改老年人权益保障法，应明确规定社会养老事业专项资金，各级政府要将社会照料服务经费列入财政预算。中央财政要对社会照料服务建设设立专项补助资金，积极支持地方照料服务建设。由政府负担公办养老机构的运营开支，加大对民办照料服务机构的资金支持力度，采取财政补贴的方式，支持社会资本投资建设的社会照料服务行业。继续推进“全国社区老年服务星光计划”，加强福利彩票收益支持照料服务建设的力度。

4. 建立社会照料服务标准

国务院和地方各级人民政府有关部门应当制定社会照料服务标准、社会照料服务收费标准、社会照料服务从业人员资格标准等，规范社会照料服务工作，明确照料服务的原则。要求提供居家照料、社区照料和机构照料的机构、从业人员以及医疗机构等应当尊重老年人的尊严、信仰、需要和隐私，并尊重他们对照顾和生活品质的抉择权利。科学制定照料服务机构的收费标准，规范照料服务机构的收费行为，保护照料服务需求者的合法权益。

5. 建立社会参与机制

政府应当培育和发展为老年人提供照料服务的社会组织。政府要采取多种形式，培训和发展专职、兼职和志愿者相结合的照料服务人员。弘扬志愿服务精神，引领志愿服务参与社会照料服务，形成长效机制。

（四）执法监督及司法保障

1. 加强执法检查

各级人大常委会要加强对老年人权益保障法的执法检查，推动政府依法履行职能，落实老年人的合法权益，督促社会照料服务的健康发展。执法检查是宪法和法律赋予各级人大常委会的一项重要职责。通过执法检查，重点总结、推广地方社会照料服务的有益经验，完善社会照料服务体系的保障机制，从而促进社会照料服务体系建设，促进老龄事业健康发展。

2. 建立司法保护制度

我国法律已经确定，国家保护公民养老权的实现、公民社会照料服务权利的实现有赖于政府公共服务职能的履行。但鉴于我国公益诉讼制度的缺失，社会保障权的司法保护处于空白阶段。关于养老权的可诉性，传统学说大多持否定态度。传统理论认为，社会权本身不具备可诉性，故属于社会权的养老权也不具备可诉性。其合理性在于充分考虑到了以养老权为代表的社会权的实现依赖于国家经济社会的发展水平，无法由司法权强制实施。然而，随着理论与实践的发展，社会权的不可诉理论面临着挑战。南非、芬兰等国宪法确认了社会保障权及其可诉性。基于社会养老权的基本权利属性以及对于公民年老时生存权的维护，社会养老权必须具有相应的司法救济机制。

结　语

随着我国人口寿命的延长和家庭结构的小型化，单身老人、与子女分居老人、高龄老人以及失能老人的数量在持续增加，以家庭照料模式为主的老年人照料方式面临着严峻挑战，如何构建社会照料服务制度和照料服务体系已成为提升老年服务水平的重要内容。本章从理论、实践、制度和规范层面对我国老年人社会照料制度进行了较为系统的研究，并就相关问题提出了解决之道。

社区照料服务的理念起源于英国的“社区照顾”，发展至今已经形成一种复合型、全方位的照料服务体系。根据我国社会照料政策的走向，可以把社会照料服务界定为以居家照料为基础、社区照料为依托、机构照料为补充的新型照料模式。具体而言，居家照料是指老人仍在家居住，但享有政府、社会、社区提供的照料资源和照料服务；社区照料是以社区为场域，调动各种社会力量参与照料的老人服务模式；机构照料是由照料服务机构为老年人提供日常生活照料服务，包括饮食起居、生活护理、医疗保健、文化娱乐等服务内容。尽管我国非常重视构建老年人社会照料制度，政府不断出台政策和加强立法以完善社会照料制度，但是由于我国老龄化的历史不长，老年人照料制度在规范层面仍存在政策主导、法律缺失、法律责任不明确、实施机制不健全等问题，不能较好地提供多样化的服务、覆盖尽可能多的老人，特别是个性化、专业化的服务更是有所欠缺，从而在一定程度上造成不同经济能力、不同自理能力和有不同喜好的老人得不到相应照料。

毫无疑问，政府在完善老年人社会照料制度、构建社会照料服务体系方面处于主导地位，社会照料服务制度的完善必须加强政府的主导作用，明确政府在不断加大对老年人照料公共财政投入的基础上，加强宏观规划，制定具体扶持政策，倡导良好社会氛围，做好监督管理。在具体的实践中，可以通过修改老年人权益保障法和相关立法，完善社会照料制度，将政府置于责任和义务的中心，这意味着政府应当出台政策，提供资金支持家庭承担养老责任，而不是直接接受养老的责任；政府应当通过经费和政策推动社区养老服务网络建设，将宜居环境建设与社区养老环境和条件建设相结合，建立有效的社会养老依托平台；政府应该有统一的社会养老设施建设规划，将社会养老设施纳入城乡经济社会发展规划；政府应当统筹资金用以资助、补贴社会养老设施建设，鼓励和支持社会养老机构发展，建立公办公营、公办民营、民办私营的多远养老机构体系，并在一定程度上保证社会养老机构的公共福利性和社会伦理性；政府应当出台政策措施畅通养老机构向社区、家庭输送养老服务的渠道，建立和完善社会养老机构与社区、家庭合力养老的机制。面向特殊老年人，还有必要建立政府购买社会服务机制；政府应当制定社会养老服务从业标准，加强社会养老服务职业培训和职业教育，提高社会养老职业水准；政府还需要在调查研究的基础上，逐步建立社会养老职业类别，建立和完善社会养老服务职业保障，提高社会养老服务职业化水平；政府应该加强对社会养老服务行业的规范管理，包括福利设施、从业人员以及服务标准和收费等监管；加快志愿服务立法，鼓励和支持志愿者、志愿服务组织面向老年人提供养老志愿服务，使志愿服务成为社会养老体系不可或缺的内容。

当然，我们在积极完善我国老年人社会照料制度和照料服务体系的过程中要着力处理好以下四个关系：第一，处理好整体福利提升与重点群体得益的关系，在适时适度提高老年人照料整体福利水平时，要集中财力解决好困难老人在生活照料、医疗服务方面的困难，让最需要照料的老人首先得益。第二，处理好社区居家照料与机构集中照料的关系，以家庭为基础、以社区为依托的社区居家照料是基础性的社会化照料服务形式，更符合于老年人的家庭情感诉求。但是，也要积极为身体不能自理、需要长期专业照料的老人提供照料机构。第三，处理好生活照料与精神慰藉的关系，老年人照料的重点是完善基本生活照料，这是提高老年人生命质量的基础。同时，要坚持“健康老龄化”与“积极老龄化”的理念，进一步拓展精神慰藉、文化生活方面的多样化、个性化服务，提升老年人自我价值和社会价值。第四，处理好国际经验与中国传统的关系，既要广泛吸收发达国家和地区发展社会化、专业化老年照料的成功经验，同时也要弘扬我国尊老、敬老、爱老的传统美德,强化家庭赡养、自助等功能以及子女在养老方面的意识和责任,实现老年人照料与传统家庭养老的有机结合。[①]

总而言之,为了满足老年人快速增长的长期照料需求,我们应该通过"政府主导,社会协同,家庭参与"的合作共治模式,逐步构建起以社区居家照料为主、机构照料为辅的社会化照料格局,在服务功能方面,逐步形成多种类型、不同层次的照料形态,进而更好地为老年人照料提供制度性安排和多样化选择。

① 参见周太彤:《上海老年人照料体系构建中的政府责任》,载《社会福利》2006年第7期。

第四章

老年人社会救助制度

一个良性发展的社会应在造就一批富人的同时，减少穷人的数量，尽量使穷人过上一般水准的生活。老年人社会救助制度旨在使老年人中的“穷人”过上一般水准的生活。具体而言，是指当老年人中特定群体的生活水平低于国家规定的最低生活保障水准时，有权通过法定程序获得国家和社会按照法定标准提供的现金、物质或其他形式的救助以帮助其脱离生活困境的法律保障制度。老年人社会救助是伴随着老龄化社会的到来而出现的一项社会保障事业，它是老年人的基本权利，对应于国家的积极保障责任，国家应当积极采取行动解决特定老年人的生活困境，满足其最低生活需求。对弱势老年人提供社会救助是老年人权益保障的题中之意，也是世界各国的普遍做法。由于我国特殊的老龄化国情，老年人社会救助与西方国家相比存在很大差异，如我国老年人社会救助的覆盖范围窄、救助水平低、救助内容不全面等。为了保证我国经济的平稳发展和社会的和谐安定，有效应对老龄化危机，必须采取适当的举措克服当前我国老年人社会救助制度存在的问题与不足，进一步完善和发展我国老年人社会救助制度。

第一节　老年人社会救助概述

社会救助是指在公民因各种原因导致难以维持最低生活水平时，由国家和社会按照法定的程序通过调整国民收入等再分配措施给予款物接济，以使其生活得到基本保障的制度。获取社会救助是公民的一项基本权利。老年人社会救助是社会救助体系的重要组成部分，与社会救助在理念、原则等方面具有共同点，但由于救助对象的不同，也有自己的特殊性。从救助内容上来讲，老年人社会救助主要包括生活救助、医疗救助、住房救助、法律救助等；从救助原则上来讲，老年人社会救助应当坚持平等原则、最低生活水平保障原则、政府主导原则以及公民自愿原则。

一、老年人社会救助的含义

（一）社会救助的含义

由于国情的差异，不同国家和地区的学者对社会救助的理解见仁见智，即便是同一国家的学者对社会救助的理解也不尽相同。学者们从不同角度对社会救助进行了阐述。英国学者 Carol Walker 对英国社会救助制度进行了深入研究分析，在此过程中概括、阐述了社会救助的含义。他认为："社会救助一般包括社会保障政策中所有需要经过家计调查才能给付利益的内容，主要是指收入支持保障，即对那些没有工作又不能享受国家社会保险的人，经过家计调查之后，给予相应的救助。"①这个定义明确了社会救助的本质——收入支持保障，强调了家庭经济情况调查对于获取社会救助的重要性。只有经过调查并达到法定要求和标准后，才能够获得相应的社会救助，即经济状况的调查是获取社会救助的前提。我国台湾地区学者江亮演认为，"社会救助也就是对需要他人救助者，以政府及社会大众的力量给予救济或扶助的一种制度"②。该定义对救助对象、救助标准以及实施救助的主体进行了说明，指明了社会救助的主要内涵，符合在逻辑上下定义的要求。

---

① Carol Walker, *Managing Poverty: The Limits of Social Assistance*, London&New York: Routledge,1993, p. 2.

② 江亮演：《社会救助的理论与实务》，桂冠图书股份有限公司 1990 年版，第 1～2 页。

但由于过于概括和抽象，它对于理解社会救助的作用非常有限。学者郑功成认为，社会救助“是指国家与社会面向贫困人口与不幸者组成的社会脆弱群体提供款物接济和扶助的一种社会保障政策，它通常被视为政府的当然责任或义务，采取的也是非供款制与无偿救助的方式，目标是帮助社会脆弱群体摆脱生存危机，以维护社会秩序的稳定。社会救助的外延，则包括灾害救济、贫困救济和其他针对社会脆弱群体的扶助措施”①。这一定义从内涵和外延两个方面较为细致全面地对社会救助进行了说明，指出社会救助的实施主体是国家和社会；救助对象是贫困人口与不幸者组成的社会脆弱群体；救助内容表现为款物接济和扶助；救助实质是政府的当然责任或义务；救助的直接目的是为了社会脆弱群体摆脱生存危机，最终目的是为了维护社会秩序的稳定；救助的类型通常表现为灾害救济、贫困救济和其他救济。学者时正新则认为：“社会救助是在公民因各种原因导致难以维持最低生活水平时，由国家和社会按照法定的程序给予款物接济和服务，以使其生活得到基本保障的制度。”②该观点对救助的主体、对象、条件、标准等四个方面进行了说明，指明了救助的条件是“难以维持最低生活水平”，救助的标准是“生活得到基本保障”。学者曹明睿认为：“社会救助是国家和社会对长期或者临时陷入贫困的公民，通过动员国民收入的再分配，给予其最低生活保障并适当考虑其发展的一种对策和行动。”③这一定义从资源分配的角度，将社会救助定性为国民收入再分配的主要形式；在救助的标准上，除“给予其最低生活保障”外，还应当“适当考虑其发展”。学者唐钧认为：“社会救助（social assistance）是现代国家中得到立法保障的基本公民权利之一，当公民难以保障最低生活水平时，由国家和社会按照法定的程序和标准向其提供保证其最低生活需求的物质援助的社会保障制度。”④该观点从福利国家的角度，明确了社会救助的实施主体、开展救助的步骤和程序，指出社会救助属于社会保障的范畴，是公民的基本权利，对应于国家的保障责任。1965年美国出版的《社会工作百科全书》指出，社会救助是“社会保险制度的补充，当个人或家庭生计断绝而急需救助时，给予生活上的扶助，是在整个社会保障

① 郑功成：《社会保障学理念、制度、实践与思辨》，商务印书馆2008年版，第13～14页。

② 时正新：《中国社会救助体系研究》，中国社会科学出版社2002年版，第3页。

③ 曹明睿：《社会救助法律制度研究》，厦门大学出版社2005年版，第28页。

④ 唐钧：《市场经济与社会保障》，黑龙江人民出版社1995年版，第11页。

体系中，最富有弹性而不受拘束的一种计划”[①]。

综观上述观点，尽管研究角度不同，但对于社会救助的论述不外乎社会救助的主体、对象、条件、形式、标准、本质、程序等六个方面。对于救助主体，学者普遍赞同是国家和社会；对于救助对象，学者们也都认为是一国弱势公民。对于救助条件，观点有所不同：有学者认为是“没有工作又不能享受国家社会保险”；有学者认为是“需要他人救助者”，也有学者认为是“贫困人口与不幸者组成的社会脆弱群体”，是“因各种原因导致难以维持最低生活水平”；还有学者认为是“长期或者临时陷入贫困”。对于救助形式，学者普遍认为是“款物”等方面的物质救助。对于救助标准，有学者认为是“生活得到基本保障”，也有学者认为是“最低生活保障并适当考虑其发展”。对于救助本质，有学者认为是“公民的基本权利”，也有学者认为是“维护社会秩序的手段”。对于救助程序，仅有少数学者进行了论述，并强调经济状况调查的重要性。

基于“福利国家”理念，社会救助应是公民的一项基本权利，对应于国家的积极保障责任。我国《宪法》第 45 条明确规定：“中华人民共和国公民在年老、疾病或者丧失劳动能力的情况下，有从国家和社会获得物质帮助的权利。国家发展为公民享受这些权利所需要的社会保险、社会救济和医疗卫生事业。”现代国家对于贫困者实施救助，早已不是国家的施舍行为，而是国家或政府的当然责任。基于社会救助实施的操作性的考量，对于社会救助的条件，我们认为，应当采取“低于最低生活保障”的标准。正如有学者认为：“社会救助的受益对象是所得或资产低于‘最低维生水准所得’以下的人群，也就是所得低于‘贫穷线’或是贫穷门槛、贫穷水准，或贫穷指数以下的国民。”[②]基于北欧等国因福利国家理念而造成的“懒人国”现象的现实教训，对于社会救助的标准，应当达到“最低生活保障”即可，而不能使被救助者在获得救助后的生活水准超过不需要救助者，救助的形式应限于“物质”救助。基于社会救助在某种程度上是资源再分配过程的考虑，应当特别强调国家和社会实施社会救助的程序。

综上所述，我们认为，社会救助是在公民因各种原因导致难以维持最低

---

① 转引自孙达文：《英美德三国的社会救助制度》，载《改革与开放》2003 年第 12 期。

② 林万亿：《社会福利》，五南图书出版股份有限公司 2010 年版，第 194 页。

生活水平时，由国家和社会按照法定程序通过调整国民收入等再分配措施给予款物接济，以使其生活得到基本保障的法律制度。在现代社会，获取社会救助是公民的一项基本权利。普遍来说，社会救助是整个社会保障体系的最后一道守护门，旨在保障和实现公民的生存权和发展权，满足公民最低层次的需求，实现增强弱势群体的生存与发展的能力的目的，并协助其自立、自强。

需要说明的是，社会救助与社会保障区别甚大。社会保障是指国家通过立法，科学配置各种社会资源，帮助公民获得基本的生活保障。社会保障项目涉及因年老需要救助的养老保险、因疾病需要救助的医疗保险，还有失业保险、生育保险等。可以说，社会保障是让公民获得基本生活需要的综合性的制度体系，涵盖社会保险、社会福利、社会救助和优抚安置等内容。而社会救助旨在维持贫困群体的生活水平，是社会稳定的最后一张安全网，处于社会保障的最低等级。社会救助之所以区别于社会保障的其他层次是由其自身的特殊性决定的。社会救助的特殊性体现在以下四个方面：一是履行救助义务主体的单向性。一般来说，实施社会救助的主体是国家和政府。各国宪法普遍确立国家和政府实行社会救助的主导机制。不仅如此，履行救助义务的单向性还体现在公民不需要支付相应对价就可以获取救助，即社会救助是无偿的。二是设定救助标准的严格性。社会救助的目的并不是改善所有公民的生活条件，不是提高每位成员的收入水平，而仅限于帮助弱势群体摆脱生活困境。三是接受救助对象的特定性。享有社会救助的对象通常只能是符合法律、法规规定的救助条件，无法摆脱和克服生活困境的社会成员。四是开展社会救助项目的多样化。社会救助的救助形式包括实物救助、现金救助等物质手段，也包括应急暂时救助项目和长期稳定救助举措。

（二）老年人社会救助的内涵

老年人社会救助是社会救助的重要组成部分，与其他社会弱势群体的救助在理念、原则等方面具有共同点，但由于老年人自身的特殊性，老年人社会救助相比较其他社会弱势群体的救助又有其特殊性。

从理念上来看，社会救助是针对社会弱势群体进行的救助。关于“弱势群体”一词，目前理论界尚未形成统一的认识。美国社会工作专家 Rothman 认为，弱势群体是指那些由生活机会所造成依赖的人群，包括年老体弱的人、身体或精神残疾的人及童年时期丧亲或父母丧失抚养资格的儿童。[①] 美国社会专家吉特曼和舒尔曼认为，弱势群体是指那些“由他们无力控制的环境和事件所压倒的人。他们包括艾滋病人、无家可归者、性虐待者、社区和家庭暴力的牺牲者等”[②]。孙迪亮在《社会转型期城市弱势群体的特征、成因及扶助》一文中指出：“弱势群体存在于任何社会、任何时代，而社会转型期尤甚……城市弱势群体主要指下岗职工、失业人员、停产或半停产企业职工、早退休或被拖欠退休金人员以及因疾病、年老、孤寡伤残而领取最低生活保障金的人员，其形成和凸显的最直接表现是大批下岗职工和失业人员加入进来并构成其主体部分。”[③]

综合上述对弱势群体的理解，不难看出，老年群体的弱势特征使他们当然地被包含在弱势群体的范围内。总体来看，与其他弱势群体相比，老年群体的弱势特征体现得更加明显和特殊。例如，他们在政治上往往处于弱势地位，对比主流群体基本没有话语权。又如，经济方面也因难以获得发展而越加“贫穷”。再如，意识文化层面的日渐改变，让老年群体通常面临自身价值难以得到肯定的状况，以致逐渐丧失满足感，这些情况使他们需要得到社会更多的关注和重视。况且，生活质量方面，老年人的各项身体机能与以前相比都会有不同程度的下降，高龄老人更是如此，在家庭生活中的作用无法发挥，维持生活或是自主工作的能力也随之弱化，甚至有些老年人都不能照顾好自己的饮食起居。这些情况均使他们与其他弱势群体区别开来。一般来说，老年人与儿童一样需要情感呵护和精神照顾。对老年人给予精神慰藉具有重要意义。[④] 有学者直接指出，老人虐待可能会是一个比儿童虐待、婚姻暴力更容易受到忽略的问题，由于老人对照顾者的依赖、比未成年的儿童具有自主性，以及为了面子而难以启齿的窘境等，均使得老人对于遭受虐待的事实有所隐瞒。[⑤] “老人被忽视或遗弃、虐待，对于老人的身心都是严重的伤害，当老人遭受到这些危害时，应由社会工作者或相关专业人员介入，

---

① J. Rothman, *Practice with Highly Vulnerable Clients*: *Case Management and Community-Based Service*, New Jersey: Prentice Hall, pp. 3-4.

② 转引自曲波：《国际私法本体下弱者利益的保护问题》，法律出版社 2009 年版，第 17 页。

③ 孙迪亮：《社会转型期城市弱势群体的特征、成因及扶助》，载《理论研究》2003 年第 1 期。

④ 参见戴章洲、吴正华：《老人福利》，心理出版社股份有限公司 2009 年版，第 41 页。

⑤ 参见黄源协、萧文高：《社会政策与社会立法》，双叶书廊 2006 年版，第 323 页。

以保障老人生活安全”①。因此，作为社会安全网络的最低层次的保障制度应该给予社会价值和个人价值都逐渐退步的老年群体更多的项目支持和政策倾斜。

依据我国社会救助的现有法律和理论，老年人社会救助是根据社会经济发展水平，为老年群体满足最基本的生活需求划定一条维持最低生活水平的保障线，当老年人生活遇到困难，且收入水平低于最低生活保障线时，有权通过法定程序得到国家和社会按照法定标准提供的现金、物质或是其他任何形式的救助以帮助老年人脱离困境的制度。② 可见，老年人社会救助的对象是弱势的老年群体；主体是政府和社会；标准是保障老年群体的基本生活；目标是帮助老年群体解决生存难题，促进社会和谐。老年人社会救助应针对不同救助对象的需求而有不同的表现形式，应当包括生活救助、医疗救助、住房救助以及费用减免等制度。老年人社会救助制度应是一个相对综合和立体的结构体系，其体系的构建不仅要考虑贫困老年人的经济需要和社会需要，还要兼顾到全体老年人的心理需要和部分高龄老年人、残疾老年人的特殊需要，体现出老年人社会救助制度的网络化和层次性。

二、老年人社会救助的功能

一个良性发展的社会应在造就一批富人的同时，减少穷人的数量，尽量使穷人过上一般水准的生活。社会救助就是使穷人过上一般水准的生活的一项制度。老年人社会救助在一国社会救助体系中无疑处于极其重要的位置，而在整个国家社会保障体系中同样具有特别重要的影响力，其作用主要体现在以下三个方面：

（一）保障弱势老年人生存权，促进其平等发展

生存权是最基本的人权，若连基本的自我生活能力都得不到实现，则其他权利更无从获得保障和满足。保障弱势老年人的基本生存权是建立老年人社会救助制度的初衷所在，也是完善老年人社会救助制度的意义所在。当老年人的生活条件由于某种状况不能满足最低生存需求时，就有权利要求政府为其提供物质救助，以维持社会最低生活水平。从受助者的角度而

① 陈慧女：《法律社会工作》，心理出版社股份有限公司 2006 年版，第 350 页。

② 参见曹明睿：《中国社会救助法律制度研究》，厦门大学出版社 2005 年版，第 159 页。

言，老年人社会救助的功能就在于“使受救济人得到符合人的尊严的生活上的保障，保证失去自我生存能力而又不可能得到其他外界救助的人，或者是生活状况发生不利变化的人，有一个合乎人道的生活状况”[①]。当然，老年人社会救助不能仅仅停留在让老年群体满足生存需要的最低保障层次，而应该有所提高，最好能够为老年人进一步发展和追求其自身的价值提供相应的援助，创造必要的环境，尽可能地帮助他们摆脱所处的困境，实现社会平等和谐。保障所有社会成员的生存发展权是国家和社会的职责和义务，理所应当，也包括接受社会救助的群体在内。在进行社会救助的过程中，政府应该通过采用积极的救助方式，为这部分弱势群体获得平等的生存发展权创造条件，维护接受救助群体的人格尊严和发展权益。

（二）稳定社会秩序，促进经济进步与社会和谐发展

老年人社会救助是社会保障制度的最低层级的内容，更是社会保障制度的“托底”网络，足见社会救助在稳定社会秩序、促进社会经济、构建社会和谐方面的主导地位。一方面，政府实施老年人社会救助帮助贫困老年群体维持最低生活的需要，保证他们在基本生存方面无后顾之忧，从而达到稳定社会秩序之效果。另一方面，老年人社会救助可以为经济进步与社会和谐提供良好的氛围。倡导积极的老龄化战略，采取多种手段大力鼓励老年人主动参与社会建设，同时重点发展老年产业、银色产业，为繁荣老年经济创造必要的条件，让整个社会和老年群体本身都可以适应老龄化的趋势。不仅如此，建立健全老年人社会救助制度还可以广泛动员社会力量兴办社会化养老事业，促成多种形式养老机构共同发展的局面。

（三）协调社会利益关系和优化资源配置

马克思主义的社会观认为，人类社会是由各种不同利益关系的集合体所构成的。从本质上看，人类的结合正是由于彼此间存在着共同的利益关系，人类的社会生产也是为了满足自身在经济、政治、文化等方面的诉求。在社会转型的特殊阶段，由于社会资源相对有限，利益主体本身条件差异和地位的层次区别等原因，人们往往无法获得对等的利益，公平地享有社会利益更无从谈起。因此，应采取适当措施缓和利益主体之间的矛盾，调整社会

---

① 《德国联邦社会救济法》第1条。转引自史探径主编：《社会保障法研究》，法律出版社2000年版，第330页。

各方面的利益分配。老年人社会救助制度的目的就在于对老年弱势群体开展全面的救助计划，切实满足他们在物质、医疗、住房等各个方面的基本需求，协调社会利益关系，优化社会资源配置。

三、老年人社会救助的内容与原则

（一）老年救助的内容

老年人社会救助应当从生活、医疗、住房等方面着手。根据现行《老年人权益保障法》第23、26、29条的规定，我国老年人社会救助的内容包括生活救助、医疗救助、住房救助、法律救助等。

1. 生活救助

生活救助作为对老年人社会救助最基本的内容，是“老有所养”最基本的要求，是我国传统养老之道的核心内容。生活救助主要是针对我国老年人口中的低于最低生活水准者实施的，是老年人社会救助的主要组成部分。对无劳动能力、无生活来源、无赡养义务人和扶养人，或者其赡养义务人和扶养人确无赡养能力或者扶养能力的老年人，由民政部门给予生活救济。各级政府对生活水平低于当地最低生活保障的标准的老年人实行社会救助。

2. 医疗救助

对于老年人特别是弱势老年人给予医疗救助是世界多数国家和地区的普遍做法。我国台湾地区《社会救助法》第18条规定，低收入户之伤、病患者，或患严重伤、病而所需医疗费用非其本人或扶养义务人所能负担者，得检同有关证明，向户籍所在地主管机关申请医疗补助。借鉴此做法，老年人或赡养义务人、扶养人无力支付医疗费用的，可以向主管机关提供相关证明文件，包括个人资产证明、住院证明等，以申请医疗救助。主管机关在收到证明文件后，应当及时审核并按规定予以适当救助，如果情况特殊，还可以发动社会慈善救助或启用社会救助资金。综观世界多数国家和地区，基于福利国家、社会公平等理念，老年人看病均是“免费”的，这就要求国家应当为老年人中的弱势者提供医疗救助。当然，一个国家的医疗状况与该国的经济发展水平密切关联，而以我国目前的经济发展水平，给予老年群体特别是高龄老年人和残疾老年人医疗救助具有现实紧迫性。

3. 住房救助

随着老龄化浪潮的来临，住房问题已经成为影响老年人身心健康和社会和谐的重大社会问题。[①]“老有所养、老有所医、老有所学、老有所为、老有所乐”均离不开“老有所居”。对于我们这样一个有安土重迁的文化传统的国度来说尤其如此。因此,对弱势老年人群体提供住房救助是社会救助不可缺少的一环。对于符合国家专项救助标准的住房困难的家庭,县级人民政府应当按照规定通过提供廉租住房、住房租赁补贴、经济适用住房等方式予以保障,在寒冷地区还应当给予冬季取暖补助。

4.法律救助

老年群体面对的很多问题需要得到法律救助,只有在广泛的范围内健全法律救助机制,才能有效维护老年人的基本权利和社会和谐。例如,老年人为追索赡养费、扶养费、抚恤金、养老金、最低生活保障金、医疗费等向人民法院起诉,交纳诉讼费用有困难的,人民法院应当按照国家规定免收、减收或者缓收诉讼费用。又如,经济困难的老年人申请法律援助的,法律援助机构应当简化审批程序,优先提供法律援助。还如,经济困难的老年人申请办理公证的,公证机构应当按照规定减免公证费。再如,老年人主张合法权益有困难的,其所在的乡镇人民政府、街道办事处和村民委员会、居民委员会应当提供帮助,等等。

当然,老年人社会救助的内容还应包括对于流浪老年人等特殊弱势群体的救助,以及对一些特殊老年人死亡时提供免除丧葬服务费等特殊形式的社会救助。例如,无劳动能力、无生活来源又无赡养义务人和扶养人,或者其赡养义务人和扶养人确无赡养扶养能力的老年人,享受最低生活保障的老年人,以及属于重点优抚对象的老年人死亡的,免除基本丧葬服务费。

(二)老年人社会救助的原则

1.平等原则

社会救助权作为一项基本人权,国家应当对其进行平等保护。任何公民无法维持基本生活需求时,均能够依照法定程序向国家和社会申请救助。政府实施老年人社会救助只能依据法律划定的最低生活保障线,最低生活保障线的划定标准也并不能因为部分社会成员的身份差别或是某些公民的职业差别而区别对待。只要公民的生活难以为继时,都应平等获得国家和社会的救助。

---

① 参见周春发、朱海龙:《老年人住房政策:国际经验与中国选择》,载《人口与经济》2008年第2期。

2.政府主导、社会协同原则

作为基本权利的一个类别,弱势老年人获取社会救助对应于国家和政府的积极责任。因此,老年人社会救助是政府应该承担的义务,政府应是实施老年人社会救助的主导力量。除此之外,基于行政效能的考虑,老年人社会救助事业应当借助于社会的力量,逐步实现救助社会化。除政府外,企业、机构和慈善团体等各种社会力量也应当成为老年人社会救助的实施主体。在政府与社会的救助关系上,应当坚持政府主导、社会协同的原则。

3.最低生活水平保障原则

保障救助对象的生存是维持最低生活水平原则的基本体现,也是老年人社会救助的最基本目标。老年人社会救助的首要任务就是保障受助群体的最低层次的生活需求。老年人社会救助制度所划定的救助标准,属于最低层次的社会保障制度。

4.公民自愿原则

公民参与行为对老年人社会救助制度的建设具有重要的辅助作用。为此,应当鼓励公民自愿帮助其他社会成员,鼓励社会组织借助自身的资源优势发挥力量对弱势的老年群体进行救助。

第二节　老年人社会救助的历史发展与现存问题

回顾我国老年人社会救助制度的发展历程对于深入了解和研究该制度具有重要意义。在古代,对老弱群体的救助很大程度上是依赖于道德和宗法,依赖于皇权的恩惠。在近代,中国一方面因为受传统儒家思想的影响,另一方面又开始接受西方社会的福利思想和老年人救助实践,逐渐形成了一种独特的应急型、补救型的救助模式。从新中国成立以来,我国社会救助的发展目标、项目实施以及工作任务也伴随着经济和政治的改变而不断调整,与国家的发展和时代的演变紧密结合,老年人社会救助制度也逐渐系统化、科学化、合理化。但是,不可否认,我国现行老年人社会救助制度也存在诸如法制建设落后、城乡差异明显、救助效益低下等问题。

一、我国老年人社会救助制度的历史发展

我国传统文化中一直存在“济贫”观念。在古代,对老弱群体的救助很

大程度上是依赖于道德和宗法的约束，依赖于皇权的恩惠。

儒家学派的代表孔子在《礼记·礼运》中通过"人不独亲其亲，不独子其子；使老有所终，壮有所用，幼有所长，矜寡孤独废疾者，皆有所养"，表达了对老年弱势群体的重视，可以看作是古代思想家对弱势群体救济的萌芽阶段。孟子也非常关注老年群体的社会救济问题。《孟子·梁惠王上》中有云"老吾老以及人之老，幼吾幼以及人之幼"，提升了对老年弱势群体的关怀程度，老年群体应该获得可以使其安享晚年的救助标准。管仲则论述了国家对生病老年人进行照料的责任。《管子·入国》曰："凡国都皆有掌病，士人有病者，掌病以上令问之，九十以上，日一问；八十以上，二日一问；七十以上，三日一问；众庶五日一问；疾甚者以告，上身问之。"

但是在春秋战国生产力低下的时代，对老年弱势群体的救助或许仅仅是一种美好的政治愿望或是治国手段，到秦汉时期老年人社会救助实践才获得初步发展，开始出现了专门的救助机构。

唐宋时期，针对老年群体的救助项目变得更加全面，救助机构也随之增多，甚至出现了专门救助贫穷老人、病人、残疾人及孤儿的救助机构——由寺院创办的"悲田养病坊"。北宋时期，建有东、西福田院，对无家可归的老年人进行救济和帮助。

元明清时期，对老年人的社会救助措施更加丰富和完整，在法律文本中出现了专门的监督和责罚条文，社会互助和民间救助也得到进一步的发展。《大明律》规定："凡鳏寡孤独及笃疾之人贫穷无亲属依倚不能自存，所在官司应收养而不收养者杖六十，若应给衣粮而官吏克减者以监守自盗论。"[①]可见，如果官员不履行对老年群体的救助将会受到相应的处罚。

在近代，中国一方面受传统儒家思想的影响，另一方面又开始接受西方社会的福利思想和学习西方的救助实践，逐渐形成了一种独特的应急型、补救型的社会救助模式。

新中国成立以来，我国社会救助的发展目标、项目实施以及工作任务伴随着经济和政治的改变而不断调整，与国家的发展和时代的演变紧密结合，在不同的社会阶段呈现出不同的特征。新中国成立初期，由于特殊的国情

---

① 转引自吴晓林：《中国古代社会对老弱群体的救济与启示》，载《澳门理工学院学报》2009年第3期。

和时代背景，社会救助基本属于大规模的紧急救助。大规模的紧急救助在短期内取得了成效，稳定了秩序。社会主义改造至“五五”计划时期是我国建立和发展社会救济制度阶段，这一时期最大的突破是在农村创立了“五保制度”。“十年动乱”期间，我国社会救助被当作修正主义遭到批判，社会救济工作处于停顿阶段，社会上出现了一大批虽然符合救济条件但却得不到及时救济的困难户。自改革开放到 20 世纪 90 年代初，我国社会救助工作得到了迅速恢复并不断发展。近二十年，则属于社会救助制度的改革和完善阶段。①

目前，我国的老年人社会救助向着综合制度体系发展，朝着综合全面救助方向推进，医疗补贴、法律援助和心理救助等救助内容也正在积极实践。对比最初的应急社会救济工程和目前历经多年发展的老年人社会救助体系，我国老年人社会救助发展虽然过程曲折，但取得的成就也非常显著，主要体现在以下几个方面：首先，建立了相对稳定科学的资金来源机制，中央和地方按比例负担、合理管理并分级使用。其次，大部分地区设立了专门工作机构负责老年人社会救助项目的运作和管理，完善职能部门设置，优化救助制度运行环境。再次，实施了一定数量的与老年人社会救助相配套的基础项目，还可以对老年群体进行发展救助等。最后，开展了形式丰富、内容新颖的老年人社会救助活动，涉及社区养老、个人认养等灵活可靠的救助方式。

二、我国老年人社会救助制度的现存问题

1996 年《老年人权益保障法》颁布实施以来，我国老年人社会救助在制度建设方面取得了长足的进步，但与理想的老年人社会救助制度要求还存在较大差距，法制建设还比较落后，城乡区别救助现象依然明显，救助效益还很低下。

(一)法制建设滞后

第一，立法理念落后。由于种种原因，我国目前的社会救助立法多是在迫切的现实救助需求下而被动进行的，缺乏主动性和前瞻性。许多制度和规范也都受到这种短期而急切的立法理念的影响，而变得不稳定、不成熟、

① 参见董海凤：《我国农村社会救济法律制度建立之思索》，载《经济视角》2011 年第 6 期。

不健全。例如，社会救助没有稳定的发展规划，缺乏成熟的实施计划，导致社会救助项目之间无法有效衔接和配合，影响了社会救助的效益。其实，正确的立法理念的出发点和落脚点应是更好地为社会成员的生存权和发展权服务，而当下的社会救助立法理念多是为了满足政府管理的需要，偏离了社会救助理念的应然方向。可以说，落后的社会救助立法理念阻碍了社会救助工作的有效开展以及社会救助效益的提高。

第二，立法体系不完整。新中国成立以来，虽然我国老年人社会救助立法取得了长足的进步，比如制定了《老年人权益保障法》《城市最低生活保障条例》，但缺乏老年人社会救助的专门立法，《社会救助法（草案）》虽然经过多年讨论但仍未获得通过。

第三，程序规范缺失。现有的社会救助法律规范中程序设计非常不规范、不完整。目前的社会救助程序性规范仅涉及申请手续和登记手续等方面，集中在申请、审查和批准等环节，缺乏对救助对象的救济程序和对政府主管部门的监督程序。

（二）城乡区别救助

城乡二元分治已经成为我国老年人社会救助制度发展的主要障碍。较之城市老年人相对充分的社会救助，农村老年人的社会救助权在实践中受到了“不公正待遇”。实际上，农村地区的老年人经济收入低，生活质量差，陷入贫困的几率较大，弱势特征更加突出，亟待解决的救助问题也更加复杂，理应得到制度上的倾斜性待遇。不仅如此，我国老年人城乡区别救助还体现在同一救助项目在城镇与农村的不同的救助范围、救助程序和救助标准等方面。社会救助的相关法律大都呈现出根据地区和对象有差别地进行救助的情况，或是提出城镇和农村有别，或是提出国家工作人员和农民不一样，在国家收入再分配的过程中，各项法律和政策也都向城镇地区有不同程度的倾斜。农村的老年群体无法享受到和城镇老年人一样的社会救助，更不用说倾斜性救助了。在加快推进以改善民生为重点的社会建设中，应当保证国民应有的公平待遇，打破城乡社会救助的非对称性安排，推进城乡社会救助一体化发展。

（三）救助效益低下

由于制度割裂、政出多头、监督机制缺乏等方面的原因，我国老年人社会救助工作的效益还很低下，尚不能满足老年人社会救助的现实需要。

1. 制度割裂是老年人社会救助效益低下的根本制约因素

社会救助制度是一种综合性、全方位的制度安排，既包括维持老年人的最低生活水平，还包括通过救助工作的持续开展，帮助老年群体正视困境，融入社会。但实践中，老年人社会救助往往偏向制度的经济支持目标，忽略了对受助对象人格尊严的保护等制度目标的实现，不少老年人由于自身是受助对象的特殊身份而受到歧视，老年人社会救助制度不仅没有促进社会融合，反而造成了某种意义的社会断裂现象。随着人口老龄化和人权观念的普及，老年人社会救助制度偏重于经济救助的单一方式应该得到改变，要把为老年群体服务的意识贯穿于物质援助的各项制度中，把经济援助和为老年群体服务等制度目标有效连接起来。

2. 政出多头是老年救助效益低下的关键制约因素

目前看来，我国尚未确立协调的老年人社会救助管理体制，各政府部门仅从部门利益出发颁布政策、设立救助机构和配备人员以及筹集和使用救助资金。例如，老年人社会救助资金的预算决算、使用监督通常是由财政部门负责，而如果老年人社会救助的资金来源于慈善机构捐助，那这部分救助款项则由慈善机构负责。又如，老龄工作和城乡低保是民政部门的工作内容，而医疗救助却又是卫生部门的职责所在。老年人社会救助系统的运行是不同部门依据不同的法律和政策展开的，呈现出多头管理、权责不明的样态。这不仅不利于各部门的协调配合，还增加了老年人社会救助的实施环节和运行成本，造成救助资金的浪费，不利于优化救助资源的配置。

3. 监督机制缺乏是老年人社会救助效益低下的重要制约因素

就像社会保障制度存在监管不力的情况一样，老年人社会救助制度也同样缺乏有效的监督机制。例如，在开展老年人社会救助活动的实践中，一些负责审查经济情况、批准实施救助的工作人员往往由于一己私利而为不符合救助标准的申请人“开绿灯”。又如，一些工作人员监守自盗，挪用政府救助资金和物资去牟取不正当利益，致使很多应当得到救助的老年人不能得到及时有效的救助。毫无疑问，没有监督机制的制度往往会走样。在老年人社会救助的实践中，只有确保监督机制的有效运行，才能提高救助制度的运行效益，进而发挥老年人社会救助制度的应有功能。因此，无论是单项救助活动的开展还是整体救助制度的运行，都需要一系列完整的监督程序来实现老年人社会救助的社会效益。

第三节 国外老年人社会救助的经验与借鉴

由于国情不同,每个国家的老年人社会救助制度在理念、原则、体制、机制等方面存在差异。有的救助制度综合立体,有的救助制度侧重对社会成员全面保护,有的救助制度则是针对部分成员实施专项计划。[①] 其中,欧美发达国家的救助制度比较完善,最能代表社会救助的发展趋势。而且近半个世纪以来,新兴工业国家开展的救助模式探索也为发展中国家老年人社会救助提供了诸多宝贵的经验。国外老年人社会救助在救助行为法治化、救助标准统一化、救助项目多样化和救助管理高效化等方面的成功经验均值得我国借鉴。因此,应当结合我国社会救助制度的现实环境,综合考量和借鉴国外社会救助的有益元素,构建中国特色的老年人社会救助制度。

一、救助行为法治化

任何一项制度的顺利推行和开展,都离不开法律的保障作用。社会救助实施效果较好、实施效益较高的国家,普遍对社会救助法制建设工作相当重视。早在1572年,英国伊丽莎白女王就决定在全国征收"济贫税",1601年又颁布了在人类历史上具有重大意义的《济贫法》,对收入低于最低工资标准的工人和贫困群体给予补助津贴。1834年还制定了新《济贫法》,明确社会救助是公民应当享有的权利,政府必须履行社会救助的义务,并为此成立了专门的管理机构。1948年成立国民救济委员会,国民保险法和国民救济法也开始推行,此后又先后颁布了《儿童法》《国民保障法》《国民救助法》和《补充救助法》等一系列法律,逐步形成了比较完善的社会救助制度,内容涵盖低收入家庭救助、儿童救助、老龄救助、失业救助及疾病救助等各个方面。英国由此率先进入了现代福利国家。

德国的社会救助制度,也被称为"济贫事务"和"福利事务",开始于20世纪初。德国政府于1942年制定了相关救济法令,首次对公共救助的享受条件、救助项目和标准作出了统一规定。1962年,前联邦德国颁布了新《联邦社会救助法》,具体规定了对特殊困难者进行社会救助的内容,之后不断

① 参见赵莹:《城市居民社会救助体系的问题与发展思路》,载《社会发展》2010年第4期。

对该法律进行修改,完善了救助的支付方式,扩大了对残疾者的救助,吸收了绝育和计划生育救助。两德统一之后,上述法规继续实行。

在美国,罗斯福总统于1935年颁布了第一部《社会保障法》,首次明确了"社会保障"的含义,建立了历史上第一个较为完整的社会保障制度。经过不断的修改和完善,开始建立起以公共福利方案为核心的福利制度建设,并逐步形成了现行的社会保障体系。社会救助,在美国称为"公共救助"或"福利补贴",是其中的重要组成部分。

由此,不难看出,国家对社会救助责任承担的方式,首先应该体现为制定相应的社会救助法,以满足老年人多方面的需要,保障老年人的基本生存权、发展权的实现。借鉴上述国家的经验,老年人社会救助的法制建设和完善已是必然趋势,只有这样,才能保证老年人社会救助各项工作的全面展开。

二、救助标准统一化

救助标准统一化并不强调救助线完全一样,而是在考虑多方因素的基础上设定救助标准,保证救助标准统一于国家具体国情,统一于地区特殊情况。对比世界各国的社会救助制度,最一致的特征就是社会救助的专向性和针对性,即只对符合救助标准的生活困难群体给予救助和帮扶。而如何科学地划定救助标准,不仅必须要考虑到国家的社会经济发展水平,还必须保证社会成员的最低生活需求,保障救助群体的生存发展权和人格尊严。因为社会救助只能解决困难群体的生计障碍,这也进一步涉及了最低生活需求的科学计算问题。对全球各个国家和地区的综合情况进行分析比较,在贫困线的划定方式中,较多国家采用的是以"维持生理效能的最低需要"为标准对贫困线进行划定。在德国,社会救助实践对经济发展相对落后的地区给予更多的经济补贴和物质支持。美国政府则没有就救助标准作统一的规定,而是要求各州根据人均收入和经济水平等因素综合考虑,确定各州的最低生活救助标准。① 当然考虑到社会经济是不断发展变化的,还有物价涨幅等因素也都会直接影响困难群体的生活,因此,作为救助标准的最低生活保障线也应该随着各个要素的变化作出相应的改变和调整。

---

① 参见孙达文:《英美德三国的社会救助制度》,载《改革与开放》2003年第12期。

近半个世纪以来，随着人权实践的发展和经济水平的提高，大多数欧美国家都不断提高社会救助的标准，丰富社会救助的内容，将一些福利项目和服务指标逐步纳入到社会救助制度中，社会救助更是从最低层级的救助向保障型、福利型的社会救助模式发展和转变。当然，救助内容的丰富和救助标准的提高，也会产生一定的负面效果：救助投入越来越大，政府和社会的负担越来越重，救助效益不升反降。为了避免出现“高福利，高支出，高压力”的情况，各个国家在确定申请人是否符合救助标准、是否有资格领取救助时，都设定了一系列严格的审核标准。大部分国家采用的是财产状况审查的方式，即按照政府的要求，对申请救助的对象及其家庭的收入和经济情况进行调查和审计，在申请救助对象的生活条件确实低于最低水平线的情况下才给予核准。例如，有些欧洲国家，如德国、奥地利、瑞士等国，还对家庭成员的经济收入进行考查和审核，以便综合考虑申请人是否有资格获得救助。而法国社会救助的家计审查制度更为严格，甚至老年群体申请人和他们的法定继承人的经济收入都被列入调查范围内。

一般来说，各国社会救助金的标准都比社会保险金低，但没有领取期限的限制。目前，许多发达国家控制救助费用的一个方法是降低救助标准。例如，加拿大的很多地区对救助标准进行了不同程度的降低，特别是减少一些专门救济项目的救助费用，并且采用调控手段减少其他费用来减轻现金救助的压力，控制救助资金的投入。这迫使社会救助享受者在成为受益者之前广泛动用个人资源提高收入水平，一定程度上避免社会救助制度的“养懒汉”效应。可见，如何科学划定社会救助的标准，对于实现社会救助的目标具有决定作用。

三、救助项目多样化

社会救助涉及生活、医疗、住房等方面，救助的项目应该多样化和层次性。英国的社会救助范围比较宽泛，多是福利型的救助项目；救助内容也非常全面，涉及了各类群体，有针对残疾人的，有针对老年群体的，也有针对低收入群体的。其中老龄救助是指专门为年龄在 80 岁及以上，又无法获得养老金或养老金收入很低的高龄老年人给予特殊救助。各个救助项目有交叉也有区别，但确保符合标准的救助对象不会被遗漏。可见，对不同的救助对象进行不同标准和程度的救助，细分救助对象是英国社会救助的一个重要特征。具体来说,救助对象的不同主要是从年龄差异、家庭成员承担责任差异以及是否单身等角度进行考虑。

德国的社会救助项目与英国救助项目差异不大,主要也是划分为两个部分,分别针对低收入个体和贫困家庭。个体救助包括老年人、妇女、儿童和残疾人群体的救助等;特殊群体救助标准比普通的救助标准高出30%。而针对贫困家庭的救助项目多是面向社会,有时带有一定的福利性质,比如代缴医疗保险,代为支付丧葬费用等。[①]

美国的社会救助制度比较立体,分别由联邦政府、州政府和地方政府实施。在美国,社会救助主要分为现金救助、物品与服务救助两种形式。现金救助项目主要有抚养未成年儿童家庭救助、老年人、盲人与伤残者救助和州及地方政府为贫困者提供的一般性救助等;物品与服务救助项目有医疗救助、食品援助、住房补贴等。[②] 另外,美国还通过低收入家庭能源补助、食品券补助等援助计划来切实保证收入在贫困线以下的家庭能够正常生活、健康发展。

可见,救助项目多样化是发达国家的普遍做法。因此,我国也可以通过完整的差异化的社会救助项目建设,解决不同的救助对象的差异化困难,以此实现不同的救助目标。

四、救助管理动态化

一个高效的社会救助制度体系应该实施动态管理。所谓社会救助的动态管理,就是既要搭建全面的进入机制以将救助对象及时纳入救助网络,更要安排帮助他们逐渐发展直到退出救济网络的退出机制,真正促进困难群体生活自立。

在救助内容上,世界范围内的很多国家都将社会救助政策与经济发展规划相结合,通过政策之间、法律之间和制度之间的衔接,在实现救助目的的同时发展经济,从而可以提高居民收入。这些制度管理和设计对贫困产业的发展发挥了很大的作用。比如,英国政府规定,雇主雇用一个已失业两

---

① 参见邓新华:《国外社会救助制度简述》,载《国际劳动》2007年第12期。

② 参见张建明:《美国社会救助制度改革及对我国的启示》,载《全国商情(经济理论研究)》2009年第19期。

年或两年以上的失业者可从政府获得相应的工资补助，以此鼓励投资、促进就业。这些措施不仅降低了失业比率，缓解了贫困现状，促进了受助对象自身的发展，也带动了经济和社会的整体进步。美国在五十年前开始推行一系列反贫困计划，通过健康机构、社会福利机构实行吸引就业政策等，对美国的社会救助工程产生了积极的影响。[①] 韩国老年人福利法也规定，应当扩大老年人就业机会，鼓励企业开发适合老年人的岗位，培养他们的上岗能力。

综观各国的弱势群体救助机制，"救助"是最基础的部分，但政府并非一味地提供经济援助或法律保护，而是通过"救助"力图让每个社会成员寻求自我帮助，从而可以有能力、有条件退出救助机制，这不仅有利于推动经济发展，也有利于社会的和谐稳定。

第四节　老年人社会救助制度的完善

老年人社会救助要真正实现制度目标，必须要与社会转型过程中出现的诉求和趋势相符合，从化解老年人生活"风险"的角度出发，关注老年弱势群体，满足他们基本的生活需求。从救助原则方面来讲，老年人社会救助应当坚持平等原则、政府主导和社会协同相结合的原则、最低生活水平保障原则以及公民自愿原则。从救助内容方面来讲，老年人社会救助的内容应该针对救助对象需求体现出不同形式的救助，包括生活救助、医疗救助、法律援助以及其他救助等项目。从制度构建路径方面来讲，老年人社会救助应当结合我国社会救助制度的发展现状，综合考量和借鉴国外的社会救助的普遍特征，明确我国老年人社会救助制度完善的侧重点。从救助制度的内部结构看，老年人社会救助制度在救助对象审查、救助标准划定和救助方式选择、救助管理设置等方面都有待进一步补充和完善。而从救助制度的外部建设看，老年人社会救助的资金来源的保障、社会救助发展规划的完善等都是老年人社会救助健全和完善不可或缺的部分。结合以上分析，构建我国老年人社会救助制度体系，应当注重资金筹措制度、城乡统筹制度、程序保障制度、信息管理制度以及社会互助制度的建立、健全与完善。

---

① 参见张彦军:《国外社会救助经验对我国的启示》，载《理论探索》2011 年第 2 期。

一、资金筹措制度

社会救助的正常运行需要合理的资金筹措制度，保障有效的资金投入和稳定的资金来源。资金筹措机制的不完善将导致资金来源不稳定，必然会制约我国老年人社会救助工作的开展。其实，无论筹措救助资金的形式如何——税收或是缴费，强制还是自愿，最关键的还是筹资对象和资金数量的问题。而国家负担所有救助经费在现有条件下是不现实的。当前我国的基本国情是：不少地区因为资金有限，不能达到老年人社会救助的目标要求。老年弱势群体的人口数量也还在不断增加，需要国家和社会增加相应的救助投入以满足不同程度的援助需求。人口老龄化进程加快的社会现实，加之城乡老年人社会救助经费严重不足，使救助需求和救助资源之间的缺口短期内难以协调。

首先，要缓解社会救助资金的供需矛盾，就应该合理确定中央和地方政府资金投入的比例关系，保证常规化和制度化的资金投入来源。我国老年人社会救助倾向采用的是地方负担模式，地方政府结合地区特点自主决定救助项目，自主承担救助经费，中央只在特殊情况下才会给个别地区予以更多的补贴。这一点在山东大学老年人保障立法研究课题组起草的《老年人权益保障法修订草案（专家试拟稿）》第56条也有明确的说明——社会救助所需资金由地方各级人民政府列入财政预算，专项管理，专款专用；对财政困难的地区和遭受特大自然灾害的地区，中央财政按照规定给予适当补助。这种方式可因地制宜，政府根据地方情况发挥作用，救助更加有针对性，但也极容易造成某些地区之间老年人救助标准差距过大和救助项目随意等问题。因此，应该考虑由中央与地方财政来明确分摊相应的比例，合理承担相应的资金。

其次，要使预算能够根据贫困者实际需要进行相应的调整，能够根据经济与社会发展变化作出适当的反应，就应该考虑建立需求变动情况下的资金投入调节机制，保证有效的预算增长控制机制。

再次，要建立需要导向机制，同时加大资金筹措的力度。对于“老、少、边、穷”地区，中央财政还应加大投入，建立科学合理的财政投入机制。在中央政府和地方政府共同承担一定比例的情况下，充分调动社会各方的积极力量，鼓励民间组织发挥自身作用，广泛开展各种形式的救助工作来稳步扩大救助资金来源。将地方和中央按比例承担的制度确立下来，并把老年人社会救助保障资金的内容通过法律加以明确，保证困难地区的贫困老年人得到救助。

最后，可以通过制定相关的鼓励政策，大力推动慈善事业的发展，解决更多老年群体的救助问题；也可以开展福利彩票工作，为老年人社会救助制度贡献更多的力量；建立各类救助基金，扩宽资金来源，整合资金投入，保证财政稳定。政府机构与民间组织之间可以加强合作，互相促进，不干涉彼此独立性，同时充分发挥各自的作用，让贫困老年人也能够同样享受到经济社会发展的成果。

二、城乡统筹制度

我国现有的最低生活保障制度的发展，促进了老年人社会救助的城乡统筹一体化进程。统筹城乡的最低生活保障制度与老年人社会救助制度在理念上有重合，在内容上也有衔接。传统救助工作往往有一定的随意性，最低生活保障制度的出现，一定程度上规范了传统的救助工作。因此，现阶段可以重点推进最低生活保障制度法制化、规范化，然后逐步实现老年人社会救助制度的发展完善。

随着经济与社会的不断发展，尤其是新农村建设和城乡一体化的发展，老年人社会救助不仅应该覆盖到城市和农村，而且应该在城市和农村之间得到比较均衡的发展。通过城乡最低生活保障制度统一规定，对城乡老年人社会救助相同或是基本一致的地方进行整合和规范；对有差异的地方也应根据实际情况逐步推动。各级政府可以有计划、有步骤地首先完成协调衔接工作，再推进到下一步的统一城乡老年人社会救助水平，为地方留出空间，用配套法规弥补相关老年人社会救助制度规定过粗的缺陷。还可以通过部门之间的协作，规定公平的社会救助标准，对不同地区、相同境遇的老年人社会救助对象实行公平的统一的救助标准。最后，把原有分散的救助项目或是单一部门的救助行为进行协调，通过国家和政府将救助工作调整为一个整体的救助体系，集中优势力量，合理利用救助资源，让救助措施充分发挥作用，逐步缩小城乡救助差距，尽快实现我国老年人社会救助制度的城乡一体化发展。

城乡分割救助导致老年人救助水平有很大的差距，这种现象本身与社会救助的公平性相矛盾，因此，需要在统筹城乡最低生活保障的基础上，根据城乡之间救助对象的差异性，协调因地区发展水平造成的不协调局面，逐步缩小城乡差距，实现统筹城乡的老年人社会救助。在完善老年人社会救助制度的过程中，应进一步加快推进城乡一体化的制度和管理体系建设，逐步实现老年人社会救助的城乡均衡发展；打破老年人弱势群体地域、城乡、行业、职业等方面的限制，建立覆盖面更加广泛的老年人社会救助体系。

三、程序保障制度

老年人社会救助制度效益的充分发挥离不开科学的程序保障制度。借鉴国外的老年人社会救助程序制度建设的经验，应当从以下两个方面健全完善我国老年人社会救助程序制度。

一是规范老年人社会救助的申请与审核程序。对于老年人社会救助申请程序，一方面应当制定不同的申请程序，以配合不同的老年人社会救助项目的特殊需要。比如心理救助的启动就必须从老年人精神慰藉的需求来考虑，救助启动程序相比物质性的救助程序应该更加简化，彰显对老年群体心理救助方面的重视程度。而应急的临时性救助项目，在启动程序上也应当予以适当简化，后期审查程序则应该更加严格，突出老年人社会救助高效及时的特点。另一方面，为保障每一个程序能够有效联系，应该加强对各项程序和手续完成的时间、步骤以及形式等环节的硬性规定，保证程序之间独立而完整，让老年人社会救助的各个项目得以高效运行。对于老年人社会救助审核程序，还应当增加相应的家计调查机制。实践中，申请人的收入和财产状况以及实际生活水平往往比较复杂，仅通过单一手段很难调查清楚，可以借鉴欧美国家的经验，通过入户访问、社区了解以及产权凭证等方式进行验证。对申请救助的老年人还可以对其家庭成员的财产状况进行细致调查。

二是健全动态监督程序和救助退出程序。老年人的家庭收入和健康状况都是不断发展变化的，老年人社会救助的现实需求与社会救助资源的稀缺性以及国家财政的有限性之间的矛盾短期内也很难得到化解。为了能使有限的老年人社会救助资源能够得到合理配置，并且真正发挥作用，帮助到需要救助的老年人，就必须将与救助条件不相符的受助者及时排除出受助范围，这就需要动态监督程序和退出机制的建立与健全。

四、信息管理制度

从管理学的角度看，采取丰富多样的管理措施必将有利于老年人社会救助机制的运行效益的提高。科技的进步和发展促使信息技术不断成熟，已经广泛应用到了社会的方方面面，它更应该运用到老年人社会救助实践中，为老年人社会救助工作的网络化建设服务。老年人社会救助制度的管理工作比较复杂。过去，我国老年人救助主要由民政部门负责管理，由社区组织进行辅助。但现在社会救助的规模变得越来越大，原有的管理体制已经无法适应老年群体对社会救助的需求。因此，应该建立科学有效的信息管理平台。

利用现代化的信息技术，推行老年人社会救助信息网络的建设，实现老年人社会救助的资源和信息共享，避免出现重复救助、遗漏救助的现象。从操作层面上来讲，一是有必要在全国范围内建立一个系统化的老年人社会救助信息平台，通过网络管理把老年人社会救助的各项工作均纳入系统之中，使救助情况更加公开透明。二是有必要将老年人社会救助网络延伸至乡镇、社区，这样既可以及时向政府反馈老年人社会救助状况，也可以方便社会大众了解救助内容，提高老年人社会救助的效率和水平，促进社会开展老年人救助活动。

五、社会互助制度

老年人社会救助的本质是社会互助的一种形式，是国家对国民收入的再分配举措，是政府宏观调控政策的体现。因此，社会成员互助意识的提高、互助意愿的增强都有助于完善我国老年人社会救助体系，提高救助水平和效率。

建立社会互助制度，首先应当充分发挥社会力量。无论是民间慈善团体还是政府慈善组织，都需要它们发挥其作用，继续完善经常性社会捐赠体系。积极推进红十字会等群众性团体组织发展社会公益事业；在加快建立公众捐赠常态机制的基础上，鼓励更多的社会成员主动捐赠，以此继续激发民间的救助帮扶力量；完善各项救助和服务工作，强化不同项目的救助实效。重点建设老年群体的生活救助和法律援助领域，保证老年弱势群体的基本需求以及救助不畅时的申诉途径。其次，应当大力鼓励志愿者队伍发挥作用。比如,社区托老所的建设就可以通过团结周围志愿者的力量去切实关照老年人的生活。最后,应当推进非物质救助项目建设。心理、情感、健康等非物质救助对老年人来说尤为重要。只有社会互助的制度落到实处,才能通过心理救助和精神帮助的方式让老年人得到情感慰藉,才能体现我国老年人社会救助制度的层次化和立体性。作为一项复杂的系统工程,只有社会各个方面根据各项救助制度的要求,规划救助工作,落实救助内容,才会形成一个完善的老年人社会救助制度。

结 语

社会救助是国家和社会为难以维持基本生活的社会成员提供物质帮助和服务,是最基础、最低层次的社会保障。老年人社会救助制度是老年人中特定群体在其生活水平低于国家规定的最低生活保障水准时,有权通过法定程序获得国家和社会按照法定标准提供的现金、物质或其他形式的救助以脱离困境的制度。这项制度是伴随着老龄化社会的到来而出现的,是老年人依法享有基本权利的制度保障。或者说,老年人社会救助不是政府的一时之善举,而是一种常规化、体系化的老年人保障事业的重要内容。

老年人社会救助制度在整个社会救助体系中居于重要地位,其作用突出表现为如下三个方面:一是保障弱势老年人基本生存条件。保障弱势老年人的基本生存是建立老年人社会救助制度的初衷所在,也是完善老年人社会救助制度的重要价值所在。老年人社会救助旨在使受救助的老人得到符合人的尊严的生活上的保障,保证失去自我生存能力而又不可能得到其他外界救助的人,或者是生活状况发生不利变化的人,有一个合乎人道的生活状况。[①] 二是均衡社会利益关系和协调社会资源配置。只有科学合理地对社会资源进行分配,积极对社会利益主体关系进行协调,才能在维护老年弱势群体利益的基础上,建立老年人社会救助制度和完善我国的社会保障体系。三是稳定社会秩序,促进经济进步与社会和谐发展。一方面,政府实施老年人社会救助帮助贫困老年群体维持最基本的生活需求,维护受助群体的尊严,从而维护社会稳定。另一方面,老年人社会救助可以为经济社会

① 参见史探径:《社会保障法研究》,法律出版社 2000 年版,第 300 页。

发展创造良好氛围。倡导积极的老龄化战略,采取多种手段大力鼓励老年人主动参与社会建设,同时通过发展老年产业,为繁荣老年经济创造有利条件,从而为国家、社会、个人在应对老龄化的过程中分工合作、优势互补、和谐共处。简言之,发展老年人社会救助事业,确保困难老年人的基本生活,是维护社会稳定、促进社会公平、推动社会文明的重要途径。

我国的老年人社会救助制度在不同的发展阶段呈现出不同的特征,社会救助的发展目标、项目实施以及工作任务仍在不断的动态调整之中。但是,总体来看,从建国之初的临时性应急型社会救助模式,到城乡有别、农村为主的有限救助,再到目前相对完善的老年人社会救助体系,我国老年人社会救助制度的发展虽然过程曲折,但取得的成绩却非常显著。特别是自1996年我国老年人权益保障法实施以来,老年人社会救助制度也逐步系统化、科学化与合理化,体现了针对老年人全新的社会保障理念。

当然,任何一种制度的发展和完善都需要一个过程,不可能一蹴而就。我国当前老年人社会救助制度建设仍处在攀升期。特别是随着我国老龄化程度的不断加剧,现行老年人社会救助制度的薄弱环节也日益凸显:第一,我国老年人社会救助法制建设还不能较好地跟进社会实践。如目前我国的社会救助法尚未出台,老年人社会救助的配套措施还不完善,缺乏相应的实施细则与操作性。第二,地缘差异化的社会救助体系很难实现统一的国民待遇。明显体现为城乡差异化,同一救助制度因为城乡的不同而体现出明显的救助待遇的不同。这种二元结构的运行机制,既不利于城乡一体化的老年人社会救助体系的构建,也不利于城乡老年人社会救助目标的实现。第三,社会救助内容、救助手段相对单一。根据目前我国老年人权益保障法的规定,老年人社会救助的内容包括生活救助、医疗救助、住房救助等,没有具体涉及更具现实意义的赡养费、抚养费诉讼的法律救助,也没有涉及老年人中的特殊群体,如流浪乞讨老人的特殊救助等。第四,相对缺乏协调统一的具体组织和管理部门。老年人社会救助工作涉及部门庞杂,政出多门,一些体制和机制需要理顺。在一些具体的老年人社会救助工作中,经常需要多个政府部门配合完成,这些工作的多头并行,往往增加工作成本和工作难度,不仅影响救助实效,也极易带来多重救助或救助工作不均衡等问题。

在对我国老年人社会救助制度现状分析和借鉴国外成熟做法的基础上,我们需要从资金筹措、管理、程序设计等不同环节,对这一制度进行完善。一是应该明确社会救助正常运行的基础前提是有效的资金投入。二是统筹城乡社会救助一体化的相关法制建设,加快推进城乡一体的管理体制,促进老年人城乡社会救助一体化进程,逐步实现老年人社会救助城乡均衡发展。三是规范老年人社会救助申请程序和审核程序,健全动态监管和救助退出机制。四是搭建老年人社会救助网络信息管理平台,建立更加完善的信息管理制度。五是建立社会互助体系,完善老年人社会救助制度。六是丰富救助方式和内容,特别是在实施老年人救助过程中应该更多地融入服务意识、志愿精神和关爱情怀,尊重受助老人的个人意愿,关注对受助者的个体心理和文化帮助与沟通,进而将经济救助与社会服务相融合。

我们正处在全面建成小康社会的关键时期,如何构建具有中国特色且满足中国实际国情需要的老年人社会救助制度,是一项重要而紧迫的任务。抑或说,立足中国快速老龄化的现实,作为整个社会保障体系的基础性制度安排,老年人社会救助制度对老年低收入群体,特别是生活困难的老年人,具有免除生存危机、维持社会底线公正的重要功能。鉴于此,我们需要从政治的高度,通过制度化和法治化的方式积极推进我国老年人社会救助体系的完善与发展。

第五章

老年人社会优待制度

第五次、第六次人口普查的数据显示，依照联合国确定的国际衡量标准，我国已进入老龄社会。老龄社会不仅指征着一个国家或区域中的人口年龄结构，同时也提示着该国家或地区要格外重视和认真面对由老龄化带来的一系列问题。老年人的社会优待是指基于老年人自身特点，国家和社会给予的广泛关怀照顾及物质优惠。尊老、敬老，给予老年人社会优待，不仅是一个社会的良善之风，也是国家与社会的共同责任，更是有效维护、促进老年人权益的基本途径，毫无疑问这已经成为社会通识，也成为域外不少国家或地区的制度选择。老年人获得社会优待应当成为一项法定权利，纳入老年人权益保护体系，明确各类责任主体和实现机制，并能够伴随经济社会各项事业的进步不断提升和完善。目前，我国老年人社会优待相关制度建设粗疏零散，相关理论研究也尚不细致深入，制约着老年人权利体系的建设完善和保障实现。十一届全国人大常委会将老年人权益保障法的修改列入立法规划，目前全国人大常委会也已经启动了该法的修订工作。以老年人权益保障法的修订为契机，以经济社会文化发展为背景，以老龄事业法治建设为平台，以社会优待域外立法与地方立法经验为借鉴，重视和重新研究老年人的社会优待制度建设愈发具有现实意义。

第一节 老年人社会优待制度概述

中国社会尊老敬老传统源远流长，相应的制度可上溯至西周时期，在古代不同时期的律法中都曾出现过关于老年人社会优待的规定，但大多表现为一定程度上免除老年人的刑罚，这显然不够完整充分。伴随现代人权体系的丰富、观念的深化和经济社会文化等各方面的发展进步，老年人获得社会优待理应成为法定权利，其权利性质可以从（实质）平等权、福利权、获得物质帮助权以及政府和社会责任等多方面得以论证，它兼具人身权与财产权的双重属性，并注重权利主体的发展性。老年人社会优待权的内容至少应当涵盖经济优待、医疗保健优待、生活服务优待、文体休闲优待以及维权服务优待等方面。

一、老年人社会优待概念

人生步入老年，一般来讲，在体力、精力以及其他诸多能力方面会有不同程度的减损，老年人为家庭、社会、国家做出过重要的贡献，并拥有丰富的人生阅历和实践经验。从这个意义上讲，老年人既是社会的财富，理应受到社会的尊重，同时又是社会生活中的弱势群体，其权益应当受到特别的保障。

尊老爱幼是中华民族的传统美德，这种美德不仅体现在我国古代社会价值体系中，更在立法中有所体现。早在西周时期，中国就有了“矜老恤幼”原则，所谓的“矜老”就是优待老年人的意思。但是古代对老年人的优待主要体现在刑事立法方面，优待的内容也主要体现在刑事处罚上的宽宥，不同阶段对老年人优待的内容也不尽相同。

（一）西周

《礼记·曲礼》记载：“八十九十曰耄，七年曰悼，悼与耄虽有罪，不加刑焉。”《周记·秋官》也规定：“一赦曰幼弱，二赦曰老耄。”这就是说，80岁以上的老年人，犯罪不给予刑事处罚。这一规定体现了明德慎罚的立法思想和矜老恤幼的原则。80岁以上的老年人，由于智力与体力的欠缺，可能导致在没有犯罪动机前提下的犯罪行为。基于一般情况下行为人没有犯罪恶意以及智力和体力的欠缺，对其犯罪行为不加以刑事处罚，有利于实现惩罚犯罪、维持社会秩序的立法目的[①]，更重要的是，统治者的统治秩序和阶级政权将得到有力的维护和巩固。

（二）汉朝

汉武帝时期，“罢黜百家，独尊儒术”的儒家思想开始成为汉代社会的统治思想。汉朝法律规定：“年七十以上，人所尊敬也，非杀伤人，毋告劾也，毋所坐。”汉朝的统治者还曾多次颁诏，重申和强调对老年人犯罪应从宽处罚。

（三）三国两晋南北朝

这一时期有关老年人犯罪的规定，延续和继承了汉朝法律的立法精神，对老年人犯罪依旧从宽处罚。如《晋书·刑法志》载晋律：“八十非杀伤人，他皆勿论。”著名律学家张斐在其《晋律表》中指出：“若八十，非杀伤人，他皆勿论，既诬告谋反者反坐。”《魏书·刑法志》载北魏律：“年十四以下，降刑之半；八十及九岁，非杀人不坐，拷讯不逾四十九。”《北魏律》正式颁布后，其《法例律》规定：“八十以上，八岁以下，杀伤论坐者，上请。”又规定：“诸犯死罪，若祖父母、父母年七十以上，无成人子孙，旁无期亲者，具状上请。流者鞭笞，留养其亲，终则从流。不在原赦之例。”将“存留养亲”的规定与老年人犯罪的优待结合起来。[②]

（四）唐朝

“矜老恤幼”原则在唐朝得到了进一步的弘扬与发展。唐代对于老年人犯罪的规定更为详细和具体。最显著的就是法律关于老幼废疾减免刑的规定，罪犯在年龄方面符合一定的条件，可区别不同情况，分别给以减免刑或适用特别程序的对待。第一，年龄在70岁以上的犯罪者，若犯的是流罪，则允许收赎。第二，年80岁以上，一般犯罪，不予处罚；犯盗及伤人之罪，允许收赎；即便所为谋反、谋大逆、杀人应死等重罪，亦适用“上请”特别程序，上报朝廷，由皇帝决断。[③] 第三，年90以上，犯死罪亦不处刑。可见，统治者对老年人的保护更加重视。

（五）明清时期

这一时期关于老年人犯罪的规定和唐朝法律规定的内容大抵相同。

---

① 参见王春林：《论中国古代法律中的矜老恤幼原则》，载《广西青年干部学院学报》2006年第7期。

② 参见张建军：《老龄犯罪宽宥论——以贯彻“宽严相济”刑事政策为视角》，载《西南政法大学学报》2007年第4期。

③ 参见张晋藩主编：《中国法律史》，法律出版社1998年版，第210页。

《大明律·名例律》规定:"凡年七十以上、十五岁以下及废疾,犯流罪以下,收赎。……八十以上、十岁以下及笃疾。犯杀人应死者,议拟奏闻,取自上裁。盗及伤人者,亦收赎。……余皆勿论。九十以上、七岁以下,虽有死罪,不加刑;其有人教令者,坐其教令者,若有赃应偿,受赃者偿之。"同样,《大清律例》卷五《名例律下》也对老年人在刑罚上的宽宥作出了具体的规定。

近代法律体系逐渐枝繁叶茂,远远超出刑事法律范围,对老年人的特别对待、特别保障也体现在越来越多的政策、法律制度中。但是老年人的社会优待问题尚未成为一个重要的法学命题对其加以系统研究和建设。我们认为,尊老、敬老,给予老年人社会优待,不仅是一个社会的良善之风,也是国家与社会的共同责任,更是有效维护、促进老年人权益的基本途径。这既是社会共识,也成为不少国家或地区的制度选择。老年人的社会优待应当成为一项基本的法律制度被固定下来,并将其界定为基于老年人自身特点,国家和社会给予的广泛关怀照顾及物质优惠,主要体现为老年人在经济上享有的优惠、补贴、减免,同时也包括老年人在接受服务的过程中所享有的先于一般人的权利以及在其他方面所享有的宽宥。

对于"老年人社会优待制度"这一概念,可以从三个方面加以理解:

第一,老年人社会优待主体是老年人,这是基于客观年龄的界定,而其实质是对于作为社会生活中一类特别群体的普遍关照。作为主体,老年人首先属于"公民"范畴,享有一般意义上的公民的一切权利,在此基础上又享有针对老年人身心特点和社会发展水平创设的系列权利。在老年人群体中,并非所有人权利整齐划一,通常又会依照不同的标准加以区分,为不同类别的老年人创设不同的权利,尽管这种划分在实践中时常受到来自方方面面的质疑,比如一般老年人与高龄老年人的划分,本地老年人与外地老年人的划分,城镇老年人与农村老年人的划分,普通老年人与鳏寡孤独老年人的划分,等等。因此,理解老年人社会优待制度要充分考虑权利配置的共性与个性、普遍性与差异性。

第二,在老年人社会优待方面,义务主体广泛。"优待"是一个比较中庸的概念,指的是从政治上、经济上给予良好的待遇,是在资源配置上较之一般社会主体更为优先考虑、优厚分配。因此,这种机制无法由老年人甚至由老年人的家庭自给自足,而是应当放置在社会生活中实现。老年人社会优待中的"社会"是实施社会优待的主体,是一个大社会概念,首先包括公共权力组织，这些组织是社会资源配置的最主要的主体，比如在相关政策制定，涉老案件的政务、司法办理中可以给予老年人适当的优先照顾；“社会”还包括公共生活中的其他组织，甚至盈利性的企业组织，比如教育、医疗等公共服务机构为老年人提供优先优惠已经成为社会通识，农村群众自治性组织也逐步免除老年人的筹资筹劳义务等；“社会”还包括公共生活中的个人，比如在乘坐公共交通工具、就诊就医方面有尊重老年人优先的义务，但个人的义务通常不及于物质意义。

第三，老年人社会优待需要多种机制综合保障。老年人获得充分的社会优待是一项社会工程，除了义务主体涉及广泛外，还需要多种机制的综合保障。首先，老年人社会优待需要在社会生活中树立尊老、敬老、爱老的文化基础和伦理基础，理论上讲，老年是每个人必经的特别阶段，善待和优待今天的老年人其实就是善待和优待明天的自己，对待老年人的方式反映着一个民族和国家的良心，文化和伦理具有极强的社会渗透力和延续性，较之制度的意义更加深远，也是全社会优待老年人的社会根基。其次，老年人社会优待需要坚实的经济基础，社会优待包括优先、优惠等多方面，既有对老年人在人格、身份上的尊重，也有重要的经济内容，需要政府和公共组织保证和加大物质投入，老年人的社会优待水平需要与一定历史时期的社会经济文化水平相适应，应当随着社会财富的增长一同提升。最后，老年人社会优待需要完善的制度保障，伴随社会实践和人权理论的发展，老年人获得社会优待已经不能简单地从社会伦理的角度上来认知，它越来越成为老年人群体的一项法律权利，它的普遍实现需要厘清越来越多的社会关系，用政策、法律等有效的制度形式加以保障，本章主要是从这个意义上展开的。

二、老年人社会优待的权利属性

在我国法制传统中，“优待”一词主要的适用主体是军人及其家属。在我国《宪法》中，“优待”出现一次，即第 45 条中的“国家和社会保障残废军人的生活，抚恤烈士家属，优待军人家属”；在我国现行有效的法律及行政法规中，专门针对“优待”的也只有 2004 年颁行的《军人抚恤优待条例》。就目前来看，关于老年人的社会优待主要是从尊老、敬老的伦理要求加以定位和论证的。《全国老龄办关于加强老年人优待工作的意见》将老年人获得社会优待作为“贯彻落实‘三个代表’重要思想和科学发展观的具体体现和全面建设小康社会和社会主义和谐社会的重要内容”。《山东省优待老年人规定》的立法目的被表述为:“为弘扬尊老敬老美德,体现党和政府及社会对老年人的关怀,使老年人共享社会发展成果……”这种定位无疑与一直以来我国政策推进式的制度现状有着高度的匹配性,但我们认为,随着社会经济文化发展水平的提升和应对老龄社会问题的严峻性增强,老年人获得社会优待不能仅从尊老敬老的社会伦理角度认识,而应当将其界定为一类法律权利。

(一)平等权意义上的解读

老年人获得社会优待的权利首先源自社会主体权利的平等性。权利的平等原则是指人们在政治、经济、文化等各方面所处的同等地位和所享有的同样权利,最初它以权利先验论为理论基石,认为权利是人类个体与生俱来的一种属性,“人生而自由”这种个体自由的天赋性能合乎逻辑地推导出“人生而平等”,近代法治的最大贡献之一就是将平等权以宪法或者法律的形式确定下来,使之成为人权体系的起点。但由于不同社会主体的客观条件与所处的社会关系各有不同,人们在实现权利的过程中存在事实上的差别甚至是不平等。矫正这种事实上的不平等,针对具体情况和实际需要,对特定的人群在经济、政治、社会、文化等方面与其他人群存在的差异,采取某些适当的、合理的、必要的区别对待的方式和措施,就称为实现实质平等的共识性选择。如 1919 年《魏玛宪法》率先规定财产权的受限性,强调了生存权,其本质目的就是矫正形式意义上的平等,实现实质的平等。这同时也是我们的法律体系对于妇女、残疾人、老年人等在社会环境中处于相对弱势的特殊人群进行特别立法的逻辑基础。罗尔斯关于正义原则曾作出过两个层面的阐释:一是平等自由,“要求那些确定基本自由的制度规范平等地适用于每一个人,在这些规范面前人人平等”[①]。二是差别对待,即在满足平等自由原则基础上,社会和经济的不平等应该有利于社会“最不利成员”或“最少受惠者”,“正义原则所要求的各种(可允许的)不平等,都应该使某种功能性分配有利于最不利者的期待”[②]。这种实质正义观无疑为包括老年人社会优待制度在内的社会保障制度提供了理论基础。因此,老年人的社会优待本质上不是赋予老年人特权,而是给予其倾斜保护,以体现权利的平等性和社会

---

① 何怀宏:《公平的正义——解读罗尔斯〈正义论〉》,山东人民出版社 2002 年版,第 79 页。

② [美]罗尔斯:《政治自由主义》,万俊人译,译林出版社 2000 年版,第 300 页。

正义取向。在这样一种立法逻辑及主体平等性理论的基础上，老年人社会优待应是老年人享有的一项特殊的法定权利，应当将其在法律中明确规定，用法律的权威性、强制性保障老年人真正享有这项基本的权利。

（二）社会权意义上的解读

人的权利谱系的演进与法的发展演进具有同步性，社会权伴随社会法的发展逐步成为系统的权利体系。一般认为，19 世纪末以来，在国家力图通过干预经济和社会以解决市场化和工业化所带来的社会问题的过程中，人权结构也发生了明显的变化，它逐渐在不断实践和反思中否定了公民权利实现中的国家绝对不干涉主义，认为一些生活条件的获得是人权的重要组成部分，与自由权、人身权不同，它们的实现更依赖于国家的积极作为，并将其定义为“社会权”。最早使用这一概念并将其写入宪法公民基本权利的是德国 1919 年的《魏玛宪法》，该法第二编在规定德国人民的基本权利和义务时，以专章的形式规定了国民的受教育权和经济权，并明确规定了国家为保障这些权利应积极作为的义务。现代不少国家的宪法与法律都对社会权给予了特别的规定，但范围和内容有所不同。[①]

总体上说，社会权的确立与完善体现了与自由权完全不同的国家逻辑与社会逻辑，它清晰地表现出个人对社会的强烈依赖，强化了国家在公民权利实现中的重要作用。

老年人获得社会优待并不是独立的权利形态，它不能自给自足，需要政府和社会的全面保障，属于社会权利的范畴。有一种观点认为，老年人获得优会优待应当属于社会保障权的范畴，因为具备社会保障的一般形态，如关涉老年人医疗、住房、出行、维权等方面的客观需要。

关于获得优待权的具体定位，我们认为，老年人社会优待不应简单地定位于老年人社会保障权的体系中，社会保障权一般是指国家和社会通过立法对国民收入进行分配和再分配，对社会成员特别是生活有特殊困难的人们的基本生活权利给予保障的社会安全制度，其本质是维护社会公平进而

---

① 比如，《希腊宪法》(1975)第二编“个人权利和社会权利”将社会权理解为作为社会成员的人的权利，规定了国家保障它们行使不受妨碍的义务，这些权利包括集会结社权、学术自由权、受义务教育权、劳动罢工权、环境权与居住权等。《葡萄牙宪法》(1982)专门规定了“社会方面的权利和义务”，涉及社会保障权、健康保护权、住宅权、生活环境权、家庭权以及父母、未成年人、残疾人、老年人的权利。我国现行《宪法》规定了社会权的内容和国家在这些权利实现中的职责，包括劳动权、休息权、社会保障权、物质帮助权、社会保险权、社会救济权、医疗卫生权以及各项经济性权利。

促进社会稳定发展。所以说社会保障权的社会功能主要是“维持基本生活和不断改善生活状况”，它面向的是全体公民，侧重的是经济上的补给；而老年人社会优待的定位是通过提供经济上的补贴和服务上的优待和照顾，促进老年人共享社会经济的发展成果，体现对老年人的特别尊重和照顾，在生存权实现方面，社会保障比社会优待更加具有安全和保障意义，但社会优待比社会保障多了对老年人人格尊严的提升保障功能。可见表象近似的二者的社会功能有所差异，二者互有补给但不能彼此代替，不能简单地将老年人社会优待归属于社会保障权的体系中。

“老年人社会优待”概念本身即表征着老年人在社会生活中与其他主体之间的一种关系形态，即需要调处老年人与其他社会群体在公共生活中的关系。权利视角下的老年人社会优待应当获得立法的关照，其实现更依赖于国家的积极作为。“由于公民在实现这一权利时不仅需要及时排除非法侵害，而且有权要求国家提供其实现的条件，这就否定了在公民权利实现过程中的国家绝对不干涉主义，它表明，对于公民的某些权利，唯有国家积极参与，它们才能顺利实现。”[①]就内容而言，老年人的社会优待既包括在公共生活中老年人的事务得到优先处理，如优先购票、优先就医等，也包括老年人得到物质上的优惠待遇，如减免票价、集资义务等，还包括一些义务的豁免，如某些劳务的豁免等。这些内容实质上是在老年人与其他社会主体之间配置权利义务。总体上来讲，对老年人的社会优待是包括政府在内的全社会的责任，这些责任的履行既涉及社会主体权利实现次序的先后性，也涉及公共财政资源的合理配置，将这些责任以立法方式进行体系化、规范化建设，有利于理清老年人社会优待的外延，也有利于老年人社会优待的保障落实。我们更加倾向将其界定为富有社会福利权与人格权复合属性的社会权利。社会福利在现代社会广泛应用，它首先与人的生活幸福相关，包括物质充足、生活安全和精神充实等诸多面向，是使人们生活幸福的条件，既包括人的身体应得到的保护和照顾，也包括影响人的智力和精神自由发展的各种因素，具有道德与法律双重内涵。所以说，老年人社会优待既属于积极权利的范畴，兼具福利权、(实质)平等权与获得物质帮助权的多重特性，兼具

---

① 林喆:《社会权——要求国家积极作为的权利》，http://www.china.com.cn/xxsb/txt/2004-06/21/content_5591185.htm。

人身权与财产权的双重属性,又区别于以避免来自国家或他人的侵犯为要旨的传统权利,更多地注重权利主体的发展性——至少是保障一定的生活水平和社会待遇。

三、老年人社会优待基本内容

老年人社会优待制度的难点在于制度设置既要充分考虑社会发展的阶段性、社会文化基础、制度实施的可行性等要素,也要充分考虑这些制度为老年人带来的可能影响。在这方面,联合国大会在1991年12月16日通过的《联合国老年人原则》中确立的独立、参与、照顾以及自我充实和尊重等四项原则具有重要的指导意义。我们认为,尊重和保障是老年人社会优待制度构建的最基础性的考虑,结合现有的并不系统完备的优待政策法规,老年人享有的社会优待的范畴大致包括以下几个方面:

(一)经济优待

老年人在财富创造能力方面受制于体能、精力的逐步减损,优待老年人,就要逐步减轻老年人,尤其是经济困难老年人的经济负担。如将贫困老年人纳入城乡救助体系,在制定特殊困难群体救助政策和办法时给予贫困老年人重点照顾;免除农村老年人在社会集资方面的义务;对一定年龄以上的高龄老年人发放适当的生活补贴以及对贫困老年人去世后丧葬殡仪服务费用的减免等。

(二)医疗保健优待

根据疾病的发展规律,老年人在医疗保健方面的需求尤其迫切,这成为优待制度的一项重要内容。如将城市"三无"老人、农村"五保"老人以及城乡贫困老人纳入医疗救助范围;农村老人优先参加农村合作医疗制度,根据地方实际对一定年龄以上的老年人给予政策优惠;医疗机构为老年人提供方便和优先优惠服务,定期为高龄老年人提供免费体检等。

(三)生活服务优待

采取多种措施,方便老年人衣食住用行等各方面。如与老年人生活关系密切的各类服务性行业或机构积极为老年人提供优先优惠服务和照顾;公共交通为老年人提供符合老年人需要的优先服务,设置老年专座;按照老年人建筑设计规范做好城市道路、车站、商场、居住区及其他公共建筑的无障碍设施建设;优先考虑和充分保障老年人住房权等。

（四）文体休闲优待

提供文体休闲优待，努力丰富老年人精神文化生活。如免费或优惠向老年人开放公益性文化设施、公园景点等；根据实际情况优先或优惠为老年人提供体育场馆、文化场所、演出场地、学校教育等。

（五）维权服务优待

让老年人接受及时、便利、高效的政务服务。如为贫困老年人提供法律援助，适当简化法律程序，优先受理、审核、办理、执行涉老案件；对因合法权益受到侵害而提起诉讼或交诉讼费确有困难的老年人给予司法援助，紧急情况下先予执行等。

除了上述具有普遍意义的优待范畴之外，域外的制度经验和我国地方性的尝试也将优待的范围扩展到更加广泛的程度，为这项制度的完善和统一立法作了必要的实践论证。

第二节　我国老年人社会优待制度现状

近些年来，党和国家格外重视老年人权益保障工作，积极应对老龄化，从社会文化、精神文明以及制度建设等各个层面加以关注，但就目前而言，我国有关老年人社会优待的政策、法规和规定广泛分布在各级地方层面，而全国层面的指导性文件数量和内容却十分有限。现有制度表现出“政策＋法制”并主要以政策推进，普适性与选择性内容相结合，内容不一，地域差异性较大，实现机制不够规范明确以及城乡优待水平差异明显等特点，这些特点一方面体现了老年人社会优待水平在各地域、各领域的合理差异，另一方面也凸显了优待制度公平性、均衡性不足的问题，这需要我们进一步完善该项制度。

一、中央与地方制度的考察

（一）全国层面

目前在全国层面，老年人社会优待工作开展和制度建设的主要依据和指导性文件有三：一是现行《老年人权益保障法》；二是全国老龄办于2005年会同二十余国家部委颁发的《关于加强老年人优待工作的意见》；三是2011年国务院印发的《中国老龄事业发展“十二五”规划》。

尽管中华民族向来有尊老、敬老的历史传统，也早在1996年制定了《老年人权益保障法》，为保障老年人合法权益、发展老年事业，弘扬敬老、养老的美德提供了法律依据，然而老年人的社会优待并未在老年人权益保障法中系统规定，明确界定为"优待"的只有原则性的规定，"地方各级政府根据当地条件，可以在参观、游览、乘坐公共交通工具等方面，对老年人给予优待和照顾"。该规定首先将老年人社会优待的责任主体界定为"地方各级政府"，从而在立法上回避了全国统一的老年人社会优待制度建设问题。后来的实践证明，老年人社会优待制度也主要是通过地方性的规定展开的。其次又用"可以"将该规定设定为任意性规范，也就是说地方各级政府有足够大的选择权，决定是否以及在何种领域和程度、以何种方式给予老年人社会优待，这为我国各地域之间的老年人社会优待制度存在较大差异埋下了伏笔。再次，该条规定列举了老年人社会优待的主要领域，尽管"等"字表达了上述列举未必穷尽之意，但我们也不难推断，优待范围主要涉及"参观、游览、乘坐公共交通工具"类的传统公共服务领域，尚未扩展至政务、政策制定等更加深远的政治领域。老年人权益保障法中关于老年人社会优待的粗略规定致使法律实施二十年来，不同地方间在该问题处理上存在较大差异，标准不一，形式不同，优待范围也各不相同，总体而言，地方的老年人社会优待范围已远远突破《老年人权益保障法》的这一规定。

2005 年全国老龄办颁发的《关于加强老年人优待工作的意见》是目前我国老年人社会优待领域唯一一部全国性的专项文件。该《意见》提出了对老年人实行优待的基本要求和具体内容，要求各省制定相应的优待办法，提倡、鼓励逐渐扩大优待范围以及关注特殊群体需求。《意见》还将老年人社会优待具体分为养老优待、医疗保健优待、生活服务优待、文体休闲优待、维权服务优待等若干种类，较之《老年人权益保障法》的规定更加具体、丰富、可行。在此之后，我国各地依据该意见制定了许多切实可行的具体政策措施。

2011 年 9 月，国务院发布了《中国老龄事业发展"十二五"规划》。该《规划》提出，要积极探索中国特色社会福利的发展模式，发展适度普惠型老年社会福利事业，进一步完善老年社会福利制度，完善老年人优待办法，积极为老年人提供各种形式的照顾和优先、优待服务，逐步提高老年人的社会福利水平。这表明国家已经将老年人享受的社会优待纳入老年社会福利事业的大平台建设中，老年人社会福利逐渐成为老年人社会保障体系的重要组成部分。

（二）地方层面

以老年人权益保障法为依托，按照老龄办的意见要求，全国多数省份及其他层级的地方政府纷纷出台了有关老年人社会优待的政策措施，对优待事项及所涉年龄、保障机制以及优待的特别情况作了详细规定（见表 5-1）。

表 5-1　　十二省（市、区）老年人社会优待政策比较简表

名称	制定主体	优待事项所涉年龄	优待事项	保障机制	特别规定
《北京市关于加强老年人优待工作的办法》	市老龄委办公室(2008)	60 岁以上 65 岁、90 岁、100 岁	公交、游园、公益文化设施、公共体育场馆、心理咨询、居家养老服务、医疗优先、法律服务等	各机关、企事业单位、社会团体、公民应当履行为老年人提供优待的责任和义务	90 岁以上高龄津贴（90～99 岁；100 岁以上）
《甘肃省关于进一步对老年人实行优待的规定》	甘肃省政府(2003)	持有甘肃省老年优待证者、70 岁、90 岁、95 岁、100 岁	公园博物馆图书馆等、国有体育场馆、就医、公共交通（购票）、法律服务、如厕、困难补贴、供水供电等公共服务、其他	国家机关、社会团体、企业事业单位、基层群众自治组织和公民，都应当按照本规定履行优待老年人的责任和义务，不得以任何理由和借口取消老年人应该享受的各项优待。对不按本规定履行优待老年人义务的，由当地政府责令其改正，并进行批评教育；对不履行优待老年人义务造成严重后果的，追究直接责任人、单位负责人的责任	90 岁以上高龄补贴（90～94 岁；95～99 岁；100 岁以上）

续表

名称	制定主体	优待事项所涉年龄	优待事项	保障机制	特别规定
《广西壮族自治区老年人优待规定》	广西壮族自治区政府(2009)	60岁、70岁	公园博物馆等、旅游景点等、就医、交通、候车、免除劳动义务、高龄补贴、邮电等公共服务、法律事务	各级老龄工作机构应当会同有关部门对本规定的执行情况进行监督检查	外地老年人、军队离退休人员、红绿优待证、就高不就低;百岁高龄补贴
《贵州省优待老年人试行办法》	贵州省政府(2005)	本省户籍、60岁、70岁	公园风景区等、展览、活动中心、如厕、交通购票、乘车、就医等	各地各部门要严格执行本试行办法,原已执行的其他优待老年人规定继续执行,并根据实际逐步扩大优待老年人的范围和内容	外省70岁以上
《海南省实施〈老年人权益保障法〉若干规定》	省人大常委会(2007)	60岁、65岁、70岁、100岁	就医、低保救济、交通购票、公共体育场馆、博物馆等、公园风景区、免除劳务集资等、独子补贴、法律援助	拒绝向老年人提供优待服务的,有关行政主管部门应当按照各自职责责令限期改正;逾期不改正的,处以200元以上1000元以下罚款	连续居住一年以上的外埠老年人;百岁长寿补助
《河北省老年人优待办法》	河北省政府(2005)	本省境内60岁、65岁、70岁、100岁	乘车购票、就医、公园景点公共设施等、如厕、劳务筹资、体育场地、法律援助、服务窗口等	各级老龄工作机构要会同有关部门加强监督检查,对不履行优待老年人义务的,由当地政府责令其改正,并进行批评教育,造成严重后果的,追究有关人员的责任	百岁保健补贴

续表

名称	制定主体	优待事项所涉年龄	优待事项	保障机制	特别规定
《黑龙江省关于对全省老年人实行优待服务的意见》	黑龙江省老龄委(2000)	60岁、70岁、100岁	公园景区、展览馆等、市内交通、存放自行车、法律咨询、如厕、就医、文化活动、当地就学、洗理、劳务集资、服务设施电话电视、高龄补贴	各级政府要高度重视对老年人优待服务工作,加强对老年人优待服务工作的组织领导,按照对老年人优待服务的各项要求,抓好落实工作	百岁特殊优待补贴,不同渠道分别解决
《湖北省关于老年人享受优待服务的规定》	湖北省政府(2007)	行政区内60岁、65岁、70岁、100岁	公园陵园等、展馆、影剧院及比赛场馆、就医、如厕、候车、劳务集资、救助、高龄补贴、邮电燃气等、法律援助	对不履行优待义务者,进行批评教育,责令其改正;拒绝履行优待义务造成严重后果或不良影响的,对其直接责任人和负责人给予行政处分或行政处罚	10月1日国际老年人日、外埠老人持证享受同等待遇、工商登记、鼓励志愿服务;百岁老人长寿保健费和生活补助费
《湖南省关于进一步加强老年人优待工作的意见》	湖南省委办公厅、省府办公厅(2009)	60岁、70岁(高龄)、100岁重点为农村“五保”老人、城镇“三无”老人、城乡低保等城乡贫困老年人和70周岁及以上高龄老人	养老优待(贫困救助、劳务集资、高龄补贴、丧葬等)、医疗优待、生活服务优待、文体休闲、法律服务	加强领导、优化环境	提出优待重点,与社保、救助、安居等制度衔接;百岁老人长寿保健补助费

续表

名称	制定主体	优待事项所涉年龄	优待事项	保障机制	特别规定
江西省《关于加强我省老年人优待工作的意见》	江西省老龄办、省委宣传部、省委老干部局等20部门(2006)	60岁、70岁、100岁	养老救助、医疗、生活服务、养老休闲、维权服务等	加强领导、优化环境	老龄委建立各涉老优待职能部门联系会议制度
《山东省优待老年人规定》	山东省政府(2002)	60岁、65岁、70岁、100岁	劳务集资、就医、公园景区展馆、公共体育场所、公共交通、日常公共服务、法律援助、高龄补贴	机关组织不得以任何理由和借口,取消老年人应该享受的各项优待。不履行优待义务者由县级以上老龄办责令改正,批评教育;造成严重后果的,由县级以上老龄办提请所在单位或者上一级主管部门追究直接责任人、负责人的责任	百岁老人长寿补贴金,体检
《新疆维吾尔自治区优待老年人规定》	新疆维吾尔自治区政府(2004)	60岁、65岁、100岁	乘车、就医、法援、游园、健身、展馆、如厕、高龄补贴、劳务集资等	老龄工作机构监督检查、表彰先进;对违反规定者责令改正、批评教育,拒不改正予以通报	百岁特殊生活补贴;设定对伪造、变造优待证等行为的法律责任

就初步的资料收集情况来看，各省（区、市）关于老年人社会优待的地方性制度大致分为三类：

第一，出台相应的实施意见。如安徽省老龄办于2006年发布《关于加强老年人优待工作的实施意见》，山西省老龄办于2007年发布《关于切实加强老年人优待工作的实施意见》，湖南省委办公厅、省政府办公厅于2009年发布《关于进一步加强老年人优待工作的意见》，等等。

第二，制定相应的专项规定。如湖北省政府早在1999年制定的《湖北省关于老年人享受优待服务的规定》、福建省政府于2002年制定的《福建省优待老年人若干规定》、贵州省政府于2005年制定的《贵州省优待老年人试行办法》、广西壮族自治区政府于2009年制定的《广西壮族自治区老年人优待规定》，等等。

第三，在当地《老年人权益保障法》实施办法中就老年人社会优待作出专门规定。如辽宁省于2008年制定的《辽宁省老年人权益保障条例》中较详细地规定了老年人享受的优惠或优待。

省级以下的其他地方大致沿袭了省级立法机关、政府或老龄办等相关机关的做法，通过“意见”“规定”“办法”等形式将老年人可享受的社会优待的具体内容固定下来，如《松江区优待老年人若干意见》《东莞市老年人优待办法》《乌鲁木齐优待老年人规定》等等。

二、普适性与选择性规定考察

就内容而言，我国目前涉及的老年人优待项目的规定大致分为两种：一种是普适性规定，即只要达到该制度规定的年龄，所有老年人均可享受这种制度规定的权利；另一种是选择性规定，即只有达到该制度规定的特殊年龄段的老年人才可以享受该制度规定的权利。我国目前存在的关于老年人社会优待制度正是这两种规定的结合。

（一）普适性规定

《老年人权益保障法》第2条规定：“本法所称老年人是指60周岁以上的公民。”之后在提及老年人社会优待的相关规定时没有对老年人的年龄另作要求。可见60周岁以上的老年人是老年人社会优待制度中普遍适用项目的一个年龄分层。例如，《安徽省实施〈老年人权益保障法〉办法》中有关老年人社会优待的规定就是典型的普遍适用项目。其第29条规定了老年人持“安徽省老年人优待证”或居民身份证可以享受到的优待。接着其第30条就规定:“安徽省老年人优待证由省人民政府老龄工作机构监制。本省60周岁以上的公民可以向县级以上人民政府老龄工作机构申请领取安徽省老年人优待证。农村老年人领取优待证,由乡、镇统一办理。”在《福建省老年人保护条例》《甘肃省实施〈老年人权益保障法〉办法》《海南省实施〈老年人权益保障法〉若干规定》《河北省老年人保护条例》(2010年修正本)等地方立法中都对老年人社会优待制度中涉及老年人权益的内容作了普适性规定。

(二)选择性规定

这里所谓的选择性规定也就是特殊性规定,而有关特殊性规定的划分基本上也有两个标准:一个是按年龄标准划分,即把法律规定的60周岁以上的老年人再划分为几个不同的年龄阶段,不同的年龄层享受的优待项目也是不同的。如《北京市关于加强老年人优待工作的办法》中将老年人分为四个年龄阶段:60～65周岁的老年人优惠购买市属公园通用年票,每张50元。65周岁及以上老年人免费乘坐市域内地面公交车。市、区(县)级政府投资主办或控股的公园、风景名胜等旅游景区对65周岁及以上老年人免收门票费(大型活动期间除外)。90～99周岁的老年人每月发给100元的高龄津贴。百岁及以上老年人每月发给200元的高龄津贴。同样在不同的地区年龄段的划分都不相同,有的地方划分为70岁、90岁、95岁、100岁,还有的地方划分为60岁、65岁、70岁、100岁,等等。

此外,还有一个标准就是按户籍划分,即将老年人划分为本地户籍和外地户籍两种,拥有的户籍不同享受相同内容的优待项目的年龄要求是不同的或者有的项目只针对本地户籍的老年人而将外地户籍的老年人排斥在外。如《贵州省优待老年人实行办法》规定:“凡本省户籍、年满60周岁不满70周岁的老年人上公共厕所免费、进公园、看展览、就医、购票等可凭老年人优待证、居民身份证等有效证件享受一定的优待。同时,外省(自治区、直辖市)70周岁以上的老年人,凭居民身份证等有效证件,在我省可享受规定的相关优待。”这种标准是严格的户籍管理制度的产物,随着我国户籍制度的改革和完善,相信这个标准也会在适当的条件下被逐步地缩小甚至取缔。据了解,目前湖北、广东、云南、山西、深圳等地已经打破了对享受优待政策者的户籍限制,使优待政策惠及外埠老年人。

三、现有制度的特点[①]

(一)关于老年人社会优待制度表现形式的多样性

关于老年人社会优待的制度表现形式多样,呈现出"政策+法制"并主要以政策推进的特征。老年人权益保障法与关于加强老年人优待工作的意见均授权各地方制定老年人社会优待的具体规定,但并未对制定主体和具体形式作出限定。因此在各地的实践中,有关老年人社会优待的文件制定主体分别有省级人民政府、省老龄委(办公室)、省委办公厅、省府办公厅等,文件的具体形式也包括了"意见""规定""办法"等多种类别。这些不仅是形式上的差异,同时也关联到文件的法律效力以及实施力度。总体而言,从我国老年人社会优待制度建设的基本状况来看,它主要是在政策性文件的指导下推进的,这也成为较长一个时期诸多社会事业发展模式的缩影。理论上讲,以"纲要""意见"等政策形式确认的社会优待并没有法律约束力,但事实上仍会因制定以及发布主体的权威性而产生实际的效力。这些政策往往不采用"行为模式+法律后果"的规范形式,主要通过确立指导思想、明确方针路线、确认原则或者规定实施措施等方式引导社会主体的行为。这些政策主要依靠公共生活中的行政力量推行,较少设定社会关系紧张时的解决方案,更少有司法资源的介入。

(二)关于老年人社会优待的内容不一,地方性差异较大

全国老龄办《关于加强老年人优待工作的意见》对老年人享受的社会优待范围作了大致规定,根据该《意见》,60 岁及以上的老年人均享受社会优待,具体事项涉及养老优待、医疗保健优待、生活服务优待、文体休闲优待以及维权服务优待等五个方面,这是关于老年人社会优待的框架式指导性文件。尽管有此框架,但各省及其他地方在老年人社会优待具体内容上还是表现出一定的差异性,从对于 12 个省份的抽样分析来看,一些省份在该《意见》出台后制定的新的优待规定大致延续了该《意见》的结构,结合本地实际作了微调;先于该《意见》出台的地方规定则表现出较大的差别。比如对 60 岁以上的老人在社会优待程度上各地又有了更细致的划分,不同的省份分

① 本部分选取 12 个省(区、市)有关老年人社会优待的制度规定,从制定主体、优待事项所涉年龄、优待事项或范围、社会优待保障机制以及有特色的规定等几个方面加以比对,详见表 5-1。

别选取 65 岁、70 岁、80 岁、90 岁、95 岁、100 岁等作为区别优待等级和优待内容的节点，根据湖南省的规定，70 岁及以上即为高龄老年人；又如较早制定的相关文件主要将优待范围限定在使用公共设施与公共服务等事项上，近几年来的规定多与时俱进地将老年人的优待范围扩大到包括社会保障、社会救助领域；再如关于外埠老年人的社会优待问题，不同地方作出不同的规定，有些地方则没有涉及。

（三）关于老年人社会优待的实现机制不够规范明确

之所以说当前的老年人社会优待工作主要依靠政策推进，法治化程度不高，其中一个重要因素在于上述规定大多缺乏有力的保障机制。在选取的 12 个省份的样本中，有 6 个省份仅笼统规定了相关机关监督实施社会优待的义务，强调“加强领导、优化环境”；有 5 个省份原则上规定了不履行优待义务的相应主体的责任，主要集中于责令改正、批评教育，造成严重后果的追究有关人员的责任；只有 1 个省份（海南省）为拒绝向老年人提供优待服务的行为设定了罚款处罚。尽管制裁性法律责任的设定不是保障老年人优待相关政策有效实施的唯一路径，但建立具体可行的保障机制无疑是将老年人社会优待落到实处所必需的工作。缺乏法律效力的文件形式与笼统原则的责任规定有着天然的匹配性，但二者相结合，使得老年人社会优待各项规定的实际效力缺乏必要的约束和规范。

（四）城乡优待水平差异较大，制度公平性不足

长期以来的城乡二元结构致使目前的老年人社会优待制度总体上呈现出明显的有失均衡的状况，现有的不论是全国层面还是地方层面的制度绝大多数都是针对城市老年人作出的，农村老年人能够真正享受的优待少之又少。老年人权益保障法中涉及老年人社会优待的原则性规定虽然没有明确指出针对的对象是城市老年人，但是参观、游览、乘坐公共交通工具等方面主要的主体还是城市老年人，所以说该优待制度的出台就已经带有偏颇性。之后出台的《关于加强老年人优待工作的意见》具体详细地规定了老年人享受优待的项目，包括养老优待、医疗保健优待、生活服务优待、文体休闲优待、维权服务优待等，进一步加剧了城市和农村老年人的不平等待遇。因为该《意见》所涉及的优待项目针对的场所和设施基本上都集中在城市，所以农村老年人基本上享受不到优待的内容。在全国立法、政策的统领下，各地方的立法基本上只是响应全国的模式和内容，积极构建的老年人社会优

待制度也仅仅就养老优待、医疗保健优待、生活服务优待、文体休闲优待、维权服务优待等方面作出了积极模仿全国性规定的地方立法制度，或直接没有针对农村老年人的相关规定，或者只是寥寥几条相关规定，与城市老年人享有的优待内容不可比较。这种制度的存在与我国积极建设社会主义和谐社会、努力推进社会主义新农村建设以及城乡统筹发展的时代大背景是不吻合的。所以在新的时代大背景下，积极构建一种公平的、覆盖范围既包括城市也涵盖农村的新的制度模式是非常必要和迫切的。

第三节　老年人社会优待域外借鉴

人口老龄化是世界各国共同面临的问题，不少国家发展出对我国老年人社会优待制度的完善颇有启发和助益的制度，本节拟选取瑞典、美国、日本和巴西四国作一介绍，这些国家有的代表了现代福利国家的基本模式，有的与我国社会文化传统有着高度契合性，有的代表了发达物质文明和法治文明的发展成果，有的则集中反映着发展中国家特有的社会问题。当然，四个样本国家的相应制度同时说明老年人社会优待制度的完善要充分结合本国、本地域经济社会发展的实际情况，既要在经济社会条件允许的情况下建立全国统一的原则性、指导性、基础性制度，也应当允许不同地方结合自身实际尝试制定更高水平、更广范围和更有特色的老年人社会优待制度。

一、域外关于老年人社会优待的制度实践

世界各国进入老龄社会的时间有所不同，对老年人相关的制度、法律、体系的研究进程也有差异。总体上来说，发达国家进入老龄社会的时间要比发展中国家普遍偏早，这些国家对老年人权益保障制度的研究也比发展中国家更加深入，法律规范、体系构建也相对完善。在涉及老年人社会优待制度方面，国外的立法有许多颇有助益的尝试。因此，我们在构建中国老年人社会优待制度体系时，也应该积极学习国外的先进制度，借鉴国外先进的经验，寻求适合我国国情的、满足我国老年人需求的制度模式。瑞典作为北欧福利国家模式的典型，建立的是一种普适性的福利制度，而且瑞典跨入老龄社会的时间比较久远，在应对老龄化的进程中有其独特的制度和模式，作为一种典型的制度模式，我们应该对其内容、体系进行探讨和研究。日本作

为亚洲最早进入老龄社会的国家，其关于老年人的制度和体系也经历了一定的改革和发展，相关的政策、制度和法律都相对较完善，而且日本和我国相邻，在文化、风俗和习惯上还是有一定相似性的，所以其经验对我国积极应对老龄化问题、构建老年优待制度体系有一定的借鉴意义。同样，美国在涉及老年人优待的内容上也启动了很多的项目，优待制度比较完善。巴西更是将老年优待作为其老年政策的主要指导原则之一。总之，不管是在政策上、制度上还是法律上，这些国家在老年人优待方面都有一定的代表性，可以提供给我们不少可资借鉴的经验。

（一）瑞典

瑞典是“斯堪的纳维亚福利模式”（又称“北欧福利模式”）的创始者。该模式的理论依据是福利经济学。这是一种典型的“从摇篮到坟墓”的普惠式福利保障制度，同样对于老年人的权益保障也就更加全面，有关老年人优待的内容主要包括以下几个方面：

1. 养老优待

瑞典在对待老年人的养老问题上主要是通过发放养老金来保证老年人权益的，而且，对瑞典所有的 65 岁以上的老年人普遍适用，即使是享受互惠待遇的外侨也可以领取。同时政府为了充分保障老年人的权益，使其免受诸如市场变动、通货膨胀的影响，还规定了养老金的金额可以根据市场物价的涨幅作相应的调整。

2. 医疗保障优待

瑞典的老年人在公立医院或牙科医院治疗时可以享受免费待遇，领养老金的老年人免交健康保险费，但仍享有健康保险的权利。需要长期护理的老年人的家庭护理由地区医护人员负责，国家发给家庭护理补助费。瑞典还为老年病人和残障人设有康复中心，向患者提供治疗、咨询和日常料理，并有专门的汽车接送。

3. 生活优待

在瑞典，凡是领取国家普遍养老金的老年人，都可以领到住宅津贴，政府还会为其建造老年公寓。老年人可以对自己原来居住但是后来不适于年老后居住的一般性住宅自行改建，补助或者贷款由政府为其提供。

瑞典散居在社区周边的老年人可以到附近的中小学就餐，食堂提前向老年人公布菜单，所收费用仅为市价的一半，也可以在康复中心或者托老所就餐。瑞典的公共交通部门对享受养老金者给予折扣优待。老年人乘坐火车、轮船、飞机、地铁和公共汽车可享受费用减免优惠，行动不便的老年人还可以减价乘坐出租汽车等。

4. 文体休闲优待

瑞典取消了普通大学入学的年龄限制，一律向老年人开放，充分地保障老年人接受教育的权利。瑞典的广播和电视教育除为老年人制作、播放特别节目外，还在一般内容的播放时间内按照老年人的生活规律另外补播。瑞典的国立图书馆为老年读者特设送书上门服务，并调查老年人的阅读意向，编制老年人爱读的图书目录供老年人选择参考，在偏僻地区由流动图书馆为老年读者服务。

（二）美国

尊老、敬老在美国也有着广泛而深刻的社会基础，尤其是自 1935 年开始实施社会福利制度以来，已经成为美国的一种社会风尚。经过长时间不断改革完善的过程，美国有关老年人的福利制度，包括优待制度已经比较健全。在社会福利方面，美国政府启动了很多关于老年人的项目，只要达到政府所规定的年龄，老年人就可以享受相关服务。据此，老年人可以申请领取医疗费、补助金，申请暖气费、税费减免等，还可以在乘车、坐船、搭飞机、参观展览、游览公园等时享受9～4折的优惠。主要内容包括以下几个方面：

1. 住房优待

在美国，所谓的老年人住房优待其实就是老人公寓，这些公寓是特意为 62 周岁以上的体健但是收入较低或者是领取老人金的老人提供的居住场所。这些公寓都有房屋补助，房价相当便宜，通常是一厅一房一厨一卫约 50 平方米的炊具设施较齐全的新楼房，低收入者每月只交 80 美元左右的房租便可，无须交管理费、清洁费及其他杂项费用。

2. 生活休闲服务优待

在美国，对老年人的生活服务优待就是举办“老年活动中心”，美国许多州的街区都会设立“老年活动中心”，这是一种官办民助的福利机构，凡年满 60 周岁的老年人，都可参加老人活动中心的各种活动，如各种球类运动、麻将以及太极拳等。同时老年活动中心所藏书报杂志等老年人都可以借回家阅读。日常生活中会免费为老人提供早点、咖啡、茶水及廉价午餐，此外还会定期组织老人外出参观、游览及举办健康讲座等，极大地丰富了老年人的生活。

年满 65 周岁上的老人都可以得到一张免费乘车卡，在任何时间均可免费享受相关的服务。

当然，各个州根据自身的经济发展状况也会因地制宜地制定一些相关的优待政策。如费城规定，年满 65 岁的老人只要出示能够证明年龄的证件，就可以享受煤气公司提供的 20%的打折优惠。同时家庭年收入较低的还可以申请 25%的水费优惠。

3. 医疗保健优待

在美国，医疗是一项昂贵的公共服务，但是美国老年人福利政策的规定使得年过 65 周岁的老人看病基本上不用花钱，住院的费用也相当少，单身年收入低于 1.5 万美元、夫妻年收入低于 2 万美元者就可以申请福利药费补助卡。此卡的持有者每次到药店找医生开处方药，自付 5 美元，余下的费用由发卡单位支付，而且有了此卡，65 周岁以上的老年人看牙可以享受 15%的优惠。

4. 税收优待

首先，规定了社会保障保险金的起征额，使得低收入的老年人免受社会保障收入税的影响。其次，规定一定年龄以上的老年人变卖房产所获得的一定范围之内的收益可以享受税收减免优待。再次，有关老年人课税的法案规定，65 周岁退休人员每人均可享受 750 美元的课税抵扣。最后，经过相关税收制度的改革，65 周岁以上的老年人个人或者夫妻双方的收入低于一定数额的话就可以享受免税待遇。

（三）日本

作为亚洲最早进入老龄化的国家，日本早在 1970 年 65 周岁以上的人口就占到了总人口的 7%，跨入了老龄社会。2009 年，65 周岁以上的人口数达到了 21%，预计到 2050 年这个比例将上升至 40%。[①] 由于日本迈入老龄社会的时间比较早，所以其应对老龄化问题的相关制度经过不断的变革也比较完善，对老年人的社会优待和照顾也相应地体现在不同的法律和政策制度中。主要包括以下几个方面：

---

① 参见刘瑞常：《日本人口老龄化，百岁老人超四万》，载“中国经济网”：http://big5.ce.cn/gate/big5/civ.ce.cn/mian/right/gxyl/2000910/28/t20091028-20295169.shtml。

1.住房优待

二战后,日本65岁的老年人口数量急剧增长,政府对此特别重视,尤其是老年人的住房问题,采取多种措施给予老年人在住房方面各种优待。首先,由政府或社会福利法人为65岁以上的老人建立专门的养护老人之家,根据老年人自身的经济条件收取一定的费用,余额由国家负担80%,地方主管的县市或者町村承担20%;其次,建立一些为身体上或者精神上有缺陷的老年人提供的特别养护之家,在费用的收取上只是根据其自身或者赡养人的经济条件而酌情收取;再次,面向60岁以上的老年人,建立低费老人之家,收取很低限额的经费,其他的由国家进行补贴;最后,在名胜或者有温泉的地方,建立老人休养之家,收取低廉的费用,提供安静的保健休养场所,服务的对象是60岁以上的老年人。①

2.医疗保健优待

1982年,日本制定了《老年人保健法》,提出了"40岁保健,70岁医疗"的理念,对于65岁以上卧床不起的老年人以医疗为主。这些老年人除支付必要的医疗费用(如挂号费)之外,原则上享受免费医疗。保健事业的费用全部由国家和各级地方政府负担,其比例是中央、省、县市政府各承担1/3。②日本还创立了老年人专用医院,接收患有慢性疾病的老年人,由国家和社会负担基本的治疗费用,超出项目的费用就要由个人自己承担,但对加入各种医疗保险的70岁以上的老年人以及收入在一定限度以下的65岁以上的老年人给予医疗费补助,并且对低收入者实行药费全免。对已经出院的患慢性病卧床不起的老年人实行出诊看护制度,对病人进行必要的治疗和看护指导。

3.就业优待

为了实现老年人劳动权利,日本在2004年6月修改了《高龄者雇佣安定法》。《高年龄者雇佣安定法》是日本为应对老龄社会所建立的一种制度,其中规定所有企业有义务雇佣老年人,对于要解雇的老年人,离职前必须制作老年人求职活动所需的推荐书,老年人才服务中心向企业派遣临时或短期人员时,企业必须接受。对于长期失业的老年人,举办就业支援研讨会,

① 参见陈默:《日本老年人住房受重视》,载《中外房地产导报》1995年第10期。

② 参见陈德伟:《老年人口特殊权益保护立法研究》,西南财经大学硕士学位论文,2008年。

咨询、经验交流会等，为其提供再就业支援。而且，与地方公共团体合作，开设老年人职业咨询窗口。独立行政法人“高龄·残疾人雇佣支援机构”在各都道府县设置高龄期雇佣就业支援窗口，安排有关职业生活设计的咨询和支援。[①] 这是日本在就业方面为老年人提供的特别照顾和优待，通过法律的形式将其确定，老年人的权益更容易得到保障。

(四)巴西

据统计资料显示，巴西60岁以上老人仅占全国人口的8.6%。虽然尚未步入人口老龄化国家之列，但保障老年人权益一直受到巴西政府和社会的重视。《巴西宪法》规定："家庭、社会和国家有义务赡养老年人，保证他们参与社会，捍卫他们的尊严和福利，保证他们的生活权利。"老年人优先是巴西老年人政策的主要指导原则之一，也是落实得最好的一项规定。巴西政府在老年人优待的项目和内容的覆盖面都是十分广泛的，在生活、文体休闲、医疗保健、税收以及法律咨询等方面都涉及对老年人的优待和照顾。

1.生活及文体休闲优待

巴西所有政府办事部门及医院、银行、机场等公共服务行业窗口都有"老人、孕妇和残疾人优先"的提示，甚至专为老年人设立优先窗口。巴西所有老年人都有权享有政府提供的最低生活保障，孤寡老人可以住进公办的养老院。65岁以上老人可免费乘坐市内公共交通工具，公共汽车上必须设置4个老人和残疾人专座，公共停车场必须留出老人停车泊位。60岁以上老人可免费进入政府管理的公园和游乐场所，影剧院和其他文娱活动场所也要为老年人提供便利。此外，所有公共建筑都必须留出便于老年人和残疾人行走的通道。

2.医疗保健优待

巴西的公立医院普遍按法律规定设立了老年专科。自1997年以来，政府一直为60岁以上的老年人免费注射流感疫苗。

3.税收优待

首都巴西利亚政府规定65岁以上老人在卫星城自有房屋可以免交120平方米的房地产税。

---

① 参见田香兰:《日本老年人的雇佣及收入保障政策》，载《前沿》2009年第1期。

4.法律咨询优待

为了保障老年人的合法权益不受侵害，巴西法律规定政府应为老年人提供法律咨询，各级法院优先审理65岁以上老人提出的诉讼。①

二、域外老年人社会优待制度的特点

通过对瑞典、美国、日本以及巴西在老年人社会优待方面的规定和内容进行梳理，我们不难发现，这些国家在老年人优待方面存在着不少共性，这些共同的特征正是我们所应学习、借鉴的经验和启示，对它们进行比较分析，寻求适合我国社会经济发展实际的规定、制度，有利于我们社会优待制度体系的构建，避免在制度构建的过程中出现他国曾经走过的弯路，促进我们更快、更好地构建属于中国特色的老年人优待制度体系。

(一)法律体系相对健全

不论是瑞典、美国、日本还是巴西，老年人社会优待的绝大多数内容都是通过法律的形式进行确认的，法律的权威性、稳定性、强制性为老年人优待的实现提供了强有力的保障。日本老年人福利制度的发展模式中，有关老年人优待的内容为我们更快、更好地构建属于自己的制度模式提供了很好的借鉴，值得我们深思、借鉴。如日本从20世纪60年代就开始颁布了一系列和老年人相关的法律，如1963年的《老年人福利法》、1982年的《老年保健法》、1989年的《高龄者保健福利推进10年战略》、2000年的《看护保险法》、2001年的《高龄居住法》、2004年修订的《高龄者雇佣安定法》、2006年的《高龄者虐待防治法》和《无障碍法》等等法律的制定、颁布和实施，大大保障了老年人权益，在涉及老年人优待的项目和内容上，法律发挥着举足轻重的作用。日本的老年人保障体系经过了几十年的发展和完善，基本上形成了一个完整的制度体系，每一部分的制度都有与其相对应的法律、法规，健全的法律使得老年人优待有法可依，有效地保障了优待规范的实施。同样，美国有关老年人社会优待的法律、政策、法规体系也相对健全、完整。自1965年颁布《老年法》《老年人志愿工作方案》《老年人营养方案》《多目标老人中心方案》《老年人个人健康教育和培训方案》等一系列法律后，国家从法律上确定了老年人服务的内容，为老年人构建了一张社会安全网，使得老年

① 参见何云:《巴西政府重视老年人权益保障》，载《老友》2002年第10期。

人在养老、医疗保健、生活、教育、休闲娱乐等各个方面都得到保障。[①] 而有关老年福利服务的政策是在20世纪70～80年代逐步发展起来的，涉及老年人的权益保护和照料、照顾的方方面面，同时其内容具体、可操作性强，将以人为本的理念深深地贯彻体现在对老年人服务的过程中。

（二）老年人社会优待内容明确具体

四国对老年人的优待项目和内容都有明确的规定，而且这些规定一般都不是原则性或者指导性的规定，而是具体到各个细节，包括居住的公寓的大小，税收的优惠率，国家对不同年龄段、不同种类的疾病的负担率，以及在生活中享有的其他优待等，实践性和操作性很强，便于贯彻落实对老年人的优待、照顾。同时，四国对老年人享受优待的项目都作出了具体、明确的规定。如瑞典就规定了养老优待、医疗保障优待、生活优待、文体休闲优待等等；美国则规定了住房优待、生活服务优待、休闲服务优待、医疗保障优待、税收优待等等；日本规定了住房优待、医疗保健优待、就业优待等等。而且在不同的国家根据其经济社会发展的不同，对老年人享受优待的年龄和其他条件的要求也不尽相同，优待的数额与比例也会随着市场经济的发展和政策的调整而不断地发生变化。只有对项目内容给予明确的规定，才会在制度的实践、运行过程中得以贯彻和落实，不会留给相关部门太多的选择权，否则老年人的优待权利将会名存实亡。所以在制度的设计和构建中，对制度的内容一定要予以明确的规定，不论是政策方面的、法律法规方面的还是地方性规定方面的，内容的明确是必须的。

（三）与社会发展状况相适应

四国在制定、实施、完善老年人优待的法律、法规及政策时，都是针对本国的实际情况，尤其是本国老龄化的形势，根据当时社会经济发展的实际情况，因地制宜地制定制度、措施来解决实际面临的问题。当然，在这个过程中向他国学习、借鉴经验是必不可少的，但绝不是盲目地效仿他国或者各地区之间相互照搬模式。而且，随着社会经济的不断发展，法律、法规、政策也在不断的调整、变革，能够更好地服务社会，保障老年人的权益。瑞典推行的老年人优待政策及权利保障是通过立法付诸实施的，这对于社会经济的

---

① 参见刘文富：《国外发达国家养老服务实践及其对我国的启示》，载《法制与社会（旬刊）》2009年第8期。

稳定发展起着一定的促进作用，但这种制度体系是建立在高收入、高税收、高福利的基础上的，随着人口老龄化程度的不断加强，优待政策所需要的福利费用就会不断地增加，政府的财政负担也会不断地增加。这种福利制度在其不断地发展、运行过程中的弊端在逐步的显现，其存在已经与瑞典的经济社会发展不适应，当然，瑞典政府也在不断地探索符合其发展条件的政策和制度。同理，日本在老年人福利事业的机构上也发生了一系列的变迁，以适应其不断发展的经济和社会，正是因为面对这种不断变化的老年现实需求时，日本政府能够通过不断变化制度的设计和结构的调整，才使得老年人的相关制度和体系不断地发展和完善。所以说，政策的出台、制度的设计、体系的构建必须与不断发展变化着的社会需求相适应，能够最大条件地满足当前社会的需求才有其存在和完善的空间。

（四）制度完善中的政府主导

上述四国相关的法律、法规及政策的出台都是在国家和政府的密切关注下完成的，既包括对老龄化问题的重视，也包括对老年人这个特殊的弱势群体的重视和关注。国家和政府给予高度重视，相关的政策才可能出台，法律才可能被制定和修改，制度才可能被贯彻和落实。在对待老年人优待的问题上，国家的引导性作用同样是不可或缺的。瑞典、美国、日本相关法律、政策的颁布实施都是在政府积极应对老龄化问题的形势下完成的。巴西虽然没有进入老龄社会，但政府的重视是巴西老年优待制度完善的前提和基础。同样，日本政府也对老年人问题相当的重视，并根据社会经济发展的不同阶段，不断地改革其制度措施，使其更加完善。除了通过立法积极改善老年人的福利外，还通过国家和政府出资培训照顾老年人的专业人员，建设老年人的休闲娱乐所需要的设施和场所，用实际行动保障老年人应该享有的权利。同时，国家和政府可以通过鼓励其他社会力量的参与来扩大老年人优待的范围，最终将优待的范围由部分特殊的老年人扩展到全国的老年人，主体结构也由国家单纯承担转变为由国家、社会和市场三个主体共同承担。可见，国家和政府的重视对于政策的宣传与制度的构建、运行、改革及完善都起着举足轻重的作用，有关老年人优待的制度体系的构建和完善必须引起国家和政府的足够重视。

三、我国老年人社会优待制度路径选择

就现阶段而言，我国的老年人社会优待制度普遍存在于地方性的法规及政策文件中，粗散零乱、相似雷同是其普遍存在的问题，而且在运行中仍存在着诸多问题。由于没有统一的指导性的制度模式的规范，这些问题得不到有效解决，因而在现有的制度基础上对其作进一步完善，并在经济社会条件允许的情况下建立全国统一的制度模式是我国老年人社会优待的必经之路。

制度是经常被提及的一个词，但对制度的理解却众说纷纭。按照《辞海》的解释，制度一般包含两层含义：第一层含义是指要求其成员共同遵守的并按照一定程序办事的规程；第二层含义是指在一定的条件下所形成的政治、经济、文化等各方面的体系。[①] 也有学者认为，所谓制度就是将社会生活中的各种因素和社会成员的种种活动连结起来而组成一个整体，保证社会生活有序、正常进行，做到时代相继，有条不紊。[②] 而美国著名法学家哈罗德·J·伯尔曼把制度看作是为执行特定的社会任务而做的结构化安排，而法律制度的主要目的之一便是向政府各部门和个人指明什么是允许的和什么是禁止的。[③] 总之，制度就是一个独立的载体，它能够为社会各主体，包括个人、政府及国家提供一个明确的行动指南和规则模式，并以规范化、透明化、体系化为主要特征。制度化是指从首先确立共同的价值观念，再到制定普遍的行为规范这样一个循序渐进的动态过程，是国家、政府及个体在共同的活动中经过逐渐磨合，有意识、有计划地创造、制定共同的行为模式和准则，用以指导和规范组织整体或个人的过程，这个过程既包括共同价值观念的确认，也包括制度的构建、运行、完善以及制度的监督和维护，最重要的当然是制度功能的发挥乃至最终达到制度的内化。老年人社会优待的制度完善同社会生活中的诸多制度一样，也是一个发展、完善的动态过程。在这个动态的制度化过程中，经验式和先验式是构建体系的两条路径，只有将其有机结合，才有可能建构科学合理、富有效率的制度。

---

① 参见《辞海》，上海辞书出版社 1990 年版，第 210 页。

② 参见易益典、周拱熹：《社会学教程》，上海人民出版社 2003 年版，第 236 页。

③ 参见[美]哈罗德·J·伯尔曼：《法律与革命——西方法律传统的形成》，贺卫方等译，中国大百科全书出版社 1993 年版，第 6 页。

(一)经验式路径

所谓经验,就是从已发生的事件中获取的知识。在应对老龄化的问题上,我国进入老龄化社会的时间相对较晚,现阶段仍处于积极探索的时期,而一些发达国家迈入老龄化社会已经有上百年的时间,这期间构建了一系列的制度体系来应对老龄问题给其国家乃至整个世界带来的影响,这些制度、体系经过长时间的发展变革,其中一些已经成为世界范围内应对老龄化问题的宝贵经验。如今,我国正处于社会经济转型的关键时期,同时还背负着“未富先老”的沉重包袱,加上有关老龄问题的政策、法律、体制、模式都不够健全,摸索的过程中学习他人的经验,“取其精华,去其糟粕”是我们的必经之路。同样,在对待老年人社会优待的问题上,我们通过对瑞典、美国、日本和巴西四国的分析比较最终发现,它们对于老年人优待的政策、法律、法规都有其相同的因素存在。我们要做的就是通过分析这些因素,提取出适合我国人口、政治、经济、社会、文化等各个方面的制度,再将这些制度进行整合、融会贯通,建立制度模式,最终服务于我国老年人社会优待制度的构建。比如,我们可以在构建我国的老年人社会优待制度体系的过程中加入目前尚付阙如的老年人住房优待、就业优待。因为这在我国目前的经济和社会发展条件下是可以实现的,也是我国老年人现阶段比较迫切的需求,所以我们应该将其列入制度体系中。再比如,美国实行的“食品券计划”对我们来说也是可以借鉴的经验。我国现阶段的老年人社会优待的基础设施和需求基本上都是针对城市老年人展开的,农村老年人享受不到优待的实质内容,但是,如果我们也实行发放食品券的措施,老年人到特定的商场购买相关的产品,那么不管是城市的老年人还是农村的老年人,都可以享受的社会优待服务,这对我们来说不失为一个轻松、有效的办法。所以,在我国老年人优待制度的构建过程中,不能一味地摒弃国外的实践措施,而应当有选择地吸收,适合我们的制度和经验的举措一定要毫不犹豫地吸收、借鉴。

(二)先验式路径

所谓“先验”,一般是指,同经验相对的、先于经验的、经过积累最终构成经验的尝试。世界上没有两个完全相同的树叶,同样也没有两个完全相同的国家或者地区,不管历史、政治、经济、文化、风俗等各个方面多么相似,它们仍然是两个不同的国家或地区,其差异的存在是绝对的。所以,对于他国的制度、体系我们也不能盲目地照搬、效仿,“拿来”的时候要选择适合自己的。当然，一个国家或者地区也不能完全依靠他国的经验存在和发展，创造性也是必须具备的。在对待老年人社会优待的问题上，我们虽然可以借鉴他国丰富的、完整的制度、体系、内容等等，但是我国老龄人口的数量以及发展趋势以及我国的政治、经济、社会都有自己的独特性，所以，在构建老年人社会优待的体系时，不能单纯地依靠他国的经验，我们也要发挥自己的主观能动性，创造自己独特的适合我国国情的政策、法律、法规、制度，构建属于自己的制度模式。如政务优待、区域优待就是我国特有的，这和我国的城乡二元结构体系是密不可分的，是具有中国特色的制度，并且是适合我国经济和社会发展国情的，在制度的构建中也应该将其纳入我国的制度体系中。对于诸如此类的制度，我们只能根据相关的政策将其制度化、法治化，使其融入我们的整个体系中。

总之，在我国构建老年人社会优待制度体系的过程中，我们只有将经验式和先验式两种路径结合起来，才能最终建立完整的中国特色的老年人优待制度，才能积极地应对老龄化带给我们的问题，才能更快、更好地保障我国老年人的权益。

第四节　我国老年人社会优待制度的完善

老年人社会优待制度的完善应当着力于以下三个方面：一是优化优待政策与法制的关系，这意味着优待政策在一定范围内和一定程度上向立法转化，使得相应内容得到更充分的保障，也意味着各种社会优待政策应当受到合法性、合理性和规范性的考量。二是社会优待制度要形成一个开放式、多层次的体系，其中包含老年人权益保障法中的专章规定、其他法律中的相关内容、各省的行政规章、地方的具体规定、政策性文件以及相关国际性法律政策等。三是社会优待内容应当不断充实，当前尤其要关注高龄老年人、外埠老年人以及城乡老年人的社会优待制度建设，提升社会优待水平的均衡性和公平性，设定老年人社会优待权保障和实现过程中的法律责任机制。

一、优化老年人社会优待政策与法制的关系

公共政策与法制向来是调整社会生活的两类制度资源，它们在表现形

式、发挥效力的逻辑和运行机制上存在差异,前者具有灵活性、多样性、地域性的特征,后者则多表现出稳定性、统一性、周延性、可操作性的特性。改革开放三十余年来,以政策形式推进的先行先试已经成为我国制度建设的一条基本经验,将社会效应良好、具备实践基础的政策用立法形式加以固定并保障实施,已经成为一项基本的立法规律。将经过实践验证成熟的老年人社会优待政策进行法治化建设,不仅符合该项立法规律,也有益于梳理、整合现有的优待政策,缩小不同地域之间老年人社会优待范围与力度的过大差异,对于保障老年人社会优待权利具有现实意义。

老年人社会优待政策法治化不是否定形式各异的优待政策的制度功能,片面强调法制的一元治理模式,也不仅仅是将现有的政策通过立法转化为法律规定,而是具有更加丰富的内涵,至少涵盖三个层次:首先,相关政策性文件与立法都是老年人社会优待的制度形式,二者有着价值和功能上的同向性,政策的灵活性与法制的规范性各自显现出制度优势,共同保障老年人社会优待的实现与发展,不可能也没有必要相互替代。其次,老年人社会优待政策法治化要实现优待政策在一定范围内和一定层面上向老年人社会优待法制转化。这些政策主要包括以下几类:一是在实践中得到广泛认可,运行比较成熟的;二是全国或者一个行政区划内通用的;三是涉及不同行政区域间协调的(如对外埠老年人的优待等)。这些政策通过全国性立法或地方性立法确认下来,与老年人社会优待的权利属性相呼应,也必然增强其规范性、约束力和实效操作性。再次,老年人社会优待政策法治化要实现相关政策的规范化和体系化。传统法学理论中,法制体系的外部表现是一系列反映法规范的法源,其中,在我国以通过立法程序形成的制定性法源为主。尽管一直以来的法学理论也关注非制定性法源之于法治的意义,但主要集中在对法律解释、惯例以及法学原理等的着意,较少探讨事实上对行政乃至立法和司法发挥实质作用的公共政策。法治建设不能也无法从公共政策视野中超脱出去,政策的法治化本身就是法治建设中的重要命题,而法治化的关键环节则是将政策融入广泛的法制体系,允许和认同社会主体在公共政策中找到行为依据。老年人社会优待政策固然要与社会经济文化发展水平相适应,要一定程度上体现地域特色,但并不等于政策必然粗疏零散;相反,老年人的社会优待政策应当建立起一套体系,从基本国策和提升老年人权益、方便老年人生活的高度认识,覆盖老年人生活的各个方面,保障老年人社会优待政策互相之间以及与其他领域的法律与政策之间不相冲突，充分考虑不同地域之间差异性与老年人社会优待政策之间的衔接。

二、健全老年人社会优待制度体系

保障老年人获得社会优待是全社会的一项工程，不可能通过一部立法来完成，像其他制度一样，它需要来自各个方面的努力，调动多种制度资源和保障机制，其制度体系也呈现为一个开放式、多层次、结构复杂的体系。

（一）《老年人权益保障法》中的专章规定

社会权利除了具有积极权利的特质之外，还通常具有不确定性和较大的弹性。比如《日本国宪法》第 25 条规定："所有国民享有维持健康且文化性的最低限度的生活的权利，国家必须在一切生活方面，努力提高与增进社会福利、社会保障以及公共安全。"这是典型的关于公民社会权与国家责任的法律规定，但是"最低限度""努力提高与增进"等词汇无不体现着强烈的开放性与不确定性，它会受到一个历史阶段的社会经济文化发展水平乃至社会传统的千丝万缕的影响和制约。另外，老年人社会优待权利一旦为法律所确定，则要以一定的财政资源作为基础，这些制度设计又要取决于一个国家或地区的财力、财税体制与分配机制。因此，第一，鉴于老年人获得社会优待的社会权利性质以及越来越宽广的优待领域，老年人权益保障法的修改有必要将"社会优待"作为专门一章规定，并成为老年人社会优待法制体系的基础和统领。第二，作为适用于全国范围的基础性立法，老年人权益保障法中的社会优待内容应当具有普适性和适度弹性。比较稳妥的方式是以"意见"为基础，着重整合和体现目前老年人社会优待政策中较成熟的内容，相关规定在内容上尽量宽泛，为地方规定提供制度框架和法律依据。在优待幅度上则不宜过高，既关照资源相对匮乏的地区，也为地方规定留有提升空间。第三，按照法律规范的结构，设定老年人社会优待的保障机制和不履行相关义务的法律责任，不仅切实将"待遇"转化为法定权利，也要将"关怀关照"转化为法定义务及法律责任，体现"刚性"保障。

（二）其他法律中的相关内容

从域外的立法实践来看，保障老年人权益的立法大致存在两种模式：一是没有专门针对老年人的单独立法。把老年人权益保护的条款分散在许多相关法律中，大多数国家采用此种模式，此种模式下针对老年人的各种保护大都从属于社会保障和社会福利制度。二是专门的老年人立法模式。一些国家采用此种模式,针对老年人群体的特殊性直接规定老年人应享有的各种权益,如《老年人权益保障法》《老年人福利法》《老年人保健法》《护理保健法》等。就我国而言,尽管制定了专门的老年人权益保障法,但关于包括老年人社会优待在内的老年人权益保障内容仍体现在其他立法中,通过专门条款将对老年人的优待规定下来。如我国《个人所得税法》中规定:“……退休工资、离休工资、离休生活补助费”等属于免征个税的范围;再如《刑法修正案(八)》中有关对75岁以上老年人从轻、减轻处罚以及原则上免除死刑的规定。这些规定都是老年人社会优待的重要组成部分。老年人的社会优待制度建设是一项系统工程,该体系建设需要在关涉老年人权益的各项立法制定过程中充分考虑老年人的差异性需要,适当增加在不同领域中的社会优待。

(三)各省的行政规章

目前各省(区、市)关于老年人社会优待的文件形式门类繁多,老年人权益保障法的修订同时也是各地方重新梳理和完善老年人社会优待制度的契机。为与老年人权益保障法的专章规定相协调,各省适宜由省级政府以行政规章的方式确认、发展适应本行政区的各种优待并辅以相应的法律保障措施,在优待范围和优待程度上,应当不低于老年人权益保障法的规定,提倡地方根据社会发展水平不断提升优待水准、扩大优待范围。

(四)地方的具体规定

各地方依然可以以全国及本省关于老年人的社会优待规定为基准,对其进行发展。从节省制度成本的角度而言,地方性的规定应当或者突出地方特色,或者增加、深化优待内容,或者使上位阶的规定更加具体、易于操作,避免对上位阶规定的简单重复。

(五)政策性文件

政策性文件在制度的系统性、号召性和组织性等方面有着相对立法的优越性,它通过行政组织层层推进,细致严密。通过政策性文件推行行政意志符合基本的行政规律和行政生态,是老年人社会优待制度的重要组成部分,高层次的政策性文件甚至会发挥指导立法的作用。但是老年人社会优待领域中的政策性文件若与相关立法形成有机统一的制度体系,要充分注意几个方面的建设:

1. 政策应当与立法具有精神上、价值上的统一性、契合性。

2. 涉及老年人及其他社会主体的基本权利义务设定的内容，应当由法律规定，坚持法律保留原则，如关于老年人的税收优惠、刑罚的特别适用规则等，政策不能超越法律或在缺乏法律依据的情况下设定处分老年人基本权利的规定。

3. 在老年人社会优待政策制定过程中，应当参照或准用立法程序，逐步完善老年人社会优待政策的信息制度，即政策的制定和运行应当建立在充分掌握信息的基础上，既要建立完善的辅助公民知晓老年人社会优待政策的公示、听证、信息公开等制度，又要建立完善的辅助公共权力机关收集社情民意的表达制度。信息制度是矫正政策信息不对称、保障政策公正性的基础性制度；逐步完善程序制度，包括政策制定程序制度和政策实施程序制度。要求政策制定过程符合优待政策的调研、论证、协调、制定、发布等程序性制度；逐步完善参与制度，公民参与政策的过程不仅体现为以民主为基调的参与观念，更需要细化为具有可行性、可保障的参与制度，尤其要关注老年人在相关政策制定中的参与；逐步完善革新制度，这是保持公共领域政策与社会需求适应度的良好机制，政策较之法律规范，其灵活性更强，规范性较弱，不宜受精确生效时段的限制，但可以根据社会发展状况适时适度调整甚至废止，逐渐改变政策出台后有始无终、不了了之的状态这符合社会治理的一般规律，亦可增进与法制间的协调。

4. 老年人社会优待政策制定和实施过程要进行合法性审查，审查政策内容与现行法律制度的契合度，及时变通或修正突破既有法治规则的政策内容。

（六）相关国际性法律政策

我国认可的国际性法律政策也会成为老年人社会优待制度体系中的重要组成部分。老年人除了与其他年龄段的所有人一样应享有《世界人权宣言》《公民权利与政治权利国际公约》《经济、社会和文化权利国际公约》所规定的各项基本权利外，根据老年人的特点和权利保障的差异性，更应享有《联合国老年人原则》所特别强调的基本权利，并予以特别保护。该原则于 1991 年 12 月 16 日在联合国大会上通过，大会鼓励各国政府尽可能地将这些原则纳入本国国家方案，其目的在于保证对老年人状况的优先注意，并强调了老年人独立、参与、照顾、自我充实和尊严的原则，规定了老年人应享有各种社会和法律服务，以提高其自主能力并使他们得到更好的保护和照顾等内容。这些也将内化为我国老年人权益保障制度、完善社会优待的基本依据。

三、充实老年人社会优待制度的内容

在全国相关政策、法律制度指导下，许多地方的老年人优待范围已经超出全国的统一规定进行了制度创新和尝试，这些都为老年人权益保障法中相关内容的设计积累了制度经验。我们认为，以关于加强老年人优待工作的意见为基础，结合地方性实践经验和域外有意义的制度内容，在老年人权益保障法中设立专章规定老年人社会优待的项目和内容，具体可包括以下若干方面：

（一）政策优待

国务院和县级以上地方各级人民政府应当制定老年人优先、老年人优惠等政策，对老年人实施社会优待。为老年人提供优待服务的单位，应当采取措施落实对老年人的优待服务，明示优待服务内容，工作人员在提供服务时应当向老年人告知相关优待规定。依照本条例规定为老年人提供优待服务致使收入减少的单位，设区的市、县（市、区）人民政府应当给予补贴。

这是关于老年人获得社会优待的总括性规定。2005 年，全国老龄办《关于加强老年人优待工作的意见》要求，原则上，各省（自治区、直辖市）都应有覆盖本地老年人的统一优待办法，提倡地（市）、县（市、区）为老年人提供更多、更优惠的优待项目。我国《老龄事业发展“十二五”规划》也提出要求，进一步完善老年人优待办法，积极为老年人提供各种形式的照顾和优先、优待服务，逐步提高老年人的社会福利水平。这是该条规定的制度背景和基础，同时需要作两点说明：

第一，老年人获得社会优待已经不能仅仅从尊老、养老的社会伦理角度认识，它越来越发展为一项法律权利，这项权利兼具福利权、平等权和获得物质帮助权的多重特性，兼具人身权与财产权的双重属性，属于积极权利的范畴，理应对应着政府和社会的保障义务。

第二，老年人社会优待力度很大程度上取决于各地经济社会发展水平，在优待政策应当由哪一级政府制定的问题上，我们认为，应当坚持优待水平统一性与地域性相平衡的原则，由县级以上各级人民政府分别制定为宜，但下级政府制定的优待水平原则上不能低于上位阶的优待政策规定的优待水平。

（二）政务优待

政府有关部门及其工作人员办理涉及老年人重大人身、财产权益等的事项，公安机关、人民检察院、人民法院办理涉及老年人权益保护等的案件，应当根据老年人权益维护的需要，予以优先办理，并根据需要指定专门机构或者专人优先办理。

《关于加强老年人优待工作的意见》与《老龄事业发展“十二五”规划》都有关于为老年人提供维权服务的优待要求，主要涉及拓展老年人维权法律援助渠道，扩大法律援助覆盖面，诉讼事务优先办理，律师事务所、公证处等法律服务机构要积极为老年人提供减免法律咨询和有关服务的费用等。本条规定在既有政策基础上将优待范围扩展至与公共权力组织有关的涉老事务的办理，统称“政务优待”，使老年人获得社会优待的领域更广泛。起草过程中曾有学者主张规定“应当根据老年人身体状况、心理特点和辨识能力等因素，予以优先办理”，我们认为，实践中涉老案件并不一定由老年人亲自办理，但由于与老年人权益直接相关也应当获得优待，故改为“根据老年人权益维护需要，予以优先办理。”

（三）尊老优待

县级地方人民政府应当向高龄老年人发放尊老金。地方各级地方人民政府可以根据本地区经济社会发展情况，扩大尊老金发放范围，提高尊老金发放标准。尊老金的具体标准和发放办法，由省级人民政府规定。

随着老龄化程度的提高和国民寿命的普遍延长，在老年人群体中进一步区分高龄老年人并给予他们特别的关照和优待，既符合尊老、爱老、养老、助老的社会文化，也是结合高龄老年人实际情况作出的制度安排，同时有利于减轻高龄老年人家庭的经济负担，促进社会和谐。因此，高龄老年人的特别社会优待应当作为老年人社会优待的基本制度通过立法确定下来。《关于加强老年人优待工作的意见》与《老龄事业发展“十二五”规划》中均规定了有条件的地方，可对高龄老人发放生活补贴。我们认为，同样是物质给付形式，用“尊老金”替代“生活补贴”更能体现优待意味，也更人性化；由于高龄老人数量并不太多，根据目前的经济社会水平，地方政府完全有能力支付尊老金，所以，可以将上述两份文件中倡导式的规定改变为给付义务，即强制性给付义务。

（四）医疗服务优待

医疗机构应当为到医院就诊的老年人提供优待服务，对高龄老年人就医予以优先。国家鼓励和支持医疗机构开设针对老年性疾病的专科或者门诊，为老年人设立家庭病床，开展巡回医疗等，为老年人提供专项服务。社区卫生服务机构应当建立老年人健康档案，按照国家和省有关规定，定期为老年人免费提供健康检查。

医疗保健服务的优待与优惠是老年人权益保障体系中的重要内容，除了一般意义上的优先就诊、费用减免之外，我们还强调面向老年人更加科学、更具人性化的专项医疗保健服务，如加强老年性疾病的有效应对，开展老年疾病预防工作等。

（五）住房优待

县级以上人民政府实施廉租房、公租房等住房保障制度，优先照顾有住房困难的老年人。老年人在其产权或承租住房拆迁安置中，有优先选择楼层的权利。

老年人的住房权是老年人权益体系中较容易被忽视的权利。《老龄事业发展"十二五"规划》提出了改善老年人居住条件的要求，而《关于加强老年人优待工作的意见》则更加与时俱进地规定了"老年人在其产权或承租住房拆迁安置中，享受优先选择楼层的待遇。贫困纯老年人户优先纳入廉租房保障范围"。我们认为，近些年来，随着社会结构的不断变化，公民的居住问题已经远超宪法定位的不受侵犯的自由权的范畴，而成为一项应该由政府保障的社会性权利。基于对老年人经济状况、身体条件的考虑，住房权利实现有困难的老年人应当受到政府的特别关照，因而廉租房、公租房以及拆迁安置等都应当优先照顾有住房困难的老年人。

（六）教育优待

鼓励社会教育机构为老年人接受教育提供便利，对老年人的学习费用等实施优待。

树立公民终身学习观念应当成为一个社会文明进步的重要标识，老年人的受教育权既是一项重要的社会性权利，也是改善提升精神文化生活的有效途径，政府应当积极创造条件，为其提供便利。加强老年人教育工作，要不断探索老年教育体制机制和模式，丰富教学内容，政府要加大教育投入，积极支持社会力量参与发展老年教育，提升老年人的精神生活。

（七）文体优待

公共文化体育设施应当对老年人免费或者优惠开放。地方各级人民政府应当根据当地老年人口的数量和分布状况，有计划地设置老年人文体活动的设施和场所。如鼓励影剧院对老年人实行票价优惠，为老年文艺团体优惠提供演出场地。

参加公共文体活动是提升老年人生活品质的重要方式。加强老年文化体育工作，鼓励适合老年人的文艺作品创作和体育健身项目设计都是有效的方式。更为重要的是，基于文体活动普及和开展的规律性，政府应当积极做好规划部署工作。比如在城乡规划建设中充分考虑老年人的需求，为老年人开展文体活动预留必要的空间，设置相应配套设施，着力改善老年人生活环境。同时也提倡社会组织积极为老年人开展文体活动提供便宜，比如票价优惠、在演出淡季为老年人文艺团体提供演出场所等。

（八）游览和公交优待

地方各级人民政府根据当地条件，可以在参观、游览公园、园林和旅游景点以及乘坐公共交通工具等方面，对老年人给予优待和照顾。火车站、汽车站、港口、机场等客运站点应当为老年人提供优待服务。候车室、候船室、候机室和公共汽车、地铁等不实行对号入座的公共交通工具应当设置老年人席位。

该规定中的交通出行优待是最传统、最直观意义上的老年人社会优待。按照老龄办《意见》的要求，要为老年人提供生活服务优待，采取多种措施，方便老年人的衣食住用行等日常生活。日常生活优待包括两个方面：一是费用上的减免，旨在减轻老年人及其家庭的经济负担；二是基于老年人身心特点而实行的特别关照，如交通工具或者公共场所为老年人设置专门席位等。

（九）农村筹资筹劳优待

农村老年人免除兴办乡村公益事业的筹资筹劳义务。这是针对农村老年人的特别规定。筹资筹劳是指为兴办村民直接受益的集体生产生活等公益事业，经一定程序确定的村民出资出劳的做法。通常情况下，筹资、筹劳的适用范围包括村内小型农田水利基本建设、村内道路修建及维护、村内绿化、村内安全饮水工程等等，是兴建农村公益事业的基本制度。现行《老年人权益保障法》在“社会保障”一章中规定了“农村老年人不承担义务工和劳动积累工”，主要是从“筹劳”方面进行的保障。我们认为，通常农村老年人经济条件有限，进一步保障其权益应当从经济和劳务两个方面着手，免除其筹资筹劳义务。当然，这种免除并不减损老年人享受村内的各种公共服务的权利，因此兼具社会保障与优待属性，我们将其放在“社会优待”一章规定。

（十）同等对待

提倡对常住户口不在本行政区域内的老年人实行同等优待。我国老年人社会优待的地方性规定多与行政区划相结合，以户籍制度为基本管理依据，即地方性的社会优待多针对户籍在相应辖区的老年人。伴随近些年来我国社会流动性的加快，老年人在户籍地以外经常居住的情形愈发普遍，社会优待的地域性限制无形中将老年人分为两类：享受本地社会优待的老年人与不能享受本地社会优待的老年人。这样的规定显得比较狭隘，负面效应凸显。无论是从优化社会人文环境还是从对更广泛的老年人权益保障方面，适当条件下给予户籍不在本辖区的老年人同等社会优待是应然之举。同理，我国长期以来的城乡二元结构造就了不均衡的公共服务和社会福利制度，在老年人社会优待方面表现尤其突出。因此在关注本埠、外埠老年人享受社会优待时的均衡化乃至统一化的同时，宜充分考虑并依托制度确立农村老年人与城市老年人在享受社会优待制度上的平等权。

（十一）关于老年人社会优待的责任机制

首先，政府应对老年人权益受到侵害的救济途径作出规定：“老年人合法权益受到侵害的，被侵害人或者其代理人有权要求有关部门处理，或者依法向人民法院提起诉讼。人民法院和有关部门，对侵犯老年人合法权益的申诉、控告和检举，应当依法及时处理，不得推诿、拖延。”这样就为老年人优待权益受到侵害提供了法律上的救助途径。其次，还可以具体到违反优待义务应承担的责任，“不按规定履行老年人社会优待义务的，有关主管部门应当责令改正；拒不改正的，可以通报批评，并可以依法给以行政处罚”。

结　语

老年人是国家、社会和家庭财富的创造者，当他们年事已高、身体弱化，不再是经济社会发展的中坚力量时，理应受到尊重、照顾和优待。老年人的社会优待是指基于老年人自身特点，国家和社会给予的广泛关怀照顾及物质优惠。对老年人实行优待，是对老年人过去努力工作、辛勤奉献的肯定，是对尊老、敬老美德的弘扬，也是国家与社会的共同责任，更是有效维护、促进老年人权益的基本途径。老年人社会优待制度对于已进入老龄化社会的国家而言，其意义和重要性不言而喻；或者说，大力发展老年人社会优待制度，积极应对老龄化，已成为当今社会共识。

向来注重伦理道德的中国，尊老、爱老的传统源远流长，相应的制度可以追溯到西周时期。在古代不同时期的法律制度中都曾出现关于老年人社会优待的规定，但大多表现为一定程度上免除老年人的刑罚。新中国成立后，早期部分老年人优待项目逐步分解到老年社会保险制度和老年社会救助制度之中，老年优待制度的内涵有所收缩。与此同时，虽然没有出台专门性的政策法规，但老年优待已经超越传统“软法”性的乡规民约范畴，国家越来越多地介入到老年优待工作之中，老年优待的重点已从民间社会转移到国家政府层面。[①] 特别是随着现代人权理念的深化、体系的丰富和经济社会文化等各方面的发展进步，老年人获得经济、医疗保健、生活服务、文化休闲以及维权服务等优待的权利理应通过法律确定并形成常态化的制度保障。

近些年来，党和国家高度重视老年人权益保障工作，从物质、精神、制度和社会氛围等不同领域加大了应对老龄化的措施。但是，就目前现实情况来看，我国有关老年人社会优待的政策、法规和规定广泛分布在各级地方层面，而全国性的指导性文件数量和内容相对有限，碎片化色彩明显，体系化明显不足。在全国层面，老年人社会优待工作开展和制度建设主要依赖1996年的《中华人民共和国老年人权益保障法》、2005年全国老龄办会同20多个国家部委颁发的《关于加强老年人优待工作的意见》以及2011年国务院印发的《中国老龄事业发展“十二五”规划》。在地方层面，以老年人权益保障法为依托，按照老龄办的意见要求，全国多数省份及其他层级的地方政府纷纷出台了有关老年人社会优待的实施意见和专项规定。我国当前老年社会优待制度总体上表现出三个特点：一是老年人社会优待制度表现形式多样，呈现出“政策＋法制”并以政策推进为主的特征。二是优待政策的区域差异性大，优待内容不一。老年人的优待政策多与行政区划相结合，户籍

---

① 参见杨立雄：《中国社会优待制度研究》，载《晋阳学刊》2012年第4期。

制度成为享受优待的重要依据。同时,享受优待的内容大部分局限于公共设施与公共服务上,水平较低。三是老年人社会优待实现机制不够规范明确,影响老年人社会优待制度实效,导致许多老年人优待项目难以落实。

由于发达国家进入老年社会的时间要比发展中国家普遍偏早,这些国家(如日本、瑞典、美国等)对老年人社会优待等权益保障制度的研究比发展中国家更深入,法律规范与体系构建也相对完善。我们可以在积极借鉴国外成功经验的基础上,立足国情,坚持"普惠性"和"选择性""政府主导"与"多方参与"、公平正义的原则,积极构建更加完善的中国特色的老年人社会优待制度。就具体措施而言,主要包括以下几点:第一,优化老年人社会优待政策,加快法治化进程。经实践证明,行之有效且成熟的老年人优待政策要及时上升为法律或法规,加快老年优待政策的法治化进程,给老年人享受社会优待提供更为权威与完备的法律保障。第二,健全老年人社会优待制度体系。以老年人社会优待制度为核心逐步形成专门法律、老年人权益保障法的专章规定、其他法律中的相关内容、部门规章、各省的行政规章以及地方的具体规定为主要内容的多层次的制度体系。第三,充实老年人社会优待制度的内容。特别是对于老年人社会优待项目,要具体明确,具体内容应该涵盖政策优待、政务优待、交通出行优待、医疗服务优待、住房优待、文体休闲优待以及维权优待等。第四,完善老年人优待服务的技术手段。可以充分利用当今的大数据、互联网等资源平台与技术,进一步提升老年人社会优待服务的方式与手段。

从法理上讲,老年人享受优待源于社会主体权利的平等性。对一些特殊群体(如老年人)给予适度的特别对待或侧重保护,是现代社会实现权利平等的重要方式。老年人社会优待权利的实现离不开国家的积极作为,需要国家为之制策立法,出资出力。同时,社会的积极参与,尤其是尊老、爱老、敬老良好社会道德的引导和规范也同样不可或缺。

第六章

老年人社会参与制度

目前我们所面临的问题是人口老龄化与我国社会发展之间存在着较为严重的不平衡。这种不平衡既有社会发展水平无法满足老年人社会参与需求的一面,又有老年人自身状况无法满足社会发展需求的一面,二者严重错置,矛盾丛生。历史进程并非齐头并进,区域步调也难一致,老年人及其社会参与状况也是如此。而学理上的“老年人社会参与权”的概念阐释需要借助“老年人社会参与”概念,而论及“老年人社会参与”就必须首先对“社会参与”这个概念进行澄清。老年人社会参与权保障现状的梳理着重于以下两个方面:第一,老年人社会参与中面临的困境主要是老龄群体所面对的,而不是泛泛的所有群体面对的问题。比如,就业领域的年龄歧视,尤其是老年歧视问题是老年人群体所面对的特有问题。第二,老年人社会参与中也面临着和其他群体一样的困境,但是却有“增量”的特殊性,那么就有必要对此进行梳理。在此基础上,以老年人社会参与权体系为主要理论铺垫,分析老年人社会参与权的现状与问题,并最终找出我国实现老年人参与权的可能进路。

第一节 老年人社会参与权概述

当前，国内学界对“老年人社会参与权”的界定众说纷纭，各有优劣，对这些界定进行分析是我们对这个概念进行研究的前提。在我国社会学领域，对“老年人社会参与”概念的研究主要围绕概念的界定角度、包含内容两个层面展开。就界定角度而言，国外有学者总结了四种研究社会参与的视角，即介入角度、角色角度、活动角度和资源角度。如果说用“界定角度”和“包含内容”两个向度可以涵括社会学意义上的“老年人社会参与”概念的话，那么对于“老年人社会参与权”这一概念的论证则要跨越这种描述意义上的分析而走入应然的领域，探究老年人社会参与何以成为一种权利。老年人社会参与权的各个部分以及其作为整体在国际政治文书、国际公约等方面和国内法律与政策领域都能够寻找到一定的规范性依据，虽然在中国没有明确提出“老年人社会参与权”这一法定权利，但是在一定程度上其作为实存的权利是毫无疑问的。

一、老年人社会参与概念

“老年人社会参与权”的概念阐释需要借助“老年人社会参与”这一概念，而论及“老年人社会参与”就必须首先对“社会参与”这个概念进行澄清。“社会参与”一词的含义在中文的语境中有两种基本理解思路：一种是社会作为主体，“社会参与”即是社会的参与①；另一种是社会作为对象或者客体，“社会参与”即是特定的主体参与社会。“老年人社会参与”表达的基本意思是老年人参与社会，“老年人”是参与的主体，“社会”是参与的对象，“参与”则是表达动作或者状态的词。那么从语义的角度来阐释“老年人社会参与”这个概念，就必须明确“老年人”“参与”“社会”这三个词的所指。

当前对“老年人”的定义也有十几种之多，有所谓生理年龄、心理年龄、社会年龄等不同的界定角度。由于本章研究核心是老年人的社会参与权，权利分析具有规范性，本章的“老年人”采取我国的立法定义。《老年人权益

---

① 如在《中国老龄事业发展“十二五”规划》中，“老年事业发展基本原则”有一个是“政府引导与社会参与相结合”，其中的“社会参与”就是在这种意义上使用的。

保障法》第 2 条规定:“本法所称老年人是指 60 周岁以上的公民。”据此,老年人是指 60 周岁以上的人。

对于“参与”和“社会”的理解,如果没有特定的语境是很难作出的,本章主要基于社会学与法学对这两个词的界定,而且鉴于“社会参与”一词本身已经是有关老年人的社会学研究中常用的概念,在法学领域也多有借鉴,故将“社会参与”作整体考量。根据学者的考证,最早将“社会参与”概念引入有关老年人研究的是美国社会学家欧内斯特·W·伯吉斯。“社会参与”这一概念的理论母体是象征互动理论[①],后来用于描述老年人各种参与社会生活的行为。社会参与是社会学界和法学界最为常用的表述。此外,在中文语境下,还有相关的词汇表达着类似的意义。比如《老年人权益保障法》中采用“参与社会发展”这个表述,类似表述在我国有关的老年文件中可以寻觅其踪迹;“老有所为”也是“老年人社会参与”的另一种替代表述,它和其他五个“老有”构成了我国老年人权益保障的一般方向。[②]

在我国社会学领域,对老年人社会参与概念的研究主要围绕概念的界定角度、包含内容两个层面展开。就界定角度而言,国外有学者总结了四种研究社会参与的视角,即介入角度、角色角度、活动角度和资源角度。如从所谓的角色角度对社会参与进行分析,社会参与就是“个体当前所进行的活动和所扮演的社会角色”。而从资源角度分析,社会参与“是一种社会导向下的与他人分享资源的行为”,并据此将老年社会参与分为集体性社会参与、生产性社会参与和政治性社会参与。[③]

借鉴这四个视角的路径,我们认为,老年社会参与从行为意义上是老年人参与政治、经济、社会、文化等各领域活动的“举动”;从主体意义上,老年社会参与是一种特定政治、经济、社会乃至家庭角色的扮演;从客体意义上,是对相应领域特定活动的介入过程抑或状态;从价值意义上,是对自身及社会的有用性,也即将社会参与视为一种资源分享过程;等等。不同的界定角

---

① 参见[美]戴维·L·德克尔:《老年社会学——老年发展进程概论》,沈健译,天津人民出版社 1986 年版,第 5 页。

② 其实,我国有从“五个老有”到“六个老有”的变化。所谓的“五个老有”是指“老有所养,老有所医,老有所乐,老有所学,老有所为”,而六个“老有”是在此基础上加了“老有所教”。

③ 参见段世江、张辉:《老年人社会参与的概念和理论基础研究》,载《河北大学成人教育学院学报》2008 年第 3 期。

度使我们对社会参与这个概念有了全方位的把握，特别是行为、资源、角色等都从不同侧面反映了社会参与的实质内容。

就包含内容而言，在我国的语境下，学者对于老年社会参与有着多样的表述，主要分歧在于如何划定老年人社会参与所应当包含的具体领域。有学者归纳了我国老年人社会参与范围的七种表述：一是“有偿劳动论”，二是“有酬劳动＋无酬劳动论”，三是“有酬劳动＋无酬劳动－家务劳动论”，四是“参与社会活动－娱乐活动论”，五是“全包含论”，六是“娱乐＋公益＋有偿的三性论”，七是“有益论”。① 其实这些概括存在的三个核心争论点是：第一，老年人社会参与是否包括老年人参与家务劳动；第二，老年人社会参与是否包含无报酬的劳动；第三，老年人社会参与是否包括一般老年人的娱乐活动。

根据前述对界定角度的理解，老年人社会参与范围确定的分界也是由认识的角度不同而导致的。具体来说，如果从资源分享及老年人价值的实现这个角度来看，那么老年人参与家务劳动应当包含于社会参与之中；如果从对社会的贡献来看，无论是有偿还是无偿的劳动都能创造价值，自然均应当包括在社会参与之内；如果从个人的社会参与行为角度来看，娱乐活动包含在内也是逻辑的必然。而我们对于老年人社会参与的认识，主要是从老年人在社会中创造价值、做出贡献这一角度来界定的，我国人口学领域的专家邬沧萍教授就将“老有所为”界定为“老年人自愿参与社会发展，为社会所做的力所能及的有益贡献”。② 我们界定的老年人社会参与主要包括老年人的政治参与、经济参与、公益参与与组织参与四个方面，既包括有偿劳动，又包括无偿劳动，但是不包括家务劳动，也不包括老年人单纯的自娱自乐的社会娱乐活动和交际活动。我们的主要依据是，老年参与社会的“社会”一般应当将家庭排除在外，所以，在家庭内部的家务参与不应理解为“老年人社会参与”；这个“社会”还并非通常意义上与政治、经济和文化相并列的“社会”，而是广义上的社会空间，内含政治、经济和通常理解的“社会”概念；同时，在社会中，无论是有偿劳动还是无偿劳动，均会产生相应的社会价值，老年人参与公益活动也为“老年人社会参与”概念所包含；最后，作为老年人政

---

① 参见李宗华：《近 30 年来关于老年人社会参与研究的综述》，载《东岳论丛》2009 年第 8 期。

② 参见邬沧萍、王高：《论“老有所为”问题及其研究方法》，载《老龄问题研究》1991 年第 6 期。

治、经济和公益参与越来越普遍的形态，将组织参与作为老年人社会参与的重要组成要素。基于以上理解，我们探讨的老年人社会参与是指老年人为实现自己对社会的价值而在社会中从事的政治、经济、公益以及其中相应的组织化活动。

二、老年人社会参与权的理论分析

如果说用“界定角度”和“包含内容”两个向度可以涵括社会学意义上的“老年人社会参与”概念的话，那么对于“老年人社会参与权”这一概念的论证则要跨越这种描述意义上的分析而走入应然的领域，探究老年人社会参与何以成为一种权利。

（一）老年人社会参与权的逻辑起点

逻辑起点是一种理论体系最基本的逻辑单元和最起始的逻辑展开，对老年人社会参与权的分析，需要探讨老年人社会参与是如何从一种政治、经济及社会状态和背后的内在需要走向一种权利要求的。如果以此为切入点，当我们从老年人的社会参与转入老年人的社会参与权视域时，我们发现中间最重要的逻辑流程是社会参与权实现了由“社会参与需要”向“社会参与要求”的转变，而这种“要求”就是老年人社会参与权的逻辑起点。

社会参与是所有人的需要，体现为通过政治参与获得意见表达和身份满足，通过经济参与得到经济收入和物质资源，通过社会领域的其他参与实现资源分享和社会价值，通过组织参与来进行信息交流和利益交换等。老年人对社会参与更具有不同于年轻人的特别需要，老年人通过各类社会参与可以更多地减少对子女经济和生活的依赖，实现代际交流沟通的快乐，获得与疾病做斗争的精神食粮，摆脱与社会相隔离的孤独，降低因死亡临近而产生的恐惧……社会学和老年学领域提出了包括脱离理论、融入理论、角色理论等不同理论模型用以解释老年人社会参与的客观需要，反映了老年人社会参与本身的向度、偏好、影响因素等内容，正是老年社会参与需求属性的反映。

在需要的框架内，我们不过是能够客观描述老年人所需，在法律与政策上为老年人社会参与尽量提供相应的保障；但是需要的保障不能持久，因为需要具有个体性、不稳定性和非约束性，老年人的社会参与将建立在不稳固的基础上而难以保证对其支持的有效性和持续性。因此，一种基于老年人社会参与需求，同时又使老年人社会参与的基础更加牢固的视角才能实现老年人“社会参与需要”向“社会参与权利”的转变。

1. 权利角度的分析

老年人具有参与社会的权利首先意味着社会承认这样一项规则：老年人对于社会（国家）及其成员而言具有社会参与的自由，只要老年人具有参与社会的意愿并且其自身具有参与能力，那么老年人就应当排除各种来自政治的、经济的、社会的阻碍而获得参与的机会并且感受参与带来的情感体验和物质回馈等。也就是说，从最消极的意义上，老年人的社会参与行为不受任何外力的干涉，而能够凭借其自主的意愿进行参与。这种参与是一种全面的自由，既包括参与的自由也，包括不参与的自由，参与社会与否以及如何进行参与是老年人自主作出的选择，这种选择是建立在个体式的自由意志基础上的。

在更进一层的意义上，老年人社会参与权利还意味着社会承认另外一项规则：老年人对于社会（国家）及其成员而言具有要求相关主体提供社会参与机会与条件的权利。在现实中，老年人是否形成社会参与的意愿，老年人是否具有能力进行社会参与，老年人是否顺利实现社会参与，还受到各种具体条件的制约，包括社会的政治环境、经济发展水平、社会发育程度、老年福利状况等等。一旦确立老年人的社会参与权，相关主体至少在抽象或者宏观意义上就具有了辅助老年人社会参与实现的义务。

基于这两层意义，虑及社会参与权对于老年人的生存和发展所具有的重要价值，因此，老年人社会参与权是一类人权，横跨传统的公民权利、政治权利与经济、社会、文化权利两大体系，并具有积极与消极两种属性。

由此而衍生的问题是，老年人社会参与权是什么性质的一类权利？它与政治权利、经济权利、文化权利等传统人权是什么关系，究竟老年人社会参与权对老年人的特殊性体现在何处？我们的回答是，老年人的社会参与权是包括老年人政治参与权利、经济参与权利、公益参与权利、组织参与权利等一系列人权的集合，是在一般意义上构筑的以“参与”为重要特征的一类人权；同时，因为“社会参与”本身具有的内在理论品性，在人权的谱系中，社会参与权并非这些人权的简单拼盘，而是体现为具有内在逻辑关系、悠久历史渊源、深刻现实指向的一类人权。

2. 内在逻辑关系角度的分析

从内在的逻辑关系来看，社会参与权以老年人参与领域为逻辑主线。基于国家与社会的二分视野，老年人的政治参与权主要是参与国家政治的权利，包括选举、公共决策等，可以纳入政治国家视角；老年人的经济参与权主要是老年人就业的权利，包括创业、经济信息交流等其他权利，可以归入社会领域的营利部门参与之中；老年人的公益参与权是老年人参与各类公益活动的系列权利，是老年人参与一般意义上社会事务的体现，突出表现为非营利性；老年人的组织参与权是老年人参与各类型组织的结社权，是老年人社会参与权中一类特殊形式和特殊内容的参与权，而本章更着重强调老年人的社会组织参与权。

3. 历史发展渊源角度的分析

作为人权的老年人社会参与权在历史发展进程中虽不彰显却早有体现。实际上，有人类的历史就有老年人社会参与的历史，在自然法的意义上，也就有了社会参与权的历史，但是该权利在漫长的历史进程中长期处于休眠的状态。从人权的一般发展来看，即便是最基本的生命权、财产权等虽在权利发达的古希腊、罗马已有体现，但作为人权详细论证并广为接受也是迟至启蒙时代的事情。而社会参与权相对则更为靠后，而且其各类型的权利萌芽发展的阶段也不同一。老年人的政治参与权渊源于古代“民主议事”，作为明确的一种权利类型，其与近代民族国家的产生、政治民主的发展密不可分，因老年人在政治领域向来具有的资历与经验优势，政治参与权利从而在权利启蒙之后随着代议制、普选制的发展而逐渐成为老年人权利体系中基本的一部分。老年人的经济参与虽然发端较早，而且与每个老年人的生存密切关联，但是也正是因为其普遍，加之小农经济时代不存在所谓“失业”“退休”等问题，老年人的经济参与权也未能彰显其重要意义，所以该项权利直至工业文明时代才逐渐发展起来。老年人的公益参与与社会的福利化、组织化和第三部门的扩张密切关联，因此，当公益参与由一种零星的自助与他助行为转变为规模化的群体行为时，公益参与权才会作为社会参与权的一种表现形态而出现。老年人的组织参与权则伴随着近代结社自由的发展而日益受到重视，可以说与前三种权利的启蒙与变化相伴随。综合来看，老年人的政治参与和经济参与活动最早产生，老年人的公益参与与组织参与近代才出现；老年人政治参与权与组织参与权最先觉醒，经济参与权受到工业文明的影响紧随其后，公益参与权则是社会领域中公益飞速发展之后的事情。其实，老年人的社会参与权在历史发展进程上和其他人群社会参与权基本是同一的，这与女子、少数人（如奴隶）等社会参与权利发展的相对滞后形成了鲜明对比。

4.现实指向性角度的分析

老年人社会参与权具有一般参与权之外更特别的指向，这种指向与大工业时代的到来、福利国家的产生、老龄社会的发展、代际矛盾的加剧等密切关联。老年人社会参与权中的经济参与权在福利国家背景下成了“半个自由”，或者被强制退休，或者被通过剥夺养老金等方式“促进参与”，这种自然的权利受到人为的经济性调控而受到抑制和克减；老年人经济参与权还受到各种来自制度性和观念性歧视的影响而受到侵害。老年人的政治参与权指向老年人参与能力相对弱化致使其政治权利无法有效实现而边缘化的窘境；老年人的公益参与权指向老年人公益参与中所面临的阻力和困境；老年人的组织参与权需要回应老年人在组织化表达诉求和满足生活、交流需要方面的种种现实困境。

当然，如果以现实指向性来说明老年人社会参与权在当代的重要意义，一定意义上确实是对我们人类固有人权和权利观念的一种讽刺。一个刁诡的事实是，当老龄社会到来时，我们发现福利国家虽然为老年人带来了福利，但也可能造成整个福利国家的灭亡，于是经济参与权对于老年人的重要性日益凸显，老年人的社会参与权进入了相关国际政治宣言，进入了相应国家的政策和法律之中，而这种社会参与权与其说是老年人自己的权利归属，不如说是社会发展的需要，其中的逻辑关系耐人寻味。而即便是现实中将老年人社会参与权视为一种工具性自由来推动，我们至少可以说，老年人社会参与权的意义已被人们所认识，而且从自由对发展的建构性作用来理解，老年人社会参与权一旦被固化和明确下来，那么其就将超越政策的考量而成为一种目的性的存在。从这种角度理解，社会参与权被功利化地利用是老年人社会参与权发展中的异化，但不是主流，主流应当是社会发展扩展了社会参与的自由，不仅社会参与的领地由自然经济状态的个体式经济参与扩展到工业甚至知识经济状态下广泛的多样选择性的经济参与，而且随着民主制度的完善，政治参与的自由也更能得到充分的保障，成为人类发展史上新的重要一页。同时，在最新的第三部门浪潮中，社会组织发展提速，全球范围内老年人可以参与的公益性和社会性活动更加全面。社会发展不仅拓展了老年人社会参与的领域，也深化了社会参与的内容，老年人社会参与权正是这种发展进程的现实体现。

(二)老年人社会参与权的价值维度

一种人权只有充分地展现其对人类的价值，其存在及保护的必要性才得以凸显。而就老年人社会参与权而言，平等、独立、充实与尊严是其基本的价值维度。1991 年 12 月 16 日，联合国第 46 届大会通过的《联合国老年人原则》(第 46/91 号决议)中，将“独立”“参与”“照顾”“自我充实”和“尊严”列为老龄行动国际计划的五项基本原则。基于此，针对老年人社会参与领域的特定性，我们将平等、独立、充实与尊严列为老年人社会参与权的四个基本价值维度，而其中尤以平等居于核心地位。

什么是平等？平等意指在一个特定的国家或领土内，无论权利的实现达到什么水平，都应不加歧视地适用于居住在那里的每一个人。[①] 平等本身就是一种人权，同时也是人权保障的原则，还是一种价值追求。平等要求立法上的人人平等，司法上的平等适用和执法中的相似情况相似对待。从反面来说，除非有正当和充分的理由，任何人和组织不能享有特权、被豁免以及被区别对待。立足于平等价值的视角来审视老年人社会参与权保障，一条主线便显现出来，那就是要促进平等参与，反对基于年龄的社会排斥和歧视。

老年人是一个基于自然生理特点而划分的群体，其权利的参照系是其他年龄层次的群体，尤其是青年人。类似的情况存在于妇女、儿童和残疾人权利的保护，妇女权利的参照系是男子权利，儿童权利的参照系是成人权利，残疾人权利的参照系是非残疾人士权利，这些权利在本质上都有平等的意蕴和追求。老年是每个人人生发展的一个必经的重要阶段，而老年人是整个社会中具有特殊身心条件的一个群体。老年人权利的保护核心就在于，至少要享受与其他年龄群体同样的权利，至少要实现相似的情况、相似的对待。当然，老年人要与年轻人平等地参与社会发展，共享社会生活，这种平等必然是实质意义上的平等。不能将老年人放在与年轻人同样的境遇

---

① 参见[美]爱德华·劳森编:《人权百科全书》，汪溯、董云虎译，四川人民出版社 1997 年版，第 430 页。

下进行竞争，而要给予老年人合适的适于发挥自己特长的岗位，促使其实现自身价值。

平等的另一个视角是老年人群体内部社会参与的平等。这种平等的要求符合一般人性并且在生存差距越来越大的现实社会中更具现实意义。一个农民老伯不会要求和老年知识分子一样平等地参与高知识密集度的工作，但是要求平等地获得表达自己意愿的机会，平等地得到与自己的条件相适应的再教育和培训的机会。同样，高龄老年人从事政治、经济与社会行为的实际能力也无法与低龄老年人相比，但是他们都应当平等地获得适合其自身实际的参与机会。

老年人平等社会参与的反面是社会排斥或者歧视。法国学者维莱·勒内(René Lenior)首先提出了“社会排斥”这一概念，他列举了 1974 年的法国受排斥者包括精神病患者、身体残疾者、有自杀倾向者、老年病人、受虐待的儿童、吸食毒品者、有越轨行为者、单亲父母、多问题家庭、边缘人、反社会者和社会不适应者①，其中老年病人被作为一个重要的受社会排斥的群体提了出来。而“歧视”则是一个在社会学和法学领域被广泛应用的概念，澳大利亚人权与机会平等委员会(The Human Rights and Equal Opportunity Commission)认为：“歧视是指一个人或一组别的人因其年龄、种族、肤色、出生国或所属族裔、性别、怀孕或婚姻状况、残疾、宗教、性取向或其它重要特质而受到另一人或另一组别人不公平的待遇。”②在人类历史上，最严重的歧视主要是种族歧视和性别歧视。而随着老龄化时代的到来，年龄歧视中的老年歧视也越来越凸显，其中老年歧视存在的重要领域就是老年社会参与领域。老年歧视存在于老年人社会参与的多个方面：雇主对老年职工总是表现出不信任，对于老年求职者往往不问是否适合职位而拒之门外或者在用人条件中制定实际上不利于老年人的条款，而这些歧视事后被证明是不合理的；社会对老年人参政议政的能力表示怀疑，忽视老年人的投票权；社会组织对老年人的接纳性较弱；等等。

一般来说，权利总是与对权利的侵害相伴随的。从权利的产生历史来看，权利意识是受到外力的压迫而激发的，正如因私人之间不守信诺而产生

① 转引自李景治、熊光清：《政治排斥问题初探》，载《社会科学研究》2006 年第 4 期。

② 吴帆：《认知、态度和社会环境：老年歧视的多维解构》，载《人口研究》2008 年第 4 期。

了财产权的保障，中世纪国家对民众权利的压迫产生了天赋人权的意识，种种现象表明权利意识或观念与侵害的关联性。而老年人社会参与权不仅能够从理论上论证是正当的、实存的，同时其在现实生活中也是必要的，这种必要性的依据正是对老年人的歧视以及对老年人社会参与的阻碍。或者表述得更一般一些，由于“没有侵害就没有权利”在一定意义上是能够成立的，所以老年歧视的存在恰好能证立老年人社会参与权的必要。

独立是老年人社会参与的重要价值维度，老年人通过经济参与，可以获得自我生存所必要的物质积累，从而减少对家庭和国家、社会的依赖，获得相对独立的经济地位；老年人通过政治参与，可以表达自己的意愿，参与国家和社会的治理，避免成为沉默的大多数，从而获得相对独立的政治地位；无论是参与公益活动抑或参加老年组织，老年人独立的身份获得肯定，价值得到彰显。充实则体现在老年人通过政治的、经济的、公益的、组织的参与而扮演特定的角色，获得潜在的多种机会，享有社会各种资源，丰富自己的物质和精神生活。尊严建立于平等、独立和充实的价值之上，是最高价值。老年人只有通过多方面的社会参与、多样性的社会实践，才能充分体现自己作为公民社会一分子的价值，获得的也才不是社会的同情和怜悯，而是社会的尊重。

（三）老年人社会参与权的结构要素

从权利的规范分析角度，权利的逻辑起点与价值维度只有从认识到老年人社会参与权利的本质与其结构要素入手，对包括权利主体、内容、义务主体、侵害行为、救济途径等的分析，才能全面理解老年人社会参与权。在作此项分析之前，我们承续“老年人社会参与”的概念并结合前述论证先给出一个老年人社会参与权的一般定义，老年人社会参与权是基于人的社会属性而拥有的、鉴于老年人身心客观条件和社会现实条件而特有的参与政治、经济、公益等的权利。老年人社会参与权的要素及特征表现在如下方面：

1. 老年人社会参与权的主体具有特定性

社会参与权的主体具有普遍性，因为参与本身就是一个人之所以为人的基本要求，不论所参与的对象是经济、政治还是社会。而老年人社会参与权的提出，重在对老年人社会参与的权利进行保护。1999 年国际老年人年的主题是构建“一个不分年龄人人共享的社会”，包括下列四个方面：个人终身发展、多代关系、人口老龄化与发展之间的关系和老年人处境。[①] 社会参与的主体被特定化，更加强调老年人通过参与来实现个人的终身发展、多代关系的维护、老龄社会的发展以及老年人处境的改善。可见，老年人社会参与权主体的特殊性反映了老年人这一群体对老年社会参与权的迫切需要，以及国际社会对老年人社会参与权的重视。

老年人社会参与权主体的特定性也可以从儿童、妇女等特定群体权利的表述得到印证。一个事实是现代人权的发展正逐渐由普遍人权向重视特定群体人权发展，如儿童、妇女、老年人的人权。这个趋势至少说明，人权的主体是普遍的。但是对人权保护具有重点与非重点的区分，对那些由于自然和社会的原因而特别容易受到伤害的群体，权利的肯认和救济是极端重要的内容。

2. 老年人社会参与权的内容具有广泛性和体系性

“广泛”是一个宽泛的描述词汇，没有哪个群体的权利不是广泛的，用在此处主要表达老年人社会参与权利种类的多样，但并不是没有边界。诚如上文提到的，老年人社会参与权是一个权利束，包括政治参与权、经济参与权、公益参与权和组织参与权等，而且在各个子权利之下，实际上又包含了丰富的权利。例如，政治参与权利就是多元的，既包括选举权与被选举权，又包括知情权、监督权、表达自由等丰富的内容。老年人社会参与权的体系应该是开放的，随着社会参与形式的增多、参与领域的扩展、老年人社会参与利益的扩张，老年人社会参与权利体系也会更加丰富。

老年人社会参与权的边界主要存在于直接性和可赋权性两个维度。“直接性”是指，尽管老年人社会参与权有各类型的表现，但是必须以与老年人社会参与直接相关为限。例如，为实现老年人的社会参与权而辅助的权利，典型如老年人的受教育权并不属于老年人社会参与权的范围。“可赋权性”是指老年人社会参与权的核心虽然是老年人社会参与的利益，但是这种利益以权利涵摄范围为限，不包括反射利益等，否则就变成“老年人社会参与权益”了。此外，老年人社会参与权内容因具有内在逻辑性而具有体系化的表现，上文已有论述；对于老年人社会参与权利体系中各权利具体内容的

① 参见《马德里老龄问题国际行动计划》，http://www.un.org/chinese/documents/decl-con/docs/ageing_progr.pdf。

分析，本章将在第二部分展开。

3. 老年人社会参与权的义务主体具有多元性

老年人社会参与权作为一类特殊的人权，其义务主体是多元的，包括国家、社会组织和个人在内的各类主体，而国家是其中心。国家乃人权的义务主体是学界的通说，而国家对各种人权一般都具有三层次的人权义务：尊重、保护和促进。对于老年人社会参与权，国家的义务是对其社会参与的尊重、保障与促进，而社会组织与个人的义务主要是尊重。

4. 老年人社会参与权是对其侵犯与权利保障之间的平衡

一种权利的确立，在人类社会中总是符合“侵犯—保护要求—确立”的逻辑，而权利正是对于侵害力量的平衡。谈到“侵害”，这是一个很值得考量的概念。当他人用赤裸裸的暴力侵害一个人的身体，这种侵害是显性的，是最容易被人们所识别的。但是对有些权利的侵害却是温和的、隐蔽的、不易被发觉的，老年人的社会参与权的侵害就属于这一类型。老年人自欲自为而去参与相应的政治、经济和社会活动，是和其他群体一致的，国家并没有剥夺，社会和个人一般不会直接干涉，但是各种隐性条件的存在和客观不利条件的制约都使得老年人社会参与权没有得到应有的保护，这种意义上的侵害就是一种隐性的侵害。

同时，还存在两种权利之间的平衡，平衡和对峙的结果往往在某种意义上侵害到老年人的社会参与权。典型如老年人的就业权与企业的自主选择权之间的冲突，显然企业的自主选择权也是法律应当保护的权利，但是老年人却因为这种自主选择权而难以获得就业机会，从而丧失了经济参与的可能。对于这种意义上的侵犯应该如何规制，就需要对两种权利进行平衡，从价值衡量、技术保障等多个层面加以解决。

5. 老年人社会参与权体现权利的可救济性

没有救济就没有权利是一般意义上对于权利救济的认识，但是救济的途径却是多种多样的，且往往与一国的司法体制和政治环境密切关联。对中国的老年人来说，既存在老年人社会参与权救济核心框架之内的司法救济，也存在多样的其他方式的救济。所谓对老年人社会参与权的司法救济，主要体现在老年政治参与权、老年人经济参与权等的司法保障方面。司法作为终端的纠纷解决方式，有其自身的适用范围，在涉及立法权以及重大政策的问题上，有时是很难出面加以解决的，特别是在我国的国情下，做到司法对社会参与权的全面的终局性的保障是不可能的，因此需要通过其他的救济途径加以弥补。

老年人的社会参与权的其他救济途径主要包括信访、仲裁、人大审查等。信访途径具有中国特色，虽然在历史进程中可能会逐渐消失，但是在现阶段确是社会参与权保障的重要手段。而仲裁是非诉的纠纷解决机制，在老年人的劳动争议领域发挥着重要的作用。针对一些对老年人社会参与权的歧视性政策，通过我国立法法规定的途径提起人大的审查也是重要的途径。总之，老年人社会参与权的救济是老年人社会参与权自身的应含之义，在救济的方式和手段上同样有多层次、多方面的选择。

三、我国老年人社会参与权的规范渊源

老年人社会参与权即便可以从权利和人权的角度得到论证也仅仅意味着其只是观念的存在，只具有理论的合理性，或者可以被称为自然权利，但是，下文将论述老年人社会参与权的各个部分以及其作为整体在国际政治文书、国际公约等方面和国内法律与政策领域都能够寻找到一定的规范性依据，虽然在中国没有明确提出“老年人社会参与权”这一法定权利，但是其在一定程度上作为实存的权利是没有疑问的。

(一)国际“法”层面

在国际“法”层面上，老年人社会参与权存在一定的规范依据，但这些规定或者是单独针对(老年人)政治参与权、经济参与权、组织参与权的规定，或者是对老年人社会参与权描述性的表达，缺乏体系性和明确性。

1. 国际政治文书领域

从国际政治文书领域来看，系统地对老年人权利进行关注的是1982年老龄问题世界大会通过的《维也纳老龄问题国际行动计划》。该行动计划在“收入保障和就业”部分第37条建议对“各国政府应当为老年人参与社会经济生活提供便利”提出了要求，包括老年人在适当的条件下继续工作、劳动力市场中老年工人不受歧视、老年工人的职业教育权利等。[①] 1991年，联合国通过了《联合国老年人原则》，确立了“独立、参与、照顾、自我充实和尊严”等五项原则，其中参与原则要求老年人应能参与政策制定、向后代传播知识

---

① 参见《维也纳老龄问题国际行动计划》，http://www.un.org/chinese/esa/ageing/vienna3_3.htm。

技能、参与志愿发展、组织老年协会等。此后,1992 年的《2001 年全球老龄目标》和 1992 年的《老龄问题宣言》,都包含了对老年人参与社会发展的要求。

在 2002 年召开的马德里第二次老龄问题世界大会通过并经联合国大会第 57/167 号决议认可的 2002 年《政治宣言》和《马德里老龄问题国际行动计划》,是新世纪针对老年人权利保障的一份基本纲领,其三个优先方向的第一个方向就是“老年人与发展”,其中包含了丰富的老年人社会参与方面的内容。择其要者,第一,该计划提出了“全面的社会参与”观念,其表述为“参与社会、经济、文化、体育、娱乐和志愿活动,也有助于增进和保持个人的福祉。通过提倡和促进各代人之间的相互交流,老年人组织成为有利老年人参与的一项重要工具”[①]。第二,该计划详细阐明了老年人参与决策进程、老年人的就业、老年人的终身教育等一系列有关社会参与的重大目标与行动计划,为各国政府提供了立法依据和行动指南。第三,该计划对年龄歧视问题进行了较为全面的阐释,文中多达 20 次提及年龄歧视问题,提出了通过多种措施推动解决年龄歧视问题的指导意见。可以说,老年人社会参与权作为一项人权的重要性正是在该计划提出之后而在全世界范围内受到广泛重视的。

2. 国际公约方面

在公约方面,相较于专门涉及保护妇女的《消除对妇女一切形式歧视公约》、保护残疾人的《残疾人权利公约》和保护儿童的《儿童权利公约》,世界范围内目前还尚未有一个专门针对老年人权利保护的公约,但是“大多数核心人权条约都隐含了许多与老年人有关的义务。这些文书与适用于其他人一样也适用于老年人,并保护基本的人权,包括享有能达到的最高标准身心健康的权利、免受酷刑、不人道或有辱人格的待遇、法律面前平等以及不受任何理由歧视的适当生活标准”[②]。而在老年人的社会参与权保障方面,主要是对老年人就业权作出了一定的特别规定。如在 1980 年,国际劳工组织

① 参见《2002 年马德里老龄问题国际行动计划》,http://www.un.org/chinese/documents/decl-con/docs/ageing_progr.pdf。

② 该段表述是联合国大会官方的权威表述。参见联合国大会:《秘书长的报告:第二次老龄问题世界大会的后续行动》(A/66/173,2011,7,22),http://www.un.org/zh/documents/view_doc.asp?symbol=A/66/173。

《关于老年工作者的第162号建议书》通过后，在相关文件中将年龄明确列为一种歧视形式，并呼吁各国采取措施防治就业的年龄歧视。其于1982年《关于终止雇佣的第16605号建议书》亦指出："除关于退休的国家法律和惯例外，年龄不应构成终止雇佣的正当理由。"[①]其他的公约，包括至为重要的《公民及政治权利国际公约》《经济、社会、文化权利国际公约》，没有明确老年人的社会参与权。但是，《公民及政治权利国际公约》中有关于政治权利的系列规定及《经济、社会、文化权利国际公约》中对工作权的保障，从一般意义上构成了老年人社会参与权的核心规范渊源。更进一步的条款主要是，《公民及政治权利国际公约》第26条规定的保护法律面前人人平等，包括保证有效禁止任何其他理由的歧视。其中根据国际相关判例，基于年龄的歧视已经被自然地解释为其他理由歧视的重要方面。[②]

（二）国内的政策和法律层面

在国内的政策和法律中，老年人社会参与权的规范渊源体现为由零散政策法律到统一立法、由工作权到多种社会参与权利保障的过程。如果以对全体公民权利的保障中含有老年人社会参与权内容为标准，那么新中国成立初期的《共同纲领》和1954年《宪法》以及七八十年代的一系列法律、法规都自然包含老年人的政治参与权、经济参与权，这一视角显然过于泛化。以专门的老年人社会参与权保障为标准，则要以1982年老龄问题世界大会的召开为标志，而且它甚至可以说是我国系统保护老年人权利的开端，老年人社会参与也在这时逐渐进入国内研究与老龄工作的视野。

1. 相关政策方面

1983年4月，国务院正式批准中国老龄问题全国委员会为常设机构，中国老龄问题全国委员会的性质是"由有关部门和群众团体、科研机构组成的社会团体"，其于1984年和1989年两次召开了全国老龄工作会议，在相关会议上都一定范围内提到了老年人社会参与的问题。党的十三大报告也指

---

① 这两个建议书，载"国际劳工组织网站"：http://www.ilo.org/ilolex.

② 人权事务委员会认为，"基于年龄的区分，如缺乏合理和客观的依据，可能构成第26条规定的基于'其他身份'的歧视"。而这一观点来自于人权事务委员会递交联合国的相关文件，包括Love等人诉澳大利亚（第983/2001号来文）、Schmitz-de-Jong诉荷兰（第855/1999号来文）、Solís诉秘鲁（第1016/2001号来文）、Althammer等人诉奥地利（第998/2001号来文）（可查阅http://www2.ohchr.org/english/bodies/hrc/）。

出："必须强调优生优育，提高人口质量。同时，还要注意人口迅速老龄化的趋向，及时采取正确的对策。"

而在整个80年代，我国主要关注离退休老年人发挥自己的余热，参加社会主义经济建设问题，并制定了系列的政策规范文件，典型的如《支持离退休专业技术人员继续发挥作用暂行规定》。[①] 其后在我国的老龄事业走向科学化发展、规范化建设的基础上，老年人社会参与主体逐渐扩大，由离退休干部、科技人员扩大到了一般民众。

进入20世纪90年代，老年人社会参与权保障跃上了一个新台阶，这主要体现为系统的老龄工作方针、较为全面的老年人社会参与政策表述和初步的老年社会参与权益保障立法。就工作方针而言，我们党和政府较早就提出了五个"老有"的方针，包括"老有所养，老有所医，老有所乐，老有所学，老有所为"，其中"老有所为"在1994年《中国老龄工作七年发展纲要（1994～2000年）》中表述为"实现老有所为，发挥老年人的作用"，"老有所为"成为积极应对老龄化的重要措施，有利于丰富老年人的晚年生活、促进老年人在社会生活中作用的发挥。就老年人社会参与政策表述来看，比较权威的是2000年《中共中央国务院关于加强老龄工作的决定》第10项对老年人社会参与的表述："重视发挥老年人的作用，坚持自愿和量力、社会需求同个人志趣相结合的原则，鼓励老年人从事关心教育下一代、传授科学文化知识、开展咨询服务、参与社会公益事业和社区精神文明建设等活动。"另外，还有众多的老龄规划、单项的退休人员返聘等促进措施、涉及老年社会参与的项目等多个针对或者涉及老龄工作的文件对其进行了阐释和规范。[②]（相关规划、计划纲要、政策文件对老年人社会参与作出了系统表述，见表6-1）

---

① 其全称是《中共中央组织部、中共中央宣传部、中共中央统战部、国家科委、劳动人事部、中国科协、中国人民解放军总政治部关于发挥离休退休专业技术人员作用的暂行规定》（1986年10月6日中共中央办公厅、国务院办公厅转发）。该文件已经被《中共中央办公厅、国务院办公厅转发〈中央组织部、中央宣传部、中央统战部、人事部、科技部、劳动保障部、解放军总政治部、中国科协关于进一步发挥离退休专业技术人员作用的意见〉的通知》（中办发[2005]9号）所代替。

② 参见《对联合国秘书处关于老年人权益问题的答复》，载"联合国人权高专网站"：http://www.ohchr.org/Documents/Issues/OlderPersons/Submissions/China.pdf。

表 6-1 中国颁布的五个老龄工作计划纲要中关于老年人社会参与的内容表述

文件	时间、机构	社会参与的表述
《关于老龄工作情况与今后活动计划要点》(通知)	中国老龄问题全国委员会(1983 年 4 月 28 日)	为了适当地发挥老年人的作用,更好地组织老年人参与各方面的社会活动。要敦促各部门、各地区积极采取有效措施,适当满足老年人的特殊需要,并对具有科学知识、技术专长和领导经验的老年人,在力所能及的前提下,加以妥善安排。有的可重新受聘于本地或外地企事业单位担任技术指导;有的按地段或行业组织起来,开展咨询、翻译、培训、合理化建议等技术服务;有的可带领待业青年举办集体生产、服务业务;有的可参加街道里弄居委会工作,直接为人民办好事;有学问的还可著书立说,使他们为社会继续作出贡献,争取推迟、缩小和避免老龄问题对经济和社会发展所引起的不利影响。
《中国老龄工作七年发展纲要(1994~2000 年)》	国家计委、民政部、劳动部、人事部、卫生部、财政部、国家教委、全国总工会、全国妇联、全国老龄委(1994 年 12 月 14 日)	指导方针中提到:(6)……实现老有所养、老有所医、老有所为、老有所学、老有所乐的目标。(8)坚持走积极养老的路子。大力开展老有所为,倡导老有所学、老有所乐。坚持以"为"促"养"、养为结合,以"学"促"为"、学为结合,寓"养"于为、学、乐之中,促进老年人身心健康,丰富晚年生活。
《中国老龄事业发展"十五"计划纲要》	国发[2001]26 号	指导原则:5.坚持从物质和精神两方面提高老年人的生活质量。在保障老年人生活的同时,注意丰富老年人的精神文化生活,重视老年人的价值,发挥老年人的作用,引导老年人自立自强,积极向上。措施:精神文化生活——鼓励老年人继续参与社会发展。根据社会需要和自愿量力的原则,创造条件,积极发挥老年人在两个文明建设中的作用。在城镇,要重视老年人才资源的开发和利用,引导老年人从事教育、科研、咨询以及维护社会治安、社区服务等社会公益活动;在农村,鼓励健康老人从事种植、养殖和加工业。支持老年人自助互助。注意充分发挥老年人在基层民主政治建设中的作用。

续表

文件	时间、机构	社会参与的表述
《中国老龄事业发展"十一五"规划》	全国老龄委发[2006]7号	八、老年人社会参与 (一)老年人参与社会 研究制定相关政策,充分发挥老年人在构建社会主义和谐社会中的优势和特长,鼓励和支持老年人继续参与经济社会发展。发挥老年人在教育下一代中的示范和教育作用,鼓励老年人积极参与维护社会治安、社区建设等社会公益活动。在农村,鼓励低龄、健康老年人从事种植、养殖和加工业等经济活动。积极倡导和支持老年人广泛开展自助互助,努力探索实现"老有所为"的新形式。 (二)老年人才开发 积极开发老年人才市场,建立国家老年人才信息数据库和老年人才信息中心。凡符合条件的老年人,均可以参加专业技术人员职业资格考试,考试合格取得证书者按规定登记注册。符合条件的老年技能人才,可以参加职业技能鉴定,取得相应的职业资格证书。各地要把老年人才的开发和利用纳入人才市场建设的总体规划,根据市场需求和老年人的志愿,积极搭建老年人才服务平台,开拓老年人才参与社会的渠道。各类人才中介服务机构要根据需要举办多种形式的老年人才交流活动,积极为老年人提供服务。
《中国老龄事业发展"十二五"规划》	国发[2011]28号	三、主要任务 (七)老年人的精神文化生活 4.扩大老年人社会参与。注重开发老年人力资源,支持老年人以适当方式参与经济发展和社会公益活动。贯彻落实《中共中央办公厅国务院办公厅转发〈中央组织部、中央宣传部、中央统战部、人事部、科技部、劳动保障部、解放军总政治部、中国科协关于进一步发挥离退休专业技术人员作用的意见〉的通知》(中办发[2005]9号),健全政策措施,搭建服务平台,支持广大离退休专业技术人员更好地发挥作用。重视发挥老年人在社区服务、关心教育下一代、调解邻里纠纷和家庭矛盾、维护社会治安等方面的积极作用。不断探索"老有所为"的新形式,积极做好"银龄行动"组织工作,广泛开展老年志愿服务活动,老年志愿者数量达到老年人口的10%以上。

2.法律建设方面

天津是我国大陆最早制定老年人权益保障法规的地方。早在1987年,天津市就制定了《天津市保护老年人合法权益的若干规定》。该《规定》第15条表述为:"国家机关、社会团体、企业事业单位和基层群众性自治组织,要支持老年人发挥专长为社会服务。"在1996年《老年人权益保障法》制定之前,已经有河北、四川、广西、贵州、福建、北京、天津、新疆、山东、湖南、安徽、青海、江西、山西、内蒙、宁夏、广东、辽宁、浙江、河南、湖北、上海、江苏共23个省、自治区、直辖市制定了地方性法规,还有长春、乌鲁木齐、昆明、包头等4个城市制定了地方性法规,这些法规都笼统涉及了推动老年人社会参与的相关规定。

我国于1996年制定的《老年人权益保障法》特设一章规定了老年人参与社会发展的内容,并规定"国家应当为老年人参与社会主义物质文明建设创造条件"。老年人社会参与包括八个方面:对青少年和儿童进行优良传统教育、传授文化和科技知识、提供咨询服务、依法参与科技开发和应用、依法从事经营和生产活动、兴办社会公益事业、参与维护社会治安、协助调解民间纠纷和参加其他社会活动。作为我国目前对老年人社会参与最为全面的法律表述,严格地说,无论是其规定的逻辑性还是规范性,该法都很难让人满意,这反映了我们对老年人社会参与的内涵、社会参与权的性质、老年人社会参与在老年人发展和应对老龄社会措施中的地位还没有足够清晰的认识。在《老年人权益保障法》颁布之后,有关老年人权益保障的地方性法规也纷纷出台,但是对老年人社会参与的保障多以《老年人权益保障法》为基准,并没有多少创新性的内容。(我国有关老年人社会参与的法律框架详见表6-2)

表6-2　　中国有关老年人社会参与的现有法律框架

1.综合立法类			
立法领域	立法名称	颁布单位	老年社会参与内容
社会	《中华人民共和国宪法》(2004)	全国人民代表大会	第三十三条　国家尊重和保障人权。宪法中规定的选举权与被选举权、言论出版集会结社游行示威自由、人格尊严、劳动权、休息权、受教育权、文学艺术创作自由等都涉及老年人的社会参与权。

续表

立法领域	立法名称	颁布单位	老年社会参与内容
社会	《中华人民共和国教育法》(1995)	全国人民代表大会	第四十条　从业人员有依法接受职业培训和继续教育的权利和义务。国家机关、企业事业组织和其他社会组织,应当为本单位职工的学习和培训提供条件和便利。 第四十一条　国家鼓励学校及其他教育机构、社会组织采取措施,为公民接受终身教育创造条件。
	《中华人民共和国老年人权益保障法》(1996)	全国人民代表大会常务委员会	第四十条　国家和社会应当重视、珍惜老年人的知识、技能和革命、建设经验,尊重他们的优良品德,发挥老年人的专长和作用。 第四十一条　国家应当为老年人参与社会主义物质文明和精神文明建设创造条件。根据社会需要和可能,鼓励老年人在自愿和量力的情况下,从事下列活动…… 第四十二条　老年人参加劳动的合法收入受法律保护。
	《中华人民共和国妇女权益保障法》(2005)	全国人民代表大会常务委员会	第二章“政治权利”中涉及与男子平等的政治权利、政策参与、选举权与被选举权、选拔女干部、妇女组织等; 第三章主要规定妇女的平等受教育权和科技、文艺权利; 第四章规定了妇女的平等劳动权及相应的权利保障。
	《中华人民共和国残疾人保障法》(2008)	全国人民代表大会常务委员会	第三章规定了残疾人的平等受教育权;第四章规定了残疾人的劳动就业权利;第五章规定了残疾人的平等参与文化生活的权利。

续表

立法领域	立法名称	颁布单位	老年社会参与内容
政治	《中华人民共和国城市居民委员会组织法》(1990)	全国人民代表大会常务委员会	系统规定了居民委员会的性质、任务、组成、职责等内容,涵盖城市老年居民的政治参与。
	《中华人民共和国村民委员会组织法》(2010)	全国人民代表大会常务委员会	系统规定了村民委员会的性质、地位、组成、职责、选举和管理监督程序等内容,自然也涵盖农村老年人的政治参与问题。
经济	《中华人民共和国劳动法》(1995)①	全国人民代表大会常务委员会	第三条　劳动者享有平等就业和选择职业的权利、取得劳动报酬的权利、休息休假的权利、获得劳动安全卫生保护的权利、接受职业技能培训的权利、享受社会保险和福利的权利、提请劳动争议处理的权利以及法律规定的其他劳动权利。 第七十三条　劳动者在下列情形下,依法享受社会保险待遇: (一)退休……
	《中华人民共和国劳动合同法》(2008)	全国人民代表大会常务委员会	第四十二条　劳动者有下列情形之一的,用人单位不得依照本法第四十条、第四十一条的规定解除劳动合同:……(五)在本单位连续工作满十五年,且距法定退休年龄不足五年的;(六)法律、行政法规规定的其他情形。 第四十四条　有下列情形之一的,劳动合同终止:……(二)劳动者开始依法享受基本养老保险待遇的……

① 严格来说,《劳动法》并没有涉及老年劳动者的问题,因为《劳动法》虽然没有规定劳动者的年龄上限,但因为在我国老年人是年满60周岁的人,同时年满60周岁的人理论上已经是退休并且享受养老保险的人,从而并非是劳动法的主体,其即使再就业也与雇主不再是劳动法关系。[详细论证参见李长勇:《日本〈高年龄者雇佣安定法〉与我国老年人劳动权利体系的完善——兼及对〈老年人权益保障法〉修订的几点思考》,载《“老龄社会法律应对与老年人权益保障立法”学术研讨会论文集》,山东大学,2011年11月5日]

续表

立法领域	立法名称	颁布单位	老年社会参与内容
经济	《中华人民共和国就业促进法》(2008)	全国人民代表大会常务委员会	详细规定了就业歧视禁止、就业政策支持、就业服务管理、教育培训和就业援助等内容。但并未直接涉及老年人就业问题,也未规定年龄歧视。
公益	《中华人民共和国公益事业捐赠法》(1999)	全国人民代表大会常务委员会	规定了公益捐赠的范围、方式、程序、公益捐赠财产使用,优惠措施等内容。但是由于其规范的是公益捐赠行为,并非本研究意义上的公益参与(付出时间、体力等),只是具有一定的相关性。
组织	《社会团体登记管理条例》(1998)	国务院	详细规定了社会团体成立的条件、申请程序、法律责任等内容,从而间接关联老年社会组织建立问题。
	基金会管理条例(2004)	国务院	与上条类似。
	《民办非企业单位登记管理暂行条例》(1998)	国务院	与上条类似。

2. 专项立法类

立法领域	立法名称	颁布单位	老年社会参与内容
老年经济	《关于安置老弱病残干部的暂行办法》(1978)	国务院	涉及老年退休问题。
	《关于工人退休、退职的暂行办法》(1978)	国务院	同上。
	《关于制止和纠正违反国家规定办理企业职工提前退休有关问题的通知》(1999)	劳动和社会保障部	同上。
	《关于企业职工"法定退休年龄"含义的复函》(2001)	劳动和社会保障部办公厅	同上。

续表

立法领域	立法名称	颁布单位	老年社会参与内容
老年公益	全国老龄工作委员会办公室关于印发《组织开展老年知识分子援助西部大开发行动试点方案》的通知（全国老工委发[2003]1号）	全国老龄工作委员会	行动名称："老年知识分子援助西部大开发行动"，简称"银龄行动"。 试点单位：根据调查摸底情况，确定上海与新疆、辽宁与青海作为省际对口支援试点，甘肃作为省内开展援助行动的试点。 参加人员：主要是70岁以下，身体健康、愿为西部作贡献的离退休医生、教师、科技工作者和文艺工作者等老年知识分子。 实施原则：量力自愿，服务与安全并重，对口支援并双向选择，注重实效。 援助方式：首先由西部地区提供人才需求情况，东部地区据此向社会招募人才，实行供需见面，签订协议。援助重点放在承担提供医疗服务、教学任务、参与科技项目和培养艺术人才等方面。时间可长可短，但最短不能少于三个月。 经费保障：援助者的往返路费、体格检查和人身保险由援助方负责，援助者的饮食、居住、交通费用和适当补贴由受援方负责。 组织领导："银龄行动"在全国和有关地方老龄工作委员会的组织协调下，由全国和有关地方老龄工作委员会办公室牵头，民间团体参与，有关部门支持。
	中国关工委等八单位《关于发挥"五老"队伍在加强和改进未成年人思想道德建设中的作用的通知》（中关工委[2004]35号）	中国关心下一代工作委员会、中共中央组织部、教育部、民政部、全国总工会、中国科学技术协会、国务院妇女儿童工作委员会办公室、解放军总政治部	目的：发挥老干部、老战士、老专家、老教师、老模范（简称"五老"）队伍在加强和改进未成年人思想道德建设中的作用。 活动形式：开展的有益于青少年健康成长的"老少共建""一帮一""手拉手"和老同志为青少年办实事的"十个一"等形式多样、丰富多彩的活动。 组织保证：充分发挥关心下一代工作委员会和"五老"在未成年人思想道德建设中的作用，各地关工委和教育、文化、民政、司法、组织、宣传、工会、共青团、妇联、科协、妇儿办和驻军等各有关部门协调配合。

续表

立法领域	立法名称	颁布单位	老年社会参与内容
其他	《中组部、文化部、教育部、民政部、全国老龄工作委员会办公室关于做好老年教育工作的通知》(2001)	中组部、文化部、教育部、民政部、全国老龄工作委员会办公室	各级文化部门和文化事业单位要充分发挥现有文化设施的作用，依托省、市、县群艺馆、文化馆和乡镇文化站等群众文化设施，多渠道、多层次地发展老年教育事业，积极兴办新的老年大学。

综上，就国际法渊源而言，老年人社会参与权有国际政治文书的建议，也有相关公约的间接规定；从国内规范来看，老年人社会参与主要以一项事业的面目出现在我国的政策文件中，在法律领域，老年人社会参与虽有涉及，却很难说已经明确为老年人社会参与权这一形态的权利，而其他法律规范只能说是间接涉及了其中的部分子权利。

四、我国老年人社会参与权保障的意义

社会参与权理论的构建与深化、权利保护理念进一步传播，社会参与权利规范的制定与完善将使老年人社会参与权进一步明晰，进而推动权利保障框架进一步完善，对于回应国际国内对老年人社会参与规范与促进的渴求，具有重大现实意义。

(一)老龄化国际趋势的要求

从全球范围来看，老龄化已成国际趋势，老年权益面临日益严峻的挑战，老年社会参与也迫切需要多方面的保障与推动。2009～2050年，全球60岁以上的老年人口数量将由7.43亿激增为20亿，史无前例地超过儿童(0～14岁)人口数量，占全球人口总量的22%。[①] 这意味着老年人在全球人口结构中占据重要位置；同时，也意味着老龄化带来的系列政治、经济和社会问题将如约而至，与全球化、城市化、市场化、民主化等相携而行，互相影响。为了应对这一全球性的挑战，国际社会提出了“积极老龄化”“成功老龄

① United Nations,“ World Population Prospects: The 2008 Revision” (Population Database), 11 Mar. 2009, http://esa.un.org/unpp, 6 Jun,2010.

化”“生产性老龄化”等新的系列理念和思维，其宗旨也在于通过理念的宣导，改变人们对老年人的认识，为各国提供政策的指引，促进老年人权利的全球保护。例如，联合国2002年召开的马德里第二次老龄问题世界大会就提供了“老年人与发展”等一系列老龄社会应对的优先事项，而世界各国针对自身的老龄问题也纷纷采取了多样化的策略，以便社会从容地进入老龄化状态而避免出现社会的动荡和经济的滑坡。通过观察发现，尽管各国经济社会发展水平文化皆有差异，但应对老龄问题的策略却出现一定的趋同化，促进老年人的社会参与就成为国际社会应对老龄社会的通用策略，这就反映出各国在认识社会参与对老龄化问题解决的重要作用，也体现出社会参与权理论的实践迫切性。

（二）人权保障与国家发展的要求

老龄化与经济发展、社会稳定、人权保护、人民幸福等国家目标相关联，而老年社会参与对一国的政治、经济和社会发展影响重大。有效的人口老龄化应对政策，如强化老年人的经济参与，可以减少社会保障体制的压力，增加发展的人力资源，推动社会和谐，从而保证经济的平稳增长；老龄化还会影响到政治稳定，可能造成不同年龄群体之间的利益冲突，可能形成政治力量格局的改变（如老年社团力量的崛起）等，通过保障老年人的社会参与权，有效协调代际冲突，释放政治压力，可以加强政治稳定；老龄化也凸显老年人权利保障的重要性，需要整个社会正视老年问题、保障老年权利，因此老年社会参与将关乎特殊群体的人权保障事业，亦关乎社会主义法律体系形成后宪法人权保障条款的实施，也会影响我国相关国际公约的履行。

（三）老年人个人生存与发展的要求

对于老年人个体而言，老年人社会参与权的构建是理念上对社会参与的一种型构，为老年人关于自我资格、地位与能力判断提供依据，增强老年社会参与的动机和自信，提高老年人社会参与的能力。积极的老龄化是老年人幸福的源泉。保障老年人的社会参与权将强化老年人的参与意识，推动老年人积极走出家门并参与社会发展。首先，能够减缓老年人因年龄增长而带来的身体功能的衰减，这已经在医学、心理学领域得到了证明。其次，作为一种权利的社会参与具有了对抗国家和社会的力量，使老年人在参加社会组织、从事政治、经济和社会公益活动面临歧视或者其他障碍时，能够更加积极地寻求法律的保障和救济，而不是一味地容忍和退让。再次，老年人社会参与权维系着老年人的切身利益要求，关联着老年人的独立和尊严，将体现老年人在家庭、组织、社会和国家中的积极形象。因此，老年人社会参与权是一种能够支撑老年人个人生存与发展的重要权利，老年人个人将在权利的保障中更好地度过晚年生活。

总之，老年人的社会参与权利的构建符合国际老年人权利保障和积极老龄化的趋势，关系着一国的经济、社会发展，更对老年人个体的生活质量产生深远的影响。

第二节　老年人社会参与权体系

老年人社会参与权是一个内涵丰富的体系，老年人具有公益选择权，老年人是否参加公益活动以及参加什么类型的公益活动，应当由老年人自主选择，国家、政府、相关单位都不得干涉和强迫。现实中存在着老年人被动员参与或者强迫参与社会活动的状况，对老年人的公益选择权产生了侵害，也使老年人参与的热情受到了影响。老年人的社会参与权保障从属于一国的政治发展进程，受制于各国政治参与的现实国情。如果将权利的实现作为一项系统工程，那么老年人社会参与权的实现就应当是老年人自身、社会其他群体、国家立法者之间多元合作与协商机制下进行的系统工程。社会参与在过程意义上维护着老年人与其他群体的力量均衡，在结果意义上实现着老年人这一群体特有的社会权益，而这些都将成为经济的、社会的或者其他方面参与的基础。

一、政治参与权

“政治参与”这个词在政治学和社会学上具有特定的含义，而学者们对政治参与内涵的界定主要在两个点上出现分歧：第一，政治参与是一般公民参与政治还是包括职业政治家等的参与；第二，政治参与是否包括非制度化、不合法的参与。王浦劬在《政治学基础》一书中对政治参与的理解值得借鉴。他认为，政治参与是“普通公民通过各种合法方式参加政治生活，并影响政治体系的构成、运作方式、运行规则和政策过程的行为”①。

① 王浦劬主编：《政治学基础》，北京大学出版社 1995 年版，第 207 页。

基于对政治参与的上述认识，老年人政治参与强调老年公民以合法方式对政治生活的参与，而老年政治家或者具有特定身份的老年国家公职人员对政治的参与不属于本章论述的老年政治参与的范围。政治参与强调的是公民的权利，这些职业政治家等的政治参与实际上是运用政治权力、政治权术的过程从而不具有权利的意味。政治参与权仅仅意味着一种参与的资格和对参与权保障的请求资格。

政治参与权既是一项人权，同时也是作为一国的公民而享有的参与政治的公民权。历史发展进程也证明，政治参与权从天赋人权的道德权利走向了法定权利，并受到大多数国家宪法的保障。我国宪法规定了涉及政治参与的一系列权利，包括消极意义上的政治自由（如言论、出版、集会、结社、游行和示威自由等）和积极意义上的选举权与被选举权以及知情权、参与权、监督权等内容。随着我国民主政治的发展和政治文明的提出，政治参与权在我国权利体系中占据了越来越重要的地位。党的十七大报告指出，要"从各个层次、各个领域扩大公民有序政治参与，最广泛地动员和组织人民依法管理国家事务和社会事务、管理经济和文化事业……健全民主制度、丰富民主形式，拓宽民主渠道，依法实行民主选举、民主决策、民主管理、民主监督……保障人民的知情权、参与权、表达权、监督权"。当前，我国的政治参与呈现出政策引导、制度规范、理念普及、意识觉醒和实践深化等多方面并进的情形，成为整个社会深化民主的重要体现。

从消极意义上说，老年人的政治参与权是指老年人具有言论、出版等自由而不受相应的干涉。在中国，古代知识分子有在年老后"立言"或者"著书立说"的传统，在政治观点的表达方面相较于其他群体更为热切和突出，那么老年人对于国家来说，享有这种政治参与的自由，国家应当给予充分的尊重。而从积极意义上说，老年人的政治参与权是指老年人只要有政治参与的意愿和能力，就应当保证其参与国家政治生活，保障和促进包括知情权、表达权、选举权、决策权、监督权等在内的权利的实现。老年人的政治参与形式与机制主要包括选举参与、组织参与、政策参与、接触式参与和参与冷漠。[1] 其实，国家在积极意义上的促进在老年人政治参与权保障中相对于其他群体更有特殊的价值。因为老年人只是精英政治参与中的重要力量，但

---

① 参见房宁主编：《中国政治参与报告（2011）》，社会科学文献出版社 2011 年版，第 72～73 页。

是对于一般的大众政治参与而言，老年人限于自身的身体条件、知识结构、信息渠道等政治的参与能力受到很大的影响，容易被边缘化，那么国家在即负有为老年人的政治参与提供包括物质支持在内的多种措施的义务，以便利于老年人参与政治。比如在选举参与中对老年人给予特别措施，在知情权保障方面对老年人给予特别照顾，等等。在直接的辅助之外，对于我国的老年人而言，限于公民知识的有限性，现阶段老年人的政治参与能力教育培训也显得格外重要，这些从广义上可以纳入国家为保障老年人政治参与权所负担的责任之中。

综合来看，老年人政治参与权的种种保障措施中的一个关键点在于老年群体相对于其他群体在行使社会参与权方面的平等性，这是老年人政治参与权相对于一般的政治参与权的一个重大差别。从政治学和社会学的视野分析，与政治参与相对应的是政治排斥，它是基于社会排斥而划分的社会排斥的一个类型，一旦有政治排斥的产生，就从根本上违反了政治参与的平等性。而老年人在社会中面临政治排斥的可能性相对较大，故国家应当避免老年人在现实的政治生活中，由于自身的条件和能力所限而被拒之于政治参与之外。衡量政治排斥的指标包括以下几种：缺乏授权，缺乏政治权利，选举登记率低，投票率低，社区活动水平低，没有或者缺乏对政治过程的信心，社会动荡或者社会失序。[①] 老年人的政治参与权在现实中容易面对的社会排斥表现在：(1)老年人选举登记率偏低，投票受到现实身心条件制约；(2)老年人缺乏获取政治信息的有效途径，即知情权相对于年轻人来讲受到的挑战更为严峻；(3)老年人的结社权的保障较为缺乏，没有较为权威的全国老年人组织；(4)老年人的监督权缺乏有效的途径而难以得到落实；等等。

老年人政治参与权的保障从属于一国的政治发展进程，受制于各国政治参与的现实国情。但无论如何，老年人政治参与权在所有的老年人社会权利体系中都具有优先的位置，这主要是因为老年人政治参与权对老年人整个社会参与权的最终实现具有重要的意义。如果将权利的实现作为一项系统工程，那么老年人社会参与权的实现就应当是老年人自身、社会其他群体、国家立法者之间多元合作与协商机制下进行的系统工程。其中，政治参与在过程意义上维护老年人社会参与中与其他群体的力量均衡，在结果意

① 转引自李景治、熊光清：《政治排斥问题初探》，载《社会科学研究》2006 年第 4 期。

义上实现着老年人这一群体特有的部分政治利益，而这些都将成为经济的、社会的或者其他方面参与的基础。只有通过老年人的政治参与，特别是制定与自己相关的政策与措施决策进程的参与，形成实质意义上的多群体博弈，才能充分地构建自己的社会参与权利，共享社会发展。

二、经济参与权

如果从一般意义上来理解“经济参与”，其含义是比较广泛的。我们在一定的政治、经济制度下，可以通过多种方式来参与经济生活。比如，通过签订各种契约来进行交易从而实现经济参与，或者通过参与经济组织赚取利润来进行经济参与，或者参与经济论坛表达观点，等等。这样一来，“经济参与”就成了一个没有明确边际的概念，经济的广泛性足以使各种与经济发生关联的参与都被视为经济参与权的内容，因此，必须对经济参与作必要的限定。这个限定的标准正是作为主体的老年人所具有的经济参与中的特殊性，而这种特殊性主要落脚于老年人的经济创业和经济就业这两大领域。所以，本主题下的经济参与仅包括老年人的经济创业权和经济就业权两大权利。

无论是创业还是就业，老年人在传统社会中一般不会产生权利需求问题，因为老年人完全可以自欲自为地从事农业、手工业生产，就像人吃饭和喝水那样自然，这种权利或者自由并不彰显。但是进入工业时代后，社会中大部分人被连带吸纳入工业社会的运行之中，于是形成了制度性的进入和制度性的退出，也就是经济参与或者退出的问题。有进有出是经济参与的应有状态，但是正因为制度的整齐划一性剥夺了不少老年人继续从事经济生活的权利，从而使经济参与权因为被剥夺而更加彰显其重要性。另外，老年人的制度性退出当然是国家以支付退休金为代价的，可这一方面不能保证退休金能够完全保障老年人的晚年生活，另一方面也并不妨碍老年人自己寻求新的就业机会。于是，老年人在退休之后，是否具有再就业的意愿与能力便成为一个重要的问题，而一旦老年人有意愿而且自身的条件允许，那么老年人经济参与权就有了现实的意义而具有保护的必要。

现实的情况是，老年人的再就业权利的获得与行使对于一国的实际影响在很大程度上取决于经济的形式和人口的结构。如果经济衰退或者是年轻人所占比例极大，而市场所能容纳的就业容量有限，老年人如果再就业就会形成所谓“与年轻人抢饭碗”的局面;如果经济形势良好或者人口结构老化劳动力不足,老年人的再就业反倒会成为政府乐于看到的情形。当然,因为这个问题相当复杂,不是本章所能论述而需要专业的经济分析,所以只是粗浅地进行描述,然而这至少说明了老年人的经济参与权这个命题容易受到各种政治、经济和社会条件的影响。但是将老年人的经济参与作权利的考量,那么就要依据过程论的视角来探讨这个问题,将权利相对地置于结果衡量所难以碰触的位置,或者虽然有所限制或者克减,却不能剥夺,在最低的限度内也要承认这种经济参与权的存在。事实上,在可预期的今后一段时期,随着全球人口结构的日渐老化,特别是中国人口红利时代的结束,这种保障年轻人就业的考虑将不再是一个限制老年人经济参与权的理由,反而从功利主义的视角或者权利工具论的角度看,保障甚至促进老年人的经济参与权,对于应对人口老龄化、解决养老金危机、解决部分老年人的经济贫困问题等具有积极的意义。例如,根据欧洲委员会的估算,退休年龄每延后一年,公共养老金支出占 GDP 的比重就会下降 0.61 个百分点。① 当前,老年人的经济参与正在成为老年人社会参与领域一个令人瞩目的话题,在“生产性老龄化”“积极老龄化”的框架下,老年人被视为重要的人力资源,或者被视作“老龄生产力”,是经济生产中不容忽视的一支力量。随着这些理念被逐步地推广,老年人的经济参与权利的内容也会更加丰富。但需要注意的是,“生产性老龄化并非”是一个与经济参与严格对应的概念,包括家庭参与、代际交流等具有正向促进作用的都可以被包括在内,而“积极老龄化”更是包括了健康、安全等更广泛的领域。在“老年人经济参与权”这一主题上,这些概念所提供的主要是老年人经济参与理念方面的变革和保障与促进措施方向上的指引。

在对老年人经济参与权复杂背景进行简单介绍后最终需要落脚于老年人社会参与权的实际内容上。经济参与权的核心是工作权,而对于老年人来讲,工作权的核心则是就业权。为了阐释“老年人经济参与权”这一概念,有必要对劳动权、就业权和工作权等不同的表述进行澄清。这些权利在国际法的规范渊源上表述均是《经济、社会和文化权利国际公约》中所使用的术语“the right to work”,但是,经济参与的过程是复杂的,涵盖的内容是多

---

① 转引自赵怀娟:《“生产性老龄化”的实践与启示》,载《安徽师范大学学报(人社版)》2010 年第 3 期。

元的，各国的国情也是殊异的，因此就出现了不同学者、不同法律对于相关概念的不同理解。总体看来，主要集中于三个层面的问题：第一，劳动的核心权利与劳动的保障权是否进行分割以及如何进行分割。第二，劳动前的就业选择、劳动中的劳动保护、劳动后的解雇防卫等不同的过程是否区分以及如何区分。第三，劳动、就业、工作三个词在何种语境中使用，是道德还是法律，如果是法律，是宪法领域还是劳动保障法领域等。我们对于经济参与权关联的这几个概念的认识是，劳动权是最为广泛的一组权利，涵盖了职业选择权、劳动保障权、解雇防卫权等具体权利，而工作权和就业权概念近似，主要包括请求就业权、平等就业权、报酬请求权、辞职自由权等。在权利的规范分析角度来看，老年人的就业权主要是指老年人相对于国家和社会（主要是企业），享有获得与其他群体类似条件和类似对待的权利、获得就业帮助和就业培训的权利、在就业的过程中获得同等晋升机会和与自身能力相应的报酬的权利以及在符合法律规定的条件下退出职业的权利。

经济参与权的另一内容是创业权。如果不从严格意义上来界分，创业也是工作，完全可以被吸纳进去，但是因为创业所形成的权利义务关系不同于工作权的权利义务关系，因此需要单独加以讨论。所谓的创业权，主要是指老年人自己寻求获得经济利润的机会而谋得生存发展的权利。老年人创业所寻求的主要是来自于国家的政策、金融、土地等方面的支持。因此，就老年人的创业权来讲，其消极的含义是相较于其他群体国家不能为老年人的创业设置更高门槛，否则就会产生政策的歧视；从积极的层面来看，老年人有要求国家提供创业政策、金融、土地等支持的权利。国家不得侵犯老年人的创业权，同时负有积极采取措施辅助老年人创业的义务。

在老年人经济参与权内容进行理论阐释的基础上，我们需要现实地分析老年人经济参与权所面临的挑战。与政治参与权相类似，在老年人经济参与权的保障方面，老年人面临的最大问题是经济排斥和歧视，这同样涉及老年人与其他群体的平等权这一深层次的问题。因为老年人的自然生理和心理条件，老年人与年轻人相比似乎在工作中难以实现高效率，甚至会产生一些负效果，而这在一定程度上已经形成了心理学上所谓的“社会刻板效应”。尽管也有理论证明，“年龄不是影响绝大多数工作绩效的重要因素或负面因素”[①]，而经济组织的逐利性决定了只要不是专门针对老年人的岗位，在有大量年轻劳动力可供选择的情况下，企业一般不会“冒险”招聘一个老年人；甚至在发达国家采取年龄歧视规制的情况下，间接的老年歧视现象也在所难免，而“所谓间接歧视就是指这种对不同人群所采取的表面形式平等的对待”[②]。我们不能忽视这种现实的“刻板效应”，不能将棒子打到这么多经济主体的头上，苛责这些企业没有承担相应的社会责任，而应当从政策与立法的角度，以制度的力量来纠正观念上的偏见，这也是很多国家颁布各种反歧视立法的重要原因。

正如前文已论述的，老年人经济参与权的保障显然具有重要意义，这种意义不仅在于使老年人群体获得种种现实的利益，从而保障老年群体的权利，而且对整个社会而言，对老年人经济参与权的保障将有效地回应目前我们所面临的片面发展的困境。当我们以忽视一部分群体的权利为代价来保持高的经济增长率时，这种经济增长已经成为了一种异化的增长。从老年人就业的角度来讲，忽视他们的就业或者创业权，或者将他们置于被“供养”的依赖者、“蛀虫”的地位，或者使某些因为体制性的政治经济发展水平不足以及养老金供给不够而处于悲惨境地的老年人雪上加霜，从而造成代际发展的不均衡，最终也会拖累经济的增长。2007 年，亚洲开发银行提出了“包容性增长”(Inclusive Growth)概念，其意指：“要把关注的重点从应对严重的贫困挑战，转向支持更高和更为包容性的增长。”[③]其中“包容”是这一概念的核心词。包容性增长体现了增长方式的变化，反对相互之间的“社会排斥”，共享发展成果。在老年人权利保障的视野下，增长本身即包含了权利的要求，不以牺牲特定群体的权利为代价是包容性增长的基本要求，那么老年人作为社会重要的一部分成员，就应当受到平等地对待，享有就业权与创业权，享受经济繁荣，这也是老年人经济参与所体现的重要价值。

---

① 转引自吴帆：《认知、态度和社会环境：老年歧视的多维解构》，载《人口研究》2008 年第 4 期。

② 林嘉、丁广宇：《禁止就业歧视的立法理由及其法律界定》，载“法律教育网”：http://www.chinalawedu.com/new/21602_4000_/2010_3_5_ma769223435415301O2387.shtml。

③ 《“包容性增长”，一个全新的时代命题》，载“新华网”：http://news.xinhuanet.com/politics/2010－10/14/c_12657879.htm。

三、公益参与权

政治和经济一直是人类社会参与的主题，但是随着公民社会的发育，社会建设的发展、社会组织、第三部门的新兴，在政治和经济领域之间的社会领域越来越大，纯粹基于公益的参与而非政治与经济目的的行为也逐渐增多，其中老年人已经成为了社会领域参与的重要主体。公益参与的类别包括治安巡逻、义务劳动、志愿者活动、互助活动和青少年教育等。[①] 老年人公益参与的扩展不仅使整个老年人群体的公益参与意识日渐提升，同时也在形成权利意识，并逐渐上升为一种自由权与要求权混合的权利形态。

公益参与权是指老年人参与社会公益活动并受到相应保障的权利。从消极层面上说，公益参与是一种排斥国家干涉的自由，这种自由根植于社会的自组织性，而对政治国家天然地产生了防御意识，排斥公益的政治化、利益化；同时公益参与权亦需要国家层面的制度支持和保障，在积极层面上是一种要求国家有所作为的权利，亦即意味着国家要为老年人参与公益活动提供机会，要认可老年人的价值，尊重老年人的要求，鼓励老年人参与志愿服务活动并促进老年人的终身教育以提供必要的智力支撑，对于社会来讲，也负有类似的义务。我国《老年人权益保障法》第 40 条规定："国家和社会应当重视、珍惜老年人的知识、技能和革命、建设经验，尊重他们的优良品德，发挥老年人的专长和作用。"第 41 条规定："国家应当为老年人参与社会主义物质文明和精神文明建设创造条件。"

公益参与权同样形成了一个权利体系。首先，老年人具有公益选择权。老年人是否参加公益活动以及参加什么类型的公益活动，应当由老年人自主选择，国家、政府、相关单位都不得干涉和强迫。现实中存在着老年人被动员参与或者强迫参与社会志愿服务活动的状况，侵害老年人的公益选择权，也影响了老年人参加公益的热情。其次，老年人具有公益参与保障权。公益参与并非仅凭一时热情，而往往是长时间的、系统的志愿服务活动，那么就需要有相应的人身和财产保障，通过提供人身保险、医疗救助等方式保障老年人公益参与的安全。从直接义务主体来说，组织老年人参与公益活

① 参见张恺悌、郭平主编：《中国人口老龄化与老年人状况蓝皮书》，中国社会出版社 2010 年版，第 237 页。

动的组织应当为老年人的公益参与提供人身和财产方面的保障，并对做出突出贡献的老年人进行必要的物质奖励；从间接义务主体来说，国家和社会应当通过政策和法律为老年人的公益参与提供制度保障。同时，老年人作为一类比较特殊的公益参与群体，其自身参与公益的目的可能并不同于其他群体——他们更加注重参与中获得的快乐感受和精神满足。因此，基于老年人自身的身心特点，在从事公益活动时应当尽量参与力所能及的活动，那么作为使用老年人志愿服务行为的组织和个人应当充分理解和尊重老年人的这一生理和心理需要，为老年人参与公益活动提供良好的环境。再次，老年人具有公益参与平等权。平等是老年人社会参与权的核心，公益参与同样离不开平等。老年人相较于其他年龄群体的平等是公益参与平等权的应然之义，而且这种平等权不仅具有形式的要求，更有实质的内涵。从形式上说，老年人应当被提供和年轻人相似的机会，不得歧视老年人参与公益活动；从实质意义上来说，老年人的平等参与必须建立在老年人自身特殊性的考量基础之上，要在充分保障老年人实质平等的基础上，使老年人参与到公益活动中。

老年人的公益参与权保障的重要意义体现在个人层面和社会层面两个层面上。从个人层面来说，社会学的角色理论、活动理论等说明，老年人通过一定角色的扮演参与到社会活动中，对于避免老年期的孤独及其他消极情绪具有实质影响，尤其是老年公益活动，既体现老年人的自我追求，又反映老年对社会的价值，对于积极度过老年具有重要的意义。而且，由于老年人的生理功能随着年龄的增长而越来越趋于衰减，更早地参加社会公益活动意味着更好地适应老年期生活，能够更有效地对抗衰老。从社会层面来讲，公益不仅仅是现代社会的潮流、一种现代公民的生活方式，而且因老年人具有相对年轻人的经验优势和熟练技能，老年人更多更广泛地参与公益，会使得社会的公益进入良性循环，提供更强大的智力和经验支撑。“在美国，65 岁及其以上的老年人从事志愿服务的比例已从 1974 年的 14.3%增至 2008 年的 23.5%，其年服务时间的均值为 96 小时，比其他年龄组高出 17 个小时。”“2006 年，27%的澳大利亚老人参与了有组织的志愿工作，为社区提供了大约 1.6 亿小时的服务，据估算，仅老年志愿服务一年就能为澳大利亚国内生产总值做出 20 亿美元的贡献。"[①]显然,通过法律的、政策的多种手段促进老年人公益参与将使老年人的参与权得到充分实现,也将使老年个人和整个社会获益。

四、组织参与权

进入现代社会,整个社会的组织化趋势越来越明显,欧美等发达国家率先经历了第三部门的革命,而中国在进入 21 世纪之后,社会组织也蓬勃发展,其中包括老年人参加的社会组织和服务于老年人的社会组织。据有关部门统计,"到 2010 年底,全国共有各级老年协会 40 多万个,参加人数达 4389 万人,各地老年协会在自我服务我管理中发挥了重要作用。"[②]我们所认为的老年人组织参与,主要是指老年人通过参加社会组织而提高自身的组织参与能力,更好地表达老年群体的诉求,反映老年群体的意见,更好地服务于老年群体。所谓的老年人组织参与权是指老年人享有的参与老年人组织的权利。在联合国有关老年人的相关文件中,老年人的组织参与被置于重要的位置。根据《马德里老龄问题国际行动计划》,"通过提倡和促进各代人之间的相互交流,老年人组织成为有利老年人参与的一项重要工具"[③]。

老年人的组织参与权包括如下权利形态:

其一,老年人具有建立组织权,而这是结社权的当然要求。从学术界通常的理解来看,结社权主要是政治性的结社权,因为面临国家的压制而有特殊保障的必要,但是经济性和社会性的结社权也是结社权所包含的内容。在历史上,老年人曾经组建过一些有影响力的政治组织。例如,美国在 20 世纪 30 年代大萧条时期产生了第一个以年龄为基础的有政治倾向的利益团体"汤森运动",主要指向老年人的资助和救济。[④] 在当今的俄罗斯,老年人的政治结社力量也不容小觑。如俄罗斯政坛活跃着一个叫作"俄罗斯老

① 赵怀娟:《"生产性老龄化"的实践与启示》,载《安徽师范大学学报(人文社会科学版)》2010 年第 3 期。

② 《中国老年协会超四十万个 四千多万老人积极参与社会发展》,载"新华网":http://news.xinhuanet.com/local/2011-11/25/c_111194915.htm。

③ 参见《马德里老龄问题国际行动计划》,http://www.un.org/chinese/documents/decl-con/docs/ageing_progr.pdf。

④ 参见[美]N.R.霍曼、H.A.基亚克:《社会老年学——多学科展望》,冯韵文、屠敏珠译,社会科学文献出版社 1992 年版,第 426 页。

年党”的政党，为老年人的利益在政坛发声。[①] 进入社会组织发展高峰期的中国，老年人的各类社会组织也如雨后春笋一般出现。当然老年人建立组织权必须严格依照所在国的法律才能行使，在中国就是要依据《社会团体管理条例》等相关法规的规定。

其二，老年人具有组织参与权，他们既可以作为老年组织的创建者，为老年组织的申请、构建、完善而殚精竭虑，也可以参加各类社会组织而满足自身的需要和利益。老年人的组织参与权既同于一般人参与社会组织的权利，同时还特别强调平等参与。在当前老年受到歧视和排斥比较严重的情况下，老年人在社会组织参与方面也面临着很多现实的阻力，因此老年人的组织参与权就有特别强调的必要。

老年人的组织参与权保障具有重大的意义。从老年人自身的精神文化生活来看，老年人建立社会组织可以通畅相互之间的交流，加深彼此的感情，通过一定的娱乐、精神文化活动提升自己生活的品质，如老年人书画协会、老年球友之家等。从政治民主发展态势来看，具有特定共同的利益和诉求的人组建相应的社会组织，使自己的观点得以表达、自身权益得到保障，体现了全球的民主化要求。而老年人久历人生的风雨，洞察世事的艰辛，对自身利益和需求了解更加深刻，对诉求的表达更加客观平和，通过建立或者参与关乎政治的社会组织，不仅使形式上民主的价值得以彰显，而且实质上的利益将能畅达有效地表达和实现。现实中的突出表现就是，老年人中一些退休的党政干部和知识分子还具有相应的政治和社会活动能力，他们凭借自身特有的优势通过老年协会等社会团体代表人民利益而呼喊，成为让年轻人自愧弗如的榜样。从经济社会的变革趋向来看，创业精神和革新理念是经济发展的强大动力，老年人参与经济社会发展除了通过个人受雇、返聘等方式实现，更可以通过自身创立经济组织，达到更高的附加值来实现，无论何种方式，老年人的组织参与权作为一种前置的保障从根本上推动的将是经济社会的发展。而从公益行为的普及、社会自助的运行来看，老年人的组织参与也是基础性的。因为一般老年人退休之后都具有大量的闲暇时间，如果有组织化、网络化的支持使各自的优势得到充分的运用，那么相对于个体化的公益参与，这种集体的“非正式”参与更能为公益事业发展提供

---

① 参见蔡铃芳：《俄罗斯老人福利制度》，台湾淡江大学俄罗斯研究所硕士班硕士论文，2008 年。

智力和行动支持。从老年人自身权益的保障来看，老年人权利的实现必然面临着种种国家的制度性障碍、社会观念歧视甚至家人的不理解和阻碍，那么将老年人组织起来进行社会活动，能够更好地实现其自身权利保障的使命。实际上，老年人中间也有相对强势和相对弱势之分，对于处于弱势群体的老年人更应当通过组织渠道加强自己的声音，反映自身的诉求，如老年人中的残疾老年人可以建立残疾老年人的自助、互助组织，老年人中的农村老年妇女可以创立老年妇女自己的组织，等等。

第三节　老年人社会参与权的现状与问题

参与能力与就业能力较低是老年人社会参与的主观障碍，而机会和条件的缺乏是影响老年人参与各种社会活动的客观障碍。老年人即使怀有强烈的参与意愿，但实际参与率却处于较低水平。而作为法学概念而提出的老年人社会参与权，如果想要论证其必要性，展现其现实的困境和救济，那么以权利建构与保护的视角来处理问题是必不可少的。老年人的社会参与权是一个有着复杂的政治经济背景的问题，在现代各国的老年人经济参与现实中，都面临着各种或个性或共性的问题。而因为中国目前正处于社会转型的阶段，人口红利还暂未结束，社会保障体制也未完整建立，在老年人的经济参与权保障方面，面临着权利观念、权利保障制度及救济等方面的种种障碍。

一、老年人社会参与权保障的现状

老年人社会参与权保障现状的梳理着重于两个方面：第一，老年人社会参与中面临的困境主要是老龄群体所面对的，而不是泛泛的所有群体面对的问题，如就业领域的年龄歧视尤其是老年歧视问题是老年人群体所面对的特有问题，因此有必要进行细致的梳理。第二，老年人社会参与中也面临着和其他群体一样的困境，但是却有“增量”的特殊性，那么就有必要对此进行梳理，例如，民众政治参与途径不畅的问题是中国整个社会面临的问题而不单单是老年人面对的问题，但是其中对老年人而言，新兴的网络政治就具有“增量”的特殊性。又如，志愿服务活动已经越来越成为我国社会的热点，而老年人在志愿服务中面临着老年参与保障等问题就具有老年社会参与的特性。基于以上认识，本节着眼于老年人特有的问题展开论述。

另外，即便是上述的视角仍然可能限于纯粹社会学式的老年社会参与现状的客观描述，因为社会学界往往是基于实证的数据分析，从我国老年人的参与动机、参与意愿、社会参与的影响因素、社会参与的阻力等多个维度进行探讨的。而受到阿玛蒂亚森的“权利贫困”和“以自由看待发展”视角的启发，我们从法学视角对老年人社会参与权的现状梳理及问题分析也秉承“老年人社会参与权的贫困”和“以权利看待参与”的意旨，从社会参与权利意识、社会参与权利保障体制、社会参与权利衡量等维度来分析老年人的社会参与现状，从而进一步论证社会参与权保障的必要性。

从行为或者社会现象的角度理解社会参与容易使思维的触角局限于经验事实上，从而忽视了“理念—制度”的逻辑关联。而从权利的贫困角度，可以使我们不单纯从老年人参与的现实状况而是从老年人参与的意愿与能力以及由此形成的老年人社会参与权的保障状况来看老年人社会参与的现状，直接对位于老年人社会参与权的保障和提升。而且权利需要救济，社会参与权的逻辑结构中含有救济的内容，如果只是一般地分析老年人社会参与现状，也就不能明晰国家的义务与责任，使老年人社会参与权的实现完全寄托在国家的政策选择之上，从而成为浮在空中的权利；甚至于一旦国家政策改变，那么老年人所谓的权利也就不存在了，这种自然也就不是什么权利，而是国家的恩赐。因此，以此为核心点，对老年人社会参与权的现状进行权利式的梳理是本章的核心宗旨。

(一)我国老年人政治参与现状

现代国家的公民参与政治是一种越来越普遍的现象，老年人作为公民群体的组成部分，对政治的参与影响重大，所以我们迫切地需要了解老年人政治参与的现实状况，但测量老年人的政治参与状况却是一个非常复杂的命题。根据通常的调研，政治参与对经济发展状况、政治文化因素等指标较为敏感，而单纯基于年龄的增加而使政治参与的热情下降或者上升、政治参与的方式发生变化则缺乏相应的依据，目前也尚未有权威的数据能够表明老年人比年轻人或者其他群体更热衷于或者不热衷于参加政治活动。但本章的现状分析框架主要是权利分析框架，我们可以从权利的主体、权利的内容、权利的保障等方面来分析权利框架下的老年人参与现状。这种分析路径在其后的经济参与现状、公益参与现状和组织参与现状中一体遵循而不再一一指出。

具体来说，我们可以从以下几个方面把握老年人的政治参与状况：第一，老年政治参与权利行使主体的多寡和行使意识状态如何。第二，老年人政治参与权利行使的内容和途径怎样。第三，老年人政治参与的保障和救济是否充分。换句话说，权利主体的层次和意识状态、权利内容的多少、权利救济的畅否决定了老年人的政治参与现状和水平。以上述的标准来衡量，适当参酌政治学、社会学领域的相关实证调查，我们可以发现老年人政治参与中的如下问题：

1. 老年政治参与权行使的普及性程度不高

通过前文的分析，我们认为政治参与的主力应当是普通公民而非职业的政治家或者公务员群体。现实的情况是，我国的政治参与往往是精英的政治参与，而缺少大众的政治参与，这和我国当前整体的公民参与处于发展爬坡阶段有关。具体表现在：一是经济发展造成了经济精英的产生，尤其是那些已经迈入或者即将迈入老年的企业家精英，成功地将自己的意愿通过人大、政协等渠道向中央传输，从而形成了企业家中的老年精英力量过强而工人群体的老年声音难以有效传输的状况。二是基于政党传统和知识分子的参政传统，具有较高的政治地位和文化水平的老年人政治参与比较积极，参与途径多样，政治参与的效果也能够引起有关部门的重视。① 而大多数的老年人只能通过选举这种“一时性参与”或者社会弱势群体老年人通过一些非正式方式参与政治，如信访与私力求济等。因此，在传统党政文化的影响下，在目前我国的阶层分化日益严重、经济社会发展不平衡的现实制约下，老年人的政治参与的大众化参与仍然比较缺乏，很多处于弱势群体的老年人不能参与到有关老年人的决策过程中。

2. 老年政治参与权利意识总体偏弱

根据社会学的年龄分层理论和连续性理论，老年人总是带有他们这一代人的特色。在欧美，现在的老年人正是 20 世纪 60 年代民权运动汹涌澎

---

① 经过资料收集，直接涉及老年人政治参与的论文并不多，而对老年政治参与的实证分析更少之又少。天津大学谷峪的硕士论文《离退休人员政治参与的现状与问题研究》（天津大学硕士学位论文，2007 年）对此有所涉及。该文对济南市人大离退休人员和济南市钢铁集团离退休人员政治参与的现状进行了比较，分析了老年人政治参与中存在的诸多问题，特别是注意到精英群体的老年人和普通老年人在政治参与意识、能力和条件之间的差异。

湃的那一代年轻人，因此，这些人进入老年后依然具有很强的政治参与意识，而且欧美国家的政治民主化启动早、发展好，客观社会条件也允许其进行更多的政治参与与利益表达。但是，中国沿袭多年的政治传统已经成为老年政治参与的观念障碍，在沉默的年代成长起来的当前一代老年人在政治参与的意识方面显然总体上还远远不足。对于大多数处于弱势群体的老年人来说，除非面临征地拆迁、不公正待遇等严重问题，否则他们更多选择关注但不参与政治。因此，相对于高成本、高风险的政治参与活动，选择流动对个人而言更有吸引力，只有在向中等阶层流动受阻的时候，他们才会转而求助于政治参与来改变自身的处境。①

3. 老年人政治参与权行使的渠道不畅

政治参与的渠道应当是多样的，既可以是通过国家正式的制度途径而进行政治参与，也可以通过媒体、网络等非正式的途径进行政治参与。而且随着信息化和网络化时代的到来，各种政治参与渠道相互影响，政治参与途径的多样性与综合性并存。在传统的政治参与渠道因为政治发展水平而普遍难以让人满足的情况下，新型的政治参与途径对于老年人来说也难以有效加以利用。例如，当前的政务微博已经蔚然成风，其成为政府、社会与公民之间相互沟通的重要平台。从传统上讲，老年人往往通过投票选举等进行政治参与，在其他途径方面则显得比年轻人更加保守。事实上，由于老年人对新兴事物缺乏敏感性，尤其在网络等方面缺乏必要的技能，使大部分老年人在网络上失语，从而使网络这个新兴的政治参与渠道很难被一般老年人所利用。因此，老年人在这个民主化、信息化的时代已经落后了，政治参与渠道的不畅成为老年政治参与权难以实现的现实困境。

此外，老年人政治参与权的行使渠道还面临非法化的困境。政治参与权保障的是那些合法的政治参与，但是现实的情况是，中国的老年人在政治参与中以非正式参与方式来表达自己意见的情况较为多见，而很多非政治参与游走在合法性的边缘。这可能和当前中国比较严重的分配不公和制度不健全有关联，也和我国民众尤其是老年人运用法律武器维护自身权益的能力缺乏有关。于是，我们会看到很多老年人为了维护自身的权益而以身

① 参见[美]塞缪尔·亨廷顿、琼·纳尔逊:《难以抉择——发展中国家的政治参与》，汪晓寿等译，华夏出版社 1989 年版，第 57 页。

体阻挡拆迁的大军,或者是通过堵政府等极端方式表达自己的利益诉求。这些所反映出的问题远比老年政治参与这个命题复杂,但是就事实而言,已经有足够的证明力来印证由当前老年非正式甚至非法政治参与问题所折射出的老年人政治参与渠道不畅之问题了。

4.老年人政治参与组织不健全

政治参与不仅以个体形式存在,而且为了发挥政治上的影响力,组织参与也是必不可少的。二战时期美国形成的为老年人利益而呐喊的特定老年政治参与组织就反映了老年人政治组织的力量。就我国而言,老年人组织虽然发展很快,但是像社会领域的其他组织一样,官方化、行政化问题严重,而且政治参与组织由于其敏感性而相对匮乏。在正统的政治参与组织方面,相对于中国传统上存在着共青团、妇联以及残疾人联合会等弱势群体的组织,并且具有相当大的政治影响力,能够一定程度上体现这些群体成员的利益,目前中国还缺乏较有影响力的全国统一性的具有政治参与功能的老年人社会组织。与中国形成鲜明对比的是,美国有美国退伍军人协会、美国退休教师协会等一些代表特定群体老年人表达自己政治诉求的机构,俄罗斯有老年人党,澳大利亚有老年协会,等等。

5.老年人政治参与权救济途径阙如

政治参与权的救济不足是中国面临的普遍问题,一方面与我国缺乏宪法诉讼有关,另一方面则在于中国的司法体制目前面临着强大的维稳压力,在涉及选举纠纷、政治参与引发的矛盾等问题时,更倾向于司法外的途径,如政府调解、施加各种影响等,这虽然在结果上暂时实现了政治参与中矛盾的化解,但是这种体制却并非长久之计。老年人政治参与权的救济也突出地面临这样的问题,在司法权威不能实现的情况下,政治参与中的纠纷往往导致政治参与权利不是以一种明晰的司法判断得到化解,而是使现存的政治参与秩序变得愈加混乱,那么老年人在合法与非法的界限之间很容易发生越界,不但没有从根本上解决矛盾、保障政治参与权,反而更刺激了种种非法的政治参与。

(二)我国老年人经济参与现状

1.老年人平等就业权面临重重困难

我国有相当大的老年人才资源储备。根据相关统计,“我国现有离退休科技人员600多万人,约占全部科技人才的1/5,其中70岁以下具有高中级职称、身体健康、有能力继续发挥作用的有200多万人，随着离退休人员的逐年增长，老年人才的队伍将不断扩大，这是一笔宝贵的人才资源”[①]。老年人就业权保障自然随着社会的发展而愈加凸显，而老年人求职歧视问题却是当前老年人经济参与权保障面临的最严峻的现实问题。这很大程度上是由规范不足所引起的，即使在我国的《就业促进法》这样一部专门保障公民就业权的法律中也仍然没有关于老年人就业权保障的规定。2007年3月25日公布的《就业促进法(草案)》(征求意见稿)第5条第2款曾经规定：“劳动者就业，不因民族、种族、性别、宗教信仰、年龄、身体残疾等因素而受歧视。”[②]而在正式颁布的《就业促进法》中却删除了关于年龄歧视的规定。因此，年龄歧视未能纳入我国就业促进法规制范围。[③] 多个机构的调查均显示了就业中的年龄歧视在我国比较严重，却没有法律措施的反制，显然，老年人的就业状况不容乐观。2000年进行的中国城乡老年人口状况一次性抽样调查反映了这种假设，“‘城市老年人对工作机会的评价’调查显示：48%的老年人认为工作机会很少，20.9%的老年人认为工作机会较少，只有6%的老年人认为工作机会较多”[④]。

2.老年人创业权无法得到满足

创业相对于受雇佣就业是更高级的老年职业再选择，也需要更大的启动资本和社会支持。在一些欧美发达国家，老年人创业的事例已经屡见不鲜了，但是对于广大的发展中国家而言，除了在政治和经济上有特殊条件的老年人，对于一般的老年人而言，不论是兴办工厂还是融资借贷都面临着现实的困境和政策壁垒，以至于一些有一技之长并且有着自主创业意愿的老年人不得不接受归家养老的现实，进而损害了社会的再生产能力。当然，在积极老龄化的框架下，很多发展中国家，也包括中国在内，开始为老年人创

① 陈均亮：《论老龄化社会潜在资源开发》，载《沿海企业与科技》2005年第11期。

② 《中国官方公布〈就业促进法(草案)〉全文》，载“中国新闻网”：http://www.chinanews.com/gn/news/2007/03—25/899636.shtml。

③ 参见姜向群、杜鹏：《中国老年人的就业状况及其政策研究》，载《中州学刊》2009年第4期。

④ 吴帆：《认知、态度和社会环境：老年歧视的多维解构》，载《人口研究》2008年第4期。

业和融资信贷提供政策扶持[①]，但是相对而言，我国目前的政策水平仍然处于低位状态。

3. 老年人就业培训权有待完善

就业从实质意义上来说，是用自己的劳动换取自身生存与发展的维持，而教育在就业中发挥了提高劳动力的再生产能力这一重要的作用，统计数据能够证明文化水平与贫困的发生率呈现负相关，越是具有较多的培训机会与较高的教育文化水平的人，其谋生的能力就会更强。但是在我国以及很多发展中国家来说，普及九年义务教育往往是近一二十年的事，老年人群体大多数未能享受到有效的、系统的文化教育，而且也很难有现代社会条件下的职业培训，那么在这个竞争激烈、代际转换快的年代，老年人的经济参与状况就不容乐观。农村的老年人大多从事简单的农业生产，而城市大多数继续工作的老年人则从事相对低端的行业。甚至于因为老年人缺乏必要的教育而使老年人即使存在就业的意愿，也缺乏对就业信息的有效获取，包括渠道的缺乏和信息的掌握能力的缺乏。

4. 老年人的获取报酬权易受侵害

就业报酬是老年再就业的目的，也是对其辛勤付出的回馈。但是很多老年工人缺乏契约意识，并且很多老年人从事的都是门卫、家政等一些耗时间、低端的职业，工作机会往往是通过亲戚朋友和熟人关系获得的，因此，老年人也缺乏订立合同的主动性，挣多少钱、提供什么环境保障完全是雇主单方面决定的。老年人获取报酬权的现实困境可以从农村法律援助中老年人劳资纠纷占据很大比例这一状况得到客观的印证。此外，对于通过正式的途径而进入工厂的老年人来说也不是高枕无忧，不仅求职的过程充满艰辛，而且取得的报酬也往往少于其他相似条件的青年工人。

5. 老年就业环境保障权难以保障

人的职业选择应当与自身的身心条件相匹配，职业的保障也应当对从事特定工作的人群提供相应的支持。老年人相对脆弱的身体条件不能适应

---

① 在一些发展中国家如孟加拉国、中国和印度，也正在努力使年长工作人员更容易获得信贷，这样他们可以自己创业，尤其是在年轻人大量移徙到城市地区的农村社区。而且对于那些不再具有劳动能力的老年人，采行社会养恤金方案正使他们能够有尊严有保障地退休。［参见《联合国大会秘书长的报告：第二次老龄问题世界大会的后续行动》（A/66/173，2011，7，22），http://www.un.org/zh/documents/view_doc.asp?symbol=A/66/173］

高强度的体力劳动，因此，在某些场合其不应当介入生产过程，在另外一些场合，应当给予老年人特殊的环境保障。在这方面，我国的劳动法等法律已经有就业环境保障等规定。但是，一方面是规定失于粗糙，且不主要针对老年人；另一方面是现实的执行状况不够好，在相当的范围内，很多已经是老年人的工人不能够保障良好的工作环境，也不能够使他们避免介入不合适的工作场合。因此，在老年人就业环境保障权方面，我国与西方发达国家还存在巨大的差距。

(三)我国老年人公益参与现状

作为富有经验与能力而且有意愿将自己退休后的闲暇时间奉献给社会公益事业的老年人群体，可以说如今已经活跃在很多的公益参与领域，比如参与社区秩序维护、传统精神宣导、精神文明建设等。根据权威部门统计，“2006年，我国城市曾参加社会公益活动的老年人占老年总人口的38.7%”[①]。虽然老年社会公益参与趋向良好的发展状态，但是也面临突出的问题，表现在社会公众对老年人公益参与选择权尊重的缺乏、公益参与保障权构建的不足、公益参与权救济手段的有限等方面。

1.老年人公益参与选择权缺乏尊重

社会目前对于老年公益群体的尊重仍然缺乏，比如很多组织和单位将老年人视为免费的劳动力以降低成本，不但使老年人的公益参与效果难以保证，更挫伤了老年人公益参与的积极性；老年人维护社会秩序、参与精神文明创建等活动被社会上一些人所误解和贬低；家庭成员对老年人的公益参与活动横加阻碍；等等。而事实上，老年人群体能够从志愿活动中获得很大的精神满足，获得独立而有尊严的生活。社会对于老年人的宽容和尊重态度与老年人公益参与的自我满足感形成了错位。

2.老年人公益参与保障权无法充分实现

参与公益不仅需要意愿，同时更需要自身能力的支持和社会条件的提供。老年人参与公益的意愿相对于青年群体来说具有一定的优势，但是从中国目前的公益参与现状来看，老年人公益参与保障比较落后，体现在公益参与教育培训体制、奖励促进机制等相对不足。教育培训的缺乏使老年人

① 国务院新闻办：《中国老龄事业的发展(2006)》，载“新华网”：http://news.xinhuanet.com/politics/2006－12/12/content_5473205.htm。

在公益参与的能力上不能够适应公益发展要求，在参与活动中自身易受人身伤害和财产损失，也可能导致被服务对象的损失；奖励促进机制不足使老年人的公益行动长期不能得到相应的激励和补偿而降低公益的持续力。进一步的挖掘可以发现，出现这些问题既与中国公益发展的历史进程客观滞后有关，也与相应制度的缺失密切关联。中国的公益参与保障存在较大的短板，不仅没有全国统一的志愿服务立法，而且相关管理制度也难谓科学合理，因而有较大的改进余地。

3. 老年人公益参与的歧视现象严重

在公益参与领域，老年人群体是一支不可忽视的力量。不过，与就业领域类似，公益参与领域也存在着严重的不平等，既有部分老年人在相应的政策制度中被忽略的状况，也有在现实操作中被边缘化的问题。就前者而言，国家在老年人的公益参与方面的扶助相比年轻群体缺少更直接和有效的措施，在老年人参与体制内部，也在机构设置上(老干部局)和政策上(过于强调退休老干部、知识分子的作用)容易使人产生机制歧视和政策歧视的疑问。就后者来看，社会环境对老年人的歧视在志愿服务领域大量存在，如很多志愿服务组织对老年人的排斥等。所以，平等的难题不仅困扰着老年人就业，也困扰着老年人的公益活动，在程度上绝不弱于前者。

(四)我国老年人组织参与现状

“老年人的组织参与”是一个复杂的命题，因为作为组织而言，可以是政治、经济组织也可以是各种类型的社会组织。鉴于政治组织的中国背景和经济组织的专业性，本节所探讨的老年人的组织参与权以社会组织的参与权为核心，但是在我国社会组织发育不足的情况下，又必须面对我国种种亦官亦民的社会组织现状。

老龄人群的组织工作一直是我国关注的重要问题。在全国范围内，老龄问题委员会(老龄工作委员会)、老干部局(处)、离退休职工管理委员会等是老龄工作重要的管理部门。因老龄工作委员会以“中国老年协会”的名义参加国际活动，也具有社会组织的身份。就老龄委所处的位置来看，它占据了全国老龄社会组织体系最中心的位置，以其为代表的老年协会体系是覆盖最广的社会组织。老年协会内部却并不是完整的由上而下的系统，反而老年协会是一个由下而上逐渐发展的民间组织，其具有不同于工青妇等由上而下形成的社会组织的特殊性，其虽然在全国范围内没有统一的组织系统，却在中国的老年人社会参与中扮演了重要的角色。特别是老年协会在基层农村的普及率非常高，有些协会的力量在不少地区也让人敬畏。有研究表明："农村老年协会在部分省份已成为乡村社区中一支独立的社会力量，而同属农村群众组织的妇代会、共青团、治保会等却组织涣散、功能日益萎缩。"[①]根据统计，"到 2010 年底，全国共有各级老年协会 40 多万个，参加人数达 4389 万人"[②]。此外，全国性的老年社会组织除并不典型的老年协会外还有 13 家。[③]

老年社会组织的这些情况确实反映了老年人社会组织在中国当下矛盾的状态。一方面，很多以老年协会为代表的社会组织成为基层治理的重要力量；另一方面，老年协会也面临着由官方化向民间化的转型要求。若回归老年组织参与权的视角，我们可以归纳如下现实的问题：

1. 老年人的结社权难以落实

老年人组织参与权的核心是结社权，也就是老年人自由建立或者参与社会组织的权利。遗憾的是，由于我国的现实国情，至少目前来看，老年人成立社会组织面临着寻找挂靠单位的麻烦，而更为深刻的问题是我国在"政府引导、社会参与、公众协同"的社会治理格局中政府扮演的角色过重，会限制社会组织的发展，其中也包括老年人社会组织。这种限制更多地落在那些有可能形成影响力、对政府治理产生滞碍的组织头上。然而，我们可以看到的是，即便是对老年人社会组织严加控制，在传统的老年协会体系中的基层部分依然形成了与地方两委实力相平衡的实力，况且这种力量在官方的引导下还能够发挥很多积极的社会治理作用。这反映出对老年人结社权保障的重要性及社会组织管理体制改革的必要性。

2. 老年人组织参与权的平等性不足

老年人需要组织化的途径来获得身份的肯定、情绪的满足、物质的获

---

① 邓燕华、阮横俯：《农村银色力量何以可能？——以浙江老年协会为例》，载《社会学研究》2008 年第 6 期。

② 国务院新闻办：《中国老龄事业的发展(2006)》，载"新华网"：http://news.xinhuanet.com/politics/2006-12/12/content_5473205.htm。

③ 我国目前的全国性老龄社会组织包括：中国老龄事业发展基金会、中国老年学学会、中国老年大学协会、中国老龄产业协会、中国老年人体育协会、中国老年保健协会、中国铁路老战士协会、中国老科学技术工作者协会、中国老教授协会、中国老年文化交流促进会、中国老摄影家协会、中国老年保健医学研究会。

得、信息的共享和时代的适应，但是老年人在参与社会组织方面容易受到不平等待遇，面临社会排斥与社会歧视。国外实证的调查发现，大量的社会组织将老年人排除在外[①]，中国也存在类似的情况（在公益参与部分已有论述，不再赘述）。

3. 老年人中的特殊群体的组织参与权难以得到有效保障

老年人中的特殊群体是指在老年人中处于弱势地位的老年妇女、老年残疾人、贫困老年人等。因为老年群体内部的分殊，很多处于弱势群体的老年人自身的身体健康状况和经济状况也现实地制约着他们的组织参与热情和能力，国家的福利制度普及和国家对特殊群体的照料都难以有效实现，所以对于很多特殊群体的老年人来说，参与一定的社会组织成为一种奢望。而恰恰通过社会组织维护其权利、实现其尊严对于这部分人群是重要的手段，这种错位值得引起重视。

二、我国老年人社会参与权的问题分析

结合前述对老年政治、经济、公益、组织参与与社会政治经济条件和人口状况的关联分析，我们可以看到老年人社会参与权面临的挑战是多重的、也是多样的，有社会歧视和排斥的"顽疾"、有政府和社会等力量对各种社会参与权的忽视与侵犯（一方面是宏观制度和政策阙如，另一方面却是相关制度和政策本身带有老年歧视的倾向）、有政治经济发展不足的现实制约、有特殊国情和文化背景的影响、有老年人自身和社会的权利观念与意识的不足以及由此产生的对老年社会参与权尊重的缺乏、有救济途径的匮乏，等等。现实证明，我国老年人社会参与权遇到了种种强有力的对手，对社会参与权进行保障必须首先对这些问题予以更深入和系统的回答。

（一）年龄歧视和社会排斥是中国老年人社会参与权保障的直接制约因素

如果说有一种对全体老年人各类社会参与权的侵犯力量，那么这就是老年人年龄歧视，这是一种纯粹基于一个人的年龄而加诸非议甚至排斥的现象，并与一个社会宏观的观念结构和制度结构紧密联系，从而使老年人笼

---

① Deborah Smeaton and Sandra Vegeris Policy Studies Institute, "Older People inside and outside the Labour Market: A Review", available at: http://www.equalityhumanrights.com/uploaded_files/research/22._older_people_inside_and_outside_the_labour_market_a_review.pdf, p. ix.

罩在偏见、怀疑和各种现实的阻力之中。"老年歧视已经成为继种族歧视和性别歧视之后的第三大社会歧视问题,成为实现和谐老龄化的主要阻碍之一。"①老年人的歧视有其经济、社会和文化的根源。从经济学上来讲,有一种歧视经济学理论,阐释了歧视的某种合理性。以老年人为例,因为资源的稀缺性是经济学的基本假设,那么面对稀缺的资源必须通过竞争才能获得,因而市场经济的主体会尽力追求竞争的相对优势,也就会对在资源获取中不具有优势的群体产生歧视。而从社会学的角度分析,优胜劣汰、适者生存的社会达尔文主义在社会中具有很大的市场,在社会生存的观念和制度结构中自然而然会产生对弱者的歧视心态。而且一些不合理的社会制度还加剧了这种歧视,如城乡二元分割制度使农村的老年人在经济和社会中处于相对弱势的地位,而且这种弱势更进一步导致了农村老年人生存和参与环境的恶化。从文化角度探讨,中国文化中的传统"孝"文化是建立在尊养之上的对老年人的尊崇,但随着传统的儒家文化土壤被现代的效率文化、生存文化部分代替,人们对老年人的态度就发生了变化,不再将他们视为生产技术的传承者、经验的富有者,而成了社会发展的累赘。不同的角度都可以部分阐释老年歧视产生的原因,但是老年歧视却不是天生合理的,更不是不可以避免的,关键在于相应的制度和政策的运用、社会心理的转化和老年人意识的转变。

(二)宏观政治、经济框架与功利主义政策观对老年人社会参与权保障产生重要影响

一个国家的政治发展水平和政治体制安排、一个社会的经济制度都能对老年人的社会参与权利产生深刻的影响。在政治体制相对专制、民主相对薄弱的国家,人民享有的政治参与自由就比较少,而在政治体制相对民主的国家,人民享有的政治自由才会比较多。老年人的政治自由程度也与其他年龄群体一样受到政治体制的深刻影响。而经济制度安排也必然会影响到老年人的经济参与权利,在计划经济体制下,人们甚至没有选择职业的权利,遑论经济参与的自由;在市场体制下,市场本身就意味着自由,而且是包括经济参与自由在内的各种自由的根本保障。在公益权利、组织权利等方面也有一个基本的前提,那就是国家与社会必须是相对分离的,而不是合一

① 吴帆:《认知、态度和社会环境:老年歧视的多维视角》,载《人口研究》2008 年第 4 期。

的。这样一来，社会领域才有呼吸的空间，基于社会的生存土壤，才有公益的活动空间和各类组织的生存空间，也才能有老年人的公益和组织参与权。所以，宏观的政治、经济框架在质的规定性上决定着人们的社会参与权利，进而决定着老年人的社会参与权利。

但是，质的规定同样面临法律与政策量的考量，即便是具有固定的政治发展环境与市场经济条件，同样会因为不同的就业状况、不同的社会福利制度建设情况而产生不同的政策调控，而且从政策本身的易变性和结果导向来看，它是非常功利的，这样就会产生功利主义化的政策框架对老年人社会参与权的侵害。如果没有更稳定的法律制约，政策今天可以将老年人再就业的自由给予老年人，那么明天就可能因为环境的改变而剥夺老年人的自由，在政治、公益等情况下亦是如此。即便是法律，也依然是广义的公共政策，虽然概率较小，同样可能会限制、剥夺一个老年人的社会参与自由。因此，对付功利主义政策与法律的有力办法是将老年人的各项社会参与自由放置在一种它们所不能触及的地方，这个地方或者是人民的意识中，或者是人权思想理论的论证中，亦或者是大多数人都无法轻易变更的宪法中。唯其如此，功利主义政策甚至法律能奈之何？

即使从理论上论证了老年人社会参与权防范功利主义政策与法律的途径，我们也必须仔细检视现实中老年人的社会参与权所面临的各项政策与制度的威胁，这种威胁如果是现实的，那就要通过权利的呼吁和权利的斗争将其除去，如果是可能的，就要强本固元，夯实我们的老年人社会参与权的理论基础、意识观念基础和各项制度基础，防患于未然。

任何权利都不是绝对的。我们从过程论和目的论角度认真审视了老年人社会参与权，同时也还需要在某些时刻向功利主义政策观做一些妥协，这种妥协仅仅限于在老年人社会参与权已经牢固树立、在良好的司法救济程序和其他救济途径畅通的情况下，对老年人社会参与权依照法定的程序与权限在一定限度内进行克减，但绝对不是剥夺。本章所做的主要工作，就是尽量使老年人社会参与权即使在社会政策面临调整时，老年人依然可以请求经济参与。就像在紧急状态下，人的部分权利虽然会被克减，但是仍然存在着。“参与是一种权利，权利则是一种保险，它是弱势群体改善自身地位和处境的根本之道。"[①]同样的情况还有最新的例证，那就是刑事诉讼法时隔十五年重新修订颁布后，由于反恐的需要而对犯罪嫌疑人程序权利进行了克减。

(三)特定的文化背景制约着老年人社会参与权的实现

无论是政治参与、经济参与还是公益与组织参与，都深深植根于社会土壤之中，而背后强大的影响因素是文化。社会参与与文化差异是密切关联的，东西方的文化差异，基督教、伊斯兰教和佛教等不同宗教背景下的文化差异等，都是影响老年人政治参与的重要内容。[②] 在西方个体主义文化之下，老年人更强调个体参与，而且受到自由民主文化的熏陶，对政治参与的态度也带有明显的西方选举民主等特点；中国的老年人，至少对当前这一代老年人来说，由于经历了政治的风风雨雨，在政治参与的方式上明显与西方老年人的参与方式有区别。难怪米尔恩在《人的权利与人的多样性——人权哲学》一书中要寻找最低限度的人权。从社会参与权的文化差异即可以反映出不同文化背景下社会参与权表现的差异，但这不是由社会的发展阶段所决定，而是有其文化的基因。

(四)社会发展进程滞后是对老年人社会参与权实现的现实障碍

老年人社会参与的历史已经充分证明，老年人社会参与权的实现不仅是个人主观的选择，同时也受到客观现实的制约，或者说是被社会选择的结果。老年歧视或者多重歧视主要与制度与观念结构关联，进而表现为对老年人社会参与权的直接制约。宏观政治经济体制、文化背景等都是老年人社会参与权区域横向差别意义上的制约，而社会发展进程滞后则表现为历史纵向差别意义上的制约。有实证调研显示，老年人的社会参与，尤其是经济参与程度主要是与生活阅历、工作历史和技能水平以及这些背后的社会地位、健康和教育水平相关[③]，而这些又根本上关联着社会发展进程。例如，中国的教育水平和医疗保障制度发展程度深刻影响到中国老年人社会参与

---

① [美]洪朝辉：《论中国城市社会权利的贫困》，载《江苏社会科学》2003年第2期。

② Bo Xie & Paul T. Jaeger, "Older A dults and Political Participation on the Internet: A Cross-cultural Comparison of the USA and China," *Journal of Cross-Cultural Gerontology*, 2008(23).

③ Deborah Smeaton and Sandra Vegeris Policy Studies Institute, "Older People inside and outside the Labour Market: A Review", available at: http://www.equalityhumanrights.com/uploaded_files/research/22._older_people_inside_and_outside_the_labour_market_a_review.pdf, p. v.

的条件和能力，其中职业教育水平落后导致技术工人的匮乏将影响到这一代人在年老之后的经济参与，而高等教育入学率的提升则有助于出生在20世纪70～80年代的一代人在年老之后社会参与权更好地实现。当前，城乡差距扩大导致农村老年人社会地位较低也是社会发展进程滞后深刻影响老年人社会参与权实现的例子。比如，我国当前城乡二元结构体制还比较严重，很多农村老年人基本的医疗和养老尚未能保障，遑论更高层次的公益参与等。

我们对老年人社会参与权实现历史发展因素的挖掘并不是简单地对社会发展现状报以批评的态度，而是说还可以做得更好。其实，我们在这里迫切地谈论老年人的社会参与问题，至少说明我们的经济社会已经发展到了一定的程度，需要在基本的生存、财富之外寻找更多的东西，这也说明社会发展的进程影响着权利的话语，对于社会参与权这种高度依赖于社会经济条件的权利更加如此。甚至在一般意义上来讲，人权是一种普遍的权利，也是一种历史的权利，其实现是需要成本的，即使是传统的言论、出版等自由。① 所以，社会参与权的实现受制于社会发展进程，社会参与权面临的困境一定程度上与社会发展的相对落后密切关联，社会参与权保障水平也只有在经济社会发展的基础上才能不断得以提高。

（五）权利意识不足是对老年人社会参与权的饬伤

一个社会的观念结构是如此重要，以至于从宏观的定性角度来看，其对老年人社会参与的影响是如此之深远。老年人社会参与之所以仅仅限于从一类现象、一种行为角度来探讨，至少反映了包括理论界在内对老年人社会参与权理论敏感度不足，更在深一层意义上体现了我们的观念结构中还尚未对老年人社会参与权形成充分和清醒的认识。对于中国普通的老年民众来讲，政治参与的权利意识不够普及，经济参与的权利保障意识不够明确，对年龄歧视的现象缺乏敏感，甚至发生到自己头上也往往归咎于自己的能力或自身状况的不足。因为社会参与权相对于老年人的人身权、财产权和社会保障权更具有模糊的特点，其侵害形式往往十分隐蔽。所以，无论是老

① 权利需要成本，这一观点可以让我们更清晰地认识到社会发展本身对权利的重要意义。关于权利成本的讨论可参见[美]史蒂芬·霍尔姆斯、凯斯·桑斯坦的《权利的成本——为什么自由依赖于税》一书（毕竞悦译，北京大学出版社2004年版）。

年人群体自身还是其周围的人甚至于政府，都难以有效意识到老年人社会参与权利的重要性，于是形成了社会参与权利的集体无意识状态。因此，只有从人权的高度来把握社会参与权，从以参与权利看待社会发展的角度来维护老年人社会参与权，这种对老年人社会参与权的集体无意识状态才能被打破，从而汇集成强大的权利思想和潮流，实现老龄社会中的新型权利文明。

（六）权利救济付之阙如是社会参与权保障的重要缺陷

权利救济是权利实现的重要环节，对于社会参与权的实现而言也是如此。老年歧视、社会排斥等因素纷至沓来，但是仅仅凭观念的宣导、社会的扶助远未足够。一国的司法体制才是救济的中心力量。例如，在欧盟，各成员国的人权机构和欧盟人权法院在各种权利保障和救济方面发挥了重要的作用。但是就我国的现实情况而言，问题却很严峻。这反映在老年人的社会参与权利的零散性上，也体现为社会参与权利体系中的不少权利缺少可诉性，更重要的是我国的司法体制本身所存在的严重问题。但不应简单地将原因归结于中国的司法体制，更加富有建设性的方案是，理论学者应当集中于社会参与权利理论的完善，特别是对其权利性质和权力内容的细致分析，提出可行的司法解决方案；普通民众亦应主动争取权利救济，从司法实践层面推动老年人社会参与权的实现。

第四节　老年人社会参与权的实现路径

从各国已有的有关老年人社会参与的政策与法律中我们可以看到，相关的政策与法律呈现出发达国家与发展中国家、已进入老龄化国家与尚未进入老龄化国家之间的差距。这反映了不同的社会发展阶段与进程中老年参与需要与水平之间的差异；同时还可以看出，老年人社会参与是一种老年人的人权，只是各国的参与实践证明这种人权的积极属性非常明显，与民主化、全球化、市场化、组织化等全球趋势密不可分。在老龄化的当前背景下，老年人社会参与权的保障意义更加凸显。从我国具体的措施层面，可以从完善法律规范入手，并以完善具体实施制度为依托。因此主张老年人应通过新的参与、新的角色来改善老年人由于社会角色中断所引发的情绪低落，鼓励其用新的角色取代因丧偶或退休而失去的角色，在社会参与中重新认识自我，同时转变家人、社会传统的思想观念，努力把老年人自身与社会的距离缩小到最低程度，从而进一步提高老年人的社会参与水平。

一、积极老龄化与老年人社会参与权的全球保障路径

(一)积极老龄化——一种老龄社会应对的法律与政策框架

老年人社会参与权的实现不仅仅与老年人社会参与的意愿相关，而且与老年人社会参与的外部政策环境、制度环境和设施环境等密切关联。老年人采取什么样的态度应对老年生活？处于日渐发展的老龄社会中的人们以什么视角看待老年人？作为宏观的政策和法律制定者的国家如何理解老年人的处境并向他们提供满足其需要同时又能协调其他群体利益的政策和法律？这一系列的问题需要一个具有宏观框架意义的应对总纲，那么这个总纲正是积极老龄化策略。

积极老龄化[①]强调为了提高人们的生活质量而使健康、参与和保障的机会发挥到最大的过程。其中，“积极”是指继续参与社会、经济、文化、精神和公益事务，而不仅仅局限于身体活动或者参与劳动。世界卫生组织在其《积极老龄化：政策框架》(Active Ageing：A Policy Framework)报告书中指出，积极老龄化的理念是由“成功老龄化”(Successful Aging)、“生产性老龄化”(Productive Aging)、“健康老龄化”(Healthy Aging)逐渐发展而来的；积极老龄化的三大支柱是社会参与、个人健康和社会安全，也有学者将高龄学习列为第四大支柱。

积极老龄化的提出是在对老龄化正面价值理解深化的基础上产生的一般性的法律与政策理念，而其中一个重要的含义正如世界卫生组织的报告中所指出的：试图将关乎老年人的政策由“需要为导向”转变为“权利为基础”，用以肯认人们在老年后在各个领域的平等机会与平等对待。这种“需要”向“权利”的转变，意味着老年人由单纯的老龄政策的受惠者逐渐转变为

---

① 我国台湾地区将其翻译为“活跃老年”。在世界卫生组织撰写的《积极老龄化：政策框架》一文中，对积极老龄化提出的背景、概念、内容和政策建议等进行了全面的论述。该文于2001年世界卫生组织召集的专家小组会议上形成了题为《健康与老龄化》的初稿，并在2002年4月经瓦伦西亚国际老年学论坛讨论后报送联合国第二届世界老龄大会，第二届世界老龄大会接受了积极老龄化内涵并将其写入该会议的《政治宣言》中。《积极老龄化：政策框架》一文的英文版本参见世界卫生组织的官方网站(http://www.who.int/ageing/active_ageing/en/index.html)，中文的介绍参见世界卫生组织编的《积极老龄化：政策框架》(华龄出版社2003年版)。

老年政策的参与者、主导者，意味着对老年人相关的利益需要立法机关在更高的立法层面上提供一般意义上的保护。而老年人社会参与是积极老龄化的重要内容，老年人对社会参与的需要已经转变为老年人社会参与权，也应该在积极老龄化理念的指导下，通过法律与各种政策的途径加以保障和促进，使他们的经济利益、精神需要、政治诉求等尽量得到满足。

从保障权利的角度，法律是直接相关的，但绝不是唯一的。从促进社会参与的角度，法律、道德、政策、经济的多种途径都是可行的而且应该并行的。从结构的观点来看，我们的社会是“观念——制度”结构体，那么积极老龄化及其蕴含的权利理念首先指向的是社会一般观念。积极老龄化首先是一种积极态度，老年人积极参与社会发展，包括积极参与有关自身利益的决策和其他的政治活动、积极参与经济和社会公益活动、积极发挥家庭中的代际关怀作用、向社会展示积极的形象等等；同时社会也要以积极的眼光看待老年人，包括雇主对老年工人就业的积极态度、社会大众对老年人的尊重等等。其次，积极老龄化还是一种权利理念，我们不但要尊重老年人的地位和尊严，而且要将之视为老年人的权利，以权利作为老年人社会参与的根本点。

而由观念过渡到制度的层次，主要依靠国家作为公共利益的代表和权威的分配主体，提供基本的制度供给。从消极的意义上来说，老年人的社会参与权要求至少国家应当尊重老年人社会参与的意愿，更进一步的分析是，国家不能在条件许可的情况下通过削减养老金而促使老年人产生参与经济的“意愿”，同时，在经济状况不佳的情况下，国家的强制退休政策必须建立在老年人的再生产能力得到保障的前提之下进行。从积极意义上来说，老年人的社会参与权要求国家履行三个层次的义务：第一，国家和社会要提供尽可能多的就业机会和其他参与机会，帮助老年人实现社会参与，比如调整产业结构、发展老年人产业、推动企业实施雇佣老年人的政策等；第二，国家和社会通过教育和培训，提高老年人的社会参与能力，促进其获取社会参与的机会；第三，国家和社会有效提升老年人休闲参与、公益参与的可能性，促进参与结构的优化和老年人自我价值与尊严的实现。

(二)国际社会的法律与政策路径

积极老龄化是20世纪末21世纪初提出的新型老龄化理念，但是国际社会对老年人社会参与的保障与促进实质上则要早得多，特别是老年人经济参与权保障方面，一些国家（如美国）早在20世纪六七十年代即产生相关的立法保护和政策措施。进入21世纪之后，世界上越来越多的国家与地区对老年人在各领域的社会参与投入关注，并随着老年人社会参与潮流的进一步发展而制定更多的老年人社会参与规制、保障与促进法律和政策。下文将选择其中比较典型的国家对其相应的法律与政策进行介绍。

美国是国际上较早关注老年人就业及相关社会参与的国家。早在1967年，美国国会就通过了《雇佣年龄歧视法》。该法禁止雇主以年龄为依据，歧视40～65岁之间的雇员。1975年的修正案将年龄上限提至70岁，同时，1975年修正时还规定，平等就业机会委员会及其受害人均可向联邦地方法院提起年龄歧视诉讼。经过1986年的再次修正，该法完全取消了年龄上限。

2006年，英国颁布了《雇佣平等年龄规则》。该规则是一部专门的反年龄歧视立法，根据它，如果企业对求职者和员工存在年龄歧视，那他们可以将企业告上法庭进行诉讼。而在法国，其法律规定："禁止在招工广告中使用年龄上限，禁止企业实行强迫退休制度。"[①]

在德国老年人的经济参与方面，基于德国的"Hartz Ⅳ"（哈尔茨4号）法案，德国联邦劳工和社会事务部推出了"Initiative 50 Plus"（倡议50＋）计划，该计划涵盖了78个地区项目，包括421个就业中心和95％的社会福利机构参与，主要帮助那些收入低或者是低技能的50岁以上的工人。这一计划目前正处于第三阶段（2011～2015），最近计划是要促进20万名这一群体的长期失业工人重新活跃，并且使其中的6.5万人实现再就业。

在德国老年人的公益和组织参与方面，2006年，德国政府推出了"经验就是未来"计划。该计划主要涵盖长期照料、老年人工作能力培训、商业启动机会、志愿服务和健康促进。为了帮助老年人更好地利用媒体和学校以获得更高的参与社会的能力，德国政府还实施了多项旨在帮助老年人上网和寻找机会的学习计划。2010年，德国联邦家庭事务、老年、妇女及青年部推出了创建新时代计划，以开发老年人的潜力，推动老年志愿服务活动等。[②]

---

① 王皎皎：《离退休人员就业权法律保护问题研究》，载《当代法学》2008年第1期。

② 详细内容请参见德国人权研究所提交给联合国秘书处的《关于第65届联大第182号会议决议的情况说明》（英文版），载"联合国人权高专网站"：http://www.ohchr.org/Documents/Issues/OlderPersons/Submissions/GermanHumanRightsInstitute.pdf。

此外，德国还有个专门维护老年人权益的非政府组织，被称为“德国国家耆英组织协会”。该组织代表了德国1300多万老年人的利益，其旗下有102个成员组织。该组织为了老年人的利益而向德国政府游说，并且力图改善任何可能影响到老年人权益的标准的制定，其中很多涉及老年人社会参与的措施。

欧盟其他国家的进展举例如下：在瑞士，政府提出扩展对基于年龄的歧视的禁止范围，不仅包括雇佣和教育，也包括购物和服务、居住、公共事务、保健、社会服务等领域；在匈牙利，2012年3月通过的《平等就业法》修正案将年龄歧视的范围扩大到老年人的亲属。

在欧盟层面上，针对老年人的社会参与，欧盟也采取了相应的措施加以推进，其中包括有关老年人社会参与基本情况的调查、人权法庭对涉及老年人社会参与案件的判决和“积极老龄化和代际团结年”的推广等内容。根据欧盟有关机构的调查显示，到2017年欧盟的老年人口将超过正在工作的年轻人口；而到2030年，欧盟国家65岁以上人口将增至1.24亿，相较于2010年的8700万增长42%。[①] 为了推动欧盟各国关注欧洲日益严重的老龄问题，促进老年人的经济、政治与社会参与，欧盟委员会于2011年将2012年定为“欧洲积极老龄化和代际团结年”。2012年1月18日，欧洲积极老龄化和代际团结年在哥本哈根启动。[②] 欧洲积极老龄化与代际团结年的三大初始目标是：(1)帮助欧洲日益增长的老年人口创造更好的工作机会与工作条件；(2)帮助老年人在社会中扮演积极的角色；(3)鼓励健康老龄化和独立生活。[③]

韩国的老龄化发展很快，为了应对老龄化带来的挑战，韩国制定了一系列有关老年人的法律，其中有几部涉及老年人的社会参与。《老年人福利法》(1981)是老年法律体系中基本的法律，其他还有如《老年就业促进法》《老龄产业振兴法》《成人教育法》等，分别涉及老年人经济参与、老年人终生

---

① 所列数据参见《“欧洲积极老龄化和代际团结年”在哥本哈根启动》，载“全国老龄工作委员会办公室网站”：http://www.cncaprc.gov.cn/info/16898.html。

② 参见《“欧洲积极老龄化和代际团结年”在哥本哈根启动》，载“全国老龄工作委员会办公室网站”：http://www.cncaprc.gov.cn/info/16898.html。

③ European Commission, *Active Ageing and Solidarity between Generations: Statistical Portrait of the European Union 2012* (2012 edition), p. 9. (http://epp.eurostat.ec.europa.eu/portal/page/portal/eurostat/home)

学习等内容。最新修订的《老年人福利法》(2010)[①]第23条规定了"老年人的社会参与援助""老年人职业专务机关的设置、运作等",第24条规定了"区域服务指导员委任及业务",第25条规定了"就业援助"。这些条款都规定了国家或地方自治团体对老年人职业开发与普及、为区域服务机关和老年人就业中介机关提供援助等义务,明确了老年人职业专务机关的种类并可以将其运作工作的全部或部分委托给法人和团体等组织,授权国家或地方自治团体委托在社会上具有威望且有经验并愿意参与区域服务的老年人作为区域服务指导员并规定其职责,还规定了对65岁以上老年人在国家或地方自治团体以及其他公共团体设立运行的公共设施内从事小型经营的优先权。为了体现对老年人就业的关注,韩国于1991年专门通过《高龄者就业促进法》,并在2007年通过了《高龄者就业促进法实施细则》。2008年3月,韩国议会又将《高龄者就业促进法》修订为《禁止雇佣中的年龄歧视和高龄者就业促进法》,特别强调禁止对老年人求职就业的歧视。该法在禁止对高龄者的雇佣歧视的同时,还要求设立高龄者就业信息中心、高龄者人才公司等非营利机构来保证高龄人口就业。

日本有关老年社会参与的法律也是比较多的,而且形成了一定的体系。首先,1995年日本出台了《老龄社会对策基本法》,对老龄社会应对的一系列基本问题作了规定,其中该法第9条[②]针对就业与收入问题提出了三条具体方针。其次,日本专门制定了《高年龄者雇佣安定法》,对企业雇佣老年人的义务、提高退休年龄、继续雇佣制度、废除退休制度、解雇老年人求职推荐书制度、招聘设定上限年龄说明理由制度、老年人再就业支持制度、老年人创业促进制度等一系列制度和措施进行规定,从而保证老年人的经济参与权

---

① 我们查阅的中文版本见《韩国老年人福利法》,陈志君译,载《"老龄社会法律应对与老年人权益保障立法"学术研讨会论文集》,山东大学,2011年11月5日。

② 该法第9条(就业及所得)规定:"1.国家要采取有助于构建活力社会的必要对策,如确保高龄者能根据个人意愿和能力就业的多种机会,使勤劳者通过长期的职业生活能够开发职业能力,且直至高龄期也能发挥这种能力。2.国家要采取有助于高龄者生活安定的必要对策,如建立与雇佣配套的国家养老金制度,确保合适的给付水准。3.国家要采取有助于高龄者丰富生活的必要对策,如支援国民通过自主努力积累财产等行为。"[参见《日本高龄社会对策基本法》,李成玲译,载《"老龄社会法律应对与老年人权益保障立法"学术研讨会论文集》(修订版),山东大学,2011年11月5日]

利。[①] 而在具体的政策措施层面，我们可以找到很多细致的老年人社会参与方案。例如，东京都政府发起的有关老年人社会参与的项目有工作安置服务、银色人力资源中心、协助年老公民的俱乐部等。这些项目为老年人的就业咨询、人力资源开发、社区服务等提供支持。[②]

在我国台湾地区，老年人社会参与的一般条款在其《老人福利法》中体现。该法第26～30条规定了老年人的教育促进、老年社会团体参与、老年休闲参与、老年志愿服务、老年就业歧视禁止、老年资讯提供等内容。而在《老人福利法》之外，其《志愿服务法》《终身学习法》等法律均涉及老年志愿服务、老年教育等老年社会参与的内容。

在俄罗斯，目前获取养老金的人中有30.7%继续工作，俄罗斯的就业主管部门向具有就业意向的老年人提供就业帮助。老年人可以在就业指导部门寻求帮助、获得免费信息和免费进行就业咨询等。其中对于那些尚未到领取养老金年龄的人，如果向其社区的就业部门申请就业经过审查，可以获得免费职业培训、职业指导和参与志愿服务的机会。而且对于那些尚未开始领取养老金并且被归入难以获得工作的一类人将会获得额外的工作机会，如一些专门项目、新创设的工作岗位、特定组织中的工作等，这些人还可能获得政府提供的临时性工作。除经济参与外，俄罗斯老年人传统上一直活跃于政治领域的参与中，考虑到一些老年人的身体条件限制，立法还规定了这些老年人特别的政治参与程序等等。[③]

在澳大利亚，对老年人社会参与权保护的核心内容是反歧视。澳大利亚已经形成了一个反歧视的立法体系，包括《澳大利亚人权委员会法案》(1986)、《年龄歧视法案》(2004)、《残疾歧视法案》(1992)、《种族歧视法案》(1975)、《性别歧视法案》(1984)。其中《年龄歧视法案》在2007年进行了修

---

① 详细介绍请参见李长勇：《日本〈高年龄者雇佣安定法〉与我国老年人劳动权利体系的完善——兼及对〈老年人权益保障法〉修订的几点思考》，载《"老龄社会法律应对与老年人权益保障立法"学术研讨会论文集》(修订版)，山东大学，2011年11月5日。

② 详细介绍参见《日本老人问题现状》，载"早安台湾专业医药咨询网"：http://www.ohayoo.com.tw/%E6%97%A5%E6%9C%AC%E8%80%81%E4%BA%BA%E5%95%8F%E9%A1%8C%E7%8F%BE%E6%B3%81.htm。

③ 详细内容请参见俄罗斯提交给联合国秘书处的《俄罗斯联邦关于老年人权利保障问题的说明》(英文版)，载"联合国人权高专网站"：http://www.ohchr.org/Documents/Issues/OlderPersons/Submissions/GermanHumanRightsInstitute.pdf。

改，并于2011年5月由澳大利亚议会再次通过修改，授权单独任命年龄歧视专员，从而使年龄歧视与其他类型的歧视获得相同的地位，而之前年龄歧视是由性别歧视专员兼管的。年龄歧视法案的核心意旨是禁止在工作、贷款、教育、购物、住宅、服务、信息获取等方面对老年人基于年龄的歧视。澳大利亚政府还积极实施"Experience+"计划以帮助老年人继续留在工作岗位，自信地更换工作，获得监督和指导其他工人的必要技能。"Experience+"计划包括免费的职业电话咨询，帮助那些因健康状况欠佳、受伤或者残疾而处于被辞退风险的老年工人，帮助从事制造业等重体力领域的工人过渡到体力要求较少的工作，对老年人监督和指导其他工人的必要技能进行培训等。澳大利亚依据《公平工作法》，针对所有工人的一般性工作给予了保护，如最低工资标准、周最长工作时间等，也间接体现了对老年人经济参与的保护。

在经济领域之外的其他参与方面，澳大利亚政府也采取了相应措施，保证老年人的社会参与权。澳大利亚政府成立了一个"老年参与论坛"，为政府提供相应的老年参与政策咨询；澳政府通过"老年宽带计划"提高老年人的上网能力，促进老年群体之间的网络交流。澳大利亚还有"澳大利亚老年协会""老龄理事会"等非政府组织在代表老年人的利益、参与国家老年事务决策、促进老年人参与社区等方面发挥了重要作用，其中"澳大利亚老年协会"下设的"生产性老龄化研究中心"就接受政府资助，专门从事生产性老龄化的调研和提出政策建议等工作。①

总体来看，老龄化较为严重的国家和地区在老年人社会参与权利保障方面呈现如下趋势：第一，老年人的就业促进是老年社会参与的核心内容，这可以从老年人经济参与部分在各国和联合国有关老年人社会参与的报告中占据核心位置等形式展现出来。第二，老年人社会参与的内容绝不仅仅限于老年人经济参与，老年人的政治参与也逐渐展开，一些虽然并不直接针对老年人的政治参与保障手段也发挥了作用，而老年人组成的社会组织日益在各国舞台发挥越来越重要的作用，逐渐从接受国家咨询、为老年人提供指导服务到承接国家的课题、政府出资购买其服务等等，可以说老年人的组

① 详细内容请参见澳大利亚政府提交给联合国秘书处的《关于联合国老年人权益保障调查问卷的回复》(英文版)，载"联合国人权高专网站"：http://www.ohchr.org/Documents/Issues/OlderPersons/Submissions/Australia.pdf。

织参与越来越普遍而且越来越在国家发展中扮演更重要的角色。第三，年龄歧视越来越受到重视，对年龄歧视的规制范围超出工作领域而向购物、服务等其他参与领域扩展；同时，复合型歧视的研究和规制越来越深入。第四，积极老龄化的社会参与理念正在逐渐普及，老年人社会参与日渐成为一种权利，已经成立相应人权机构的国家将老年人的社会参与作为老年人人权的重要组成部分对待，老年人社会参与领域中各项社会参与权利的救济也提上议事日程，并开始有案例产生。第五，信息化和全球化时代的到来对老年人社会参与的形式和内容产生重大影响，使老年人的社会参与权利更好地得以体现，电子投票、老年宽带等将作为老年人社会参与权实现的重要载体。

总之，在各国已有的有关老年人社会参与的政策与法律中，我们可以看到，相关的政策与法律呈现出发达国家与发展中国家、已进入老龄化国家与尚未进入老龄化国家之间的差距。这反映了不同的社会发展阶段与进程中老年参与需要与水平之间的差异；同时可以看出，老年人社会参与是一种老年人的人权，只是各国的参与实践证明这种人权的积极属性非常明显，与民主化、全球化、市场化、组织化等全球趋势密不可分，在老龄化的当前背景下，老年人社会参与权的保障意义更加凸显。

二、我国老年人社会参与权的实现路径

（一）我国老年人社会参与权保障的基本战略

随着跨入21世纪的第二个十年的到来，我国的老龄化趋势也更加明显。最近的第六次人口普查的结果显示，目前我国的总人口共13多亿人。其中，0～14岁人口为2.2亿多人，占16.60%；15～59岁人口约为9.4亿人，占70.14%；60岁及以上人口为1.8亿人，占13.26%，其中65岁及以上人口约为1.2亿人，占8.87%。与2000年的第五次人口普查调查数据比较，0～14岁人口的比重下降6.29个百分点，15～59岁人口的比重上升3.36个百分点，60岁及以上人口的比重上升2.93个百分点，65岁及以上人口的比重上升1.91个百分点。[①] 按照通

---

① 第六次人口普查年龄构成数据来源于中华人民共和国国家统计局的《2010年第六次全国人口普查主要数据公报(第1号)》(载“中华人民共和国统计局网站”：http://www.stats.gov.cn/tjfx/jdfx/t20110428_402722253.htm)，第五次人口普查年龄构成数据来源于中华人民共和国国家统计局的《第五次全国人口普查主要数据公报(第1号)》(载“中华人民共和国统计局网站”：http://www.stats.gov.cn/tjgb/rkpcgb/qgrkpcgb/t20020331_15434.htm)。

行的国际标准,一个国家中60岁及以上人口占总人口的10%,或者65岁及以上人口占总人口的7%,即进入老龄社会。而我国目前老龄社会已呈现加速发展趋势。

在目前我国老龄化问题日趋严重的情况下,采取何种对策应对老龄社会问题,成为当前中国面临的现实挑战。在国际上,成功老龄化、健康老龄化、积极老龄化一路走来,理念的变化实际上反映了人们对待老年群体态度的转变和认识的深入,而积极老龄化所体现的社会参与理念将成为未来各国的选择,同时也应当成为中国应对老龄社会问题的基本战略。从国家决策层的角度来看,一种战略的提出意味着一项社会系统工程的开展,涉及立法、行政、司法多个部门,触及法律、政策、措施多个领域,关乎中央、地方两大层面,涉猎政府、社会、个人多个方面,而最终意旨则在于利国利民,既使老龄社会背景下的中国稳定、福利、安全,又使老龄社会中国的老人平和、幸福,还使其他年龄群体满足、受益,显然系统性地提供老龄社会法律政策框架是必需的,而其中关乎老年人社会参与的领域则是构建一个体系化的老年人社会参与法律政策框架。

(二)我国立法保障与政策完善

我国的老龄立法早已展开,1996年颁布《老年人权益保障法》就是一个里程碑式的事件。老龄社会的到来,使老龄工作在政府的工作中更加具有了重要的地位。而通过我们的梳理,老年人的社会参与无论是在立法中,还是在政策文件和计划纲要中,都不能够使我们获得对老年人社会参与保障的清晰认识,相关领域的政策文件存在着内容简单、缺乏体系、措施不明的弊端,而是否可以制定专门的老年人社会参与文件,在相关立法中确立老年人社会参与权,并在相关配套法规中明确鼓励和支持的措施,将影响到老年人社会参与权利是否能够得到有效保障。如果从宏观角度综合来看,为了保障老年人社会参与权,需要构建以宪法为指导,以老年人权益保障法为核心,以选举法、劳动法、就业促进法、慈善法、志愿服务法、社会团体管理法等为关联法,以这些法律的实施细则、规范性文件等为重要内容的老年人社会参与权保障法律政策体系。

首先,从宪法层面来说,宪法规范直接涉及老年人的有三处,分别涉及老年人的退休权利、社会保障权、人身权和财产权。《宪法》第44条规定,国家依照法律规定实行企业事业组织的职工和国家机关工作人员的退休制度。退休人员的生活受到国家和社会的保障。第45条规定,中华人民共和国公民在年老、疾病或者丧失劳动能力的情况下,有从国家和社会获得物质帮助的权利。国家发展为公民享受这些权利所需要的社会保险、社会救济和医疗卫生事业。第49条第4款规定,禁止破坏婚姻自由,禁止虐待老人、妇女和儿童。而从社会参会权的角度来看,《宪法》第33条规定的国家尊重和保障人权也是老年人社会参与权保护的根本依据。此外,宪法中规定的选举权与被选举权,言论、出版、集会、结社、游行和示威自由,人格尊严,劳动权,休息权,受教育权,文学艺术创作自由等都涉及老年人的社会参与权,可以作为老年人社会参与权的宪法依据。由于宪法规范结构的开放性,可以通过解释宪法的途径使老年人社会参与权获得更加明确的宪法支持。

其次,从以老年人权益保障法为核心,劳动法、选举法等为关联立法的这一层级立法来说,应当以老年人权益保障法中的"社会参与"一章为中心,合理设计老年人权益保障法相关条款,以对应其他的部门法,使其相互嵌套;同时其他部门法也要适当补充和修改涉及老年人社会参与的法律规定,从而形成合理的老年人社会参与法律体系。

目前,老年人权益保障法规定的老年人社会参与条款集中于"参与社会发展"这一章中,但存在"参与社会发展"含义不明、缺乏权利依据、可操作性差这几个问题,而这两年,老年人权益保障法的修正已经提上了立法机关的议程,并且也有相关的草案出炉。在老年人权益保障法的层面上,应当就其中老年人社会参与一章进行系统的修订。我们认为,可以将老年人社会参与权作为一项基本的权利规定到老年人权益保障法中,在此基础上增加老年人政治参与、经济参与(单独列出)、公益参与、组织参与等专门的条款,构建对老年人社会参与领域的一般性指导条款。[①](具体设计见表6-3)

① 参见山东大学老年人权益保障立法研究课题组拟定的《老年人权益保障法》(修改专家稿)第八章"社会参与"(载《"老龄社会法律应对与老年人权益保障立法"学术研讨会论文集》,山东大学,2011年11月5日)。另附录三为作者基于此稿并结合全国人大内司委与民政部的立法稿件形成的自己拟写的条文。

表 6-3 《中华人民共和国老年权益保障法》(修改专家稿)①“社会参与”部分

条款	内容
第×条	【一般规定】国家保障老年人的社会参与权利。 国家和社会应当重视、珍惜老年人的知识、技能和经验,形成尊重老年人的优良品德,发挥老年人的专长和作用。 国家和社会应当创造条件,保障老年人参与政治、经济、社会和文化生活。
第×条	【政治参与】国家应当制定法律、法规、规章和公共政策,涉及老年人权益重大问题的,应当听取老年人和相关社会组织的意见。 老年人和老年人社会组织有权向各级国家机关提出老年人权益保障、老龄事业发展等方面的意见和建议。
第×条	【公益参与】国家应当为老年人参与社会发展创造条件。根据社会需要和可能,鼓励有能力的老年人在自愿和量力的情况下,从事下列活动: (一)对青少年和儿童进行优良传统教育; (二)传授文化和科技知识; (三)参与社会公益事业; (四)参与调解民间纠纷; (五)参与维护社会治安; (六)参与其他社会活动。
第×条	【经济参与】老年人从事科技开发应用、生产与经营及其他劳动,应当取得合法报酬,其合法收入受法律保护。
第×条	【组织参与】老年人可以依法成立自我服务的社会组织,有组织地参与社会活动,开展自我服务。

① 山东大学老年人权益保障立法研究课题组拟定的《中华人民共和国老年人权益保障法》(修改专家稿)与民政部拟定的《中华人民共和国老年人权益保障法》(修改草案)、全国老龄办拟定的《中华人民共和国老年人权益保障法》(修改草案)一同成为《老年人权益保障法》修改起草的参考蓝本。

续表

条 款	内 容
第×条	【辅助措施】国家发展多种形式的老年教育，鼓励社会办好各类老年学校，为老年人增长知识、丰富生活、促进健康、陶冶情操、融入社会提供服务。 国家和社会应当采取措施，开展适合老年人的群众性文化、体育、娱乐活动，丰富老年人的精神文化生活。 广播、电影、电视、报刊、图书、网络等应当反映老年人的生活，满足老年人需要，为老年人服务。

在此基础上，相关立法也要与老年人权益保障法进行衔接修订。就业促进法是我国新时期对就业权保障的重要法律，但是对年龄歧视的规制却不见踪迹。因此，就业促进法在修订时应当加入禁止年龄歧视的内容，并对其进行细化。此外，还应当就劳动法和劳动合同法中对老年人就业权进行指引性的规定，如设计适当条款将其转入一般民法雇佣关系的调整范围。在老年人权益保障法完善的基础上，还可以根据社会发展的现实需要，制定高龄就业促进法等专门法律规范，以及在制定慈善法、修改有关政治参与的法律时对老年慈善、老年政治参与问题进行系统的规定等。

最后，要构建老年人社会参与权保障的具体政策与法律措施体系。例如，目前我国已经制定和颁布了一系列老龄事业发展规划，都包含了丰富的老年社会参与的内容。① 而从系统性的角度看，老年人社会参与权保障的政策法律措施体系从领域上可以划分为政治参与、经济参与、社会参与及组织参与四大方面，由内核及外围又可以分为三个层次：(1)以反年龄歧视为核心的法律与政策规制框架；(2)以完善具体领域促进措施为核心的法律与政策促进框架；(3)以完善具体设施环境为核心的法律与政策保障框架。②

(三)我国老年社会参与权保障的具体法律与政策措施

所谓具体法律与政策措施，是指基于宪法和法律的规定，在法律、法规、

① 其中，《中国老龄事业发展"十二五"规划》是新中国成立以来第一个经国务院常务会议讨论通过，并由国务院颁布的老龄事业发展规划。这足见我国对老龄工作的重视程度越来越高。

② 此处所用的"规制""促进""保障"不同于其他语境下的使用，主要从功能意义上进行界分。所谓的"规制"，主要强调对违法、错误、失当行为的矫正；所谓的"促进"，主要强调对已有政策的完善，对已有老年人行为的正向激励；所谓的"保障"，主要强调对法律与政策核心层的外围的辅助措施。

规范性文件和其他政策文件层面细化的具有可操作性的对老年人社会参与权的各类保障与促进措施。而老年人社会参与权保障的法律与政策措施的制定与实施应当遵循五个基本原则，即平等性原则，差异性原则，人性尊严原则，政府主导与市场、社会、家庭参与相结合原则，适宜性原则。

1. 平等性原则

老年人社会参与权的核心是平等，既意味着老年人群体与其他群体在社会参与政策支持上平等，又意味着老年人群体内部的平等。平等原则要求相似情况相似对待，那么在老年人政治、经济、公益和组织参与中，任何有悖于平等原则的制度和措施都是不合理的。具体来说，平等原则指导着老年人社会参与相关法律与政策规范的制定，是这类规范的价值归依；平等原则约束着老年人社会参与相关法律与政策规范的解释，使其符合立法和制定政策的目的；平等原则还能够在法律适用的过程中出现法律规范缺位的情况下，成为老年人社会参与权保障相关判罚的直接依据；平等原则亦应当指导着老年人社会参与权保障的行政执法过程，使老年人社会参与权的行政保障符合平等原则的要求。总之，平等原则在立法、司法、执法等不同的阶段都可以发挥重要作用。

2. 差异化原则

老年人群是一个非常复杂的群体，有低龄老年人与高龄老年人的差别，有健康老年人和非健康老年人的差异，也有城市老年人和农村老年人的区分等等。不同的老年群体，对于老年社会参与法律与政策敏感性不同，对于老年社会参与法律与政策需求内容也不尽相同。例如，低龄老年人在经济参与方面有身体和年龄的相对优势，其经济参与的积极性与主动性要高于高龄老年人，那么对这部分群体的政策应当更多地强调参与经济发展，尤其是做好老年人退休政策与老年人社会参与促进政策之间的衔接。又如，农村老年人在当前中国的整个社会经济结构中处于相对劣势，那么农村老年人的社会参与渠道和社会参与能力相对于城市老年人就存在差距，再加上农村老年人中部分处于流动状态，在城市边缘求生存，那么其社会参与的状态也就更加具有特殊性。因此，老年人社会参与法律与政策制定的一个原则是差异化原则，即要针对不同的老年人群体制定相应的老年人参与法律与政策，避免一刀切带来的不利结果。

3.人性尊严原则

老年人社会参与的相关保障措施应当遵循人性尊严原则。法律与政策制定要尊重老年人的人格,重视老年人的内心意愿和诉求,而非一味地将老年人视为法律规制与政策促进的客体;制定的法律与政策要符合宪法上尊重和保障人权的原则、符合保障人格尊严的要求;具体参与实践中,政治参与不应因老年人的出身、年龄、性别等而有差别待遇,经济参与不能不合理地拒绝老年求职者或者辞退老年人,公益参与中要尊重老年人的公益参与角色,保证老年人公益参与的正向态度,组织参与中要给予老年人必要的尊重,结合老年人的意愿,让老年人从事适合自己能力的工作;在司法救济时,对于老年人社会参与中遇到的人格尊严受损的情况,要发挥能动司法的作用,对符合案件受理条件的案件保证老年人诉权的实现,对不符合案件受理条件的也要通过司法建议等方式向社会表明司法的关怀态度。

4.政府主导与市场、社会、家庭参与相结合原则

老年人社会参与权的保障从另一个角度看也是对老年人的福利,而且是具有积极意味的福利,它更加符合现代社会自助与他助相结合的理念,更加因应社会发展中参与、分享理念的要求。正因为如此,政府在老年人社会参与权保障中占据核心地位,其负有老年人社会参与文化之宣导、老年人社会参与法律与政策之颁布、老年人社会参与法律与政策的实施与督导等一系列带有顶层设计和上层构架的基础性工作。但是老年人是社会中的老年人,每个人都会成为老年人,每个人也都希望年老时能够像年轻时一样充满活力,具有社会参与的意愿和能力。从自助性与他助性的关联来看,现在帮助老年人也就是帮助未来的自己。那么整个社会中的经济体、社会组织和家庭成员都担负着老年人社会参与保障与促进的一定义务,这种义务包括一般层面上的对老年人社会参与权的尊重,对老年人各项社会参与事业的保障与机会提供,以及更高层面的帮助老年人更好地进行社会参与。因此,老年人社会参与的各项促进措施的制定和实施一定是全民的、多层次的、全方位的,政府、社会中的所有组织体、个体都有参与相应的促进与保障的义务。

5.适宜性原则

老年人的社会参与权保障需要考虑老年人自身的参与意愿与社会的政治经济发展条件,也就是说老年人的社会参与必须适应社会发展要求。在

现代工业化国家的前提下，老年人参与社会发展的意愿受到现实条件的制约。比如，在经济参与领域，老年人因为自身能力的下降和知识结构的不适应，不能满足很多工业企业的用工要求，那么老年人自身在选择社会参与的时候，应当尽量选择适合自身能力和条件的企业，同时国家和社会也应当为老年人提供适应老年人特殊身心条件的工作岗位。这体现了老年人与社会的双重选择要求，符合代际冲突的处理原则，适应社会上所有人发展的需要，也是老年人社会参与权保障的法律与政策措施的制定与实施必须坚持的基本原则。

在明晰老年人社会参与权保障相应法律与政策措施制定的基本原则之后，我们认为老年人社会参与权的保障措施应当基于三个方面展开：年龄歧视规制、具体领域促进、设施环境保障。

1. 以反年龄歧视为核心的法律与政策规制框架

禁止年龄歧视的首要措施就是制定和颁布有关反年龄歧视的法律。老年人社会参与领域最重要的是就业领域的反年龄歧视，同时还要对复合性歧视进行规制，例如基于年龄和性别的双重歧视。在我国，有必要制定统一的反歧视法[①]，在该法中应将老年歧视作为歧视的一种加以列明。而且因为老年歧视不同于性别歧视、种族歧视等，它不具有固定性，也就是说，任何人只要进入老年阶段都可能面临着年龄的歧视。所以，老年歧视不但要加以列明，在中国更要置于歧视类型中靠前的位置加以规定。

老年歧视规制最关键的问题是判断老年歧视的标准是什么。在反歧视法中，可以参考西方国家的经验，将年龄歧视分为隐性歧视和显性歧视两种，歧视的具体标准根据政治、经济和社会等不同领域而不同。对政治经济领域的歧视从严掌握，对社会领域的歧视可以相对弱化，以体现社会领域的自治性特征。在反歧视法立法的基础上，要运用法院的判例来完善老年人年龄歧视的解释，以应对现实中多样的歧视现状。目前，我国的一些研究机构已经开展了老年人年龄歧视的研究，而且一些学术团体还召开了相关会议。在政策的层面上，国家可以开展一系列旨在防止老年人在各个领域和

---

① 四川大学法学院的周伟教授领衔的课题组曾经拟定了一部《反歧视法学术建议稿》，其中涉及年龄歧视的问题，只不过似乎分量太小，对年龄歧视尤其是老年歧视最好有一个专门条款进行规定。（该建议稿可参见周伟：《反歧视法学术建议稿》，载《河北法学》2007 年第 6 期；对该建议稿的说明可参见周伟：《关于〈反歧视法学术建议稿〉的说明》，载《河北法学》2007 年第 6 期）

地区遭到歧视的项目，既包括研究项目也包括实践项目，以促进老年人社会参与中歧视现象的研究，并切实减少老年人社会参与的歧视问题。在此之外，包括宣传、教育、反歧视培训等手段都可以用来推动老年人社会参与年龄歧视的解决。

2. 以完善具体领域促进措施为核心的法律与政策促进框架

不同于老年人的人身权、财产权保护主要强调国家和他人消极的不侵犯，老年人社会保障权与社会参与权则更着重强调国家的积极的作为，因此两者皆强调各种促进措施。老年人社会参与权不同于老年人社会保障权：老年人社会保障权主要保障老年人基本的身体、心理需要，同时还关联社会安全的价值；而老年人社会参与权更关联老年人的独立、尊严与自我实现，同时关系社会发展与共享的价值。基于此认识，老年人社会参与权促进的措施应当以老年人的独立、尊严和自我实现为终极目标。正如学者所言："创造有利于老年人口社会经济参与的制度环境与为老年人口提供良好的经济保障和社会服务同样是保障老年人口基本人权的重要方面。"[①]具体来说，按照前文划定的框架，要从政治参与、经济参与、公益参与和组织参与四个方面进行促进。

（1）吸收老年人参与决策进程，推动老年人的政治参与。从宏观层面来说，老年人政治参与有两个层面：一是与老年人利益密切关联的老龄政策与方案的制定与执行；另一个是老年人对一般的政治生活的参与。就第一个层面而言，政府有关老年人的政策制定应当着重听取老年人的意见，畅通听取意见的渠道；全国人大制定有关老年人的法律、作出有关老年人的决议、进行有关老年人事项的执法检查也应当更多地鼓励法律和政策涉及的老年人积极发表意见。就第二个层面而言，保障老年人的选举权与被选举权应当重视流动票箱的运用，深入老年居户家中，以方便老年人投票；保障老年人参与政治渠道畅通，包括全国人民代表大会制度、政治协商制度应当为老年人参政议政提供特别的优待措施；提高老年人的政治参与能力，要加强对老年人的政策宣导，建立相应的培训机构，健全老年大学对于老年人政治参与课程的设置，等等。事实上，根据有关的实证研究，老年人的政治参与热情不一定低于青年人，甚至大部分时候要高于青年人。据调查，农村青年农

---

① 彭希哲、胡湛：《公共政策视角下的中国人口老龄化》，载《中国社会科学》2011 年第 3 期。

民的政治参与度低于农村老年人。[①] 虽然这种情况的出现与我国当前农村的空巢化、青年政治淡漠等问题有关联，但是至少说明了中国的农村老年人的政治参与意愿相对而言还是比较高的。[②] 此外，还可以通过程序和技术的措施，为长期残疾的老年人等弱势群体提供投票的机会，从而使他们的经济参与权得到保障。[③]

(2)提高老年人社会团体的地位，加强老年人社会组织建设。对老年人社会组织的建设要置于老龄社会应对的整体框架下，将老年人社会组织建设提升到相应的优先位置。具体来说，其一，要改革老年社团管理体制，实现社团与管理机构的分离。例如，将目前全国性的具有重大影响力的老年人社会组织全国老年人协会、全国老年教师协会等与政府机关进行剥离，使其回归社会组织的本源，以此带动整个老年人社会组织建设的活跃。按照《中国老龄事业发展“十二五”规划》要求，“十二五”期间要“加强老年社会管理工作。各地成立老龄工作委员会，80％以上退休人员纳入社区管理服务对象，基层老龄协会覆盖面达到80％以上，老年志愿者数量达到老年人口的10％以上”[④]。其二，要制定推动老年人社会组织建设的优待措施和促进办法，加强老年人社会组织的资金保障，并建立政府与老年人社会组织的良好

---

① 参见谢湘：《农村青年政治参与度明显低于老年人》，载2011年11月30日《中国青年报》第3版。

② 国外民主与法治相对发达国家的经验也证明了老年人的政治积极性和投票率要高于年轻人。如，英国1997年、2001年和2005年所作的三次分年龄议会选举投票率调查显示，65岁及以上的老年人投票率最高，51～64岁群体次之。[D. Sanders, H. Clarke, M. Stewart, and P. Whiteley, “The 2005 General Election in Great Britain: Report for the Electoral Commission” (Available at: http://www.essex.ac.uk/bes/Papers/ec%20report%20final.pdf); Equality and Human Rights Commission, “How Fair is Britain? ——Equality, Human Rights and Good Relations in 2010” (The First Triennial Review); (Available at: http://www.equalityhumanrights.com/uploaded_files/triennial_review/how_fair_is_britain_-_complete_report.pdf)]

③ 在英国的英格兰和威尔士2005年的大选中，因为邮政投票(postal voting)的出现，使残疾人口的投票率竟然高过了非残疾人士，这点足以说明针对残疾和行动不便的老年人给予相应的政策措施有助于老年人的政治参与。[D. Sanders, H. Clarke, M. Stewart, and P. Whiteley, “The 2005 General Election in Great Britain: Report for the Electoral Commission” (Available at: http://www.essex.ac.uk/bes/Papers/ec%20report%20final.pdf); Equality and Human Rights Commission, “How Fair is Britain? ——Equality, Human Rights and Good Relations in 2010” (The First Triennial Review) (Available at: http://www.equalityhumanrights.com/uploaded_files/triennial_review/how_fair_is_britain_-_complete_report.pdf)]

④ 《中国老龄事业发展“十二五”规划》，载“中国政府网”：http://www.gov.cn/zwgk/2011－09/23/content_1954782.htm。

合作关系，必要时通过政府采购的方式购买老年人社会组织的社会服务。其三，要推动老年人社会组织积极参与老年人健康与福利事业、社会参与事业，为老年人社会组织的发展提供良好的政策和法律环境。其四，对于草根型的未进行登记的老年人组织，要在当前社会团体管理体制大变革的背景下，做好登记注册和规范管理工作，完善其内部治理结构，促进其工作的开展。其五，要加大对老年人社会组织的引导，尤其是对带有宗教倾向和其他政治色彩的老年人社会组织，要夯实信息基础，了解相关组织在中国的实际状况，做好服务和规范工作，避免引发社会安全隐患，造成矛盾和纠纷的发生。

(3)完善制度措施，促进老年群体的经济参与。促进老年群体经济参与制度措施的基本立足点是保障权利优先，减少刚性要求，增加柔性选择。其一，要确立老年人的经济参与权利的地位，使创业权与就业权在立法中得到更加明确的保障，从而具有保护顺序上的优先性。其二，要通过立法和相应的政策措施，推动经济的发展，增加老年人工作的机会，同时也要促进适合老年人就业的产业的发展，在结构上优化老年人的工作岗位，避免和年轻人直接形成竞争，减少代际冲突，从而在根本上保障老年人的经济参与权。其三，延长老年人的法定退休年龄。因为强制性退休政策是造成城市老年人就业率偏低的主要原因。强制提前退休的规定实际上剥夺了老年人在原岗位继续参与经济发展的权利，虽然名义上可以给年轻人提供更多的就业机会，但是实际上造成了人力资源的浪费。根据有关统计，“为减少名义下岗和失业数量，一些地方单位强制或鼓励职工提前退休的情况比较普遍，这使得国内城市户籍人口的实际平均退休年龄仅为53岁左右”①。而在当前老龄化的现实下，自愿提前退休也遭到了质疑。现在欧洲的情况是，工人可以提前退休，但是却要享受少于正常退休年龄的退休金待遇。在这种情况下，提前退休固然是一种权利，但也是一种代价高昂的权利。

(4)要通过各种手段鼓励和推进老年公益参与。老年人公益参与促进措施的核心点在于避免“强制公益”，推动教育、培训、激励制度，健全动员机制等方面。其一，公益参与选择权是老年人公益参与权的核心，因此要通过完善立法和制定措施禁止公益“摊派”或者加强公益活动，以避免对老年人

① 彭希哲、胡湛：《公共政策视角下的中国人口老龄化》，载《中国社会科学》2011年第3期。

公益选择权的侵害。另外,也要注意引导和扭转很多老年人消极参与的价值观,推动老年人积极参与活动。其二,建立老年人志愿服务教育、培训和激励制度等,为老年人公益参与权实现提供具体的制度支持,以提高老年人公益参与的热情。例如,当下流行的老年人“时间储蓄银行”,推动低龄老年人为高龄老年人服务,以实现代际之间老龄公益活动的有效循环。其三,建立老年人才储备库,为老年人志愿参与提供网络支持。

3. 以完善具体设施环境为核心的法律与政策保障框架

依据本章前述界定,所谓的保障框架主要是直接的规制与促进之外的辅助性措施,以下所列包含了几类主要的保障措施,诸如老龄信息收集、传媒利用、年龄友好环境建设、司法环境完善等。当然,因“保障”含义过于广泛,这仅仅是部分列举。

(1)应构建老年社会参与的数据信息基础。中国老年人社会参与的相关实证材料十分缺乏,这相较于西方发达国家详细的而且高密度的调研存在着明显的差距。我国最近只在2001年和2006年进行了两次专门的针对老年人的调研,成果如《中国城乡老年人口状况追踪调查》(2006)(每五年一次),但有关老年社会参与权的项目数据十分有限。在其他的统计中,如人口普查,有关老年人的调查项目也过于局限。而没有调研就没有发言权,在基本的统计上缺乏依据,很多中国的老年人社会参与状况就大多处于定性研究阶段,而政策制定也很难保证科学性。因此,国家统计部门有义务加强对老龄状况及老年社会参与的普查数据的收集,而相关部门如财政部、老龄办,也应当提供有效的人财物支持。

(2)应通过法律与政策措施对传媒进行引导和规范。在如今的传播时代,媒体的作用不容忽视,基于心理学和传媒学,相关媒体对老年人形象的报道将会影响到公众对老年人的观念认识,因此需要在老年人社会形象塑造,尤其是老年人社会参与的宣传方面制定相应的法律和政策措施。一方面,要采取措施改变媒体和其他领域对老年人的种种基于消极偏见的报道;另一方面,要通过法律和政策杠杆推动新闻媒体为老年人塑造积极的正面形象。

(3)建设年龄友好型环境,其中包括住房、基础设施、公共设施和和谐环境。老年人社会参与的法律和政策措施有的是直接促进老年人社会参与的,而有些则是间接保障了老年人社会参与的机会。如年龄友好型的城市规划、老年社区的设计与建设、惠及全体社会成员但又特别关注老年人群体的卫生保健模式等。[①] 又如通过政策推动相关的社会组织加强老龄工作的支持，既包括相关企业对老年人就业的经济支持，也包括社会组织对老年人的接纳和包容。

(4)构建良好的有助于老年人社会参与权救济的司法环境。司法救济使老年人的社会参与权在最低限度上不至于沦为国家的恩赐。而进一步地，司法救济为老年人提供了一个机会，虽说不一定能够实现自己的利益诉求，但是可以挑战自己主观上认为侵害自己的社会参与权的行为，甚至包括挑战国家的相关政策。例如，欧洲的一些司法机构即提供了一些这样的机会，当然老年人的诉讼，也并不总是每次都能胜诉，这是因为，司法往往要进行利益的衡量。在德国的彼得森一案（Petersen Case）中，欧洲联盟法院(Court of Justice of the European Union，CJEU)认为，虽然德国立法允许对年满 68 岁的牙医强制离开牙医行会“panel system”有年龄歧视的嫌疑，但是“考虑到劳动力市场中的现状，并鉴于牙医职业的世代之间分享机会，那么这样的措施就是合适而且必要的”，该措施符合欧盟《雇佣平等法》的规定。由此可见，司法对于老年人社会参与权的最大意义是，司法救济途径的畅通提供了一种程序，老年人社会参与权因此有了被切实保障的可能，也使其摆脱浮于空中的命运。

为了能够全面保障老年人社会参与的司法救济权，国家可以采取如下措施：第一，为在司法领域对老年人社会参与中的歧视进行有效规制，可以考虑将年龄歧视的举证责任倒置，由侵害者进行举证。第二，国家应该为那些贫困的老年人提供免费的律师支持和法律援助，为他们的社会参与权提供保障。第三，国家应该为构建多层次的纠纷解决机制而努力。例如，针对经济参与权的侵害问题可以通过完善的劳动仲裁方式加以解决；又如，对于老年人因为社会参与问题而与家庭产生的纠纷可以发挥调解的力量等。第四，针对老年人权益司法保障趋势的扩大，应当制定律师业及相关法律行业对老年人进行权益保障的专门职业道德规则，从而使老年人的合法权益不受二次侵害，并为老年人社会参与权的保障创造和谐的救济空间。第五，针对老年人为保障社会参与权而产生的策略性诉讼案件，国家要予以关注，如

---

① 参见彭希哲、胡湛：《公共政策视角下的中国人口老龄化》，载《中国社会科学》2011 年第 3 期。

果不能获得司法的解决，那么应当积极地关注其利益诉求，调整国家的相关政策，改变不合理的法律制度。第六，为了避免普通法庭容易产生的对老年人的偏见（也可以是怜悯等正向因素），要确保客观中立，程序公正，同时也考虑到老年参与诉讼的特定因素，可以通过“老年法庭”[①]的制度设计来使老年人司法程序的特殊性得以体现。

结 语

老年人社会参与是积极老龄化的重要内容，它不仅是影响老年人生活质量和幸福指数的重要因素，更是老年人生存权、参与权和发展权的具体体现。法治时代需要我们立足权利视角，以建立一个人人共享、不分年龄的社会发展目标为导向，积极构建更加完善的老年人社会参与制度。本章以“老年人社会参与”为核心议题，从老年人社会参与权概述、老年人社会参与权体系、老年人社会参与权的现状与问题以及老年人社会参与权的实现路径四个方面展开了具体论述。

就学理上而言，老年人社会参与权的概念阐释需要借助“老年人社会参与”这一概念，而论及老年人社会参与，就必须首先对“社会参与”这一概念进行厘定与廓清。“社会参与”一词本身包含两层意思：一是社会作为参与主体，即社会的参与；二是社会作为对象或客体，即特定主体参与社会。对于老年人社会参与，我们倾向于将其界定为老年人作为特定主体参与的一切有益于社会和其自身的一种行为，即老年人为了实现自己对社会的价值而在社会中从事的政治、经济、公益以及其中相应的组织化的活动。老年人社会参与，不单单是老年人的个人意愿，更重要的是他们的一项权利，而且这种权利具有以下几个方面的特征：第一，主体的特定性。老年人社会参与权重在对老年人社会参与权利进行保护，主体局限于社会的老年人这一特定群体。第二，参与内容的广泛性。老年人社会参与权是一个权利束，包括经济参与权、政治参与权、公益参与权和组织参与权等；而且在各个子权利

---

① 在我国，老年法庭的模式已经开始出现，最早的老年法庭是上海市静安区人民法院于1991年11月在全国率先成立的，是所谓专门审理涉老案件的“老年法庭”，1994年3月又在此基础上正式成立了全国唯一的“老年审判庭”。（参见徐慧：《静安法院老年庭再创办案新理念》，http://newspaper.jfdaily.com/shfzb/html/2011－08/30/content_646162.htm）

之下,实际上又包含了丰富的权利内容。例如,老年人政治参与权利就是多元的,既包括选举权与被选举权,又包括知情权、监督权和表达权等。第三,义务主体的多元性。老年人社会参与权的义务主体是指以国家为中心,涵盖社会组织和个人在内的各类多元主体。学界通常认为,国家是人权的义务主体,对各种人权一般承担尊重、保护和促进的义务。对于老年人,国家的义务就是对其社会参与的尊重、保障和促进,而社会组织和个人的义务主要是尊重。第四,权利的可救济性。没有救济就没有权利,老年人社会参与权作为一项法定的权利,也就具有了可救济性,而且救济方式呈多样化。就我国老年人社会参与权的救济而言,既有居于核心地位的司法救济,也有信访、仲裁及人大审查等方式。

老年人社会参与权是一个与经济、政治、社会发展有着密切关系的复杂问题,在现代各国老年人社会参与实践中,均面临着或共性或个性的问题。当前,我国老年人社会参与的问题主要表现为:一是主观理念转变不到位影响了老年人社会参与,现代社会人们尽管认同老有所为,但更多时候仍然把老年人视为被关怀、被照顾的对象,对待老年的重心几乎完全放在关注他们的身体健康水平和生活舒适程度方面,没能较好地认识到老年人所特有的能动性、创造性、积极性及其对社会的重要价值。二是客观社会发展现状一定程度上制约了老年人社会参与,大力推进产业结构转型升级虽已成为国人共识,但是产业结构的调整是需要时间和过程的,就目前而言,适合于老年人参与的第三产业发展相对滞后。同时,作为老年人社会参与重要平台之一的社区建设仍处在发展之中且尚未成熟,均成为制约老年人社会参与的重要瓶颈。三是有力的法治保障体系尚未建成,老年人社会参与虽然有《宪法》作为根本保障,也有《老年人权益保障法》《婚姻法》《刑法》《民法通则》《继承法》和《民事诉讼法》等专有或相关法律条款作出明确规定,但是较之于老年人社会参与现状需求而言,法律保护无论是硬件还是软件都相当薄弱[①],不能很好地为老年人社会参与提供更为完善的法治保障。在对我国老年人社会参与制度现状分析和借鉴国外成熟做法的基础上,我们需要采取提升老年人社会参与能力、扩大参与范围、拓展参与渠道、完善具体法律

① 参见韩青松:《老年社会参与的现状、问题及对策》,载《南京人口管理干部学院学报》2007 年第 4 期。

和政策等措施，真正将老年人这一群体嵌入社会发展之中，避免将其边缘化。

总之，发展和完善我国老年人社会参与制度，不仅要保障老年人真正融入社会，获得归属感和尊严感，而且也要从人力资源层面真正实现“老有所用、老有所为”，充分体现老年人的社会价值，更大程度地激活人口红利，实现社会协调、持续发展；还要从法治国家建设高度保障老年人的社会参与权，实现社会和谐与共享发展。

第七章

老年人权益保障法律责任制度

责任贯穿于法的各个部门,属于法学的核心范畴。老年法制构建当然离不开法律责任制度这一法律制度基本组成部分的合理构建与完善。老年法制的福利性与道德性映射到责任制度层面,无论从责任主体、责任内容还是从责任实现方式上看,都呈现出不同于传统法律责任制度的别样色彩。与仅作为第二性义务存在并与惩罚难分表里的传统法律责任制度相比,老年法制中的法律责任制度为回应老年法制的特殊要求应当反映出其现实效力和时代特征。部分传统上的道德问题和政策问题应当纳入法律视野并通过法律制度构建赋予其一定的责任形式,是老年法制对责任制度的内在要求。此一意义上的法律责任制度依然可以沿用传统法律责任的分类,分为民事法律责任制度、刑事法律责任制度、行政法律责任制度和宪法责任制度。老龄社会到来所引发的大量社会问题和法律问题,除了刑事法律责任十分刚性、制度比较稳固之外,其余法律责任类型都将受到老年法制革新的根本影响。但目前来看,相关法律责任制度无论在制度构建思路和具体制度设计方面都存在很多问题,无力应对社会现实。民事法律责任制度对于老年人财产权和人身权的保护难以做到周全、有效,行政法律责任制度对于行政机关及其公务人员积极应对社会老龄化、积极履行老年人权益保障职责缺乏推动力和约束力,而宪法之中是否存在应对社会老龄化的基本国策和老年人基本权利尚存疑问,相应责任制度更付之阙如。法律责任制度在老年法制体系中虽然应当占据重要地位,但因法学理论和制度实践两方面的问题,造成我国老年法制中的法律责任制度体系零散,效力有限,尚无力应对业已来临的老龄社会所引发的各种问题。法律责任制度作为法律的核心制度,应当贯穿于老年法制体系构建的全过程,以综合的视角审视老龄社会,以联系的眼光看待法律责任,以体系化的思路构建老年法制。

第一节　法律责任制度基础理论

对于法律责任,迄今为止尚无一得到普遍认同的定义。通过对责任一词的语义分析,我们认为,责任广义上讲是主体基于主观或客观强制而担负的为他人利益行为的负担,它是一个联系性概念。这种联系性主要体现在主体之间的联系、肯定与否定之间的联系、应然与实然之间的联系以及主观与客观之间的联系等多方面。责任在类型上可以分为主观责任与客观责任、回溯责任与预期责任、个体责任与集体责任几种,而传统法律责任通常只关注客观责任、回溯责任和个体责任。老年法制对老年人福利与权益的综合性保护,要求必须以联系的眼光看待法律责任制度,兼顾主观责任、预期责任和集体责任的制度考量。但这种以老年人权益的全面保护为目的,从综合视角出发构建的责任制度,为了确保其规范效力,又必须以法律的形式表现出来,通过国家强制力保证实施,并具有司法终局性。

一、法律责任的传统定义及局限

(一)法律责任的传统定义

责任贯穿于法的各个部门,属于法学的核心范畴。但对于法律责任,“学界迄今尚无普遍认同的定义”①。既有的理论主要有:状态说、义务说和第二性义务说、惩罚说、负担说、后果说、关系说等。给法律责任下定义的学者都是站在各自已有的学术立场上,从一定的理论论证目的出发界定这一概念的,它也就随着分析语境的变化拥有了丰富的含义,所以,每种定义都有各自的道理,但综合分析又存在这样或那样的不足。由于各定义所属语

---

① 陈金钊主编:《法理学》,北京大学出版社 2002 年版,第 240 页。

境有所差异，将各学说完美地统合在一起的可能性十分有限，有关这一概念，学界众说纷纭、使人莫衷一是也就不足为怪了。除却法律责任定义模式多种多样以外，对法律责任的本质学界也有不同理解。影响较大的主要有三种，分别是道义责任论、社会责任论和规范责任论。道义责任论以人的意志自由为理论假设，违法者应对其基于自由选择的行为受到道义上的谴责，这种道义上的责难就是法律责任的本质，因此，道义责任论偏重对违法者的报复性惩罚。社会责任论“以利益为其责任设置与归咎的基本价值取向”①，假定一切事物都受因果律的制约，人的违法行为的发生是客观条件决定的，对其进行法律责任的追究，本质上是因为违法行为损害了某种社会利益，它偏重对受损利益的保护与补救。而规范责任论从法律的规范意义出发，认为凡是违反法律规范的行为都应当受到责难，行为的不法性是法律责任的本质。这种对责任本质的争议混淆了责任与责任规范的区别。责任必然是基于一定的社会规范而产生的，法律责任尤其如此，只要具备设定法律责任的法律规范或制度，就可以说存在形式意义上的法律责任，而道义责任论和社会责任论则是对责任规范进行评价与选择的理论或学说。道义责任论与社会责任论是在实质层面上讨论一项规范是否应当以及可否视为责任规范的问题，而规范责任论则是在承认责任规范已经存在的前提下去讨论责任问题，因此不应放在一个层面上进行分析与比较。随着社会法的兴起，基于社会责任论的责任规范逐渐增多，道义责任与社会责任兼容并蓄，很难以其中任何一种理论解释全部法律责任规范。为了避开道义责任论与社会责任论的争论，将关注点集中在责任制度，本章选取规范责任论的视角，也就是规范层面探讨问题。

法律责任的本质和形式构成了法律责任的理论框架，在这一框架内，无论从哪个角度进行研究，其对象都是明确的，得出的结论即使有差异，也主要是用语和侧重点的不同。通过综合目前学界的各种观点，可以概括出法律责任必须具备的几个要素：首先是法定性。作为规范性概念，法律责任所包含的价值、规范与事实三要素都要求有明确的法律依据。责任要素全面的法定性是法律责任的基本特征，是法律责任区别于其他责任形式的显著特点。其次是目的性。法律规范设定法律责任必然是要达到一定的目的，

① 付子堂主编：《法理学高阶》，高等教育出版社 2008 年版，第 305 页。

毫无目的地为某种行为设置否定性后果，并不构成对法律责任的设定，充其量是一种纯粹恣意的惩罚性规定。法律责任的目的性是责任价值要素的体现，为了达到法律所要实现的目的而规定相应的法律责任关系到立法者对法律责任本质的理解。例如，法律想要实现减少犯罪的目的，依据道义责任论就应当罪责相当，只考虑犯罪行为，同等行为同等对待，而不应考虑犯罪人的社会复归性问题；但依据社会责任论就必须考虑犯罪人的社会复归性问题，对不同的犯罪人就应当区别对待，从而设置相应的责任。再次是国家强制性。法律责任的实现要依靠国家强制力作保证，这是法律责任事实要素的必然要求。“在法教义学中，只有在公权力的强制作用下实现的权利救济机制才能被视为法律责任，当事人以自治或自愿的方式实现的对受损权利的补偿尚未进入法律责任的层面。”[①]这种强制是规范层面与事实层面的统一，在这个意义上说，法律责任既约束责任主体也约束责任追究者（责任监督者），它要求责任监督者在责任主体不自觉主动履行法律责任时通过权力作用强制其履行，使规范层面的责任得以最终实现。最后是司法终局性。法律责任的国家强制是严格依据法律作出的强制，而非国家权力的恣意使用。《世界人权宣言》第 8 条规定：“任何人当宪法或法律所赋予他的基本权利遭受侵害时，有权由合格的国家法庭对这种侵害行为作有效的补救。”而第 10 条紧接着规定：“人人完全平等地有权由一个独立而无偏倚的法庭进行公正的和公开的审讯，以确定他的权利和义务并判定对他提出的任何刑事指控。”由司法机关按照司法程序对责任主体违背法律规定的行为进行归责是法治国家的基本要求，具有独立地位。“‘司法是法治的最终屏障’已成为法治话题中的共识。”[②]对权利受损者进行救济和对责任主体进行归责同步进行，构成了司法审判的全过程。司法的目的就是为了维护法律秩序，法律责任的归结过程就是一个法律适用的过程。虽然现实中对于法律责任的追究部分是由行政机关通过执法行为作出并执行的，但法律都赋予行政相对人寻求司法救济的权利，即法律责任必然带有司法终局性，从根本上说法律责任的国家强制性体现在司法机关对责任主体的责任追究上。

---

① 余军、朱新力：《法律责任概念的形式构造》，载《法学研究》2010 年第 4 期。

② 肖金明：《法治行政的逻辑》，中国政法大学出版社 2004 年版，第 8 页。

(二)传统定义的局限

上述法律责任的基本理论是建立在以民法思维为主线的法律理论基础上的，用历史的眼光看，“18世纪末，在法国的法学中随着系统地研究民法的法律责任问题，出现了法律责任的概念”[①]，因此，法律责任的出发点与落脚点都是民法上的权利人，包括自然人和法人。现代行政法理论同样是在民法理论的基础上逐步发展而来的，其仍然要依靠民法理论的主要概念进行理论建构。在英国，以戴雪为代表的诸多法学家甚至不承认行政法在法治国家应有的独立地位，就是民法思维主导下个人自由主义理念作祟的结果，“而所有把公共事务还原为个人自由的政治学倾向，都与行政法学的民法思维有着某种渊源”[②]。以个人自由为基本价值追求，以法律行为为主要研究对象，以权利义务为核心理论范畴，现代法学理论的基本框架借此建立。法律责任也围绕这些要素展开，对责任主体法律责任的追究同时是对权利人救济权的实现。但随着行政法的发展和社会法的出现，这一逻辑就不再完全适用。行政主体行使行政权作出行政行为，不是一种自由行为，而是一种为实现公共利益必须作出的行为，且必须依法作出。依法行政是政府行为的必然要求。一旦司法机关判定行政主体的行政行为无效、撤销、变更，则意味着行政主体实现公共利益的目的未能实现或者这一行为根本就不是为了公共利益，无论属于何种情况，司法机关该判决本身就是对行政主体的一种否定性评价。根据法律安全原则和信赖保护原则，被认为违法的行政行为不会自动丧失效力，仍然可以执行，而无效行政行为没有约束力也主要是理论上的，实际上它会继续保持其约束力。[③] 行政主体作为行政权的执行者，很多情况下不需依靠司法机关就可以自行对相对人进行强制，司法机关对其行政行为课以法律上的否定性评价，不仅仅是否定了其效力，更重要的是确认了行政主体违法或不当行为的事实，这一事实可能会导致行政主体承担其他方面的责任。司法机关与行政机关同为法律的执行者，司法机关在此时起到了责任监督的作用，是司法权对行政权有效制约的表现。因此，追究政府的行政法律责任以及政府内部追究公务人员的行政责任的根本目

---

① 傅静坤主编:《民法总论》，中山大学出版社2002年版，第48页。

② 毛玮:《论行政合法性》，法律出版社2009年版，第9页。

③ 参见于安编:《德国行政法》，清华大学出版社1999年版，第165页。

的不在于对某个权利人进行救济，而在于约束行政权，惩罚行为人权力滥用的行为。为权利人提供救济和追究责任人的责任只不过在法律程序上存在交叉，但并不同步，更不等同。在社会法领域，即使属于民法上的侵权责任，也不再仅仅从保护个人自由的角度出发，只考察双方过错程度从而追究相应责任，无过错责任原则的确立标志着社会法中的侵权责任的追究更多关注对受害者的救济，而不是对真正责任主体的责任追究与惩罚。司法机关的作用与其说是辨明双方过错，实现实体正义，还不如说是维护受害者权益，实现社会福利。老年人权益保障法主要由行政法和社会法组成，其中的法律责任制度也主要由行政法和社会法中的责任制度所搭建，要想从整体上理解老年人权益保障法中的法律责任制度，必须重新修正传统法律责任的概念和相关理论，使其更具包容性和解释力。

二、老年人权益保障法中法律责任内涵再分析

结合老年人权益保障法的固有特点，重新厘定法律责任的内涵需要回到责任的基本概念中去，汲取责任语义流变中的智识资源，找寻责任与法律责任的内在关联，总结出适应新的社会现实与制度构造的法律责任内涵。

（一）责任的含义

"责任"一词的正式出现时间难于考证，就我们掌握的材料来看，"责任"一词应当在明朝以前就已经出现。明人梅膺祚撰写的《字汇》中说："责：消也；征求也；又责望；又责任。"[①]此时"责任"已经开始合并使用。清人段玉裁《说文解字注》在注解"责，求也"时说，其"引申为诛责、责任"[②]。因此，"责任"一词古已有之。只是在其正式出现之前，"责任"一直作为"责"或者"任"的含义之一存在，"责任"一词的出现时间相较"责任"这一观念的出现晚了一些。[③]

虽然用"责任"一词可以解释古文中"责"和"任"的部分含义，但从"责""任"的源头与语词使用中可以明显看出，同样解释为"责任"的"责"与"任"

---

① （明）梅膺祚：《字汇·酉集》。

② （汉）许慎撰、（清）段玉裁注：《说文解字注》，上海古籍出版社 1981 年版，第 281 页。

③ 有些学者在对"责任"一词进行语义分析时认为，"责任"只是现代汉语的用法，在古汉语中由"责"指代，似有不妥。（参见王成栋：《政府责任论》，中国政法大学出版社 1999 年版，第 3 页；张贤明：《论政治责任——民主理论的一个视角》，吉林大学出版社 2000 年版，第 1 页）

的含义是有区别的。从"责"字之"责任"义项上看,"责"明显带有课与、强加之意,课与的主体可以是君主、律法,也可以是个人,课与的对象则是具有某种身份或履行某种任务之人,而课与的内容则是某种负担,且这种强加由某种形式的强制力作保障。这就与"任"的含义联系起来,"任"的责任义项突出的是负担、任务,强调的是人因某种原因而必须承受的负担。这种原因可以是某种身份、职位,也可能是某种道德追求,但无论何种原因,都有一个或隐或显的前提——信任,"任"可以理解为因信任而托付。这种负担不同于单纯的惩罚,而是基于信任关系给予的为或不为一定行为的托付,这种托付是以维护委托人的利益为目的,是一种合作关系,当行为主体作出了相反的行为,也就同时辜负了这种信任,委托关系从而被打破。

"责"与"任"的联系虽然十分密切,但二者不能等同,从我们目前掌握的材料来看,古义的"责任"可以用来解释"责"的一个义项,但不能用来解释"任"的义项。[①] 这是因为,"任"说明的虽然是一种负担,但这种负担主要源于一种信任关系,仅指"任用",并不强调强制性与外力作用。也就是说,有"任"未必有"责","任"只强调任务,不强调任务不适当履行所要受到的外部强制。而当使用"责"指称"责任"的含义时,特指具有强制力保障的负担。这种解释从苏轼《思治论》"所用之人无常责,而所发之政无成效"一句中有比较好的体现。"所用之人"代表此人已经基于一种信任关系担任某种职务,也就是说他已经负有"任",但可以没有"责",而没有"责"的后果是"所发之政无成效"。今人解释"任"的义项时所使用的"责任",是现代汉语中的"责任"。从"任"到"责任"的语意流变中,我们可以看到人类合作形态的进化过程。两个主体之间的委托关系,可以通过命令——服从的形式实现,也可以通过请求——承诺的方式实现,但前一种建立在个体之间的绝对控制之上,而后一种则建立在情感的基础之上。随着人类文明的进步,暴力强制的情形越来越少,而社会发展带来的陌生人之间交往机会的增多,单纯依靠情感的委托的适用余地也大量减少。一种建立在普适性社会规则基础上的"责任"形态出现,人们通过社会规范而建立起一种新型的信任关系。这种新型信任关系表现在,委托主体不是基于对受托人的情感因素,而是基于对

---

① 《字汇》对"责"的解释使用了"责任"一词,但对"任"的解释没有使用"责任"一词。[参见(明)梅膺祚:《字汇·子集》]

受托人遵守社会规范的品质及其完成受托事项的能力产生信任，并以此为委托行为。这种社会现实反映在思想上就表现为孔子、孟子的“仁义”观。孔子认为，“仁者爱人”[①]，强调人与人交往要互相关爱。孟子细化了“仁”的概念，提出了“亲亲，仁也；敬长，义也”[②]的看法，将基于血缘的人际关系扩大为基于社会规则的人际关系，并强调“义”的实践性。“仁”更接近于专有概念的名词性，是理论上的，是儒家本体论的，是静止的；“义”则具有行为和实践上的内容，具有动词的性质，是一个实践的概念。“仁”是一个原则，一个标准；“义”是有所作为，有所取舍，以达到这个原则和标准。责任的基本内涵便包含在“义”字之中。今道有信就说：“义就意味着责任。在義（义）这个字中，上面是个羊字，下面是个我字。……指的是在共同体中自己背负着祭祀时绝对必要的珍贵之物，它既是自己肩负着对共同体的责任，即在水平方向上应答其他成员的期待与委托；又是自己肩负着对上天的责任，即在垂直方向上对于超越性存在的应答。”[③]因此，在古汉语中，“责任”特指人基于社会规范下的信任关系而受托承受的负担。

在现代汉语中，根据《现代汉语词典》的解释，“责任”有两层含义：“分内应做的事；没有做好分内应做的事，因而应当承担的过失。”[④]冯军先生认为，在现代语境中，“‘责任’一词是在三种意义上被使用的，即‘义务’‘过错·谴责’‘处罚·后果’”[⑤]。张文显教授在《现代汉语词典》解释的基础上，增加了“特定的人对特定的事项的发生、发展、变化及其成果负有积极的助长义务”这一义项。而孙笑侠先生通过对《现代汉语词典》中两种“责任”含义的法理解读，认为“‘责任’一词所包含的语义有两层：一曰责任关系，一曰责任方式”[⑥]。虽然几位学者分析的角度有所不同，但都没有超出《现代汉语词典》的解释框架，只是根据其各自专业与理论偏好作出了不同表述。学界的主流观点以此为基础，将“责任”划分为广义与狭义，但分类标准仍有不同。一种观点认为：“广义的责任是指在政治、经济、社会、道德和法律等领域里所

---

① 《论语·颜渊》：“樊迟问仁。子曰：‘爱人。’”

② 《孟子·尽心上》。

③ ［日］今道有信：《东西方哲学美学比较》，李心峰、牛枝惠等译，中国人民大学出版社 1991 年版，第 54～55 页。

④ 《现代汉语词典》（汉英双语），外语教学与研究出版社 2002 年版，第 2398 页。

⑤ 冯军：《刑事责任论》，法律出版社 1996 年版，第 12 页。

⑥ 孙笑侠：《法的现象与观念》，山东人民出版社 2001 年版，第 193 页。

应积极履行的职责范围，以及违反某种义务所应承担的消极后果。而狭义的责任仅仅是指违反政治、社会、道德或法律的某种义务而应承担的否定性后果，这种后果往往与责备、谴责、惩罚等联系起来，是一种不利的后果。”①而另一种观点认为：广义的“责任”与“义务”同义，指分内应为之事；而狭义的“责任”则指违反义务所要承担的后果。② 这种将“责任”与“义务”二分的分类标准，目的是为了论证“法律责任”与“法律义务”在法学术语中的严格区别，因此多为法学学者所采用。

综上所述，所谓责任，从广义上说是人或组织为他人利益于外在规定与内心确认的双重作用下承受的负担，在其行为不能满足外在或内在要求时作出的相应解释、补救，并因其解释或补救不符合要求而承受的否定性后果。简而言之，就是主体基于主观或客观强制而担负的为他人利益行为的负担。

责任是一个联系性概念，其联系性首先表现在责任将两个以上的主体联系起来。责任是基于一定的委托关系而产生的，至少需要两个主体，即委托人和受托人，我们分别称之为“责任受体”与“责任主体”。在这一关系中，委托人可以很抽象。就人应当承担遵守社会公德的责任意义上讲，委托人就是全体社会公民。但无论委托人是谁，受托人必须具有独立的人格，他是有主观能动性的人或由人组成的组织，而不是工具意义上的物。这一委托关系就是定义中为他人利益行为的源头。其次，责任的联系性表现为肯定与否定的联系。责任既包含对责任主体履行责任的肯定性期待——这是责任信任要素的体现，也包含对责任主体履行责任不善行为的否定性评价——这是责任控制要素的体现。二者相辅相成，缺一不可。缺少了肯定预期，责任转化为单纯的强制；缺少了否定评价，责任只是一种请求。再次，责任的联系性表现为应然与实然的联系。责任是以规范形态出现的，是应然意义上人应当为或不为一定行为的规则要求，以及违反该规范而应承担的不利后果。但这种规范性必须反映在现实中，也就是必须具有实然的对应性。如果一个应然意义上的责任规范不具有实现可能性，或者违反这一

---

① 孙彩红：《中国责任政府建构与国际比较》，中国传媒大学出版社 2008 年版，第 26 页。

② 参见沈宗灵主编：《法理学》，北京大学出版社 2009 年版，第 335 页；公丕祥主编：《法理学》，复旦大学出版社 2002 年版，第 464 页；孙国华、朱景文主编：《法理学》，中国人民大学出版社 2010 年版，第 338 页等。

规范不具有实在的否定性后果，这一应然意义上的责任就不是真正的责任。最后，责任的联系性表现为客观与主观的联系。责任兼顾客观与主观、外在与内在的双重要求，这也是对责任主体人格独立性要求的原因所在。在规范层面，客观规范与主观规范在责任规范中的比重是由社会当时的个人道德素养以及制度发展的程度决定的，属于历史范畴，非人力所能决定。比如我国传统社会，责任规范多以主观规范的形态存在，道德在其中起到决定性的作用。儒家的“仁义”观虽提倡“克己复礼”[①]，但关键还在于社会上的道德约束。而西方的法制发展史中，多见法律制度在责任规范中起到的决定性作用。但无论哪种规范占主导，责任主体对责任规范的内在感知与认同是责任实现的关键，外在强制的作用主要在于通过作用于人的主观意识而产生事前预防的效果，事后弥补只是次要的。尤其在科技飞速发展的今天，掌握高端科技的科学家不负责任，所能造成的损失可能是不可逆的，甚至是无论如何也无法弥补的。这就更需要责任规范在人的内心产生映射，外在与内在共同起作用。在老年人权益保障法责任制度中，责任的联系性是理解责任的关键，应当坚持以联系的眼光看待责任，无论在责任的哪一方面的含义上使用这个词，都将勾连着其他要素，缺少任何一种要素的责任都不是真正的责任。老年人权益保障法的责任法属性就是在此意义上使用的责任一词，社会法中的责任要素指的亦是此种意义上的责任。任何对老年人权益保障法律责任制度的偏狭理解都会影响对老年人权益保障法整体社会效果和法治内涵的全面把握。

（二）责任的类型

类型化是深入分析理解一个概念的基本方法，下文按照三种不同的标准将责任分类如下：

1. 客观责任与主观责任

从责任的作用机制来分，可以分为客观责任与主观责任。总体来说，“客观责任与来自外部的影响因素有关，主观责任则与我们内心的观念和想法即对自身责任的认识有关”[②]。责任作为社会行为规范的构成要件，其本

---

① 《论语·颜渊》：“颜渊问仁。子曰：‘克己复礼为仁。’”

② [美]特里·L·库珀：《行政伦理学：实现行政责任的途径》（第五版），张秀琴译，音正权校，中国人民大学出版社 2010 年版，第 74 页。

身就是一种客观现实。根据制度经济学的观点，一个有效的社会规范就是一个“社会契约”，也就是“一个社会的公民用以协调他们的行动的一套共同认识的集合”[①]。而对这个社会契约的偏离就会产生相应的责任。当然，责任会或隐或显地作为社会契约的一部分而存在。因此，责任的客观性是其本质属性。但是，责任的最终主体是人，人的社会性决定了社会规范的必要性，社会规范又是以人为最终约束目标的。人作为客观与主观的统一体，与责任有着天然的联系，可以说，“责任是人性的内在要求，甚至可以说是责任使人成其为人”[②]。责任作为外部约束而存在，就是客观责任，这种责任可以基于法律的规定，也可以是道德律的客观要求，还可以是某一组织中的相应约束，其表现形式和约束机制可以是不同的，但对客观责任的背离必然导致外部力量的强制作用，这种强制可以是法律上的惩罚，也可能是道德上的谴责。

当外部强制逐步内化为我们的自觉行动，责任的履行不再必然依靠外部力量，而是依靠自身的良知、忠诚、信仰等内心强制机制时，这时我们就称其为“主观责任”。“换句话说，我们所建构的一套主观责任，是来自外部强加的客观责任的对应物，是我们将自身的需要和习性与角色的要求融合在一起的一种方式。”[③]这种责任的内化过程可能晚于外部强制，但也可能与外部强制同步甚至要比其稍早一些，这些外部强制机制或制度有可能就源于社会中多数人的内心确认。主观责任的存在对于责任真正发挥作用具有举足轻重的作用，哈耶克就认为，责任“概念的重要意义远远超出了强制的范围，而且它所具有的最为重要的意义很可能在于它在引导人们进行自由决策时所发挥的作用。一个自由的社会很可能会比其他任何形式的社会都更要求做到下述两点：一是人的行动应当为责任感所引导，而这种责任在范围上远远大于法律所强设的义务范围；二是一般性舆论应当赞赏并弘扬责任观念，亦即个人应当被视为对其努力的成败负有责任的观念。当人们被允许按照他们自己视为合适的方式行事的时候，他们也就被认为对其努力的

---

① [英]肯·宾默尔：《自然正义》，李晋译，上海财经大学出版社2010年版，第7页。

② 谢军：《责任论》，上海人民出版社2007年版，第1页。

③ [美]特里·L·库珀：《行政伦理学：实现行政责任的途径》（第五版），张秀琴译，音正权校，中国人民大学出版社2010年版，第85页。

结果负有责任”[①]。由于人心理活动的复杂性和隐秘性，一种责任的实现是因为外部规则强制还是因为自身的责任感使然，有时难以辨明。故此，我们将具有外部强制力的责任统称为“客观责任”，而不具有客观强制力，只能通过公民主观责任感发挥作用，并依赖于社会心理普遍认同的责任要求称为“主观责任”。

2. 回溯责任与预期责任

以责任时间向度上的不同，将责任分为回溯责任与预期责任。[②] 回溯责任，亦即向后看过去的行为和事件，以追溯的方式厘定的责任。它主要指的是依据相应的社会规范，对已经过去的时间里应为而不为或不应为而为的行为或事件所课以的责任。它以一项既存的社会规范为前提，以过去时间内行为主体对规范的违反为条件。狭义的法律责任就主要指的这一类责任，而且关于法律责任的论述也主要注重对回溯责任的研究。与回溯责任相对应的是预期责任，其主要是指在一个事件发生前，责任主体应当勉力为之的事项，它通常与责任主体的特殊角色相关。而责任的这一层含义只在近三十年才成为哲学上的一个主导性课题。[③] 根据皮特·凯恩的观点，预期责任还可以细分为两类。在第一类里还可以分为两个亚类，一个是“建设性的”责任，指的是预期产生好结果的责任；另一个是“预防性”责任，指的是预防坏结果的责任。第二类是“保护性责任”，指的是致力于避免坏结果的责任。而“预防性责任”与“保护性责任”的区别在于，“预防性责任”表示的是通过积极行为防止损害发生的责任，而“保护性责任”表示的是实施正当行为以避免损害的责任。[④] 回溯责任与预期责任相互区别，又密切联系。预期责任为回溯责任划定了范围，设定了标准。一个行为主体是否要为其行为承担回溯责任以及如何承担，都需要以预期责任的设定为依据。而预期责

---

① [英]弗里德利希·冯·哈耶克：《自由秩序原理》(上)，邓正来译，三联书店1997年版，第89页。

② 这是西方学者常采用的分类方法，其对应的英语单词为“retrospective responsibility”和“prospective responsibility”。皮特·凯恩在其所著的《法律与道德中的责任》一书中就使用了这一表达方式，而在哲学上，通常使用“expost responsibility”(事后责任)和“exante responsibility”(事前责任)的表达方式，其指代的内容相同。翻译《法律与道德中的责任》一书的罗李华女士将“retrospective responsibility”译为“过去责任”，但基于retrospective的词义及相关表述，我们认为译为“回溯责任”较好，故用之。

③ Ann elisabeth Auhagen and Hans-Werner Bierhoff(eds.), *Responsibility: The Many Faces of a Social Phenomenon*, New York: Routledge, 2001, p. 10.

④ 参见[澳]皮特·凯恩：《法律与道德中的责任》，罗李华译，张世泰校，商务印书馆2008年版，第50页。

任的实现则需要回溯责任作保障，通过回溯责任的威慑力促使承担预期责任的主体勉力实现预期责任。缺少回溯责任保障的预期责任只是一种单纯的义务，而丧失预期责任基础的回溯责任则容易沦为缺乏道德根基的结果责任。这一分类与其他分类有着本质的不同，它并非两种可以完全割裂的独立类型。预期责任与回溯责任以时间为分界点，而时间本身具有相对性，"时间不是一个孤立的流程和抽象的空洞框架，而是同行动及其成果始终相互包含、相互伴随和相互穿插"[①]。单纯谈论时间没有任何意义，它必须与一定的事件相结合才会具有决定性。预期责任与回溯责任相互联系并皆包容于抽象的责任概念之中，当我们谈论具体的责任时就已经将时间与事件进行了联系，此时时间便具有了不可逆性，也就具有了规定性，这一具体责任是预期责任还是回溯责任便被绝对化了。也就是说，在一个绝对确定的时间点上谈论责任主体的一项具体责任，要么是预期责任，要么是回溯责任。而当我们谈论抽象的责任时，由于时间因素被剥离出去，其规定性不再存在，那么责任就同时包含预期责任与回溯责任两方面因素，缺一不可。虽然在语义表述上，我们可以区分抽象的预期责任与回溯责任，但那只是在共时性环境下对复杂问题的一种"时间化"的理论分析与说明的手段，是一种理论假设和语义表述上的侧重与简练。不过，我们应当时刻谨记，当在抽象意义上说预期责任时，回溯责任必定存在，反之亦然。回溯责任是面向过去的责任，其本身并不是目的，仅仅是促进各种预期责任目的的一个主要方式或手段。回溯责任"只有在未完成预期责任时才能找到它的角色和意义，在这个意义上，它是从属的和寄生的"[②]。回溯责任是责任的重要组成部分，尤其是在法学理论中，通常意义上的法律责任就是在回溯责任的意义上使用的。如果说预期责任着重强调的是责任的目的性的话，回溯责任则着重强调其规范性，或者说强制性。没有回溯责任的强制性保障，预期责任的实现就会成为无源之水、无本之木。在规范意义上，回溯责任还可视为规范有效性的必然要求，责任主体全部都完美履行预期责任是不可能的，只要其在预期责任履行不力时承担起相应的回溯责任，就可以认为责任得到了实现，责任规范得到了遵守，该责任主体也一定程度上获得了社会的谅解并可以重新成

---

① 高宣扬：《鲁曼社会系统理论与现代性》，中国人民大学出版社 2005 年版，第 242 页。

② ［澳］皮特·凯恩：《法律与道德中的责任》，罗李华译，张世泰校，商务印书馆 2008 年版，第 55 页。

为合格的责任主体承担新的预期责任。因此,预期责任与回溯责任相结合,方构成责任的整体,缺一不可。

3.个体责任与集体责任

以责任主体是个人或是组织为标准,可以将责任分为个体责任与集体责任。个体责任是指由个人承担或分担一个事件的责任。“根据责任的现代观点,个体责任是唯一存在的责任。”①责任自负是现代道德、法律责任理念的核心观点,这一观点源于主观过错是责任的必要条件的哲学思想。如黑格尔就曾说过:“行动只有作为意志的过错才能归责于我。我的意志仅以我知道自己所做的事为限,才对所为负责。”②而将意志的过错作为责任的构成要件的思想又是以意志自由为理论基础的。马克思说:“如果不谈所谓自由意志、人的责任能力、必然和自由的关系等问题,就不能很好地议论道德和法的问题。”③恩格斯则进一步强调:“一个人只有在他握有意志的完全自由去行动时,他才能对他的这些行动负完全的责任。”④意志自由是主观过错的前提,而主观过错又是道德责任及大部分法律责任的必要条件。责任自负,并根据人的主观过错来认定相应责任是历史发展和文明进步的结果,并不是从来就有的。在原始社会,个人并不是一个独立的个体,而是淹没在集体之中的。因此,一个人对其集体或群体之外的人造成侵害,需要由其所在的集体共同承担责任,而责任承担所带来的损害有可能落在该集体中任意一个人身上。“既然一人犯罪可以惩治他所属的群中的任何一员,我们便不难推断初民法律中不像我们这样计较犯罪意思之有无。”⑤随着社会的进步,人的主体性逐渐增强,人渐渐脱离了集体的控制成为了自己的主人,“既然做了行为的主人,就要对自己行为负责,既然让他负责任,就要让他做主人,仅仅活着是不够的”⑥。责任与自由密不可分,责任自负建立在人之自由的基础之上。因此,传统的道德哲学和法哲学坚持认为,只有具有自由意志,可以进行自由选择的人才能够成为责任主体。然而,这种观念只能停留在

① [澳]皮特·凯恩:《法律与道德中的责任》,罗李华译,张世泰校,商务印书馆2008年版,第62页。
② [德]黑格尔:《法哲学原理》,范扬、张企泰译,商务印书馆1979年版,第119页。
③ 《马克思恩格斯选集》第3卷,人民出版社1995年版,第454页。
④ 《马克思恩格斯选集》第4卷,人民出版社1995年版,第78页。
⑤ [美]罗维:《初民社会》,吕叔湘译,江苏教育出版社2006年版,第239页。
⑥ [古希腊]亚里士多德:《尼各马可伦理学》,苗力田译,中国社会科学出版社1998年版,第7页。

形而上的哲学层面，作为一种美好愿望和目标指引人们的行为，在现实之中是无法保证的。汉娜·阿伦特认为："一切人类活动都要受到如下事实的制约：即人必须共同生活在一起。"[①]人的社会性造就了人与人之间千丝万缕的联系，为了维护这种联系的有序性，人与人之间形成了固有的社会秩序，社会规范就是该秩序的制度保证。责任作为社会规范的重要组成部分，必然会受到社会关系复杂性的直接影响，从而使应然的责任规定与实然的责任落实之间出现缝隙甚至落差。"利己和短视既是人性的自然倾向，也常常是人类各种组织的自发倾向，或者说，人类天生就有一种逃避责任的倾向。"[②]这种趋利避害的人性特征，加剧了责任真正落实到人、个人责任自负的实现困难。而且，随着社会组织的日益复杂和科学技术的飞跃发展，人与人通过复杂的组织合作可以实现人数上的单纯相加所无法造成的结果，现代科技也依靠这种大规模的合作而发挥越来越重大的作用，更重要的是这一作用是持续性的和累积性的。这更加大了责任规范与落实到具体个人的难度，这种困难不只是对于责任制度的设定者和追究者来说的，参与组织行为的组织成员有时也可能无法分清哪些人应当为哪一结果承担责任。因此，从现实考虑，通过集体合作行为而产生的由全体成员共同承担的集体责任的存在不可避免。

此处所说的集体责任，主要是指由一个固定的社会组织作为一个整体根据一定的社会规范而承担的责任。集体责任与个人责任是截然分开的，但不是相互排斥的。个人责任与集体责任的本质区别在于责任主体是人还是组织，即由独立的个人还是由独立的组织来承担责任。区别这两者需要注意几个方面的问题：

第一，共同责任应当属于个人责任而不是集体责任。共同责任主要包括按份责任、连带责任和共同过错责任。在这些责任形式中，都是以个人作为最终的责任承担主体，个人虽然通过一定的合作共同导致了损害的发生，但是其主观过错和客观行为还是可以分清的，即使由于证明上的困难不能准确厘定哪个人究竟应当承担多少责任，但具体责任还是会通过一定的规则直接落实到个人身上，也就是说责任指向是针对个人的。

---

① 转引自王晖、陈燕谷《文化与公共性》，三联书店1998年版，第57页。

② 谢军：《责任论》，上海人民出版社2007年版，序第1页。

第二，集体行为本质上还是由不同的个人合作完成，因此，何种行为应当归属于集体需要一种责任归属规则。根据不同的集体性质，责任归属规则可以建立于法人章程、代理、替代责任、委托、视同等法律基础之上。

第三，集体责任的承担不代表个人责任的免除，他们是相互独立的不同责任。哈耶克在论述集体责任时认为："欲使责任有效，责任还必须是个人的责任。在一自由的社会中，不存在任何由一群体的成员共同承担的集体责任，除非他们通过商议而决定他们各自或分别承担责任。人们有时也可以向个人课以连带责任或分割责任，但这必须是他与有关人员进行商议的结果，而其目的则在于对其间的每个个人的权力进行限制。如果因创建共同的事业而课多人以责任，同时却不要求他们承担采取一项共同同意的义务，那么通常就会产生这样的结果，即任何人都不会真正承担这项责任。正如针对一项财产，如果所有的人都有所有权，那实际上无异于没有人有所有权，因此，所有的人都有责任，也就是没有人有责任。"[①]哈耶克完全否定集体责任的论断虽有理想化之嫌，但其提出的令责任真实有效的最终出路却是一语中的。组织的行为只是一种抽象意义的表述，组织所有的行为都是人为的。组织虽然承担了集体责任，但这只是社会规范基于技术上的考虑人为设定的。组织外部的约束力量对组织运行的细节是无法全面掌握的，因此只能对组织整体进行课责。当集体责任落实之后，我们可以说集体责任已经消灭，但组织中真正的责任人并没有全面承担应有的责任，责任自负的道德要求并未满足，责任的功能并未真正发挥作用。如果认为组织承担责任之后个人责任就必然消灭，显然是不符合基本的正义观的，而且组织中的个人不承担相应责任，缺少惩罚机制，这种责任仅仅发挥了对受害者的补偿作用，其对责任人的惩罚、对规则的修复和对组织体内部人员的威慑作用都未得到发挥，组织的运作也不可能顺利和长久。因此，集体责任消灭并不意味着个人责任的免除，社会规范仍然可以通过不同形式规定相应的个人责任。更重要的是，承担集体责任的组织本身可以对内追究相应责任人的个人责任。集体责任承担以后，对个人责任的追究可以通过法定程序进行问责，可以通过内部的组织规则或纪律规范进行，也可以通过上级对下级的处

① [英]弗里德利希·冯·哈耶克：《自由秩序原理》(上)，邓正来译，三联书店1997年版，第99～100页。

分作出。但从理论上讲，这种内部责任的追究机制或规则应当是事先确定的，如果个人责任导致的惩罚可能侵犯个人的基本权利时，该责任认定与追究规则应当是法定的，至少要有法律救济的保障。

（三）对传统法律责任内涵的修正

根据上述关于责任的类型分析，传统意义上的法律责任被绝对化的划归客观责任、回溯责任和个体责任的范畴，不属于这些范畴的责任类型都被排除在法律责任的范围之外。但老年人权益保障法的特殊性决定了老年人权益保障立法中责任制度的特殊性，责任的联系性也决定了将片面化的责任作为一个整体难免有失偏颇。老年人权益保障的外部强制需要其责任制度作为客观责任发挥作用，这也是法律责任规范性、强制性的必然要求，但老年人权益保障法的道德性决定了责任制度发挥作用的根本还在于主观责任的确立与实现。以老年人精神慰藉责任为例，子女在精神上慰藉父母虽然在行为上可以受到一定程度的客观责任的约束，但如果子女在主观上无视这一责任，在感情上拒绝甚至厌恶与父母进行精神交流，行为上的责任强制难以起到责任实现的目的。按照传统法律责任理念，对于这种类型的责任法律无能为力，只能交由道德律去约束。但在道德滑坡严重而老龄社会已经来临的今天，老年人权益保障法律责任制度在法律制度设计上必须充分关照客观责任与主观责任的统一问题，将道德倡导与法律强制结合在一起。

这种结合不是想当然的把所有主观责任都客观化，而是通过责任制度的整体构建形成一个责任网络，共同实现该种责任。责任网络的建构需要把法律责任从纯粹的回溯责任的桎梏中释放出来，还原责任的本来面目。前文已经分析过，责任是预期责任和回溯责任的统一体，这与法律责任的目的属性相一致。预期责任是设置法律责任的目的，回溯责任是实现预期责任的必要手段。还是以子女慰藉父母责任为例，老年人获得精神慰藉可以通过多种渠道。如老年人夫妻之间、朋友之间、社区邻里之间的交往都可以实现精神慰藉的作用，但子女对父母的精神关怀无疑是效果最好的，也是一种子女基于伦理规范应尽的道德义务。但这种道德义务含有很强的主观性，不可能完全由法律进行约束，转变为传统意义上的法律责任，如不履行就要受到惩罚。这样做的不合理之处主要有以下几点：首先，精神慰藉责任的履行效果主观性极强，难以根据履行效果确定统一标准。子女作出何种行为方能使父母获得精神上的慰藉因人而异，也会受到客观环境的影响。可以说，父母精神上是否得到了慰藉只能凭老人一家之言。如果将这一主观责任强行纳入传统法律责任的范畴之中，法官将无所适从。其次，父母对子女的精神慰藉责任履行的要求不一，难以统一子女的行为规范。法律是一种行为规范，只能约束公民的外在行为，而作出何种行为算作履行了精神慰藉责任难以统一。法律上没有明确的行为规范，也就难以根据行为人的行为追究其责任。最后，由于客观现实情况，很多公民为了生存，有慰藉父母之意愿，却不能为慰藉父母之行为。法律不强人所难，为生计奔波的公民，尤其是远离父母的公民，回家看望父母的期待可能性较小，如果将其纳入传统法律责任的范围内，通过法律强制和惩罚机制强制要求公民"常回家看看"对于公民个人的利益损失过大，甚至影响到公民赡养父母的经济能力，显然不可行。基于这三方面原因，将这种主观性、道德性很强的责任纳入到传统法律责任的范畴之中极不可行。那么是不是遇到此种情形法律就应当自我克制，此类责任就不能纳入到法律规范之中呢？显然不是。法律除了强制和惩罚功能外，还具有指引和激励功能。指引和激励功能体现在责任规范中，就是预期责任的设定，而强制和惩罚功能则通过回溯责任发挥作用。传统的法律责任理论只关注回溯责任的惩罚功能，忽视了预期责任的指引和激励功能。此类主观性强的责任完全可以通过法律以预期责任的形式表现出来，将"常回家看看"引入法律条文，使这一传统的道德责任具备法律效力。当预期责任入法之后，其与法律义务这一概念之间的关系如何呢？

责任与义务在通常情况下混用并没有太多问题，如果说二者之间有比较明显的区别主要是在于义务指称的事项更加特殊与具体，而责任通常无此要求。义务通常是由于实施了某种具体行为而产生的，一般都是对具体的人所负有义务，而且常与权利相对。[①] 在规范意义上，义务并不必然伴随着责任。在法学理论中，义务作为一个民法概念，通常需要与权利相对应，一种权利对应一种义务。在民法中，民事义务与民事责任的区别是比较明显的。民事义务主要对应于预期责任，而民事责任便对应于回溯责任。但即使在法学理论中，义务与预期责任还是有所区别的。虽然我们通常认为

---

① 参见[美]乔治·克洛斯科：《公平原则与政治义务》，毛兴贵译，江苏人民出版社2009年版，第11页。

违反法律义务就要承担法律责任，但在具体现实中，尤其是在公法领域，一种以义务形态出现的法律规范并不必然对应传统法律责任的规定，甚至不对应于任何回溯责任的规定。此种意义上的义务就仅仅是义务而已，并不能称为预期责任。将民法中的义务理念引入公法领域中，其对义务的具体性要求依然存在，行政主体“具体的义务通常产生于依法维护公共利益、其他主体特别是行政相对人的法定权利或者行政法的债务关系、负担均衡关系”[①]，相对应的，公法领域中的行政主体义务可以概括为法定义务和约定义务。[②] 而预期责任则可能具有其他渊源，比如道德性的预期责任和政治性的预期责任，行政主体义务无法包含这些内容，且行政主体义务在具体行政法律关系的分析中可以非常具体的指称说明义务、告知义务等，而责任的宏观性决定了这些义务称为责任略显牵强。政府负有依法行政的预期责任[③]，依法履行说明理由义务、告知义务等是政府实现依法行政责任的具体要求，任何一种义务的违反都会导致依法行政责任的违反，从而应当承担回溯责任。在此意义上，政府依法行政的预期责任与回溯责任是相对应的，而不是相应的具体义务与该回溯责任相对。

再者，民法中有关义务的相关理论在公法中会存在一些不适应之处，比如民法中义务可以以对应于绝对权利存在的绝对义务的形式存在，该种义务是一种不作为义务，即对绝对权利的容忍义务，如对老年人婚姻自由的不干预义务，但在行政主体上就不存在此种义务。行政主体存在的理由是通过合理运用行政职权，进行公共管理和公共服务，从而实现其各种责任。行政主体是依法设立的社会政治组织，其一切行为能力均来源于法律规定，而在现代民主社会，公民不可能通过一种法律赋予行政主体侵犯公民合法权利的权力。也就是说，行政主体本身就不具备侵犯公民合法权益的能力，也就不存在一种法律上的容忍义务。比如德国联邦法院的一个判决就认为，

① [德]汉斯·J·沃乐夫、奥托·巴霍夫、罗尔夫·施托贝尔:《行政法》第1卷，高家伟译，商务印书馆2002年版，第482页。

② 参见杨解君:《中国行政法的变革之道——契约理念的确立及其展开》，清华大学出版社2011年版，第277页。

③ 在民法中，承担民事责任的原因有三:违约行为、违法行为和法律规定。而违约行为之所以需要承担民事责任源自民法中的“契约必守”的普遍义务，这种普遍义务与本文中所说的预期责任可以相等同。违约行为导致民事责任的产生根本上源于对应当遵守契约这一预期责任的违反。

行政主体“在职权范围外，并无法律上之存在”[①]。因此，公法上对行政主体不作为之规定只是对其履行责任行为的一种限制，是对其应当采取某种作为而不采取其他作为的限制，而非一般性的禁止行政主体职权的行使，使其无所作为。例如，税务机关向公民征税，并非侵犯其合法财产权，不存在民法中不侵犯合法财产权的绝对义务，但税务机关在不出具完税凭证的情况下依然征收公民税款，则是一种侵犯公民合法财产权的行为，税务机关并没有这一法定权力，因此纳税人可以拒绝缴纳税款。所以说，行政机关没有法定能力作出侵犯公民合法权利的行为，从而也就不需要履行所谓的绝对义务。[②] 此外，在民法上，义务主体违反义务的行为并不必然产生回溯责任，回溯责任是否产生要根据权利主体的意志来判定，如果权利主体放弃权利主张，义务主体则不再背负回溯责任。而在公法领域，行政主体依职权作出的行为违反了法定义务，权利主体没有权力免除行政主体的回溯责任，即使行政主体通过其他方式弥补了对行政相对人的侵害，其违法行政行为本身就是对公共利益的侵犯，必须承担相应的回溯责任。公民可以选择放弃诉权，但违法行政行为还需通过其他渠道得到纠正，责任主体必须承担相应责任。换句话说，不履行义务不必然导致回溯责任的追究，但预期责任实现不力就必然导致回溯责任的追究。公法领域引入民法中的义务及相关理论会受到一定的限制，对于概念的厘清与公法主体义务与责任的说明也会产生不利影响。在老年人权益保障法领域，老年人的一种权利可能既对应公民个人义务，同时也对应政府的责任。比如，老年人精神慰藉权，其实现主要是老年人子女、亲属良好的履行义务，但政府必须承担起保障义务人履行义务的责任，政府责任对应于老年人的权利，而不是其子女的权利，其子女只是义务主体。因此，在老年人权益保障法中，义务与责任混用会出现理解上的偏差。

通过概念比较可知，仅使用传统的法律义务和法律责任概念很难把老年人权益保障法中出现的责任现象表达清楚。老年人权益保障法中大量规定了老年人应当享有的社会法上的权利，属于与自由权相对的社会权范畴，如获得社会保障的权利、社会参与的权利等。老年人享有这一系列权利在

---

① 龙卫球：《民法总论》，中国法制出版社 2001 年版，第 392 页。

② 行政机关应当履行的如“不得滥用权力”“维护公共利益”等义务，并没有相对应的权利，本就属于“公法义务”，同上述与绝对权利相对的绝对义务不同。（参见龙卫球：《民法总论》，中国法制出版社 2001 年版，第 163 页）

道德上没有争议，宪法和法律将其纳入其中作为国家基本公共政策进行法律宣示也无问题。但这种宣示是否意味着国家、政府、社会从此背负起法律义务了呢？如果遵照传统的法律义务理论显然不是，这些义务性宣示没有对应具体的法律权利，没有具体的行为标准，也没有与之密切衔接的传统意义上的法律责任。按照传统的法律义务、法律责任理论似乎很难把这种法定义务纳入进来，并形成完整的逻辑链条。从另一方面讲，如果这种宣示仅仅是一种宣示，缺乏任何责任制度的保障，那么我们就有理由怀疑老年人所享有的这些名义上的权利是否真实存在，是否虽然由法律明定但依然停留在道德权利的层面，尚未进入法律权利的范围之内。老年人享有社会保障、社会参与等社会权利是社会进步、法治发展的结果，也是国家积极应对人口老龄化所必须采取的有力措施。而为了确保老年人此类权利的实现，通过法律将其制度化是一方面，更重要的是为各相关主体设置法定责任。这种责任制度不同于传统的权利—义务—责任制度，它是集中的预期责任与综合的回溯责任的统一体。权利与预期责任以及预期责任与回溯责任不再是一一对应的关系，一种权利的实现可能需要多主体、多预期责任的共同履行，而一种预期责任的实现不力，则可能导致不同主体、不同类型的回溯责任。这些责任有些属于传统的法律责任，有些属于行政责任甚至政治责任。然而，如果不将这些类型的责任纳入法律规制的范围，责任的明确性和强制性必将大打折扣，在稳步推进法治政府建设的今天，这些责任都应当具备法律依据，并依据不同的现实情况酌情纳入司法审查范围，赋予其司法终局性。这些责任类型同样具有前文梳理的法律责任的一般特征，应当纳入修正后的法律责任的范围内。这样做的根本目的就在于赋予预期责任法律责任的地位。只有在构建法律责任制度时，将预期责任和回溯责任一同考虑，才可以起到法律责任制度应起到的效果。

老年人作为社会权利的权利主体具有特殊性，在某一特定时空，该权利属于一国之中的少数特殊群体——老年人享有，并不惠及所有人，但抛开时空限制，仅从规范出发，所有人又都是权利主体。老年人权益保障的好坏关乎所有人的切身利益，而这种社会性权利的义务主体不是某个人或某些人，而是整个社会。它与个体的对世权不同，它需要全社会的积极作为，而不是消极容忍。因此，老年人权益保障责任主体既包含自然人与法人，也包含政府与社会。老年人权益保障责任既包含个体责任，又包含集体责任。而且，就目前来看，很多集体责任难以个体化。然而，难以个体化并不代表不能个体化，目前确实无法个体化的集体责任也不代表不能纳入法律责任的范围。以政府责任为例，目前我国很多关于政府养老责任的规定仅停留在政策层面，纳入法律法规范围内的也多是“预期责任”，缺乏有效的回溯责任规范。将政府责任落实到人的所谓的行政问责制尚是以政府内部行政责任和政治责任的追究为基本制度，并未纳入法制轨道，也不符合法治精神。此类责任当然不属于法律责任的范畴，即便是修正后的法律责任也不属于。通过行政组织法、行政程序法的制定和公务员法的完善，目前大部分预期责任都可以配之以相应的回溯责任，并最终个体化到每个公务人员。至于那些难以细化到个人的政府责任，由行政机关首长代表集体承担法律责任，并由该行政机关所有公务人员共同承担一定的法律责任也是可行的。总之，老年人权益保障法中，法律责任制度应当既包括对个人与集体责任的法律规范，也包括集体责任与个人责任的衔接规范，尤其是政府责任与公务员责任的衔接规范。

第二节　老年人权益保障法中法律责任制度的不足与成因

目前，“未富先老”型的老龄化社会对我国的经济、社会发展的制约效力已经初现端倪。特殊的国情决定了国家和社会的责任较之发达国家更加复杂和沉重。所有保护老年人应有权利的责任主体都应当明确自身的预期责任，并为之做出应有努力。我国老年人权益保障法无论从民事法律责任制度对老年人合法权益的保障方面，还是从行政法律责任制度对政府及其公务人员履行职责的激励和对社会主体侵犯老年人权益的监管方面，以及从宪法责任制度对全国、全社会积极应对社会老龄化、积极保障老年人基本权利方面，都存在很多制度性缺陷，亟待改进。

一、民事法律责任制度

通说认为，“民事责任，即民事法律责任的简称，指民事主体违反民事义务所应承担的制裁性法律后果”[①]。这是基于传统法律责任理论得出的一般

① 寇志新：《民法总论》，中国政法大学出版社2000年版，第281页。

结论。民事法律责任中的预期责任或者说民事义务，源于权利人权利的享有。民事法律责任制度的设计以权利为核心，可以从产权、债权和侵权三方面展开。

（一）产权制度中的责任缺失

从传统民法的角度来说，人人平等，产权制度对于所有人都是平等的，老年人也不例外，法律并无特殊保护老年人产权的必要。我国民事法律目前在产权制度方面，也没有对老年人进行特殊照顾。产权是民事交往中权利关系产生的核心与基础。阿玛蒂亚·森在其著作《贫困与饥荒》中对市场交换中产生的典型权利关系进行了总结：一是以贸易为基础的权利：一个人有权拥有通过资源交易所得到的东西（在多边贸易中，存在一个由自愿参与者所构成的集合）。二是以生产为基础的权利：一个人有权拥有用自己的资源或在资源的基础上使用雇佣来的资源所生产出来的东西。三是自己劳动的权利：一个人有权拥有自己的劳动能力，以及以生产为基础的权利。四是继承和转移权利：一个人有权拥有他人自愿赠与他的东西，但后者对这些东西的所有权必须是合法的，而且，这种赠与可能要等到赠与者去世之后才能生效（如果他是这样指定的话）。[①]

概括起来，上述四种权利关系可以简化为“财产权”和“劳动权”，而劳动权是获得财产权的重要手段。在我国，一般老年人的财产权主要来自于市场交换和国家提供的物质帮助。我国的老龄化形态属于“未富先老”，老年人在步入老年阶段之后，其之前通过劳动和交换获得的财产不足以支持其丧失劳动能力或者劳动机会之后的基本生活甚至生存。国家当然应当承担一定的社会保障责任，但行政机关自身效率低下的弊端又决定了这种责任是有限度的。在老年人自身财产权极为有限的前提下，老年人自身享有的财产权必须能够得到法律的更加强有力的保护，才能确保老年人其他权利的实现，产权是个人其他所有权利实现的物质基础。我国已经开始提倡促进老年人再就业和推迟退休年龄的尝试，这些措施都是维护老年人劳动权，使其获得更多的产权的有力措施。但是这些政策尚未落实到法律责任层面，法律法规并没有明确规定企业、个人在同等条件下优先雇佣老年人的预期责任，相应的回溯责任当然也不存在。老年人的财产主要来自于退休金、

---

① 参见[印]阿玛蒂亚·森：《贫困与饥荒》，王宇、王文玉译，商务印书馆 2001 年版，第 6～7 页。

养老保险和社会救助,市场在此发挥的作用极其有限。如果说在可见的将来,老年人获得社会保障和物质帮助的权利可以作为一种财产权而存在的话,企业为其员工缴纳的养老保险金也应当视为公民的一种财产权。

老年人财产来源的有限性更加密切了产权与生存权、健康权等基本人权的联系,老年人既有的财产权应当受到法律更加严密的保护。财产的处分权是财产权中最重要、最基本的权利项目,是老年人产权的重点保护对象。老年人享有绝对的财产处分权,但因其身体和精神上的使能,使得其在社会交往中常常处于弱势地位,极易受到非法侵害或欺骗,现实中此类事件不胜枚举,而作为老年人的子女通常会对其不当的财产处分行为进行干预。这种干预在情理上是正当的,不过,只要老年人不属于限制民事行为能力人或无行为能力人,这种干预在法律上就是不正当的。根据责任自负原则,子女显然不应该去干预老年人的财产处分行为,尤其是强行干预,但亲情伦理和其财产在未来可能会转变为遗产而由其子女享有等多方面原因,对老年人子女干预其财产处分的行为产生了强烈的激励作用。民法中对子女非法干预老年人财产处分的行为没有专门的责任规范,对子女正当的保护行为也没有规定相应的免责制度,将此类行为完全交由道德伦理进行规范,对老年人的权利保护十分薄弱。现行《老年人权益保障法》第 19 条仅规定:老年人有权依法处分个人财产,子女或者其他亲属不得干涉,不得强行索取老年人的财物。但出现此种情形行为人应当承担何种责任则没有规定。老年人的财产权既受到不法分子的威胁又遭到自己近亲属的觊觎,对这两方面主体都应当设立更加科学、严密的责任规范,以约束其行为。除了日常消费和人际交往之外,老年人对其财产权最重要的处分行为就是订立遗嘱、遗赠扶养协议或进行遗赠的行为。这些财产处分权是所有人都享有的民事权利,应当受到法律平等的保护,不受不正当干涉。老年人可以利用这一财产处分权换取生存期间更加优越的生活,获得良好的生活照顾,并对其子女履行照料父母的行为进行一定程度的约束,对于充分实现家庭养老作用十分显著。但现实之中,老年人的儿女非法干涉老年人遗产处分的行为十分普遍,如在老年人去世之后起诉变更遗产处分行为,主张遗产处分行为无效的行为等,这一类的案例时有发生。子女之间为遗嘱中财产分配方案争执不下的情况也很普遍。

（二）债权制度中的责任缺失

债权关系中，老年人既可能是债权人亦可能是债务人，相对应的责任制度就要规范对方债务人的违约责任和其自身的违约责任。老年人作为债权人，一个突出的问题是社会养老机构的违约责任问题。目前我国法律法规对私人设立的养老机构和老年人服务机构缺乏有效的规制，这些私立老年人服务机构的经营行为与其他私人企业一样，没有受到更加严格的行政监管和法律规制，其作出的养老服务行为不符合要求，老年人只能通过追究其一般的违约责任的方式来维护自身的合法权益。但由于老年人大多行动不便，思维不清，在没有子女陪同的情况下，即使债务人没有良好履行义务，老年人也很难表达和举证。而且，养老服务机构提供的产品是基于一定硬件设施下的劳动服务，养老服务机构所需具备的物质条件可以通过合同的方式明确约定，老年人及其子女在合同签订之前也可以对其进行考察，不存在太多问题，但养老服务机构所提供的护理服务是否符合合同要求则存在很多可争议的空间。首先，养老护理之类的劳动服务很难量化，并不利于取证。养老服务机构每天应当提供何种服务，以及服务的质量不可能进行量化，服务质量是数量与质量的统一，一次专业、细致的服务就可以达到的效果，即使提供再多次的低质量服务也难以达到。而老年人一定时间内是否享受到合同规定次数的服务作为老年人自己也很难提供有说服力的物证。出现服务质量问题，通常只能通过终止合同的方式解决，而无法追究养老服务机构的民事法律责任。其次，服务的效果很难量化。养老服务机构提供的服务，既包括身体上的照顾，也包括精神上的慰藉，二者统一在日常护理服务之中，不可分割。在国家没有相应专业、系统、细致的行业规范要求的情况下，在合同中通常以笼统的服务内容表示，而同样的服务内容，一位专业的护理师和一位没有受过专业训练的人所提供的效果显然不同。最后，评判标准不统一。由于缺乏法定标准，服务数量和质量难以在合同中规定清楚，那么如果出现合同纠纷，依据何种标准进行司法裁判就会出现困难。老年人对养老服务机构的护理服务效果是否满意，是一种主观感受，在缺乏明确标准和客观证据的前提下，武断的判决养老服务机构承担违约责任有悖于民法中基本的诉讼证据规则，给养老服务机构带来巨大的法律风险，阻碍社会养老服务行业的健康发展。如果仅依据客观证据判案，私立养老服务机构与其他私人企业承担受到相同的民事法律责任制度的约束，老年人在此类合同中显然处于不利地位，养老服务机构被追究违约责任的可能性相对较低，必然会加剧该类组织违约的可能性，侵犯老年人的合法权益，无助于老年人权益的法律保护。此外，由于我国合同法和现行老年人权益保障法等相关法律没有对养老服务合同进行专门立法，养老服务这一特殊的债权关系没有得到应有的规制，合同订立和履行过程中的责任划分十分模糊。需要享受养老服务的老年人大多属于缺乏生活自理能力和健全的认知能力的失能老人，他们是否属于无民事行为能力或限制民事行为能力人民事法律缺乏明确标准。老年人在接受养老服务过程中的承诺，是否意味着合同的变更，养老服务机构能否免除其合同责任，双方的权利义务如何划分，养老服务机构是否能够为了便于管理和服务而限制老年人的人身自由，养老服务机构依照老年人意愿行事却使老年人遭到人身或财产损失的责任应当如何分担，由于老年人隐瞒自己身体和精神的健康状况导致养老服务机构违约所带来的双方责任如何分担等等，立法中都缺乏明确规定。在社会养老服务事业方兴未艾之时，期冀私人养老服务机构提出十分专业、细致、责任公平分担的合同十分不现实，在缺乏明确法律规范的情况下，完全依据现有契约自由、责任自负的合同责任制度已经无法有效规制该种合同行为，保护老年人的合法权益，也会因混乱的竞争环境和巨大的法律风险伤害致力于提升社会养老服务水平的社会养老服务机构的积极性。

当老年人作为债务人违约时，当然需要承担相应的违约责任，对受到损害的债权人进行经济赔偿。但由于老年人自身财产来源的有限性，如果依然按照现有合同法的规定以其全部财产为限进行赔偿，就有可能出现老年人所有的物资匮乏，不足以支持其最低水平的生活状态，比如需要动用其基本养老收入以偿还债务。此时就会出现法律上的两难，政府或社会已经履行了其相应责任，由于老年人自身的原因使自己重新回到需要社会救助的不利境地，责任主体是否还有责任对其进行再次救助或帮助。政府及社会承担的社会保障责任对某一具体权利主体应当是一次性的，只要其履行了相应预期责任该责任就宣告消灭。但如果该老年人重回赤贫，其在道德上就应当享有获得救助的权利，如果立法没有明确救助次数，只规定需要救助之情形，那么只要符合此类条件的老年人就应当再次帮助或救助。此种立法模式无疑会增加非法骗取社会救助款物情形的发生，当然不可行，而不提供相应救助又会使其基本生存权受到侵犯，这些问题都是相关立法需要加以解决的。在老年人侵权行为中也存在类似问题，但我国目前的民事法律制度在责任制度方面显然没有考虑过老年人特殊的权利保护问题。

（三）侵权责任制度的缺失

民事侵权包括对个人财产权的侵害和人身权的侵害，此处所谓的侵权主要指侵犯老年人的财产权和人身权而需承担民事责任的情形。老年人除了自身获得物质财富的能力大大削弱之外，其保有自身财产的能力也相应降低。就我国目前的民事法律制度而言，老年人并不当然属于限制行为能力或无行为能力人的范畴，其对财产的处分行为视同一般的健全人。产权流转过程中的一视同仁，就会造成老年人财产处置时的风险加大，不利于老年人财产权的保护。现实中，老年人的财产受到子女、近亲属乃至关系密切的非亲属侵害的现象时有发生。高侵害风险就应当辅以更加严厉的法律惩罚，但目前来看，民事法律制度并未在民事责任方面完善相关立法。现行《老年人权益保障法》第 19 条仅规定：老年人有权依法处分个人的财产，子女或者其他近亲属不得干涉，不得强行索取老年人的财物。该条款只规定了子女的义务，但没有规定相应责任。而且对老年人财产权的侵害并不限于强行索取一种情况，强行霸占、非法骗取、窃取老年人财物都属于侵犯老年人财产权的行为。如果为外人所为，可以追究相关人员的行政法律责任和刑事责任，但如果为老年人近亲属所为，老年人通常并不知情或者不愿报案，此时，上述两种责任制度难以发挥作用。依照现有的民事侵权制度，老年人与青壮年一样承担相同的诉讼义务与责任，在类似案件中，老年人的弱势地位决定了诉讼的不公平性，也就导致了责任追究的不到位、不及时，类似事件将愈演愈烈。

除了财产侵权之外，对老年人人身权的侵犯更加普遍。民法上的侵犯人身权的行为包括侵害一般人格权的行为、侵害生命健康权的行为、侵害其他人格权的行为和侵害身份权的行为。侵害老年人一般人格权的行为主要指侵犯老年人一般性的人格独立、人格自由和人格尊严的行为，它是具体人格权的渊源，具有解释功能和创造功能。但在民法之中，对一般人格权的保护并不像具体人格权一样确定和充分。它通常需要司法者对个案的解释和适用，尤其是追究行为人侵权责任时，一般需要法律依据，比如《残疾人保障法》第 3 条第 2 款、《未成年人保护法》第 5 条、《妇女权益保障法》第 39 条等，都依法明确此类权利主体的人格尊严受法律保护。反观现行《老年人权益保障法》第4条，仅以列举的方式明确了禁止歧视、侮辱、虐待或者遗弃老年人的侵权行为，没有特别强调对老年人一般人格权的法律保护，不能不说是一种欠缺。使用不当言行侮辱、歧视、虐待、遗弃老年人，对老年人的身心产生损害的行为，当然属于侵犯老年人人格权的侵权行为，但其他形式的侵犯老年人人身权的行为也应当承当相应的民事法律责任。比如精神慰藉权，目前老年人享有的精神慰藉权尚未上升到具体人格权的法律高度，也没有明确的法律依据，且受到客观环境的种种限制，但是如果子女有能力履行义务却不履行慰藉老年人的义务，就应当属于侵犯老年人人格尊严的行为而承担侵权责任。随着越来越多的老年人进入社会养老机构养老，养老机构的工作人员虐待老年人的事件也逐渐增多。从媒体曝光的个案来看，养老服务机构工作人员虐待老年人的行为以精神虐待为主，较少造成老年人身体上的器质性损害，老年人难以取证。养老服务机构的工作人员本是提供劳务服务的服务者，当老年人脱离子女的看护独自进入养老服务机构之后，他们摇身一变成为了管理者、统治者，缺乏约束的权力必会被滥用，处于强势地位的机构工作人员动辄打骂老年人的情形在缺乏必要制度约束的服务过程中成为必然。他们虐待老年人的行为不同于一般的虐待行为或侮辱行为，因其社会养老服务者的身份使其拥有了职业上更高的责任要求，必须承担更严厉的回溯责任。行政法律责任和刑事责任只是事后的一种惩罚机制，缺乏对受害人的补偿机制，民事侵权责任制度应当发挥更大的作用。

老年人的健康状况随着年龄的增大而每况愈下，因此，对老年人生命健康权的保护不同于一般公民，其除了不遭受非法侵害以外，还需受到特殊照顾，方能最大限度地维持健康状态。《世界卫生组织法》序言中写道："健康是身体、精神与社会的全部美满状态，不仅是免除疾病或羸弱。"老年人生命健康权的享有需要相对义务主体承担积极义务，履行预期责任，方可完满实现，否则就是对老年人生命健康权的侵犯。与此权利相对应的义务是一种复合义务，既包括不伤害老年人身体健康的消极义务，也包括极力维护老年人身体健康的积极义务，两种义务的不履行都应承担相应责任。但根据现有的民事法律责任制度，显然无履行积极义务的义务主体不承担任何法律责任。照料老年人身体健康的责任在法律中只划归为政府责任，且缺乏必要的实现标准，这种立法模式没有合理划分个人、社会、政府之间的预期责任，同时将全部法定预期责任归于政府必会造成责任的虚化，使子女照料老年人身体健康的责任完全道德化,缺少必要的法律约束。

现实当中对老年人其他人身权的侵犯比较有代表性的是对老年人人身自由和婚姻自由的侵犯。人身自由和婚姻自由是所有公民都享有的基本权利,当然不容侵犯,否则就要承担法律责任。但由于老年人在生理上处于弱势地位,其人身自由一旦受到限制将很难脱身,并难以追究侵权人的侵权责任。有些子女出于善意限制父母的人身自由,从客观上来说符合民事侵权责任的构成要件,但从主观上来说又没有主观恶意,对其进行责任追究与法律惩罚难以起到约束作用,有时甚至会起到反效果。如果不对其进行责任追究,那么该民事侵权责任制度在此领域将难于适用,因为侵权人主观上是恶意或良善在现行民事法律制度内找不到具体标准和依据。老年人的婚姻自由依然受到封建伦理的影响,难以完全实现。而且,老年人再婚必会牵涉到遗产分配问题,出于经济利益考虑,子女可能会非法干预老年人的婚姻自由。如果老年人在经济上难以独立,需要由子女赡养,那么这种干预效果往往十分强烈。老年人晚年失伴,找到精神寄托之后又被强行拆散,这种心理上的伤害较之于年轻人更加强烈,加之被侵权的几率更高而被起诉的几率更低,法律应当为其设计更加严厉的责任制度,方可起到保护老年人人身权利的作用。

前文已经指出,老年人权益保障法具有社会法属性,其中的民事法律责任制度在传统的民事法律责任的基础上需要作出一定的修正。老年人在家庭生活和社会交往中往往处于弱势地位,其合法权益更易受到不法侵害,其财产权和人身权需要受到法律的特别保护。但目前来看,我国民法领域尚未对此问题进行立法调整,无论在责任分配还是在责任追究方面都没有对老年人进行特别关照。责任制度是法律制度规范性和强制力的核心来源,民事法律责任制度方面的缺失必将导致法律效力的匮乏。老年人应当受到社会的尊敬与优待,除了作为一种悠久的道德传统和儒家伦理存在以外,在现代社会还应当上升到法律的高度,通过法律责任制度来规制人们的行为,民法在其中应当发挥着核心作用,民法中的责任制度是后续政府责任、社会责任得以依法确立的根基。民法中的责任配置不明确、责任追究不到位,也就意味着社会中的个体权利义务关系不清晰,老年人个体所享有的民法上的权利范围模糊,作为一个整体的老年人群体的社会权也难以厘清,那么与之相对的政府责任和社会责任难免因失之笼统而无法具体化为每个老年人的个体权利，也就难以得到法律救济，这也是我国目前政府责任和社会责任难以转化为真正的法律责任的一方面原因。当然，我国现行的行政法律责任制度、刑事法律责任制度以及宪法责任制度也存在各自固有的弊端，不利于老年人合法权益的良好保护。

二、行政法律责任制度

我国法学界对“行政法律责任”这一概念的理念并未达成一致意见，有许多不同理解。择其要者可分以下五种观点：(1)违反行政法规说，该说认为行政法律责任与民事法律责任、刑事法律责任并列，是因违反行政法律法规而产生的责任。(2)行政主体责任说，该说认为行政责任仅指行政主体对其违法或不当的行为所应承担的法律责任。(3)行政相对人责任说，该说认为行政法律责任仅指行政相对人违反行政管理法律法规所需承担的法律责任，相当于行政处罚。(4)行政损害赔偿说，该说认为行政法律责任仅指行政机关侵犯公民合法权益而应承担的侵权赔偿责任。(5)行政法律关系主体说，该说认为行政法律责任是行政法律关系主体依法承担的法律责任。这些不同的理解都有各自的道理和定义标准，难言谁对谁错，从不同的角度进行定义当然会得出不同的结论。

本书从广义上理解法律责任的含义，并将民事法律责任、行政法律责任、刑事法律责任和宪法责任并称，与之相对应的行政法律责任的含义就要取广义说，但本文的广义说又不同于上述任何一种观点。第一种和最后一种观点涵盖范围较广，但其定义角度并不相同。第一种观点是从法律规范的角度定义行政法律责任的，而最后一种是从责任主体角度定义行政法律责任的。按照传统观点，第一种意义上的行政法律责任所指的行政法律法规仅指行政管理法律法规而言，其规范对象只是行政相对人，没有包含对行政主体和行政主体内部工作人员的法律责任，包容性不足。而最后一种观点将行政法律责任与行政关系联系起来，虽然表面上看涵盖范围较广，对行政法律责任主体的包容性较强，但行政法律责任的存在并不以行政法律关系的建立为必要条件。公民违反行政法律法规，理应承担行政法律责任，即使行政机关尚未察知，没有进行追究，该责任也是客观存在的，而此时责任主体尚未进入到行政法律关系中去。如果以此来定义，就将应然的行政法律责任形态排除在研究视野之外，不甚严谨。因此，综合第一种和最后一种观点,广义的行政法律责任是指行为主体因不当履行行政法上的预期责任而依法应当承担的否定性法律后果。行为主体包括行政主体、行政机关工作人员以及公民、法人和其他组织。严格来说,行政主体应当是在行政法律关系已经确立的语境下使用的法律术语,行政主体与具备行政主体资格的组织不是同一概念。但为了表述方便,此处的行政主体指代可以作为行政主体出现在行政法律关系中的行政机关和法律法规授权的组织。下面按照责任主体的不同分别论述。

(一)行政主体的行政法律责任制度

在老年人权益保障法领域,行政主体承担着重要而广泛的预期责任。这些预期责任散见于宪法、行政法和与老年人权益保护有关的社会法之中。目前,我国立法对行政主体老年人权益保障预期责任的规定十分分散和凌乱,缺乏体系性。按照我国的行政主体理论,行政主体可以分为行政机关和法律法规授权的组织,细致划分,行政机关可以分为国务院、国务院各部委、国务院直属特设机构、国务院直属机构、国务院部委管理的国家局、地方各级人民政府、地方各级人民政府的职能部门、地方各级人民政府的派出机关以及实行垂直领导的行政机关,而法律法规授权的组织可以分为行政机构、社会团体、企事业组织和基层群众性自治组织。这数类组织都可以作为行政主体独立承担行政法律责任,但这种意义上的行政法律责任仅指回溯责任中的作为责任,也就是以权力滥用为代表的侵权责任。而这些回溯责任直接针对的是对具体作为义务的不履行,比如《行政诉讼法》第 11 条第 4、5、6 款对行政不作为的规定都是针对行政主体不履行依相对人申请或依职责应当履行的具体法律义务的行为。依照这种立法模式,行政主体的预期责任必须细化、明确到具体的作为义务,方有可能进入到行政诉讼的受案范围。但老年人权益保障法的社会法属性决定了老年人权益保障法中规定的政府预期责任不可能十分精细,而养老权的社会权属性也决定了与之相应的政府责任的发展性和变动性。我国各级人民政府都相继出台了各自的老年人权益保障方面的法律法规,从中可以看出每个地方都根据自身社会经济发展状况来设定自身的预期责任,缺乏统一标准,这种预期责任规范显然不能成为追究回溯责任的法律依据。行政法的法律优位和法律保留原则决定了行政主体的行政权必须有法定来源,根据权责一致原则,其预期责任也来自于法律的课与。我国如此众多的行政主体,在缺乏严密细致的法律法规规范的情况下，各行政主体的预期责任都十分模糊，以此为据追究回溯责任的可能性几乎不存在，目前的司法实践也证明了这一点。从回溯责任方面讲，追究行政法律责任的基本原则是责任自负原则，虽然我们可以通过立法确立无过错责任原则，保护相对弱势的行政相对主体，但从回溯责任发挥作用的角度讲，无过错责任原则的适用不是无条件的，它应当充分考虑到行政主体的过错可能性和可证明性，从而确保惩罚制度的激励机制能够发挥作用。盲目的无过错责任原则的适用只会造成更多的冤假错案，使应当承担责任者逍遥法外，更加肆无忌惮。因此，回溯责任必须密切配合预期责任的设置，哪个行政主体承担何种预期责任首先要明确，当该行政主体的预期责任没有良好履行时就要追究其相应的回溯责任。但面对社会老龄化问题，政府的养老责任十分繁重复杂，需要各行政主体密切配合，相互协作方能完成。但过多过细的行政主体划分，每一个都是责任主体，而每一个责任主体行政法律责任的追究都需要相应的法定义务为前提，必然导致预期责任的细密化和法制化，而立法过程往往又是十分缓慢的，行政主体预期责任的法律依据匮乏就不足为奇，回溯责任的追究将成为无源之水、无本之木，行政法律责任自始不存在，政府所谓的养老责任必然沦为空谈。而且，预期责任是一种目的责任，而非单纯的行为责任，预期责任目的的实现当然需要行政主体作出一定的行为，但仅仅作出一定行为并不足够，还应当以此行动实现预期责任所设立的目标，否则就应当承担一定的回溯责任。因此，预期责任即使明确到具体的行政主体，如果该预期责任目标的实现还需依靠其他有关行政主体的配合或协助的话，那么当预期责任实现不能时，各有关责任主体之间责任应当如何划分也需要事先立法加以明确。目前来看，老年人权益保障法中对政府规定的目标多、任务重，但这些制度都因缺乏必要的责任逻辑，无法转化为实际的行政法律责任制度。

从我国已经出台的与老年人权益保障有关的行政性立法中可以看到，在预期责任层面，政府责任与社会责任、个人责任划分十分不明确。受计划经济体制长期形成的版块式结构的影响，政府为离退休公务员的养老问题背负着沉重的负担，而非公务员的企业职工则主要由社会、企业和个人通过养老保险的方式储备养老金，政府补助不足，在农村则实行农村养老保险和“五保”供养制度，政府补贴更加有限。这种版块式结构人为造成了人与人之间在享有养老权上的不平等，政府对不同身份的人承担不同的预期责任，适用不同的法律制度,所需承担的回溯责任也不相同。政府作为执法机关,它所承担的行政法律责任的强制力来自于司法机关,但司法机关追究行政机关行政法律责任的前提是公民提起行政诉讼。不同身份的公民,其社会地位和经济地位也不相同,一般来说,公务员要高于企业职工,企业职工要高于农民,而公民维权的能力与其社会地位和经济地位的高低成正比。因此,政府对公务员养老所承担的预期责任最重,与之相应的回溯责任也最重,而企业职工和农民则相反。这种制度安排更加剧了不同身份公民之间的权益保障的偏差。而从政府提供养老保障的效率上来看,政府运用行政权的管理方式已被证明是效率最为低下的,而公务员养老制度依然采取这种管理模式,为政府财政造成了极大的负担。公务员养老制度与公务员切身利益密切相关,而这种制度又是通过权力的推动运作的,公务员再一次充当了运动员与裁判员的双重角色,出现制度腐败的可能性很大。目前全国各地的地方政府都相继出台法律法规对本区域内的社会养老制度进行规范,它们之间差异很大,带有极强的地方性。更重要的是,这些地方立法虽然在一定承担上细化了《老年人权益保障法》的有关条款,但无一例外的是缺少对行政主体行政法律责任的规定。就我们目前掌握的材料来看,所有的关于老年人权益保护的地方立法都没有与其自身规定的预期责任相衔接的回溯责任,只有关于侵犯老年人合法权益的民事侵权责任和行政机关公务人员玩忽职守、不作为的内部行政责任以及刑事责任的规定,缺少对政府预期责任细化的义务性规定,无法与老年人的主观权利相对应,从而难以通过司法途径进行救济。既有的老年法律制度中规定的行政机关责任,难以通过司法渠道进行追究,公民相应权利的可诉性很低。

行政主体除了承担给付型、服务性的预期责任之外,还承担着重要的管理责任,对侵犯老年人合法权益的不法行为进行惩治,对养老服务行业、养老保险行业等与老年人生活密切相关的企业和社会组织的行为进行监管。我国目前尚未出台养老服务行业的管理性法律法规,《养老保险法》也没有出台,行政机关对此类行业的监管多通过政策措施进行,缺乏明确的法律依据,在管理力度和效果上存在很大疏漏。因有关机关疏于监管造成的老年人权益受到严重侵害的例子屡见不鲜,敬老院、养老院等养老服务机构虐待老年人的事件虽然是侵权人个人行为造成的,但与政府有关部门的监管不力也有直接关系。虽然事发之后,地方政府严肃处理了有关责任人,但从行政法律责任层面还存在很多欠缺。首先，政府有关部门或者说行政主体没有承担行政法律责任，整个事件中的责任主体都是私主体。由于缺乏对社会养老机构进行监管的行政法律法规，一方面行政主体的监管行为因权力不明确而受到很大限制，另一方面，法律制度的不健全造成了行政主体行政法律责任的缺失。社会养老机构的监管权属于哪个政府部门，该部门享有哪些权限，承担哪些责任，责任如何追究，立法上都没有相关规定。一旦问题出现，只能通过内部处分的方式追究责任，行政主体的行政法律责任没有存在余地。其次，内部行政处分缺乏制度约束。由于法律制度的缺失，行政机关在事发后追究有关公务人员责任的做法也就缺乏法律依据，仅通过行政机关内部的管理制度进行行政处分。对外只公布处分结果，责任追究过程不公开，责任人是否受到了惩罚难以监督，责任效果难以保证。最后，依据政策追究责任对责任的公平性带来损害。政策的变动性、时效性和政治性使得责任追究的随意性很高，受社会舆论和政治压力的影响很大。在不同的时间和地点，同样的行为可能承担不同的责任，责任制度的指引性和强制性难以发挥作用。

（二）公务员责任制度

行政机关是行政主体中的核心组成部分，行政机关是由公务人员组成的，其一切行为必须通过公务人员的行为来完成，行政机关预期责任的实现同样离不开公务人员的参与。行政机关作为一个整体承担责任，依然需要公务人员的具体行为来完成。行政的公共性和行政机关责任的集体性决定了，对于行政机关自身来说，责任中的惩罚没有意义。若不将责任延伸到其中的公务人员身上，就只能是半截子的责任。事实证明，人类有推卸责任的天性。心理学的有关研究表明，“找出另外一个人或一个更大的实体对某个消极事件的责任可以使个体免于自我责任的嫌疑”[①]。约翰·密尔也早已指出，在集体责任中，“每个参加者都由于别人和他连带负责而得到对自己和对世人的辩解”[②]。责任机制要想发挥作用必须使机关中的个人承担一定的个人责任方可。离开公务人员的个人责任谈论行政机关责任是没有实质意

---

① [美]B. 维纳：《责任推断：社会行为的理论基础》，张爱卿、郑葳等译，皮连生审校，华东师范大学出版社 2004 年版，第 9 页。

② [英]J. S. 密尔：《代议制政府》，汪瑄译，商务印书馆 1982 年版，第 191 页。

义的。只有当行政机关责任能够最终落实到公务人员个人身上时，一个理性的人才会真正关切其应为的预期责任。“要保持高度的责任，就必须有一个人承担全部的毁誉褒贬。”[①]诚如奥斯特罗姆所言：“自由和正义的条件只有在这种情况下才能占上风，即只有且只要个人被认为为其自己行为负责，所作出的判断与个人责任的假定联系起来。然后，自由与正义的代价就在于个人对自己所作的涉及自己和他人利益的决策和所采取的行为担当责任。”[②]自负其责既是对行政机关责任的要求，更重要的是对公务人员个人责任的要求。

1.行政机关法律责任个人化的制度缺失

行政机关责任需要与公务人员的个人责任进行有效衔接，也就是实行责任个人化原则，其根本原因在于法治原则对政府责任实现的必然要求。现代政府法治原则的核心理念是政府应依法达至责任之实现状态，责任个人化原则是责任机制发挥作用的基本原则，也是政府责任实现的必然要求，相应地，政府责任与公务人员责任的衔接亦应依照法治原则进行制度构造，实现政府责任与公务人员责任的法治化对接。“政府所有的一切权力，既然只是为社会谋幸福，因而不应该是专断的和凭一时高兴的，而是应该根据既定的和公布的法律来行使；这样，一方面使人民知道他们的责任并在法律范围内得到安全和保障；另一方面，也使统治者被限制在他们的适当范围之内，不致为他们所拥有的权力所诱惑，利用他们本来不熟悉的或不愿承认的手段来行使权力，以达到上述目的。”[③]因此，“法治的关键是‘治权’与‘治吏’”[④]，法治语境下，政府责任必须与公务人员，也就是“官吏”的责任进行对接。法治是人类理性要求与正义追寻的必然选择，政府责任与公务人员个人责任的衔接亦需遵循法治的要求，方可真正确保政府责任的有效实现。公务人员具有双重身份，他既是政府工作人员，又是一国公民；他既须受到法治原则对其公务行为的约束，又应受到法治原则对其个人权利的保障，任何一方面的偏失都有可能造成个人的不负责任，进而影响政府责任的实现效果。因此，政府责任与公务人员个人责任的衔接必须遵循法治原则。

---

① [英]J. S. 密尔：《代议制政府》，汪瑄译，商务印书馆1984年版，第191页。

② [美]文森特·奥斯特罗姆：《复合共和制的政治理论》，毛寿龙译，上海三联书店1999年版，第38页。

③ [英]洛克：《政府论》(下)，叶启芳、瞿菊农译，商务印书馆1964年版，第86页。

④ 杨海坤、章志远：《中国特色政府法治论研究》，法律出版社2008年版，第93页。

现代民主政府与公务人员之间的关系总体上讲是一种委托代理关系，它区别于专制时代公务人员与政府之间的依附关系。有学者就指出："公务员是国家组织的构成员，不是人身依附于当时的权力者，公务和私生活是相分离的，作为公务员的地位不是世袭的。"①公务人员接受国家的委托，以代理人的身份担任一定的职务，以政府的名义行使公权力并履行责任。由于代理风险的普遍存在，为了促使公务人员依照委托人的预期完成任务，必须建立某种责任机制，以使政府能够控制公务人员并对其辜负委托的行为进行惩罚。政府拥有国家赋予的极为强大的权力，如果对其内部公务人员的责任控制不力，则会导致权力滥用进而侵犯其他公民的权益，但若为了减少这种风险而允许政府设置任意强烈的惩罚措施，则有可能侵犯公务人员的正当权益。因此，这一委托代理中的责任关系必须依靠法律制度进行规范，才能平衡这种矛盾，最大限度地确保政府与公务人员之间责任上的公平正义。这种委托代理关系的建立源于政府对公务人员的雇佣，在此意义上，政府与公务人员之间又是一种雇佣关系。雇佣关系的建立需要依据一定的契约，这种契约与民法上的雇佣契约有所区别，它不完全是根据政府的一厢情愿，还需要遵守最基本的公平原则，并有利于预期责任的实现，因此，这种雇佣契约必须以法律、法规的形式，或者至少依照法律设定的标准进行制定。政府与其雇员之间的责任关系无疑是这一契约中的关键内容，公务人员所享有的基本权利与必须承担的义务与责任都应当法定明确，至少应当具有法律依据，并且受到法定保障机制的严格保障。只有权利受到良好保护的公务人员才能期望其良好的履行责任，权利义务相一致的民法原则在此得到体现，当其行使公权力时，我们才能要求其遵循权力责任相一致的公法原则。公务人员受雇进入政府之后，基于法律和政府的具体要求，其与政府之间便建立起一种服务关系。公务人员首先要为政府提供服务，而这种服务在根本上是为了向全体国民提供服务。如日本《宪法》第 15 条规定：一切公务员均为全体国民的服务者。《日本国家公务员法》第 96 条第 1 款则规定：所有公务员作为全体国民的服务员，必须为公共利益执行勤务，在执行职务时，必须倾其全力专注于该服务。

对政府公务人员回溯责任的有效追究是追究政府回溯责任的必然延伸

---

① 转引自[日]盐野宏：《行政法》，杨建顺译，姜明安审校，法律出版社 1999 年版，第 683 页。

和实现政府预期责任的原动力。除政府回溯责任自成体系之外,政府预期责任与回溯责任、政府责任与公务人员责任等责任形态在制度上应当进行必要的衔接,形成一个责任链条,方能最大限度地发挥责任制度的效果。但在我国现有法律制度下,尚欠缺应有的体系性。行政机关作为国家的执法机关,其公务人员应当具备良好的法律素养和道德素养,行政机关的行政行为违法就预示着相关公务人员的工作存在疏漏,应当对此承担个人责任,而行政机关作为公务人员的被代理人也有责任对其个人责任进行追究,以确保政府责任的有效实现。在政府行政侵权的法律责任方面,公民通过行政诉讼的方式维护自身合法权益,而行政机关则需要承担相应的法律责任,通常是行政赔偿责任,这是政府法律责任的主要表现形式。但政府承担法律责任之后,政府公务人员应当承担何种责任、如何承担、由谁来追责、怎样追责、受到责任追究的公务人员能否寻求救济及如何救济,到目前为止,我国的法律法规都缺乏相应的体系性制度建构,仅能在公务员法、行政诉讼法、国家赔偿法与其他行政性法律法规、政府规章中见到零散的模糊规定。2003年"非典"之后,我国逐步建立起具有中国特色的行政问责制,这一制度是对上述公务人员传统政治责任、法律责任、纪律责任的补充,是追究行政官员"政治责任和道德责任的有机结合"①。行政问责制一定程度上弥补了法律制度中对于政府责任与公务人员责任结合的不足,但现行的行政问责制缺乏应有的制度性,各地行政问责规定相差极大,缺乏统一性,加之地方老年立法对政府责任和老年人应有权益的规定五花八门,对公务人员进行问责的依据本身就很欠缺。而且,行政问责以追究行政官员政治责任与道德责任为主,其问责原由通常以各级政府密切关注的重点问题为指向,责任追究也由政府自己实施,如果这一问责制度具有较强的实效性,对行政官员自身利益影响比较大,而人大和法院的监督力度依然如故的情况下,那么问责制就有可能从一种对法定责任的补充制度变为代替法定责任的核心制度,其危害将大于其带来的收益。

2. 公务员非职务行为法律责任制度的缺失

行政机关责任与个人责任不是一种单向的传递,而是一种双向的联系。政府责任的承担必定是因公务人员的个人行为引起的,它可以表现为公务

---

① 曹鎏:《行政官员问责的法治化研究》,中国法制出版社2011年版,第67页。

人员个人的积极作为,也可以表现为全体公务人员共同的不作为。即使是公法上认定的公务人员个人责任也与政府责任存在联系。各国公法通常都会明确规定公务人员个人法律责任与政府法律责任的区分标准,公务人员的非职务行为、故意、严重过错职务行为等都属于公务人员个人责任的范畴,在法律责任的归咎上具有独立性。但即使是公务人员个人非职务行为的不当也会影响到政府的形象与公民对政府的信任度,政府因此也要承担一定的责任。比如公务人员腐败,就应当承担个人的道德责任、政治责任、纪律责任和刑事责任,与政府无关;但出现严重腐败问题的行政机关的主要领导应当承担纪律责任或政治责任,这些责任既包含行政首长个人领导管理不善的责任,也包含行政机关集体运行不良的集体责任。当官员腐败问题多发时,整个政府都要为其承担道德责任,甚至承担政治责任。对于公务人员工作时间以外的私人活动领域的不检点,是否应当承担个人责任,需要依照相关法律法规和政府内部纪律规范进行规定。这种情况对政府责任是否产生影响,则要视一国的政治文化和社会对公务人员的道德伦理要求而定。社会对官员个人道德操守要求较高,如果有此问题的政府官员依然在位,势必对政府形象产生影响。但这种民意要求应当通过正当程序转化为立法或者由政府制定更加严格的公务人员纪律规范来实现,而非通过对政府的直接舆论压力迫使某些官员承担责任,该官员自我履行道德责任而引咎辞职另当别论。对此问题的讨论旨在说明公务人员对其个人行为因其公职身份而负有更大的责任,当公民对这种责任要求增加到一定程度,就会转化为政府维持自身管理秩序的责任。

孝敬父母、体恤老人是我国的传统美德,在积极应对老龄化已经成为我国政府的一项基本公共政策的情况下,公务员是否应当以身作则,充分承担起家庭养老责任,并将其通过立法确定为公务员的法律责任值得考虑。从我国目前的公务员管理法律制度来看,相关法律法规对公务员个人行为作出了一定的规定。如《公务员法》第 12 条就规定,公务员有模范遵守社会公德的义务。第 53 条又规定,公务员不得违反社会公德,否则需要受到行政处分。孝敬父母、尊敬老人等都属于社会公德的范畴,但缺乏必要的行为标准。有一种观点认为,公务员与履行职务毫无关系的行为不应纳入公务员行政法律责任的范围之内,而应像普通人一样仅受道德的约束。我们一定程度上赞同这一观点,与职务行为毫无关系的私人行为不应当由公法进行规制，应当属于私法或道德管制的范畴。但如何界定与履行职务毫无关系则需要再分析。行政机关的行政法律责任制度对政府积极履行保障老年人社会权利的预期责任的制度约束力有限，社会权的司法救济在我国依然阻碍重重，老年人权益保护预期责任的履行多依靠政治责任和道德责任进行约束。缺少了必要的法律责任的约束，行政机关行政行为的实际执行者——公务员，良好履行预期责任通常需要依靠其自身的主观责任感和行政伦理进行约束。我们很难想象一个对自己父母都不孝顺的人如何去进行老年人权益保障的相关行政管理和服务工作。因此，公务员的这一行为应当明确纳入公务员管理法律法规之中，为不能良好履行赡养和照护义务的公务员设定相应的行政处分责任。

三、宪法责任制度

宪法责任在语义上有广义和狭义之分，适用于不同语境。广义上，宪法责任包括宪法中规定的预期责任和回溯责任两方面内容；狭义上，宪法责任与违宪责任同义，仅指违反宪法而应承担的回溯责任。本书从广义上定义宪法责任的含义，将宪法责任与违宪责任区别对待，将宪法责任分为宪法预期责任和违宪责任两部分分别论述。

（一）宪法预期责任制度的欠缺

我国宪法对老年人应当享有的宪法权利作了原则性的规定，在规定老年人宪法权利的同时，有些条款为国家设定了保护性和预防性的预期责任。比如《宪法》第 49 条第 4 款规定："禁止破坏婚姻自由，禁止虐待老人、妇女和儿童。"有些条款则为国家设定了建设性预期责任。比如《宪法》第 45 条第 1 款规定："中华人民共和国公民在年老、疾病或者丧失劳动能力的情况下，有从国家和社会获得物质帮助的权利。国家发展为公民享受这些权利所需要的社会保险、社会救济和医疗卫生事业。"宪法中专门涉及老年人的规范仅此两个条款，在宪法规范中老年人并不享有比普通公民更多的宪法上的权利。虽然我国早已进入老龄化社会，老年人权益保护问题已经成为我国面临的大问题，政府也多次强调老年立法的重要性，但有关老年人权益保障的制度化设计仍在进行之中，出台的规范性文件也多为政策性文件，立法进展缓慢，老年人新的权利类型的归纳及入宪还遥遥无期。关于老年人权益保护问题能否作为我国的一项基本国策目前学界还存在争议，应对社会老龄化、将老年人权益保护作为一项基本原则写入宪法,并将其设定为国家的一项基本责任目前来看前景尚不明朗。就目前的宪法规范来看,宪法中因保护老年人合法权益为相关主体设定的预期责任极其有限,而且缺少必要的评价标准。另一个问题是,就已经存在的两个宪法条文来看,将其称为"预期责任"尚显牵强,在制度规范上缺乏责任的明确性。宪法除了是"一张写着人民权利的纸"以外,还应是"一张写着国家责任的纸"。禁止虐待老人的宪法规定从字面上理解,责任主体是社会中的所有人,该权利属于民法上的对世权,其可以完全包含于公民民法上的人身权之中,从中只看到公民的容忍义务,责任意味极其淡薄。实质上,宪法中该项规定应当针对政府保护老年人人身权不受侵犯的保护性和预防性预期责任而言,由于老年人属于弱势群体,要其与身心康健者承担同样的自我保护责任不利于老年人合法权益的保护。因此,国家有责任制定较之于普通公民更加严格的权利保护法律法规,政府有责任提供必要的公共产品和政策支持,采取更加有效的保护措施和管制措施,实施更加严厉的侵权责任追究与惩罚机制等等,而这些内容该宪法条文很难包容。第二个条款规定了老年人获取物质帮助的权利,但与权利相对的责任主体则不明确,国家与社会并不是一个适格的宪法责任主体,国家责任与社会责任极为笼统,国家责任更多地指称一个国家在国际交往中的责任,而社会责任指的是社会中的个体对社会所承担的责任,社会不可能成为一个责任主体,责任主体只能是社会中的个体。而"国家发展为公民享受这些权利所需要的社会保险、社会救济和医疗卫生事业"的规定,并不是一种责任规定,其并未使用任何带有强制性的语词,而是使用了陈述句句式,从语义解释的角度难以解释出必须履行的含义,称其为预期责任似有不妥。因此,严格意义上,我国宪法中对老年人权益保护的宪法预期责任没有明确规范。

(二)违宪责任制度的缺失

违宪责任包括违宪政治责任和违宪法律责任两方面,违宪政治责任仅指规定在宪法或宪法性法律之中政府及其政治官员的政治责任。违宪法律责任指的是因违反宪法或宪法性法律而由司法机关进行追究的责任。由于宪法的特殊性,各国对违宪责任的追究机关略有不同,主要有普通的司法机关、专门的宪法法院和宪法委员会三种形式。对于违宪法律责任责任主体的范围学界存在争议,有学者认为违宪法律责任主体可以是政府、社会组织和个人，而有些学者则认为，违宪法律责任主体仅包括享有公权力的国家机关，不包括私主体。但无论采纳何种观点，国家公权力机关都是违宪法律责任制度规制的核心主体。在老年人权益保护制度领域，政府承担着最重要的预期责任，也应承担相应的回溯责任，即违宪政治责任和违宪法律责任。政府主要因其立法行为违宪而承担相应的违宪法律责任。有学者认为，政府的违宪行为应包括执法行为违宪、立法行为违宪和政府不作为违宪①，我们并不完全赞同。首先说政府执法行为违宪，有学者认为，作为国家的根本大法和母法，在有明确的一般法律规定的情况下，司法机关应当适用法律，而非适用宪法。只有当一般法律没有明确规定，而政府行为又侵犯了公民的宪法权利时，方可适用宪法进行裁判。我们认为，这个问题不应是一个违宪法律责任的问题，而仍属于行政法律责任的问题。政府的一切权力行使都要有法律依据是法治国家对政府行为的基本要求，这种没有法律就没有行政的要求已经被各先进法治国家确立为行政法上的基本原则，如英国的越权无效原则、法国的行政法治原则、德国的依法行政原则等。虽然“行政法基本原则是由宪法决定的”②，但其业已成为独立的行政法原则，通过行政诉讼程序适用。所以，因政府执法行为没有法律明确规定而侵犯个人宪法权利的责任仍然属于行政法律责任。政府执法行为被行政法所完全吸收，只存在行政法律责任，但政府有可能对其作出的某些事实行为承担违宪法律责任。当一国的宪法制度明确规定，公民可以因其宪法权利遭到侵犯且缺少任何可行的其他救济途径时，可以提起宪法诉讼，此时，政府与其他违宪责任主体没有质的区别，都可以其行为侵犯公民宪法权利而承担违宪法律责任。政府因不作为违宪而要承担违宪法律责任的说法也要分情况，在传统公法领域有“法律上利益”或“主观公权利”和“反射利益”或“权利反射”的区别③，政府的行政活动的目的是公共利益，但只有在法律规定将这种公共利益细化为个人利益时，公民才拥有相应的“主观公权利”，方可因政府的不作为侵犯其权利为由提起诉讼，请求救济，也只有在此时，政府才有可能承担公法上的不作为责任。不过，宪法对政府预期责任的规定通常是原则

---

① 参见姚建国：《违宪责任论》，知识产权出版社 2006 年版，第 221～222 页。

② 周佑勇：《行政法基本原则研究》，武汉大学出版社 2005 年版，第 98 页。

③ 参见翁岳生主编：《行政法》上册，中国法制出版社 2009 年版，第 284～288 页；[德]毛雷尔：《行政法学总论》，高家伟译，法律出版社 2000 年版，第 155 页。

性的，即只是公共利益指向的，缺乏个人利益指向的具体宪法规范，需要通过法律进行细化，在此意义上，政府不作为法律责任也仅停留在行政法律责任方面，无法上升到违宪责任的高度。一个例外的情况是，政府非权力行为中的区别对待问题，政府针对特定人的行政给付可能会侵犯没有获得该利益的公民的平等权。此时，政府可能会因其对于没有获得行政给付的当事人的不作为而承担违宪法律责任。但无论是政府执法中的违宪法律责任还是不作为违宪法律责任的情形都是非常罕见的，因此，就目前的公法理论与实践来看，对政府违宪法律责任的追究应仅限于政府立法行为方面。随着社会的发展，政府立法权呈现日益扩张的趋势，政府通过委任立法等形式取得了大量的立法权。政府所立之法如果与宪法规定相抵触，就应当承担违宪责任，如果违宪责任的认定是通过司法机关或具备司法性质的宪法委员会作出的，那么这种责任就是一种违宪法律责任。

如果按照上述对违宪责任的解读来考察我国老年人权益保护违宪责任制度就会发现，我国目前为止尚不存在违宪法律责任制度。首先，我国对政府立法的违宪审查权属于全国人大常委会，人大常委会对政府立法进行合宪性审查以及废止违宪法律法规所采用的不是司法程序，该行为也不是一种司法行为，因此，政府立法违宪并不承担违宪法律责任。其次，政府的预期责任与回溯责任缺乏应有的制度衔接，我国宪法中只规定了所有法律法规不得与宪法相抵触，同时授予全国人大常委会监督和撤销权，但没有规定全国人大及其常委会对进行违宪立法的行政机关作出何种惩罚。没有附随惩罚效果和惩罚机制的单纯废止违宪立法的行为，不属于责任追究的行为。在宪法性法律中，对地方各级人大常委会关于撤销权力的规定也没有涉及撤销之后会有何种责任的规定。如《中华人民共和国各级人民代表大会常务委员会监督法》(以下简称《人大常委会监督法》)第30条规定，县级以上地方各级人民代表大会常务委员会对本级人民政府发布的决定、命令，经审查，认为超越法定权限，限制或者剥夺公民、法人和其他组织的合法权利，或者增加公民、法人和其他组织的义务的，同法律、法规规定相抵触的等，有权予以撤销。有权予以撤销，而非必须予以撤销，言下之意就是撤销或不撤销都可以，只是一种授权性规定而非课责性规定。而且对于撤销之后怎么办，该法没有任何规定。政府具有维护国家法制、严格遵守法律规定的预期责任，而政府作出违法的决定、命令的行为明显违背了该预期责任，从而应当承担相应的回溯责任。各级人大常委会对同级政府的监督是有限的,不可能做到全程监督,全面监督。因此,政府的违法决定、命令就有可能逃脱人大常委会的监督。如果该违法行为没有得到相应的实质性惩罚,对此行为缺少必要的追究个人回溯责任的法律规范,违法成本几乎为零的情况下,等于变相鼓励政府的违法行为,尤其是鼓励政府公务人员以自身利益为目标发布决定和命令。最后,公民宪法权利的可诉性问题至今没有得到解决。在司法实践中,虽然个别案件法院在缺少一般法律依据的情况下援引宪法条文进行了判决,但这些案件分别属于民事诉讼或行政诉讼案件,适用民法和行政法,而非全部适用宪法的宪法诉讼。政府履行老年人权益保护责任不理想,只能通过人大追究其政治责任,而不能追究其法律责任,政府立法违宪,人大常委会也仅能将其撤销,而不能追究相关责任人的法律责任。即使依照有关法律法规追究有关责任人的法律责任,也不属于违宪责任的范畴,而应属于行政处分行为或政治问责行为。老年人权益保护问题业已突显,即使是政府立法都力有不逮,更遑论人大立法。将老年人基本权利完全纳入法律法规,使其转化为法律权利之后再纳入司法救济的范围,进程过于缓慢。将老年人基本权利宪法化,并通过宪法诉讼制度追究相关责任人的违宪责任无疑是最便捷的方法。但违宪法律责任制度的缺失,使这一路径丧失了通行余地。违宪法律责任制度不存在,宪法责任中的预期责任也就不存在,宪法中对老年人享有各种权利的宣告因缺乏强制力而形同虚设。

第三节 老年人权益保障法中法律责任制度的完善路径

老年人权益保障涉及多方面、多部门、多层次的法律制度,法律责任制度作为法律制度的基础构件同样呈现一种分散性和无序化样态,完善我国老年人权益保障法中的法律责任制度,尚有大量基础性、系统性的工作要做。为此,应当树立责任体系化、权责统一化、责任法治化的指导思想,并依循提纲挈领、双管齐下、稳步推进的革新思路。

一、法律责任制度完善的指导思想

老年人权益保障法中法律责任具有特殊性,在老年人权益保障法法律责任制度完善的过程中要始终遵循法律责任的内在逻辑,时刻关照老年人权益保护的特殊要求。但法律责任制度的分散性决定了制度体系化的困难性，因此，通过制度完善实现老年人法律责任制度依照其应有特性系统建构的目的必须首先在指导思想上统一认识，才有可能在纷繁复杂的具体制度完善上有章可循，不致迷失方向。总结起来，老年人权益保障法律责任制度完善应当树立以下三大指导思想。

（一）责任体系化

老年人权益保障法视野内的法律责任在内涵上要广于传统的法律责任，它是预期责任与回溯责任的有机统一，是主观责任与客观责任的有机统一，是集体责任与个体责任的有机统一。因此，在完善老年人权益保障法律责任制度的过程中，要将法律责任作为一个普遍联系的概念加以把握。任何一项责任制度的建立或完善都需要符合责任体系化的基本要求，修正目前重回溯责任轻预期责任、重客观责任轻主观责任、重集体责任请个体责任的法律责任现状。在既有法律责任制度的基础上，按照法律责任各要素普遍联系的内在要求，逐步厘清责任主体、责任客体、责任监督主体的范围，合理设计相应主体之间的责任关系，使得责任制度能够真正发挥应有的激励作用。目前普遍存在的问题是在老年人权益保障过程中，国家、政府、社会、个人之预期责任如何分配在法律制度层面没有获得统一认识，法律责任制度的体系化在责任主体的确定之初就遇到阻碍。责任主体不明确，就无法确定不同主体应当承担的预期责任内容和预期责任不履行时的回溯责任，并会导致责任追究方式的不确定，因为不同的责任主体相对应的责任制度和问责机制都有所不同，所需运用的法律资源各异，这就为后续责任监督主体的明确以及责任追究机制、程序等制度的完善带来不便。因此，老年人权益保障法律责任制度必须在基本法律理念上，树立责任体系化观念，才能在完善相应制度之初在整体上对各项制度之间的逻辑关系和相互联系有一个全面的认识。在法律责任各要素及其相互关系理顺、整合的工作完成之前，任何细枝末节的制度修补都无济于事。此外，法律责任内涵的更新需要与传统法学的核心概念——“权利义务”形成有效对接，才可能在现有法律制度框架内完成对法律责任制度的整合。老年人权利有其特殊性，他们的一种权利可能既对应公民个人义务，同时也对应政府的责任。比如，老年人精神慰藉权的实现主要是其子女、亲属良好的履行义务，但政府必须承担起保障义务人履行义务的责任，政府责任对应于老年人的权利，而不是其子女的权利,其子女只是义务主体。不同主体的义务与责任如何与老年人的各项权利向对应,是下一步应当重点解决的理论问题。

(二)权责统一化

"权力导致腐败,绝对权力导致绝对腐败。"[①]阿克顿勋爵的这句话对于权力与腐败关系的论述可谓一针见血,一语中的。但现实中,绝对的权力是不存在的,任何社会中的权力必然要受到其他力量的制约。只不过,大多数制约权力的方式都是非理性的,缺乏制度性约束,从而通常是柔性的和被动的,对于国家权力的约束更是如此。只有通过法律制度明确建立的法定责任才是制约国家权力的最具理性和刚性的制约方式和力量。在现代民主法治国家中,权责一致原则作为公法制度的一项基本原则已无争议。关于权力的确切含义,至今为止仍然没有一个统一的界说。"我们是由于不同的目的、在不同的背景下并且是在无穷无尽的不同方式中使用权力这个单词的"[②],因此,对权力概念产生不同理解也就不足为怪。在法学视野中,权力通常存在广义和狭义之分,广义上的权力是指某种影响力和支配力,它分为社会权力和国家权力两种;狭义的权力仅指国家权力,即统治阶级为了实现其阶级利益和建立一定的统治秩序而具有的一种组织性支配力。[③] 传统法学或者说公法学主要以狭义权力,即国家权力为研究对象,目前我国的公法制度也以国家权力为规制对象,较少涉及对社会权力的规范。因此,虽然改革开放三十多年来,国家权力中的一部分已经完成或正在进行向社会的转移,但公法责任制度所关注的对象依然仅为国家权力,依然将社会权力置于民法的调整范围进行规制。但随着国家权力社会化、多中心治理理念的兴起,政府与社会、公共部门与私人部门、国家权力与社会权力相互协作,共同作用于老年人权益保障是目前已是得到普遍认同的新型治理模式和权力体系,社会权力必将成为老年人权益保障的重要影响力量。因此,权责统一原则除了适用于传统行政权领域,同样适用于社会权力领域。依照社会治理理论,"善治实际上是国家的权力向社会的回归,善治的过程就是一个还政

---

① [英]阿克顿:《自由与权力——阿克顿勋爵论说文集》,侯健、范亚峰译,商务印书馆 2001 年版,第 342 页。

② [美]史蒂文·卢克斯:《权力——一种激进的观点》,彭斌译,江苏人民出版社 2008 年版,第 53 页。

③ 参见李龙主编:《法理学》,人民法院出版社、中国社会科学出版社 2003 年版,第 266 页。

于民的过程”[①]，但善治绝不意味着公权力向私权利的转化，而仅意味着公权力的转移，其权力的本质并没有发生质的变化。虽然权力主体由政府转变为社会，但社会组织所享有的依然是权力，而非权利，也就是说，社会权力主体依然要受到法律责任的直接制约，而非法律责任制度对其权利的保护。换句话说，社会权力主体应当是公法上的预期责任主体，而非民法上的权利主体，一旦社会权力主体行使权力有所缺漏或者存在滥用权力的情形就应当承担相应的回溯责任，而不是遵循民法上的意思自治原则，因为民事法律责任对社会权力的约束力是极为有限的。所以，在老年人权益保障法律责任制度完善过程中，要始终树立权责统一化理念，遵循权责一致原则，尤其是在社会权力领域，首先需要明晰社会养老过程中社会组织所享有的权利和权力，并设置不同的法律责任制度。

（三）责任法治化

张文显教授总结指出，“法治”一词在以下四种意义上被广泛使用：(1)“法治”表征与人治和德治相对的治国方略或社会调控方式；(2)“法治”表征以依法办事为基本含义的行为方式；(3)“法治”表征一种良好的法律秩序状态；(4)“法治”是融合多重含义的综合观念。[②] 无论在哪种意义上使用“法治”一词，“一般认为，法治是内在于通过法律限制和控制政治权力这一原则的”[③]，现代性的法治都意味着对公权力的限制和对私权利的保护。老年人权益保障过程中既有国家权力的施行，也有社会权力的存在，因此，法治对老年人权益保障法律责任的要求也是全方位的，并不仅限于对国家权力的约束，还包括对社会秩序的调控和维持。法治从理念走向实践的前提是法治原则与国家制度的结合，“法治国家”这一概念融合了法治政府与法治社会的制度形态，也使“法治”一词从抽象的理念发展为具体的制度要求。在法治发展形态上，可分为形式法治和实质法治两种主要类型。形式法治单纯以“法的统治”为追求目标，强调法的形式和工具价值，要求行政机关、司法机关严格依法行事，不得对法律进行解释，更不享有任何自由裁量权，对形式正义的追求优先于对实质正义的追求。但形式法治不问立法是否公

---

① 俞可平主编：《治理与善治》，社会科学文献出版社 2000 年版，第 326 页。

② 参见张文显：《法哲学范畴研究》(修订版)，中国政法大学出版社 2001 年版，第 151～156 页。

③ 夏勇、李林、[瑞士]丽狄娅·芭斯塔·弗莱纳主编：《法治与 21 世纪》，社会科学文献出版社 2004 年版，第 3 页。

正，国家行为以有法律依据为其合法性的充分条件，国家不干涉人民之间的自由竞争和财富分配，个案不正义和社会不公正难以得到解决。形式法治仅以维持公共安全和秩序维持为目标，法律仅为束缚公权力的工具，不具有促进社会公正的积极作用。在此基础上，实质法治应运而生，它更加强调法治的正当性，在尊重法律规则刚性要求的同时，赋予公权力机关一定程度的自由裁量权，以更加笼统的法律原则为标准进行个案正义的裁判，以求实现社会整体公平正义之维护。形式法治和实质法治相互结合，彼此统一，是目前西方国家法治发展的方向，我国的法治进程也在沿着这一道路前行。1959年在印度德里召开的“国际法学家会议”通过的《德里宣言》总结了“法治”的三大原则：(1)根据法治原则，立法机关的职能就在于创设和维护得以使每个人保持“人类尊严”的各种条件；(2)法治原则不仅要对制止行政权的滥用提供法律保障，而且要使政府能有效地维护法律秩序，借以保证人们具有充分的社会和经济生活条件；(3)司法独立和律师自由是实施法治原则必不可少的条件。[①] 这三大原则就是对形式法治和实质法治的综合表述。老年人权益保障法的社会法属性更加决定了其法律责任制度必须同时关照形式法治和实质法治，在确保符合形式法治的基础上努力实现实质法治。

二、法律责任制度完善的总体思路

在上述三大指导思想的指引下，面对纷繁复杂的社会现实和零散斑驳的法律责任制度，完善老年人权益保障法上的法律责任制度应当遵循提纲挈领、双管齐下、稳步推进的革新思路。

（一）提纲挈领

法律责任制度的联系性、复杂性和分散性决定了老年人权益保障法上的法律责任制度不可能以统一法典的形式实现体系化。但法律责任制度的体系化、法治化又是真正实现保障老年人合法权益目标的必要条件。为了将各类、各层次法律责任统合起来而又不从根本上改变我国现有的部门法体系和法律制度框架，一条可行的思路是通过一个或几个重点法律规范将老年人权益保障法律责任体系框架搭建起来，纲举目张，将分散的法律责任规范统和起来，为进一步修订具体的法律责任制度提供原则性指导和基本

① 参见王人博、程燎原：《法治论》，山东人民出版社1989年版，第131页。

纲领。目前来看,正在修订的老年人权益保障法可以承担这一任务。法律责任是一个联系性概念,其核心虽然落脚在回溯责任的追究,但其责任源头在于预期责任的分配与明确,预期责任一旦明确,责任主体也就同时确定,为回溯责任制度的构建打下坚实基础。老年人权益保障法作为老年人权益保护的核心法律制度,可以比较明确、系统地规定老年人权益保护过程中不同责任主体的不同预期责任及预期责任的具体内容。即使受到立法条件和立法技术的限制,某些领域无法确定具体的责任主体和责任内容,也可以进行原则性规定,指明责任类型和责任目标,为后续立法提供原则指引和立法依据。此外,对于目前受客观条件限制还无法完全实现的预期责任可以不附加相应的回溯责任,而仅作原则性、指引性或倡导性规定。此举并没有损害所谓的法律的严肃性,反而通过法律的明确规定澄清了社会上的一些模糊认识,为国家、政府、社会以及个人提供一个努力方向和基本目标。当条件成熟时,必须通过后续立法补足相应的回溯责任,将这不完全预期责任转化为完全预期责任,从而完成相应法律责任的制度建构。从立法技术层面考虑,仅靠老年人权益保障法一个法律文件无法完全起到纲领性的作用,为了更好地与其他法律法规实现有效连接,尚需一个或几个老年人权益保障法的实施细则,加入更多的具体化内容和程序性条款,切实明确与散碎的法律责任规范之间的沟通进路,真正发挥纲领性作用,让网上的各条经纬都有实在抓手。

(二)双管齐下

在修订和完善老年人权益保障法及相关实施细则的同时,其他关联法律制度中的责任性规范也应当适时加以修正或完善,这也是老年人权益保障法律责任制度完善的重要内容。民事法律制度、行政法律制度、宪法制度及刑法制度中都存在大量与老年人权益保护有关的责任制度条款。这些法律规范有一些位阶要高于老年人权益保障法,比如宪法,更多的法律规范从制定主体到重要性都要高于老年人权益保障法,属于基本法律的范畴,比如刑法、民法通则、行政许可法、行政处罚法等。可以说,这些类型的法律规范无论从位阶层面还是从法律效力层面都不受老年人权益保障法的必然约束,有些甚至还对老年人权益保障法的有关内容产生约束。如果不依照老年人权益保障法的基本精神和法律责任制度的原则要求对其进行必要修正,老年人权益保障法的纲领性作用将会受到抑制。因此,完善老年人权益保障法律责任制度，应当采取齐步走、双管齐下的完善思路，在修订老年人权益保障法的同时甚至之前，修订前文提出的有关法律法规，以求与老年人权益保障法相互关照，彼此协调。其中，对宪法有关制度的修正是需要首先解决的问题，而与老年人权益保障法同属法律范畴的基本法律和一般法律可与老年人权益保障法一并或稍后修订。需要注意的是，与老年人权益保障相抵触或不相协调的现行法律责任制度，可以通过法律修正的方法改进，而法律缺乏明确规定的内容是放在老年人权益保障法中统一规定还是放在各相关法律制度中补充完善，需要根据具体制度的特点具体分析。但从目前的立法进程来看，如果老年人权益保障法首先修订，必不会在其他法律规范未修订的情况下出台与现行法律制度相抵触的法律条文，而其他相关重要法律规范又多为全国人大制定的基本法律，提起修订比较困难，修订程序也比较繁琐。因此，涉及此类法律规范的法律责任制度的完善只能寄托于主要基本法律的单独完善。所有相关法律制度全面修订，一并完善，老年人权益保障法律责任制度才能实现体系化、法治化，所以，虽然涉及法律规范数目较多，老年人权益保障法也应与其他关联法制一并修订，双管齐下。

（三）稳步推进

前文业已指出，目前我国老年人权益保障法律责任制度的缺漏较多，不甚完善，而且很多法律规范属于基本法律，修改较为困难。目前来看，虽然我国政府已经充分认识到老龄化社会到来所引发或即将引发的一系列社会矛盾，并开始采取措施加以应对，但从整个社会来看，尚未作好应对老龄化到来的充分准备。多数公民还没有从思想上充分认识到年老之后所要面对的各种权益保护困境和生活困境，对于个人在步入老年之前究竟需要为老年后的生活作出何种准备估计不足。而由政府全面负担全国公民的养老责任，经济条件的限制使得这一构想十分不现实。应对老龄化必须建立一种多元责任主体、多种责任机制、多项责任制度相互协调的法律责任体系，而这些问题都对老年人权益保障法律责任体系的完善造成了阻碍。因此，可以说，老年人权益保障法律责任制度完善既是制度变革问题，也是社会发展问题，更是思想转变问题，三者相互影响，共同作用。公民思想观念不转变，制度革新尤其是法制革新完全依靠上层力量推动，既缺乏民主性，又损害科学性；社会发展与经济发展不协调，片面强调经济发展只会损害老年人权益保障制度的公平性，在初次分配和二次分配有失公平的情况下，在制度设计上又强调责任分配的公平并不能真正发挥责任制度的应有功能。所以,老年人权益保障法律责任制度的完善不仅仅是修改法律制度就可以一蹴而就的事情,尚需同社会发展水平和公民思想观念转变协同发展,稳步推进。

结　语

老年人权益保障法律责任制度是老年人社会保障制度体系的重要内容,为老年人合法权益的实现起到了不可或缺的保驾护航之功效。规范界定老年人权益保障法律责任制度,需要从明确法律责任这一基本概念切入。根据法治原理,我们认为所谓的法律责任,通常是指法律的否定性后果,即有责主体因违反法律义务之事实,而由专门国家机关依法确认的合理负担。它一般需要具备四个基本要素:一是法定性,法律责任所涵盖的价值、规范和事实都要有明确的法律依据;二是目的性,法律责任的设定是为了明确实现法律所要实现的目的,这也是法律责任的价值所在;三是强制性,法律责任的实现要依靠国家强制力作保证,这是法律责任事实要素的必然要求;四是司法终局性,法律责任的国家强制是国家相关机关严格依据法律规定作出,而非权力的滥用。

基于对法律责任的理解,我们可以将老年人权益保障法律责任制度界定为社会主体因违反老年人权益保障中的法定义务,而由专门国家机关依法确认并强制承受的法律后果。由于老年人权益保障是一项系统工程,其义务主体呈现出多样化特征,就保障过程而言,会涉及立法、执法和司法等不同环节,任何环节出现问题均会影响老年人合法权益的行使与实现。因此,建立和完善老年人权益保障法律责任制度,对于保障老年人合法权益具有重要意义。

第一,明确法律责任是完善老年人权利保障体系的重要内容。法治的目的之一就是要确保责任与权力随时相伴、不可分割,因为责任与权力共存的规则,能使权力的范围有正当的界限,从而使权力规范化、明确化与合法化。因此,法治应当为权利构筑由法律依据、保障机制和法律责任构成的规则体系。

第二,法律责任制度是在法律范围内抵制和预防违法行为的重要机制。这种抵制和预防应该是全方位的,涵盖多样化的所有义务主体。在老年人权益保障体系中包括家庭成员、政府部门、公务员以及社会组织等在内的所有负有法定义务的主体。

第三，法律责任制度是有效解决在老年人权益保障问题上发生纠纷与冲突的规范方式。以立法的形式明确法律责任和制裁措施，对于可能发生的纠纷和冲突来说具有很好的预防功能，也可以更大程度地避免实践中纠纷和冲突出现后当事人采取的非理性行为。

就老年人权益保障法律责任类别而言，往往因老年人权益保障涉及多方面、多部门、多层次而呈现出多样化特征。或者说，老年人社会权益保障制度的特点决定了不同社会主体在老年人权益保障中负有不同的责任，承担不同的义务，因而违反老年人权益保障义务的行为所引发的法律责任类别也各不相同。这种不同的法律责任根据不同的标准或依据，在理论上可以作出不同的分类：如以责任主体为标准，可以分为家庭成员的责任、政府部门的责任、公务人员的责任、公共组织的责任等；以责任的法律性质为标准，可以分为民事责任、行政责任和刑事责任；从责任内容上看，可以分为惩罚性责任和补救性责任；等等。

法律责任追究是老年人权益保障法律责任制度的重要内容，其重要功能是确保法律责任得到有效落实，当老年人合法权益受到侵害时能够得到及时的权利救济。目前老年人权益保障中的法律责任追究主要有三种形式：一是调解，通常指双方当事人之外的第三者，以国家法律、法规和政策以及社会公德为依据，对纠纷双方进行疏导、劝说，促使他们充分沟通、相互谅解、进行协商进而自愿达成协议、解决纠纷的行为。近些年，在和谐社会和司法改革的共同驱动下，调解制度得到了进一步发展，逐步形成了包括人民调解、司法调解和行政调解在内的“大调解”制度。二是诉讼，是指将侵犯老年人合法权益的纠纷通过法定程序，诉诸司法机关依法审判进行处理的行为，主要包括民事诉讼、行政诉讼和刑事诉讼。三是行政监督，是指行政系统内部负有保护老年人职责的政府有关部门，不履行或不当履行职责，同级政府或上级政府有关主管部门应当给予通报或者责令改正。政府及其部门或者有关单位工作人员违法失职，造成老年人权益受到损害的，应该由所在单位或上级政府及其部门给予处分或者责令改正。

总之，老年人权益保障法律责任制度在整个老年人权益保障法制体系中占有重要地位。但是，实践中老年人权益保障法律责任制度的建设还不甚完善。这种局面的出现,客观上由于老年人权益保障中的法律责任具有特殊性,其制度构建需要遵循内在逻辑;而主观上对老年人这一特定群体的关注度偏低、观念转变的不到位等因素也不容忽视。鉴于此,为了更好地应对我国老龄化社会,我们必须在思想上统一认识、高度重视,从责任体系化、统一化和法治化的层面进一步加强老年人权益保障法律责任制度建设,实现老年人合法权益不易侵害的防范机制、不敢侵害的惩戒机制和不愿侵害的保障机制的有机统一,进而全面建成确保老年人合法权益的"立体安全网"。

附 录

一、社会养老服务体系建设规划(2011～2015年)

国办发[2011]60号

为积极应对人口老龄化,建立起与人口老龄化进程相适应、与经济社会发展水平相协调的社会养老服务体系,实现党的十七大确立的"老有所养"的战略目标和十七届五中全会提出的"优先发展社会养老服务"的要求,根据《中华人民共和国国民经济和社会发展第十二个五年规划纲要》和《中国老龄事业发展"十二五"规划》,制定本规划。

一、规划背景

(一)现状和问题

自1999年我国步入老龄化社会以来,人口老龄化加速发展,老年人口基数大、增长快并日益呈现高龄化、空巢化趋势,需要照料的失能、半失能老人数量剧增。第六次全国人口普查显示,我国60岁及以上老年人口已达1.78亿,占总人口的13.26%,加强社会养老服务体系建设的任务十分繁重。

近年来,在党和政府的高度重视下,各地出台政策措施,加大资金支持力度，使我国的社会养老服务体系建设取得了长足发展。养老机构数量不断增加，服务规模不断扩大，老年人的精神文化生活日益丰富。截至 2010 年底，全国各类收养性养老机构已达 4 万个，养老床位达 314.9 万张。社区养老服务设施进一步改善，社区日间照料服务逐步拓展，已建成含日间照料功能的综合性社区服务中心 1.2 万个，留宿照料床位 1.2 万张，日间照料床位 4.7 万张。以保障三无、五保、高龄、独居、空巢、失能和低收入老人为重点，借助专业化养老服务组织，提供生活照料、家政服务、康复护理、医疗保健等服务的居家养老服务网络初步形成。养老服务的运作模式、服务内容、操作规范等也不断探索创新，积累了有益的经验。

但是，我国社会养老服务体系建设仍然处于起步阶段，还存在着与新形势、新任务、新需求不相适应的问题，主要表现在：缺乏统筹规划，体系建设缺乏整体性和连续性；社区养老服务和养老机构床位严重不足，供需矛盾突出；设施简陋、功能单一，难以提供照料护理、医疗康复、精神慰藉等多方面服务；布局不合理，区域之间、城乡之间发展不平衡；政府投入不足，民间投资规模有限；服务队伍专业化程度不高，行业发展缺乏后劲；国家出台的优惠政策落实不到位；服务规范、行业自律和市场监管有待加强等。

（二）必要性和可行性。

我国的人口老龄化是在“未富先老”、社会保障制度不完善、历史欠账较多、城乡和区域发展不平衡、家庭养老功能弱化的形势下发生的，加强社会养老服务体系建设的任务十分繁重。

加强社会养老服务体系建设，是应对人口老龄化、保障和改善民生的必然要求。目前，我国是世界上唯一一个老年人口超过 1 亿的国家，且正在以每年 3%以上的速度快速增长，是同期人口增速的五倍多。预计到 2015 年，老年人口将达到 2.21 亿，约占总人口的 16%；2020 年达到 2.43 亿，约占总人口的 18%。随着人口老龄化、高龄化的加剧，失能、半失能老年人的数量还将持续增长，照料和护理问题日益突出，人民群众的养老服务需求日益增长，加快社会养老服务体系建设已刻不容缓。

加强社会养老服务体系建设，是适应传统养老模式转变、满足人民群众养老服务需求的必由之路。长期以来，我国实行以家庭养老为主的养老模式，但随着计划生育基本国策的实施，以及经济社会的转型，家庭规模日趋小型化，“4-2-1”家庭结构日益普遍，空巢家庭不断增多。家庭规模的缩小和结构变化使其养老功能不断弱化，对专业化养老机构和社区服务的需求与日俱增。

加强社会养老服务体系建设，是解决失能、半失能老年群体养老问题、促进社会和谐稳定的当务之急。目前，我国城乡失能和半失能老年人约3300万，占老年人口总数的19%。由于现代社会竞争激烈和生活节奏加快，中青年一代正面临着工作和生活的双重压力，照护失能、半失能老年人力不从心，迫切需要通过发展社会养老服务来解决。

加强社会养老服务体系建设，是扩大消费和促进就业的有效途径。庞大的老年人群体对照料和护理的需求，有利于养老服务消费市场的形成。据推算，2015年我国老年人护理服务和生活照料的潜在市场规模将超过4500亿元，养老服务就业岗位潜在需求将超过500万个。

在面对挑战的同时，我国社会养老服务体系建设也面临着前所未有的发展机遇。加强社会养老服务体系建设，已越来越成为各级党委政府关心、社会广泛关注、群众迫切期待解决的重大民生问题。同时，随着我国综合国力的不断增强，城乡居民收入的持续增多，公共财政更多地投向民生领域，以及人民群众自我保障能力的提高，社会养老服务体系建设已具备了坚实的社会基础。

二、内涵和定位

（一）内涵

社会养老服务体系是与经济社会发展水平相适应，以满足老年人养老服务需求、提升老年人生活质量为目标，面向所有老年人，提供生活照料、康复护理、精神慰藉、紧急救援和社会参与等设施、组织、人才和技术要素形成的网络，以及配套的服务标准、运行机制和监管制度。

社会养老服务体系建设应以居家为基础、社区为依托、机构为支撑，着眼于老年人的实际需求，优先保障孤老优抚对象及低收入的高龄、独居、失能等困难老年人的服务需求，兼顾全体老年人改善和提高养老服务条件的要求。

社会养老服务体系建设是应对人口老龄化的一项长期战略任务，是坚持政府主导，鼓励社会参与，不断完善管理制度，丰富服务内容，健全服务标准，满足人民群众日益增长的养老服务需求的持续发展过程。本建设规划仅着眼于构建体系建设的基本框架。

（二）功能定位

我国的社会养老服务体系主要由居家养老、社区养老和机构养老等三个有机部分组成。

居家养老服务涵盖生活照料、家政服务、康复护理、医疗保健、精神慰藉等，以上门服务为主要形式。对身体状况较好、生活基本能自理的老年人，提供家庭服务、老年食堂、法律服务等服务；对生活不能自理的高龄、独居、失能等老年人提供家务劳动、家庭保健、辅具配置、送饭上门、无障碍改造、紧急呼叫和安全援助等服务。有条件的地方可以探索对居家养老的失能老年人给予专项补贴，鼓励他们配置必要的康复辅具，提高生活自理能力和生活质量。

社区养老服务是居家养老服务的重要支撑，具有社区日间照料和居家养老支持两类功能，主要面向家庭日间暂时无人或者无力照护的社区老年人提供服务。在城市，结合社区服务设施建设，增加养老设施网点，增强社区养老服务能力，打造居家养老服务平台。倡议、引导多种形式的志愿活动及老年人互助服务，动员各类人群参与社区养老服务。在农村，结合城镇化发展和新农村建设，以乡镇敬老院为基础，建设日间照料和短期托养的养老床位，逐步向区域性养老服务中心转变，向留守老年人及其他有需要的老年人提供日间照料、短期托养、配餐等服务；以建制村和较大自然村为基点，依托村民自治和集体经济，积极探索农村互助养老新模式。

机构养老服务以设施建设为重点，通过设施建设，实现其基本养老服务功能。养老服务设施建设重点包括老年养护机构和其他类型的养老机构。老年养护机构主要为失能、半失能的老年人提供专门服务，重点实现以下功能：

1. 生活照料。设施应符合无障碍建设要求，配置必要的附属功能用房，满足老年人的穿衣、吃饭、如厕、洗澡、室内外活动等日常生活需求。

2. 康复护理。具备开展康复、护理和应急处置工作的设施条件，并配备相应的康复器材，帮助老年人在一定程度上恢复生理功能或减缓部分生理功能的衰退。

3. 紧急救援。具备为老年人提供突发性疾病和其他紧急情况的应急处置救援服务能力，使老年人能够得到及时有效的救援。鼓励在老年养护机构中内设医疗机构。符合条件的老年养护机构还应利用自身的资源优势，培训和指导社区养老服务组织和人员，提供居家养老服务，实现示范、辐射、带动作用。其他类型的养老机构根据自身特点，为不同类型的老年人提供集中照料等服务。

三、指导思想和基本原则

(一)指导思想

以邓小平理论和“三个代表”重要思想为指导，深入贯彻落实科学发展观，以满足老年人的养老服务需求为目标，从我国基本国情出发，坚持政府主导、政策扶持、多方参与、统筹规划，在“十二五”期间，初步建立起与人口老龄化进程相适应、与经济社会发展水平相协调，以居家为基础、社区为依托、机构为支撑的社会养老服务体系，让老年人安享晚年，共享经济社会发展成果。

(二)基本原则

1. 统筹规划、分级负责。加强社会养老服务体系建设是一项长期的战略任务，各级政府对养老机构和社区养老服务设施的建设和发展统筹考虑、整体规划。中央制定全国总体规划，确定建设目标和主要任务，制定优惠政策，支持重点领域建设；地方制定本地规划，承担主要建设任务，落实优惠政策，推动形成基层网络，保障其可持续发展。

2. 政府主导、多方参与。加强政府在制度、规划、筹资、服务、监管等方面的职责，加快社会养老服务设施建设。发挥市场在资源配置中的基础性作用，打破行业界限，开放社会养老服务市场，采取公建民营、民办公助、政府购买服务、补助贴息等多种模式，引导和支持社会力量兴办各类养老服务设施。鼓励城乡自治组织参与社会养老服务。充分发挥专业化社会组织的力量，不断提高社会养老服务水平和效率，促进有序竞争机制的形成，实现合作共赢。

3. 因地制宜、突出重点。根据区域内老年人口数量和养老服务发展水平，充分依托现有资源，合理安排社会养老服务体系建设项目。以居家养老服务为导向，以长期照料、护理康复和社区日间照料为重点，分类完善不同养老服务机构和设施的功能，优先解决好需求最迫切的老年群体的养老问题。

4. 深化改革、持续发展。按照管办分离、政事政企分开的原则，统筹推进公办养老服务机构改革。区分营利性与非营利性，加强对社会养老服务机构的登记和监管。盘活存量,改进管理。完善养老服务的投入机制、服务规范、建设标准、评价体系,促进信息化建设,加快养老服务专业队伍建设,确保养老机构良性运行和可持续发展。

四、目标和任务

(一)建设目标

到 2015 年,基本形成制度完善、组织健全、规模适度、运营良好、服务优良、监管到位、可持续发展的社会养老服务体系。每千名老年人拥有养老床位数达到 30 张。居家养老和社区养老服务网络基本健全。

(二)建设任务

改善居家养老环境,健全居家养老服务支持体系。以社区日间照料中心和专业化养老机构为重点,通过新建、改扩建和购置,提升社会养老服务设施水平。充分考虑经济社会发展水平和人口老龄化发展程度,“十二五”期间,增加日间照料床位和机构养老床位 340 余万张,实现养老床位总数翻一番;改造 30%现有床位,使之达到建设标准。

在居家养老层面,支持有需求的老年人实施家庭无障碍设施改造。扶持居家服务机构发展,进一步开发和完善服务内容和项目,为老年人居家养老提供便利服务。

在城乡社区养老层面,重点建设老年人日间照料中心、托老所、老年人活动中心、互助式养老服务中心等社区养老设施,推进社区综合服务设施增强养老服务功能,使日间照料服务基本覆盖城市社区和半数以上的农村社区。

在机构养老层面,重点推进供养型、养护型、医护型养老设施建设。县级以上城市,至少建有一处以收养失能、半失能老年人为主的老年养护设施。在国家和省级层面,建设若干具有实训功能的养老服务设施。

提高社会养老服务装备水平,鼓励研发养老护理专业设备、辅具,积极推动养老服务专用车配备。

加强养老服务信息化建设,依托现代技术手段,为老年人提供高效便捷的服务,规范行业管理,不断提高养老服务水平。

(三)建设方式

通过新建、扩建、改建、购置等方式,因地制宜建设养老服务设施。新建小区要统筹规划，将养老服务设施建设纳入公建配套实施方案。鼓励通过整合、置换或转变用途等方式，将闲置的医院、企业、农村集体闲置房屋以及各类公办培训中心、活动中心、疗养院、小旅馆、小招待所等设施资源改造用于养老服务。通过设备和康复辅具产品研发、养老服务专用车配备和信息化建设，全面提升社会养老服务能力。

（四）运行机制

充分发挥市场在资源配置中的基础性作用，为各类服务主体营造平等参与、公平竞争的环境，实现社会养老服务可持续发展。

公办养老机构应充分发挥其基础性、保障性作用。按照国家分类推进事业单位改革的总体思路，理顺公办养老机构的运行机制，建立责任制和绩效评价制度，提高服务质量和效率。

鼓励有条件或新建的公办养老机构实行公建民营，通过公开招投标选定各类专业化的机构负责运营。负责运营的机构应坚持公益性质，通过服务收费、慈善捐赠、政府补贴等多种渠道筹集运营费用，确保自身的可持续发展。

加强对非营利性社会办养老机构的培育扶持，采取民办公助等形式，给予相应的建设补贴或运营补贴，支持其发展。鼓励民间资本投资建设专业化的服务设施，开展社会养老服务。

推动社会专业机构以输出管理团队、开展服务指导等方式参与养老服务设施运营，引导养老机构向规模化、专业化、连锁化方向发展。鼓励社会办养老机构收养政府供养对象，共享资源，共担责任。

（五）资金筹措

社会养老服务体系建设资金需多方筹措，多渠道解决。

要充分发挥市场机制的基础性作用，通过用地保障、信贷支持、补助贴息和政府采购等多种形式，积极引导和鼓励企业、公益慈善组织及其他社会力量加大投入，参与养老服务设施的建设、运行和管理。

地方各级政府要切实履行基本公共服务职能，强化在社会养老服务体系建设中的支出责任，安排财政性专项资金，支持公益性养老服务设施建设。

民政部本级福利彩票公益金及地方各级彩票公益金要增加资金投入，优先保障社会养老服务体系建设。

中央设立专项补助投资，依据各地经济社会发展水平、老龄人口规模等，积极支持地方社会养老服务体系发展，重点用于社区日间照料中心和老年养护机构设施建设。

五、保障措施

（一）强化统筹规划，加强组织领导

从构建社会主义和谐社会的战略高度，充分认识加强社会养老服务体系建设的重要意义，增强使命感、责任感和紧迫感，将社会养老服务体系建设摆上各级政府的重要议事日程和目标责任考核范围，纳入经济社会发展规划，切实抓实抓好。各地要建立由民政、发展改革、老龄部门牵头，相关部门参与的工作机制，加强组织领导，加强协调沟通，加强对规划实施的督促检查，确保规划目标的如期实现。鼓励社会各界对规划实施进行监督。

（二）加大资金投入，建立长效机制

对公办养老机构保障所需经费，应列入财政预算并建立动态保障机制。采取公建民营、委托管理、购买服务等多种方式，支持社会组织兴办或者运营的公益性养老机构。鼓励和引导金融机构在风险可控和商业可持续的前提下，创新金融产品和服务方式，改进和完善对社会养老服务产业的金融服务，增加对养老服务企业及其建设项目的信贷投入。积极探索拓展社会养老服务产业市场化融资渠道。积极探索采取直接补助或贴息的方式，支持民间资本投资建设专业化的养老服务设施。

（三）加强制度建设，确保规范运营

建立、健全相关法律法规，建立养老服务准入、退出、监管制度，加大执法力度，规范养老服务市场行为。制定和完善居家养老、社区养老服务和机构养老服务的相关标准，建立相应的认证体系，大力推动养老服务标准化，促进养老服务示范活动深入开展。建立养老机构等级评定制度。建立老年人入院评估、养老服务需求评估等评估制度。

（四）完善扶持政策，推动健康发展

各级政府应将社会养老服务设施建设纳入城乡建设规划和土地利用规划，合理安排，科学布局，保障土地供应。符合条件的，按照土地划拨目录依法划拨。研究制定财政补助、社会保险、医疗等相关扶持政策，贯彻落实好有关税收以及用水、用电、用气等优惠政策。有条件的地方，可以探索实施

老年护理补贴、护理保险，增强老年人对护理照料的支付能力。支持建立老年人意外伤害保险制度，构建养老服务行业风险合理分担机制。建立科学合理的价格形成机制，规范服务收费项目和标准。

（五）加快人才培养，提升服务质量

加强养老服务职业教育培训，有计划地在高等院校和中等职业学校增设养老服务相关专业和课程，开辟养老服务培训基地，加快培养老年医学、护理、营养和心理等方面的专业人才，提高养老服务从业人员的职业道德、业务技能和服务水平。如养老机构具有医疗资质，可以纳入护理类专业实习基地范围，鼓励大专院校学生到各类养老机构实习。加强养老服务专业培训教材开发，强化师资队伍建设。推行养老护理员职业资格考试认证制度，五年内全面实现持证上岗。完善培训政策和方法，加强养老护理员职业技能培训。探索建立在养老服务中引入专业社会工作人才的机制，推动养老机构开发社工岗位。开展社会工作的学历教育和资格认证。支持养老机构吸纳就业困难群体就业。加快培育从事养老服务的志愿者队伍，实行志愿者注册制度，形成专业人员引领志愿者的联动工作机制。

（六）运用现代科技成果，提高服务管理水平

以社区居家老年人服务需求为导向，以社区日间照料中心为依托，按照统筹规划、实用高效的原则，采取便民信息网、热线电话、爱心门铃、健康档案、服务手册、社区呼叫系统、有线电视网络等多种形式，构建社区养老服务信息网络和服务平台，发挥社区综合性信息网络平台的作用，为社区居家老年人提供便捷高效的服务。在养老机构中，推广建立老年人基本信息电子档案，通过网上办公实现对养老机构的日常管理，建成以网络为支撑的机构信息平台，实现居家、社区与机构养老服务的有效衔接，提高服务效率和管理水平。加强老年康复辅具产品研发。

各地可根据本规划，结合实际，制定本地区的社会养老服务体系建设规划。

二、北京市居家养老服务条例

（2015 年 1 月 29 日北京市第十四届人民代表大会第三次会议通过）

第一条　为了满足居住在家老年人的社会化服务需求，提高老年人生

活的质量，根据《中华人民共和国老年人权益保障法》和有关法律、法规，结合本市实际情况，制定本条例。

第二条　本条例所称居家养老服务是指以家庭为基础，在政府主导下，以城乡社区为依托，以社会保障制度为支撑，由政府提供基本公共服务，企业、社会组织提供专业化服务，基层群众性自治组织和志愿者提供公益互助服务，满足居住在家老年人社会化服务需求的养老服务模式。

第三条　居家养老服务应当以居住在家老年人的服务需求为导向，坚持自愿选择、就近便利、安全优质、价格合理的原则。居家养老服务主要包括以下内容：

（一）为老年人提供社区老年餐桌、定点餐饮、自助型餐饮配送、开放单位食堂等用餐服务；

（二）为老年人提供体检、医疗、护理、康复等医疗卫生服务；

（三）为失能老年人提供家庭护理服务；

（四）为失能、高龄、独居老年人提供紧急救援服务；

（五）利用社区托老所等设施为老年人提供日间照料服务；

（六）为老年人提供家庭保洁、助浴、辅助出行等家政服务；

（七）为独居、高龄老年人提供关怀访视、生活陪伴、心理咨询、不良情绪干预等精神慰藉服务；

（八）开展有益于老年人身心健康的文化娱乐、体育活动。

第四条　老年人的子女及其他依法负有赡养扶助、扶养义务的人，应当履行对老年人经济上供养、生活上照料和精神上慰藉的义务。需要由社会提供服务的，老年人家庭根据服务项目的性质和数量，承担相应费用。

第五条　市和区、县人民政府在居家养老服务中应当履行下列职责：

（一）将老龄事业纳入国民经济和社会发展规划及年度计划；

（二）将老龄事业经费列入财政预算，建立与老年人口增长和经济社会发展水平相适应的财政保障机制；

（三）完善与居家养老相关的社会保障制度；

（四）统筹规划、按标准配置社区养老设施；

（五）培育养老服务产业，完善扶持政策，引导、鼓励企业和社会组织开展居家养老服务；

（六）制定服务规范和标准，加强养老服务市场监管和信息网络建设；

（七）加强对居家养老服务工作的统筹协调，明确各相关部门的职责、任务、完成期限，完善工作机制，加强监督检查和绩效考核。

各级老龄工作机构应当组织、协调、指导、督促有关部门落实居家养老服务工作。

第六条　乡镇人民政府和街道办事处负责具体组织实施下列居家养老服务工作：

（一）整合社会资源，建立社区养老服务平台；

（二）指导、组织基层群众性自治组织、社区服务中心（站）及专职养老工作者为老年人服务；

（三）通过落实政府购买服务、设立项目资金、经费补贴等扶持政策措施，引导各类社会组织参与居家养老服务；

（四）支持、引导社会力量健全社区服务网点，运用信息网络服务平台开展紧急呼叫、健康咨询、物品代购、服务缴费等适合老年人的服务；

（五）推行社区老年人和志愿者登记制度，探索建立为老年人志愿服务时间储蓄和激励机制。

第七条　居民委员会、村民委员会应当发挥民主自治功能，组织社区老年人和其他居民开展以下活动：

（一）开展居民信息自愿登记，了解、反映老年人的服务需求；

（二）协助政府对企业和社会组织管理、运营社区养老设施及其他服务项目的情况进行监督、评议，向政府反映居民对完善居家养老服务的意见、建议；

（三）组织开展互助养老、志愿服务和低龄老年人扶助高龄老年人的活动；

（四）组织老年人开展文化娱乐、体育活动。

第八条　市和区、县人民政府应当引导、支持、鼓励企业和社会组织参与居家养老服务。

区县民政部门或者负责老龄工作的机构可以根据开展居家养老服务项目的需要，通过签约、购买服务等方式确定服务商和服务单位。

企业和社会组织从事居家养老服务可以使用政府提供的设施和场所，也可以自行兴建养老设施。

从事居家养老服务的企业和社会组织享受政府给予的政策扶持，并应当执行政府制定的服务规范、标准，接受政府的指导和社会的监督。

第九条 鼓励养老机构利用自身资源优势，为周边社区居住在家的老年人提供服务。

第十条 市和区、县人民政府应当根据老年人的实际需要，在城乡社区配置托老所和老年活动场站。托老所和老年活动场站的规划建设、配置标准、资金筹措、产权归属、移交方式、运营监管等由市人民政府依法规定。

新建居住区的养老设施，应当与住宅同步规划、同步建设、同步验收、同步交付使用。老旧小区没有养老设施或者现有设施未达到配建指标的，所在区、县人民政府应当通过购置、置换、租赁等方式配置；社区配建的养老设施出租用于其他用途的，应当收回用于社区养老服务。

第十一条 市和区、县人民政府应当整合社会资源，制定鼓励政策，引导企业事业单位和个人将居住区附近闲置的场所和设施，用于开展居家养老服务；引导机关、团体、企业事业单位开放所属场所，为附近社区的老年人提供服务；引导农村地区依托行政村、较大自然村，利用农家院等场所，建设托老所、老年活动场站等养老设施，开展居家养老服务。

第十二条 新建、改建和扩建居住区应当符合国家无障碍设施工程建设标准。

规划、住房和城乡建设等部门应当逐步推进老旧小区的坡道、楼梯扶手、电梯等与老年人日常生活密切相关的生活服务设施的改造。

第十三条 本市应当完善基本养老保险、基本医疗保险和最低生活保障等社会保障制度，并根据国民经济和社会发展情况，逐步提高老年人的社会保障水平。

第十四条 市卫生计生部门应当完善基层医疗卫生服务网络。政府投资兴办的社区卫生服务机构应当为居住在家的老年人提供下列服务：

（一）建立健康档案，按照有关规定提供定期免费体检和流感疫苗接种服务，提供疾病预防、伤害预防、自救及自我保健等健康指导；

（二）开展社区家庭医生式服务，对老年人常见病、慢性病进行综合管理，开展医疗、护理、康复服务指导；

（三）提供优先就诊和与其他医疗机构之间的双向转诊等服务；

（四）根据需要与社区托老所开展合作，为老年人提供签约式医疗卫生服务。

第十五条　市人力社保、卫生计生等部门应当完善基本医疗保险社区用药报销政策，按照社区卫生服务机构的服务功能完善基层用药制度，保证社区卫生服务机构药品配备，为老年人在社区治疗常见病、慢性病用药提供方便。

第十六条　市人民政府应当制定政策，支持、引导商业保险机构开发长期护理保险，为失能老年人提供长期护理保障，政府对长期护理保险的投保人给予适当补贴。

第十七条　市和区、县人民政府应当建立评估制度。对特殊困难老年人的家庭经济情况、身体状况、养老服务需求进行评估；对符合条件的低收入、失能、失独等特殊困难老年人给予居家养老服务补贴，根据需要进行家庭无障碍设施改造，配备生活辅助器具。

第十八条　本市应当推进养老服务人才队伍的职业化、专业化建设，培养具有职业素质、专业知识和技能的居家养老服务工作者。

市和区、县人民政府应当将养老服务人才队伍建设纳入人才教育培训规划，推进养老服务职业教育，完善养老服务专业人才的评价和激励机制。

从事养老服务的企业和社会组织应当吸纳专业人才，并对从事养老服务的员工进行培训。

第十九条　市和区、县人民政府应当将居家养老服务工作落实情况纳入监察和年度目标责任制考核，并建立责任追究制度。

本市各级人民政府及相关部门工作人员违反本条例规定，在居家养老公共服务活动中不履行、违法履行或者不当履行职责，导致老年人合法权益、公共利益受到损害或者造成严重后果的，依照《北京市行政问责办法》追究责任；违反有关法律法规规定应当承担纪律责任的，依照《行政机关公务员处分条例》给予处分；构成犯罪的，依法追究刑事责任。

第二十条　社区养老设施的管理者、使用者擅自改变政府投资或者资助建设、配置的养老设施功能和用途的，由民政部门责令限期改正，并责令退赔补贴资金和有关费用，可以处 10 万元以上 100 万元以下罚款；逾期不改正的，收回管理权、使用权。

第二十一条　享受政府补贴或者政策优惠的养老服务企业事业单位和社会组织没有履行相应义务的，由发放补贴的部门收回补贴，取消其享受优惠的资格，并记入本市信用信息系统。

第二十二条　本条例自 2015 年 5 月 1 日起施行。

三、韩国关于促进家庭亲和型社会环境营造的法律

(2007年12月制定,2010年1月部分修改,保健福利家庭部)

第一章 总 则

第一条 目的

本法的目标是,在促进家庭亲和型社会环境营造的同时,提高国民的生活质量和促进社会的发展。

第二条 定义

本法中的用语定义如下:

1.“家庭亲和型社会环境”是指工作和家庭生活可和谐并行、全社会能够分担养育儿童和供养家庭等责任的各种环境。

2.“家庭亲和型职场环境”是指能使劳动者的工作和家庭生活和谐并行的家庭亲和制度得以运作的职场环境。

3.“家庭亲和制度”是指以下各项制度:

(1)弹性工作制度:时间交错式上下班制度、居家办公制、钟点制等;

(2)子女的出生、养育及教育的支持制度:配偶产假制、育儿休假制、工作单位保育支持、子女教育资助项目等;

(3)供养家庭的支持制度:照顾父母服务、家庭看护休假制等;

(4)针对劳动者的支持制度:劳动者健康、教育、咨询项目等;

(5)其他保健福利家庭部令规定的制度。

4.“家庭亲和型社区环境”是指具有在社区内能够分担赡养老人和抚育儿童等家庭照料责任,以及能够满足各种家庭成员所需的设施和空间等家庭生活条件的社区环境。

第三条 国家的责任

1.为营造家庭亲和型社会环境,国家和地方自治团体要制定和实施其所需的综合对策。

2.为履行上一款所规定的责任,国家和地方自治团体要努力在其相应的预算上采取措施。

第四条 企业的责任

1. 企业要通过家庭亲和制度的引进和扩大等,努力营造家庭亲和型职场环境。

2. 企业要在家庭亲和制度实施的过程中,促进劳动者的参与。

第二章 营造家庭亲和型社会环境的基本计划

第五条 营造家庭亲和型社会环境基本计划的制定

1. 为促进家庭亲和型社会环境的营造,保健福利家庭部长官要在与相关的中央行政机关长官协商后,经《健康家庭基本法》第十三条规定的中央健康家庭政策委员会的审议,每五年制定一份营造家庭亲和型社会环境的基本计划(以下简称"基本计划")。

2. 基本计划中应包括以下各项事项:

(1)家庭亲和型社会环境营造政策的基本方向及目标;

(2)关于家庭亲和制度的引进及扩展的事项;

(3)关于支持家庭亲和型企业的事项;

(4)关于促进营造社区家庭看护环境的事项;

(5)关于构建家庭亲和型设施的事项;

(6)关于扩大家庭亲和型文化的事项;

(7)为营造家庭亲和型社会环境所需的其他事项。

3. 基本计划的制定程序等必要事项由总统令予以规定。

第六条 各年度实施计划的制定与执行

1. 保健福利家庭部长官、相关中央行政机关的长官及特别市市长、广域市市长、道知事、特别自治道知事(以下简称"市、道知事"),每年要根据基本计划,制定并实行营造家庭亲和型社会环境的实施计划(以下简称"实施计划")。

2. 相关中央行政机关的长官及市、道知事根据上一款规定,每年要将下一年度的实施计划和上一年度实施计划的进展情况,依照总统令的规定,向保健福利家庭部长官汇报;保健福利家庭部长官也要根据每年的实施计划,对进展情况予以评价。

3. 实施计划的制定、实行及进展情况的评价等必要事项由总统令予以规定。

第七条 计划制定的协助

1.为了基本计划的制定、实施及评价等,保健福利家庭部长官、相关中央行政机关的长官及市、道知事在必要时,可以提请有关公共机关及与营造家庭亲和型社会环境相关的机关或团体的长官提供必要的资料等协助。

2.收到上一款规定的协助请求的机关,在无特别理由的情况下必须予以协助。

第八条 现状调查

1.为了家庭亲和型社会环境营造政策的制定与实施,保健福利家庭部长官每3年将对企业、公共机关及社区的家庭亲和型社会环境营造的现状进行一次调查,并公布结果。

2.为实施上一款规定的现状调查,保健福利家庭部长官可以要求企业、公共机关及其他相关法人团体提供必要资料或者陈述意见,企业及公共机关等无特殊理由的情况下,必须予以协助。

3.第一款规定的现状调查的方法等必要事项,由保健福利家庭部令予以规定。

第三章 营造家庭亲和型社会环境的项目

第九条 营造家庭亲和型社会环境的项目

为有效地执行基本计划及实施计划,保健福利家庭部长官可与相关中央行政机关的长官协商,推动以下项目的建设:

1.营造家庭亲和型职场环境的项目;

2.营造家庭亲和型社区环境的项目;

3.营造和传播家庭亲和型文化的项目;

4.营造家庭亲和型社会环境所需专业人员的培训项目;

5.为促进营造家庭亲和型社会环境,总统令中规定的其他项目。

第十条 营造家庭亲和型社会环境项目的评价

1.为有效地促进家庭亲和型社会环境的营造项目,保健福利家庭部长官可对家庭亲和型社会环境的营造项目进行评价。

2.上一款规定的评价对象及方法等必要事项,由保健福利家庭部令予以规定。

第十一条　促进营造家庭亲和型职场环境

1.为促进营造家庭亲和型职场环境和扩大企业等的参与，保健福利家庭部长官可以提供下述支持：

(1)为提高对家庭亲和制度的认识进行宣传；

(2)对家庭亲和制度提供咨询；

(3)在企业内部开展家庭亲和教育及培训讲师；

(4)开发及普及家庭亲和项目；

(5)评选和奖励优秀的家庭亲和型企业；

(6)为促进家庭亲和型职场环境的营造，由保健福利家庭部令所规定的其他事项。

2.根据本条第一款之规定，保健福利家庭部长官在提供支持时，可优先考虑中小企业。

第十二条　促进工业园区的家庭亲和型职场环境的营造

为促进《关于工业选址及开发的法律》中所指定的工业园区的家庭亲和型职场环境的营造，保健福利家庭部长官可推动以下项目的开展：

1.对可供企业共同享用的保育设施等的设立和运营提供支持；

2.开发和普及家庭亲和型项目；

3.由总统令规定的促进工业园区家庭亲和型职场环境的其他营造项目。

第十三条　促进家庭亲和型社区环境的营造

1.为促进家庭亲和型社区环境的营造，保健福利家庭部长官可开展以下项目：

(1)开发和普及家庭亲和型社区模式；

(2)为家庭亲和型设施的构建提供支持；

(3)开发和支持社区家庭看护项目；

(4)对社区环境的家庭亲和因素进行评价；

(5)为提高家庭亲和型社区环境的认识，开展教育和宣传活动。

2.市、道知事可向辖区内的家庭亲和型社区环境的营造提供支持。

3.保健福利家庭部长官可在预算范围内，就第二款规定的家庭亲和型社区环境营造所需资金，予以全部或部分资助。

4.第三款规定的费用资助标准及程序等必要事项，由总统令予以规定。

第十四条　家庭亲和指数的开发及公布

1.保健福利家庭部长官可开发和普及用于衡量家庭亲和水平的系统指标(以下简称“家庭亲和指数”)。

2.保健福利家庭部长官可以总统令所规定的企业及公共机关等为对象,测量其家庭亲和指数,并将结果予以公布。

3.作为第二款规定中的家庭亲和指数测定对象的企业及公共机关,在无特殊理由的情况下,必须予以协助。

第四章　对企业等的家庭亲和认证

第十五条　家庭亲和型企业等的认证

1.为促进家庭亲和型社会环境的营造,保健福利家庭部长官可向家庭亲和制度的模范企业及公共机关(以下简称“企业等”)实施家庭亲和认证(以下简称“认证”)。

2.欲取得认证的企业等,要按照总统令的规定,向保健福利家庭部长官提出申请。

3.已获得认证的企业等,可依据保健福利家庭部令之规定,标注认证标识。

4.未获认证的企业等,不得标注认证标识或者类似标识。

5.保健福利家庭部长官可根据保健福利家庭部令之规定,向依照第二款规定申请认证的企业等,提供家庭亲和审查及评价所需的费用。

6.认证的标准及程序等必要事项,由总统令予以规定。

第十六条　家庭亲和认证机关的指定

1.保健福利家庭部长官可将专门对企业等进行认证的机关指定为家庭亲和认证机关(以下简称“认证机关”),赋予其开展第十五条第一款规定的有关认证工作的资格。

2.欲取得指定认证资质的机构,应具备拥有认证工作所需的专业人员等指定条件,并要向保健福利家庭部长官提出申请。

3.认证机关出现以下任何一项情况时,保健福利家庭部长官应撤销对认证资质的指定,或者责令其在六个月内停止全部或部分业务。但是属于第一种情形时,应撤销对其的指定。

(1)通过造假或其他不正当手段取得指定资质时;

(2)违反停业命令，在停业期间仍继续办理认证业务时；

(3)不符合第十五条第五款规定的认证标准时；

(4)违反第十五条第六款规定的认证标准，而开展认证工作时。

4.对于依照第一款规定被指定为认证机关的机构，保健福利家庭部长官在预算范围内，可向其资助履行认证业务所需的全部或部分费用。

5.认证机关的指定标准、指定程序及认证业务的范围等必要事项，由总统令予以规定。

第十七条　认证的有效期限

1.第十五条第一款规定的认证的有效期限为取得认证之日起三年。

2.上一款规定的有效期限于一次，两年内可以延长。

3.第二款规定的认证延长申请等必要事项，由保健福利家庭部令予以规定。

第十八条　认证的撤销

1.按照第十五条第一款的规定取得认证的企业等，出现以下任一情形时，保健福利家庭部长官可根据保健福利家庭部令的规定，撤销其认证资格。但是属于第一种情形必须撤销其认证资格。

(1)通过造假或其他不正当手段取得认证时；

(2)不符合第十五条第六项规定的认证标准时。

2.保健福利家庭部长官根据上一款规定撤销认证资格的同时，要立即将情况向有关中央行政机关的长官及所属地方自治团体的长官予以汇报。

3.属于第一款第一种情形，被保健福利家庭部长官取消认证资格的企业等，自取消之日起三年内不得对其进行认证。

第十九条　家庭亲和型援助中心的指定

1.为促进家庭亲和型社会环境的营造，保健福利家庭部长官可对家庭亲和型援助中心予以指定。

2.家庭亲和型援助中心履行的职责如下：

(1)对家庭亲和相关的专业人员的培训；

(2)家庭亲和项目的开发；

(3)就家庭亲和制度提供咨询；

(4)有关家庭亲和制度及家庭亲和案例等信息的搜集和提供等；

(5)为促进家庭亲和型社会环境的营造的各种研究、调查及宣传，对工作单位保育的宣传；

(6)为促进家庭亲和型社会环境的营造所需的其他业务。

3.对于第一款规定的家庭亲和型援助中心，保健福利家庭部长官可在预算范围内，对其履行第二款规定的各项业务所需的全部或部分费用予以资助。

4.家庭亲和型援助中心的指定及撤销的标准、程序、指定期限、运营及其他必要事项，由总统令予以规定。

第五章 补 则

第二十条 报告及检查

1.为了本法的实施，保健福利家庭部长官认为有必要时，可向认证机关或取得认证的企业等提出报告有关认证事项或提交相关材料等的要求，或者委派有关部门公务员走访各办事机构，对相关文件、设施、设备等进行检查。

2.认证机关或取得认证的企业等，要按照保健福利家庭部令的规定，将与认证审查资料等相关的文件进行备案和保管。

3.第一款规定中被委派的公务员，必须携带能够证明其权限的证件，并要向有关人员出示。

第二十一条 听证

保健福利家庭部长官依照第十六条第三款之规定，撤销对认证机关的指定，或者根据第十八条第一款的规定撤销认证时，须举行听证会。

第二十二条 权限的委任、委托

1.保健福利家庭部长官可将本法规定的部分权限，按照总统令的规定，委任给市、道知事或者市长、郡守、区长。

2.保健福利家庭部长官可将本法规定的部分业务，按照总统令的规定，委任给为促进家庭亲和型社会环境的营造而成立的机关或法人团体。

第二十三条 类似名称的禁止使用

不属于本法规定的家庭亲和型援助中心的机关，不得使用家庭亲和援助中心或类似名称。

第二十四条 适用罚则中的公务员拟制

认证机关的负责人及职员在《刑法》一百二十三条至一百三十二条规定

的罚则适用中，拟制为公务员。

第六章　罚　则

第二十五条　罚款

1. 对属于以下任一情形者，处以五百万元（韩币）以下的罚款：

（1）通过造假或其他不正当手段取得第十五条第一款规定的认证者；

（2）违反第十五条第四款规定，使用认证标识者；

（3）通过虚假或其他不正当手段被指定为第十六条规定的认证机关者；

（4）通过造假或其他不正当手段被指定为第十九条规定的家庭亲和型援助中心者。

2. 对属于以下任一情形者，处以三百万元（韩币）以下的罚款：

（1）在无正当理由的情况下，未依照第二十条第一款规定，提交报告或相关文件者；

（2）违反第二十条第二款规定，未备案或保存相关文件者；

（3）违反第二十三条规定，使用家庭亲和型援助中心或类似名称者。

3. 第一款和第二款规定的罚款，按照总统令的规定，由保健福利家庭部长官负责征缴。

4. 对于不服从第三款规定的处罚决定者，可自收到处罚通知之日起三十日内，向保健福利家庭部长官提出异议。

5. 受到处罚决定者按照第四款的规定提出异议时，保健福利家庭部长官应及时将情况通报给管辖法院，管辖法院根据《非诉讼事件程序法》规定予以判决。

6. 对于既未在第四款规定的期限内提出异议，也未缴纳罚款者，将按照国税滞纳处分予以征收。

附　则　（第 8695 号：2007. 12. 14）

（施行日）本法自公布之日起，六个月后施行。

主要参考文献

中文著作

[1]李建新:《转型期中国人口问题》,社会科学文献出版社 2005 年版。

[2]肖磊:《妇女、儿童和老年人权益保障》,中国法制出版社 2005 年版。

[3]佟宝贵:《中国老年人权益读本》,华龄出版社 2005 年版。

[4]邹志臣:《迈向一个公平与正义的社会——评〈社会弱势群体保护的权利视角及其理论基础〉》,科学出版社 2005 年版。

[5]吴宁:《社会弱势群体保护的权利视角及其理论基础——以平等理论透视》,科学出版社 2005 年版。

[6]张纯元:《中国老年人口研究》,北京大学出版社 2006 年版。

[7]利民:《老年社会工作》,上海华东理工大学出版社 2006 年版。

[8]邬沧萍、姜向群:《老年学概论》,中国人民大学出版社 2006 年版。

[9]张良礼:《应对人口老龄化——社会化养老服务体系构建及规划》,社会科学文献出版社 2006 年版。

[10]李超:《老年维权之利剑:老年人法律保障制度研究》,上海人民出版社 2007 版。

[11]张新民:《养老金法律制度研究》,人民出版社 2007 年版。

[12]曲江川:《老年社会学》,科学出版社 2007 年版。

[13]张新民:《养老金法律制度研究》,人民出版社 2007 年版。

[14]郑令德、高志敏:《和谐社会与老年教育》,上海教育出版社 2007 年版。

[15]曾庆敏:《老年人权益保障与社会发展》,社会科学文献出版社 2008 年版。

[16]姜向群:《老年社会保障制度——历史与变革》,中国人民大学出版社 2008 年版。

[17]张敏杰:《中国弱势群体研究》,长春出版社 2008 年版。

[18]陈勃:《老年人与传媒》,江西人民出版社 2008 年版。

[19]朱力:《当代中国社会问题》,社会科学文献出版社 2008 年版。

[20]李兵:《中国老龄政策研究》,中国社会出版社 2009 年版。

[21]陈功:《社会变迁中的养老和孝观念研究》,中国社会出版社 2009 年版。

[22]张恺悌:《中国女性老年人口状况研究》,中国社会出版社 2009 年版。

[23]张恺悌、郭平:《中国人口老龄化与老年人状况蓝皮书》,中国社会出版社 2010 年版。

[24]李兵:《中外老龄政策和实践》,中国社会出版社 2010 年版。

[25]刘灵芝:《中国公民养老权研究》,辽宁大学出版社 2010 年版。

[26]全国老龄工作办公室:《国外涉老政策概览》,华龄出版社 2010 年版。

[27]董溯战:《养老社会保障权论》,立信会计出版社 2010 年版。

[28]郑功成:《社会保障学》,中国劳动社会保障出版社 2010 年版。

[29]曹庆敏:《老年立法研究》,社会科学文献出版社 2011 年版。

[30]胡苷用:《养老保障法研究》,中国人民政法大学出版社 2011 年版。

[31]余少群:《弱者的正义——转型社会与社会法问题的研究》,社会科学文献出版社 2011 年版。

[32]郑功成:《中国社会保障改革与发展战略(战略与福利卷)》,人民出版社 2011 年版。

[33]孙颖:《老吾老——老年法律问题研究起点批判》,法律出版社 2012 年版。

[34]曹健、王云斌:《老年人权益保障法律制度比较研究》,中国政法大学出版社 2012 年版。

[35]倪娜:《老年人监护制度研究》,厦门大学出版社 2012 年版。

[36]李洁:《当代我国城市老年文化研究》,上海人民出版社 2012 年版。

[37]王德高:《社会保障学》,武汉大学出版社 2012 年版。

[38]潘锦棠:《社会保障学概论》,北京师范大学出版社 2012 年版。

[39]李洁:《老年人学习权益法制保障研究》,上海出版社 2013 年版。

[40]杨立雄:《老年福利制度研究》,人民出版社 2013 年版。

[41]李欣:《私法自治视域下的老年人监护制度的研究》,群众出版社 2013 年版。

中文期刊论文

[1]刘渝林:《老年人口审核质量的涵义与内容确定》,载《人口学刊》2005 年第 1 期。

[2]薛莲、曾力:《解决我国人口老龄化问题的政策分析》,载《统计与决策》2005 年第 3 期。

[3]姜向群、万红霞:《人口老龄化对老年社会保障及社会服务提出的挑战》,载《市场与人口分析》2005 年第 4 期。

[4]曲玉萍、赵晓琴:《关于保障老年人合法权益的建议》,载《长白学刊》2006 年。

[5]曲野:《老年人涉诉法律保障立法的思考》,载《云南大学学报》2006 年第 1 期。

[6]封润华:《北京市老年人权益保障的研究》,载《人口与经济》2006 年第 3 期。

[7]刘丹:《弱势群体保护——从宪法到婚姻法》,载《社会科学家》2006 年第 6 期。

[8]陈湘君:《德国的老年人权益保障立法及实施》,载《人权》2006 年第 6 期。

[9]张春艳:《居家养老研究综述》,《武汉科技大学学报》2007 年第 1 期

[10]杨天博:《日本老年人权益保障法》,载《中国社会保险》2007 年第 1 期。

[11]陈文亮:《完善老年人权益法律保障制度》,载《法学杂志》2007年第4期。

[12]官玉琴:《家庭中老年人精神性权益的法律保护》,载《中华女子学院学报》2007年第19期。

[13]曲玉萍、陈爱梅:《保障老年人的合法权益,构建社会主义和谐社会》,载《中国老年学杂志》2007年第24期。

[14]李丹:《我国人口老龄化政策》,载《劳动保障世界》2008年第6期。

[15]张巍:《关于修订老年法律法规的思考》,载《中国社会导刊》2008年第29期。

[16]杜鹏、杨慧:《中国人口老龄化与积极老龄化》,载《第五届社会政策国际论坛暨系列讲座——产生性老龄化论坛论文文集》,2009年。

[17]任季萍:《人口老龄化问题:挑战及其应对》,载《理论探索》2009年第1期。

[18]刘青芝:《美国、日本、韩国应对人口老龄化的经验及其启示》,载《西北人口》2009年第4期。

[19]唐莹等:《我国老年人健康保健服务相关政策现状》,载《中国老年学杂志》2010年第3期。

[20]谢秀珍:《我国老年人权利法理分析》,载《经济与社会发展》2010年第6期。

[21]孟乐文:《关于老年人权益保护的法律研究》,载《华章》2010年第20期。

[22]李春斌:《人口老龄化的法律应对——以老年法学的立法模式和体系构建为中心》,载《甘肃社会科学》2011年第2期。

[23]孙繁华:《我国〈老年人权益保障法〉基本原则解析》,载《暨南学报》2011年第3期。

[24]肖辉:《老年人权益保障路径对策及模式》,载《河北学刊》2012年第2期。

[25]肖金明:《构建完善的中国特色老年法制体系》,载《法学论坛》2013年第3期。

[26]杨志超:《美国强制报告制度对中国老年保护的启示》,载《法学论坛》2013年第3期。

[27]相焕伟:《台湾地区老人福利法制及其借鉴》,载《法学论坛》2013 年第 6 期。

[28]钟丽娟:《老龄社会的国家责任》,载《中国社会工作》2013 年第 11 期。

[29]董云凤:《老年人精神赡养制度存在的问题与对策》,载《山西高等学校社会科学学报》2013 年第 12 期。

[30]丁芳、唐芳:《再探我国老年人精神赡养问题的立法完善》,载《长春理工大学学报(社会科学版)》2014 年第 6 期。

[31]王晓琴:《关于老年人精神赡养的案例评析》,载《山西农业大学学报(社会科学版)》2014 年第 8 期。

后 记

人口老龄化大潮已席卷全球。除非洲和中东部分地区外，世界大多数国家和地区都不同程度地面对着人口老龄化所带来的复杂社会局势、难以估测的社会风险以及巨大的经济负担和政治压力，应对人口老龄化已经成为世界多数国家和地区必须共同面对的时代课题。中国自20世纪末进入老龄社会以来，人口老龄化进程不断加快，老龄人口规模加速增长，尤其是高龄老人、空巢老人、失能老人、失独老人数量剧增，这无疑对传统养老体制、现行人口政策、政府社会管理与公共服务能力，以及社会文化、家庭道德等提出了严峻的挑战。确立和实施积极应对人口老龄化国家战略，不断完善老年人权益保障立法，加快构建老年人权益保障法律制度体系，有效推进老龄社会及其相关风险的法律应对，无疑具有重大的现实意义和深远的战略意义。

2011年5月，受邀参加由全国人大内务司法委员会组织的老年人权益保障法修改调研、论证和起草工作，山东大学为此成立了老年人权益保障立法研究课题组，组织部分青年教师、硕士和博士研究生及校外青年学者参与课题研究，围绕老年法制主题开始了长达五年的连续作业。从国内外老年法制资料整理到主办老年人权益保障立法学术研讨会，从单一的老年人权利保障立法研究到社会法视野中的老年法制理论创新，从侧重于国家立法和法律制度完善和发展到老年社会政策与老年法制融通和互动，从拟定老年人权益保障法修改专家建议稿到一系列老年法制研究成果发表和出版，课题组前期在国家立法的牵领下，后期在山东大学自主创新项目和人文社科青年学者成长项目的支撑下，面向重大社会现实问题展开持续研究。尤其是在新的《中华人民共和国老年人权益保障法》颁行后，课题组在推进社会法学理论研究和学科建设的过程中，继续关注老年法制建设，保持着对老年人权益保障法律制度的后续研究，最终形成了包括老年人权益保障立法、法律制度、社会救助、社会参与以及应对老龄化对策与法制等在内的老年法制研究成果，《老年人权益保障法律制度研究》是"人口老龄化社会法制"系列研究的重要成果之一。本书的撰写分工如下：导论：肖金明；第一章：杨志超；第二章：王珂瑾；第三章：王汝洋；第四章：相焕伟、田甜；第五章：冯威、左娟娟；第六章：龙晓杰、相焕伟、马驰骋；第七章：苗雨。从第一章到第七章每章的最后的小结由山东政法学院副教授化涛撰写完成。

《老年人权益保障法律制度研究》一书入选"十二五"国家重点图书出版规划，并得到了国家出版基金的资助。在持续多年的老年法制研究中，全国人大内务司法委员会、民政部、全国老龄办的信任和支持为老年法制研究提供了不间断的动力，我们由衷地感谢全国人大内司委内务室于建伟主任、民政部许立群司长、张时飞副司长、全国老龄办朱勇副主任等，他们是老年法制研究真正的前沿专家；衷心感谢东南大学孟鸿志教授，西南政法大学陈苇教授，浙江工业大学张学军教授，山东政法学院刘炳君教授，山东大学李芹教授、申政武教授、王丽萍教授，他们基于不同学科的独到见解扩展了老年法制研究的广度和深度；作为课题组负责人，我要感谢五年来参与课题研究的每一位学者和学生，他们付出的努力保证了老年法制研究的进展和质量，感谢曾经的和现在的课题组成员李卫华、冯威、苗雨、相焕伟、张强、龙晓杰、胡明、王洁、陈爱敏、王珂瑾、苗红培、白玉荣、赵延聪、马驰骋、王汝洋、刘宇、陈铭聪、陈一远、王永、罗鑫、李成玲、田甜、左娟娟、王强、韩雨雷、董康伟、张允春、刘蕾、姚澍峥等，他们曾经或正在山东大学法学院、政治学与公共管理学院攻读硕士或博士学位，一直保持着令人满意的学习、工作和生活状态，他们的人生态度、处世风格以及常年保持的相互提携、彼此关照的风气尤其令人鼓舞；我还要特别感谢青岛大学李芳副教授、山东建筑大学董蕾红副教授、山东政法学院谢秀珍副教授的参与和带动作用，山东大学宪政专业博士研究生朱恒顺的筹划和推动作用，以及宪政专业与行政管理专业博士研究生杨志超、董菁、王晨在后期成果形成过程中的组织协调作用。这无疑是长达五年之久的老年法制课题研究能够做到过程愉快并且善始善终的重要保证。最后，必须感谢山东大学出版社长期以来对我所负责和主持的学科和团队的关爱和支持。

肖金明

2015 年 9 月 9 日